中国特色社会主义政治经济学大讲堂第四期
——中国特色社会主义经济建设协同创新中心

中国经济与世界

China's Economy and the world

编写组 / 著

中国财经出版传媒集团
经济科学出版社
Economic Science Press

图书在版编目（CIP）数据

中国经济与世界/编写组著 . —北京：经济科学出版社，2017.3（2017.6 重印）
ISBN 978 - 7 - 5141 - 7886 - 9

Ⅰ.①中… Ⅱ.①中… Ⅲ.①中国经济 - 研究②世界经济 - 研究 Ⅳ.①F12②F11

中国版本图书馆 CIP 数据核字（2017）第 062728 号

责任编辑：于海汛　宋　涛
责任校对：靳玉环　杨　海
版式设计：齐　杰
责任印制：潘泽新

中国经济与世界
编写组　著

经济科学出版社出版、发行　新华书店经销
社址：北京市海淀区阜成路甲 28 号　邮编：100142
总编部电话：010 - 88191217　发行部电话：010 - 88191522
网址：www.esp.com.cn
电子邮件：esp@esp.com.cn
天猫网店：经济科学出版社旗舰店
网址：http://jjkxcbs.tmall.com
北京季蜂印刷有限公司印装
710×1000　16 开　19 印张　350000 字
2017 年 4 月第 1 版　2017 年 6 月第 2 次印刷
ISBN 978 - 7 - 5141 - 7886 - 9　定价：48.00 元
（图书出现印装问题，本社负责调换。电话：010 - 88191510）
（版权所有　侵权必究　举报电话：010 - 88191586
电子邮箱：dbts@esp.com.cn）

内容简介

为了贯彻落实习近平总书记关于学好用好发展好中国特色社会主义政治经济学重要讲话精神，加强对马克思主义政治经济学的学习、研究与运用，更好地服务我国改革开放和现代化建设，2016年7月25～31日由南开大学经济学院、中国人民大学经济学院和南开大学政治经济学研究中心在南开大学承办了"政治经济学大讲堂"第三期高级研修班。本期研修班围绕"当代中国经济与世界"的主题，共有15位学者就15个专题进行了讲解，内容包括：中国特色社会主义政治经济学的民族性与世界性、中国对外贸易发展的形势与对策、我国新一轮财税体制改革的基本方向和功能定位、经济发展中的收入分配、包容性改革与全方位深化改革的战略选择、人民币国际化的进展及其遇到的挑战、经济新常态与中国银行业转型和发展、如何构建开放型经济新体制、世界资本主义的危机与中国的选择、全球生产网络和当代帝国主义理论、第四次工业革命与智能工业化、西方国家经济停滞常态化的成因与影响、金融资本主义的新发展及其危机、发达国家市场经济模式多样性的政治经济学分析、俄罗斯国家治理与经济增长等。本书整理了15位授课专家的讲稿，希望能对马克思主义政治经济学的教学、研究和学习有所帮助，为推动学习贯彻以习近平同志为核心的党中央治国理政新理念新思想新战略，为坚持和发展当代中国马克思主义政治经济学，构建中国特色社会主义政治经济学学科体系、理论体系和话语体系做出有益的贡献。

前　言

习近平总书记2014年7月提出各级领导干部要"学好用好政治经济学";2015年在主持政治局第二十八次集体学习时强调立足中国国情和发展实际,发展当代中国马克思主义政治经济学;2015年在中央经济工作会议上提出坚持中国特色社会主义政治经济学重大原则;2016年在哲学社会科学工作座谈会上强调结合中国特色社会主义伟大实践加快构建中国特色哲学社会科学。

为了贯彻落实习近平总书记重要讲话精神,加强对马克思主义政治经济学的学习、研究与运用,更好地服务我国改革开放和现代化建设,中国特色社会主义经济建设协同创新中心(以下简称"中心")与协同单位中国人民大学、南开大学一起,创办"政治经济学大讲堂",并于2016年1月10~16日由中国人民大学经济学院以"当代中国马克思主义政治经济学"为中心内容承办第一期高级研修班,于4月8~12日以"中国特色社会主义政治经济学"为中心内容承办第二期高级研修班。两次研修班邀请了国内政治经济学领域知名的专家学者授课,结合中国实践深入学习了马克思主义政治经济学基本原理,探索构建中国特色社会主义政治经济学,受到广大学员的一致好评,在理论界、教育界产生了广泛的社会影响。

为进一步扩大取得的成果和影响,2016年7月25~31日由南开大学经济学院、中国人民大学经济学院和南开大学政治经济学研究中心在南开大学承办了"政治经济学大讲堂"第三期高级研修班。本期研修班围绕"当代中国经济与世界"的主题,先后由逄锦聚、高峰、佟家栋、张宇、高培勇、陈宗胜、常修泽、何帆、贾根良、景维民、梁琪、盛斌、谢富胜、朱安东、何自力、刘凤义等教授担任主讲教师，讲授专题包括中国特色社会主义政治经济学的民族性与世界性、中国对外贸易发展的形势与对策、我国新一轮财税体制改革的基本方向和功能定位、经济发展中的收入分配、包容性改革与全方位深化改革的战略选择、人民币国际化的进展及其遇到的挑战、经济新常态与中国银行业转型和发展、如何构建开放型经济新体制、世界资本主义的危机与中国的选择、全球生产网络和当代帝国主义理论、第四次工业革命与智能工业化、西方国家经济停滞常态化的成因与影响、金融资本主义的新发展及其危机、发达国家市场经济模式多样性的政治经济学分析、俄罗斯国家治理与经济增长等。该期授课内容比较全面地反映了运用马克思主义政治经济学基本原理研究中国经济和世界经济问题的最新成果，展示了马克思主义政治经济学的科学魅力。来自全国高校、党校、社科院等教学和研究机构的160余名学员参加了研修班。研修期间，教师与学员教学相长，就改革开放和现代化建设中提出的重大理论和实践问题进行充分讨论和交流。大家表示，通过研讨视野大开，受益良多，进一步加深了对中国特色社会主义政治经济学的认识和理解。

  政治经济学大讲堂的创办和三期高级研修班的举办是一个良好的开端，今后还将进一步发挥中国特色社会主义经济建设协同创新中心的协同优势和南开大学、中国人民大学等协同单位的学科优势，举办多期这样的研修班，坚持以问题为导向，每期选择一个中心议题，进行系统深入的研讨，并力求取得较高水平的成果。以此为推动学习贯彻以习近平同志为核心的党中央治国理政新理念新思想新战略，为坚持和发展当代中国马克思主义政治经济学，构建中国特色社会主义政治经济学学科体系、理论体系和话语体系，为服务改革开放和现代化建设，实现"两个百年目标"和民族复兴的中国梦做出有益的贡献。

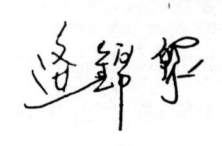

2016年12月

目 录

逄锦聚	**第一讲 中国特色社会主义政治经济学的民族性与世界性**/1	
	一、马克思主义政治经济学发展的最新阶段/1	
	二、中国特色社会主义政治经济学的民族性/4	
	三、中国特色社会主义政治经济学的世界性/7	
	四、关于学习别国经验和理论与经济学国际化/9	
	五、开拓创新为世界经济和经济学的发展贡献中国智慧/11	
佟家栋	**第二讲 国际分工的发展、中国威胁与国际经济保护主义新态势**/13	
	一、马克思主义的分工理论/13	
	二、现代分工体系的发展/14	
	三、发展中国家对外贸易发展与中国威胁/16	
	四、顺应经济全球化，实现合理的国际分工/28	
	五、结论/29	
何自力	**第三讲 资本主义经济停滞常态化：表现、动因和影响**/32	
	一、西方资本主义经济停滞常态化的表现/33	
	二、西方资本主义经济停滞常态化的原因/39	

　　　　　　　三、西方资本主义经济停滞常态化的影响 / 42

　　　　　　　四、结论 / 46

朱安东　**第四讲　金融资本主义的新发展及其危机** / 48

　　　　　　　一、许多国家经济陷入困局：经济停滞与金融泡沫共存 / 49

　　　　　　　二、困局的直接原因：发达国家"劫贫济富"的
　　　　　　　　　危机应对政策 / 54

　　　　　　　三、困局的基础性原因：金融垄断资本的统治 / 60

　　　　　　　四、世界资本主义的未来 / 62

梁　琪　**第五讲　中国宏观审慎政策工具的有效性研究** / 63
李　政
卜　林　　　一、引言 / 63

　　　　　　　二、文献回顾 / 64

　　　　　　　三、研究设计 / 68

　　　　　　　四、实证结果与分析 / 72

　　　　　　　五、主要结论与政策建议 / 78

景维民　**第六讲　俄罗斯的"国家资本主义"与经济发展** / 80

　　　　　　　一、当代"国家资本主义"争论的缘起 / 81

　　　　　　　二、俄罗斯"国家资本主义"的特征及其对经济
　　　　　　　　　社会发展的影响 / 83

　　　　　　　三、俄罗斯"国家资本主义"的内在矛盾与
　　　　　　　　　面临的挑战 / 89

　　　　　　　四、俄罗斯"国家资本主义模式"的发展前景 / 95

张 宇	**第七讲**	**当代资本主义的发展趋势与我国的应对方略** / 98
		一、当代资本主义新的阶段性特征 / 98
		二、推动产业集中，培育本土跨国公司 / 102
		三、稳步推进金融开发，防范金融危机 / 105
		四、在对外开放中坚持走自主发展道路 / 107
		五、实施"互利共赢"的对外开放战略 / 112
常修泽	**第八讲**	**人本经济学与结构转型探讨** / 117
		一、中国经济内部的结构性矛盾 / 118
		二、中国经济结构转型必须"以人的发展为导向" / 122
		三、"人本型结构论"在六个结构中的战略铺陈 / 125
		四、真刀真枪改革：为"人本型结构"提供制度支撑 / 134
贾根良	**第九讲**	**第三次工业革命与智能工业化** / 139
		一、美国学派"能量生产率"的工业化理论 / 140
		二、马克思的机器大工业理论及其当代意义 / 146
		三、资本的智能生产率理论和工业智能化理论 / 152
		四、结语 / 157
高 峰	**第十讲**	**关于资本积累的几个问题** / 161
		一、资本积累与资本主义经济 / 161
		二、资本积累的内在矛盾 / 163
		三、资本积累与技术进步 / 165
		四、资本积累的长期波动 / 167

	五、资本积累的地域不平衡 / 174
	六、资本积累的当代主要特征 / 178
刘凤义	**第十一讲 发达国家市场经济模式多样性的政治经济学分析** / 180
	一、为什么研究发达国家不同市场的经济模式 / 180
	二、关于发达国家市场经济模式多样性研究的不同范式 / 182
	三、马克思主义政治经济学关于发达国家市场经济模式多样性的研究方法 / 189
	四、美国模式与欧洲模式的比较 / 195
高培勇 汪德华	**第十二讲 本轮财税体制改革进程评估** / 214
	一、引言 / 214
	二、评估标准的界定：现代财政制度的基本特征 / 215
	三、预算管理制度改革：进展与问题 / 219
	四、税收制度改革：进展与问题 / 224
	五、财政体制改革：进展与问题 / 229
	六、作为一个整体的财税体制改革：亟待协调推进 / 232
	七、全面深化改革框架下的财税体制改革：基础和支撑作用尚需进一步到位 / 235
	八、主要政策建议 / 239
谢富胜	**第十三讲 全球生产网络和当代帝国主义理论** / 249
	一、全球生产网络 / 249

二、古典帝国主义理论/253

三、新帝国主义理论/258

四、21世纪的帝国主义/261

陈宗胜 | **第十四讲　我国的收入分配格局与避免中等收入陷阱**/264

一、关于收入分配格局的研究方法、研究思路/265

二、我国当前的收入分配格局是怎样的/266

三、避免中等收入陷阱的风险/271

四、国际上其他国家的经验与教训/274

五、理想的分配格局需要哪些条件/278

六、主要的结论及政策建议/283

盛　斌 | **第十五讲　构建开放型经济新体制的框架与战略**/285

一、中国传统模式的开放型经济体制/286

二、中国开放型经济发展面临的新形势新挑战/286

三、开放型经济新体制的政策框架/287

四、构建开放型经济新体制的战略/290

第一讲

中国特色社会主义政治经济学的民族性与世界性

逄锦聚

逄锦聚,南开大学经济学院教授、博士生导师;历任南开大学副书记、副校长,教育部高等学校经济学学科专业教学指导委员会主任委员等职,现任中国特色社会主义经济建设协同创新中心主任、教育部人文社会科学重点研究基地南开大学政治经济学研究中心主任,国务院学位委员会马克思主义理论学科评议组召集人,中央马克思主义理论研究和建设工程咨询委员、《马克思主义基本原理》编书组首席专家等职。任第一主编的《政治经济学》和主持完成的《经济学创新人才培养的理论与实践探索》分别获高等教育国家级教学成果一等奖,专著《马克思劳动价值论的继承和发展》获中华优秀出版物(著作)奖,《逄锦聚自选集》获天津市哲学社会科学特别奖。2006年获中共中央组织部、中宣部、人事部、科技部授予的全国"杰出专业技术人才"荣誉称号和奖章。

自马克思主义进入中国,经过新民主主义革命时期和社会主义经济建设时期的长期探索,到改革开放新时期的今天,中国特色社会主义政治经济学已经形成并正在进一步发展。中国特色社会主义政治经济学既揭示了中国特色社会主义经济的特殊规律性,也揭示了人类经济发展的一般规律,既具有民族性,也具有世界性,是中国人民智慧的结晶,也是人类的共同财富。

一、马克思主义政治经济学发展的最新阶段

"当代中国哲学社会科学是以马克思主义进入我国为起点的,是在马克思主

义指导下逐步发展起来的。"① 中国特色社会主义政治经济学也是这样。

马克思主义进入中国之前，马克思主义政治经济学的创立和发展已经经历了两个阶段：一个阶段是马克思恩格斯创立和发展的马克思主义政治经济学的阶段。自马克思主义诞生开始，就包括了丰富的政治经济学内容。马克思《1844年经济学哲学手稿》，马克思、恩格斯《德意志意识形态》，以及马克思《哲学的贫困》等，"提出了一系列新的经济学观点"，"包含着后来在《资本论》中阐发的理论的萌芽"。② 马克思的《资本论》被公认是马克思主义政治经济学最具代表性的经典著作，是马克思主义政治经济学的集大成之作。当然，马克思恩格斯的政治经济学经典著作，不局限于《资本论》《共产党宣言》《政治经济学批判序言》《政治经济学批判导言》《反杜林论》《社会主义从空想到科学的发展》等，都是至今仍然具有重要指导作用的经典著作。在这些经典著作中，包含了极其宝贵的政治经济学基本原理。这些原理可概括为：一是基本立场。以人民为中心，代表最广大人民群众的根本利益，是马克思主义政治经济学的根本立场。二是基本方法。辩证唯物主义和历史唯物主义是马克思主义政治经济学的根本世界观和方法论。三是商品经济、社会化大生产的一般规律。包括劳动价值论、分工协作理论、提高劳动生产率理论、商品生产商品交换理论、价格和价值规律理论、货币及货币流通规律理论、实体经济与虚拟经济理论等。四是对资本主义经济的分析和得出的理论。这些理论最核心的是在劳动价值论基础上揭示的剩余价值规律及剩余价值生产理论和分配理论、资本积累理论、资本循环周转和社会资本再生产理论、竞争和垄断理论、资本主义危机理论等。五是在对资本主义分析基础上，按照人类社会发展规律对未来共产主义社会科学预测得出的理论。包括全社会占有生产资料的理论、按劳分配理论、按比例分配社会劳动理论、有计划组织生产理论等。上述这些原理，除了第四类以外，其他几类原理对当代中国都有直接的指导意义，即使第四类原理，如果抛掉其资本主义生产关系的性质，对今天我国发展社会主义市场经济，进行经济建设改革经济发展也具有重要指导意义。这是我们发展中国特色社会主义政治经济学要坚持以马克思主义为指导的根本原因所在。

另一个阶段是列宁等继承和发展马克思主义政治经济学的阶段。马克思恩格斯之后，列宁等继承和发展了马克思主义政治经济学，其最重大的成就是揭示了资本主义进入国家垄断阶段后呈现的本质特征，并对社会主义经济制度建立后，

---

① 习近平：《在哲学社会科学工作座谈会上的讲话》，人民出版社2016年版。
② 《马克思恩格斯文集》第1卷，人民出版社2009年版，第2、5页。

如何进行社会主义经济建设进行了初步的探索，其代表性的经典著作如《帝国主义是资本主义的最高阶段》《论粮食税》《新经济政策和政治教育委员会的任务》等。

十月革命一声炮响，给中国送来了马克思列宁主义。马克思主义传入中国之后，马克思主义政治经济学的发展也经历了两个阶段：一个阶段是以毛泽东等为代表的中国共产党人带领中国人民对马克思主义政治经济学的继承和发展阶段。包括对新民主主义社会经济的探索，由新民主主义向社会主义过渡时期经济的探索，以及社会主义经济制度确立以后到改革开放以前一段时期经济建设的探索。形成了马克思主义中国化的第一个伟大成果——毛泽东思想，其中包括丰富的政治经济学理论，如新民主主义经济理论，社会主义社会的基本矛盾、主要矛盾理论，统筹兼顾、注意综合平衡，以农业为基础、工业为主导、农轻重协调发展等重要理论等。其代表性的经典著作，如毛泽东的《新民主主义论》《论十大经济关系》《关于正确处理人民内部矛盾的问题》等。

另一个阶段是改革开放以来，以邓小平、江泽民、胡锦涛、习近平为代表的中国共产党人带领全国人民对马克思主义政治经济学的继承和发展，包括对社会主义本质的探索，对社会主义所处发展阶段的探索，对社会主义基本经济制度、分配制度的探索，对社会主义市场经济和社会主义市场经济条件下政府与市场关系的探索，对经济改革理论的探索，对发展理论、开放理论、宏观调控理论的探索等，形成了马克思主义中国化的又一个伟大成果——中国特色社会主义理论体系，其中包括丰富的政治经济学理论。如社会主义本质和人民中心理论，社会主义初级阶段理论，社会主义基本经济制度理论，促进社会公平正义、逐步实现全体人民共同富裕的理论，发展社会主义市场经济、使市场在资源配置中起决定性作用和更好发挥政府作用的理论，全面深化改革理论，企业改革理论，宏观经济运行和调控理论，创新协调绿色开放共享的发展理念的理论，我国经济发展进入新常态的理论，推动新型工业化、信息化、城镇化、农业现代化相互协调的理论，用好国际国内两个市场、两种资源的理论等。这些理论成果，是适应当代中国国情和时代特点的中国特色社会主义政治经济学的重要理论，不仅有力指导了我国经济改革和发展实践，而且开拓了马克思主义政治经济学新境界。[①]

在马克思主义政治经济学在中国的传播、学习、继承和发展中，无论是在新民主主义革命时期，还是在社会主义建设改革开放时期，中国的知识分子发挥了不可替代的重要作用，所取得的经济学理论成果，对于中国的革命和经济建设发

---

① 《习近平在中共中央政治局第二十八次集体学习时强调，立足我国国情和我国发展实践，发展当代中国马克思主义政治经济学》，载《人民日报》2015年11月25日。

挥了不可替代的重要作用。在这一过程中形成的大量学术成果——论文、专著、教科书，都是中华民族宝贵的财富。[①]

无论从发展的历史看，还是从包含的内容看，中国特色社会主义政治经济学，都堪称马克思主义政治经济学基本原理与当代中国实践相结合，同时吸取中国历史优秀文明成果，借鉴世界上别国优秀文明成果的产物，是马克思主义政治经济学的最新发展，是中国化、时代化了的当代中国马克思主义政治经济学，标志着马克思主义政治经济学发展进入到新的阶段。

二、中国特色社会主义政治经济学的民族性

所谓民族性，就是与世界性相对应的中国特色、中华民族特色。从哲学的意义上讲也就是与一般性、普遍性相对应的特殊性。

中国特色社会主义政治经济学的民族性包括两重含义：一重含义是与实行非社会主义制度的国家相比较，在基本立场、基本观点、基本方法和表现形式上呈现的民族性；另一重含义是与马克思恩格斯设想的未来社会和现实中实行社会主义制度的其他国家相比较，在基本理论观点和表现形式上呈现的民族性。而决定这些基本立场、基本观点、基本方法和表现形式民族性的，是中国特色社会主义政治经济学赖以形成和发展的中国基本经济制度、基本实践和特殊历史文化的民族性。

就基本立场、基本观点、基本方法而言，中国特色社会主义政治经济学具有鲜明的民族特色。它坚持以人民为中心的基本思想和代表广大人民群众利益的基本立场，运用辩证唯物主义和历史唯物主义的方法论，揭示中国特殊的社会主义初级阶段的生产力发展水平和与之相适应的生产关系、交换关系，研究社会主义初级阶段基本经济制度和分配制度的规定性，分析社会主义市场经济与公有制经济的相容性及其运行机制和经济体制，分析国有企业改革，政府与市场的关系，揭示如何实现创新、协调、绿色、开放和共享发展等。所有这一切，与世界上实行非社会主义制度的国家相比，具有根本的区别，是在这些国家的经济学中不可能找到的。即使在一些实行社会主义制度国家的经济学中，如社会主义初级阶段理论、社会主义市场经济及其体制理论、以农村家庭联产承包制为基础的农村改

[①] 关于学术界的理论贡献，可参见张卓元、厉以宁、吴敬琏主编：《20世纪中国知名科学家学术成就概览（经济学卷）》第一、二、三分册，科技出版社2015年版。

革理论、中国特色新型城镇化理论、精准扶贫理论等，也是找不到的。有些甚至在马克思恩格斯的经典著作中也是找不到的。这是当代中国特色社会主义政治经济学呈现出的独特的民族性、特殊性，是世界上任何别的经济学不可替代的。

中国特色社会主义政治经济学呈现出的这些民族性，归根结底是由中国特殊的基本经济制度和实践决定的。首先，中国实行社会主义制度，处在社会主义初级阶段，是最大的、最基本的国情。相对于西方发达国家经济学研究资本主义经济制度下的资源配置而言，中国特色社会主义政治经济学研究的是社会主义制度下——在当代中国是社会主义初级阶段——的经济运动规律。中国特色社会主义是根植于中国大地、由历史选择、反映中国人民意愿、适应中国和时代发展进步要求的社会主义。其本质是科学社会主义，而不是别的什么主义。中国特色社会主义具有科学社会主义的一切本质要求：奋斗目标是共产主义，根本目的是为了每个人的自由而全面的发展；为了实现奋斗目标和根本目的，坚持公有制为主体多种所有制经济共同发展的基本经济制度和分配制度；最大限度地解放生产力、发展生产力，消除两极分化，消灭剥削，实现共同富裕；坚持共产党领导，实行依法治国，实现社会和谐，创新、协调、绿色、开放、共享发展等。正如2012年11月习近平在中央政治局第一次集体学习时指出，"中国特色社会主义特就特在其道路、理论体系、制度上，特就特在其实现途径、行动指南、根本保障的内在联系上，特就特在这三者统一于中国特色社会主义伟大实践上"。[①]

其次，中国特殊的历史、特殊的文化等也是决定中国特色社会主义政治经济学民族性的有别于其他国家的基本国情。中国人口多，生产不够发达，人均国内生产总值至今排在世界80位左右，而且城乡、地区发展很不平衡。这样的一个发展中大国，要从计划经济体制转变为社会主义市场经济体制，从封闭半封闭状态走向开放，从落后生产走向现代化强国，是人类历史上不曾有过、任何别的国家无法比拟的。当代中国是历史的中国的发展。我国是有数千年历史的文明古国，历史上曾经有过经济发展的辉煌，特别是农耕文明长期居于世界领先水平，即使对外开放，也曾经领世界各国之先。公元前139年汉武帝派遣张骞出使西域，开辟丝绸之路；公元1405年明朝郑和下西洋，开辟航海之路；指南针的发明和在航海中的应用，甚至为经济全球化的发轫做出了历史性贡献。但在近代，由于封建制度的没落和外敌的侵入，我国沦为半封建半殖民地的社会，经济落后，人民饱受欺凌。直到新中国成立，经过艰苦曲折的探索，我们走上了改革开

---

① 习近平：《紧紧围绕坚持和发展中国特色社会主义学习宣传贯彻党的十八大精神》，引自《习近平谈治国理政》，外文出版社2014年第1版，第9页。

放和现代化建设之路，开始走向新的辉煌。中华民族是一个勤劳勇敢不屈不挠的民族，在几千年的经济发展中，我国产生了丰富的富有中国特色的经济思想，体现了中国人几千年来积累的知识和智慧，中华民族的这些深厚文化传统，是我国的独特国情和优势，为发展中国特色社会主义政治经济学提供了丰富滋养。

从政治经济学的产生和发展史看，政治经济学首先是从研究个别国家、特定发展阶段开始，并且呈现各个国家的民族性。恩格斯曾经讲过："人们在生产和交换时所处的条件，各个国家各不相同，而在每一个国家里，各个世代又各不相同。因此，政治经济学不可能对一切国家和一切历史时代都是一样的。""因此，政治经济学本质上是一门历史的科学，它所涉及的是历史性的即经常变化的材料；它首先研究生产和交换的每个个别发展阶段的特殊规律……"①。恩格斯这里讲的，实际上是政治经济学首先只能以它的民族性、特殊性呈现出来。

承认这种民族性特殊性，我们就要加强对当代中国丰富实践的研究，总结提炼改革开放和社会主义现代化建设的经验，揭示其规律性，以不断完善中国特色社会主义政治经济学理论体系；同时要加强对中华优秀传统文化中经济思想的挖掘和阐发，使中华民族优秀的经济思想与当代经济思想相适应、与现代经济发展相协调，把具有当代价值的经济思想弘扬起来；推进充分体现中国特色、中国风格、中国气派的政治经济学建设。这是历史赋予我们的神圣使命。

认识中国特色社会主义政治经济学的民族性极其重要，它要求我们要从中国实际出发，把马克思主义基本原理与中国的实际结合起来，同时借鉴别国的优长，既不照抄照搬，也不教条主义，要坚持中国特色社会主义政治经济学基本原则不动摇。

对于中国特色社会主义政治经济学民族性的认识，大多数学者是清醒的，但是也有人认为世界上只有一种经济学，即西方现代经济学，所以就无所谓中国特色社会主义政治经济学。这种认识事实上否认了中国特色社会主义政治经济学的民族性，否认了建设中国特色社会主义政治经济学的必要性。这样的主张，从哲学意义上是否认一般性存在于特殊性之中的一般原理，从经济学意义上就是以西方发达国家的主流经济学取代中国特色社会主义政治经济学。实际上，只要看看历史和当代世界实践就不难发现，世界上还没有哪个大国没有自己的根本理论而靠照抄照搬别国理论而取得成功的。相反，就在当今世界，"按照西方主流理论转型的国家大多出现经济崩溃、停滞、危机不断，少数在转型中取得稳定和快速

---

① 恩格斯：《反杜林论》，引自《马克思恩格斯文集》第9卷，人民出版社2009年版，第153～154页。

发展的国家，推行的却都是被西方主流理论认为是最糟的双轨渐进的改革。"①这样的事实应该引起我们的深思。

三、中国特色社会主义政治经济学的世界性

所谓世界性，就是与民族性相对应的国际性和世界意义，从哲学的意义上讲也就是与特殊性相对应的一般性、普遍性。

中国特色社会主义政治经济学的世界性也包括两重含义：一重含义是在中国特色社会主义政治经济学的民族性内容中，包含着人类共同的价值追求，具有世界范围经济学理论的一般性和普遍性；另一重含义是中国特色社会主义政治经济学应该而且可以与别国经济理论与实践相互学习和借鉴。

就第一重含义而言，中国特色社会主义政治经济学除了基本经济制度、分配制度等内容外，涉及资源配置、社会化大生产、市场经济运行、经济发展等内容，包含了许多经济学的一般性和普遍性。这些一般性和普遍性，表现在五个方面：

第一，中国特色社会主义政治经济学包含着人类共同的价值追求。中国特色社会主义政治经济学坚持以人民为中心的思想，以每个人的自由而全面的发展为根本目的，坚持把增进人民福祉、促进人的全面发展，作为经济发展的出发点和落脚点，这反映了人类对美好生活的共同向往。同时，中国特色社会主义政治经济学致力消除贫困，消除两极分化，朝着共同富裕方向稳步前进，而消除贫困，消除两极分化，是当代人类面临的突出问题之一，解决这些问题是人类追求的共同目标。

第二，中国特色社会主义政治经济学揭示了市场经济、社会化大生产和资源配置的一般规律。中国特色社会主义政治经济学在分析资源配置和社会主义市场经济运行中，揭示了包括价值规律、货币流通规律以及价格机制、供求机制、竞争机制等市场机制发挥作用的规律性。在分析社会化大生产中，揭示了社会化大生产的一般规律，如劳动时间节约规律、按比例分配社会劳动时间规律，社会再生产规律、人口资源环境协调规律等，这些规律不是社会主义经济特有，而是一切发展市场经济和社会化大生产的经济形态中共有的。

第三，中国特色社会主义政治经济学揭示了经济相对落后的发展中国家向经济现代化发展的一般规律。中国特色社会主义政治经济学在分析中国现代化道路

---

① 林毅夫：《以理论创新繁荣哲学社会科学》，载《人民日报》2016年5月18日。

的特殊性中，揭示了经济相对落后的发展中国家向经济现代化发展道路的一般性。如把经济建设作为中心，把解放生产力、发展生产力作为根本任务，重视学习借鉴发达国家的经验，重视科技创新对经济发展的推动作用，重视经济结构特别是产业结构的优化和调整，重视逐步消除城乡二元结构的差别，重视工业化与信息化的结合等。同时中国特色社会主义政治经济学致力社会和谐，坚持创新、协调、绿色、开放、共享的发展理念，不断破解经济发展难题，开创经济发展新局面。这反映了历史发展的进步方向。

第四，中国特色社会主义政治经济学揭示了经济转型的一般规律。经济转型包括经济体制转型和经济发展方式转型。中国特色社会主义政治经济学在分析中国经济体制改革、经济方式转变进程的特殊性中，包含了经济转型国家经济体制和经济发展方式转型的一般性、普遍性。如重视发挥市场在资源配置中的基础决定作用，同时重视更好发挥政府的作用，重视从粗放经济发展方式向集约型发展方式的转变，重视妥善处理稳定、改革与发展的关系，重视依法治国等。

第五，中国特色社会主义政治经济学揭示了经济全球化条件下的开放经济的一般规律。适应时代潮流，中国特色社会主义政治经济学重视对经济全球化正负效应的分析，反对贸易保护，倡导互利共赢的开放战略，发展更高层次的开放型经济，致力和平发展，强调互利互惠，积极参与全球经济治理，构建人类命运共同体。这反映了人类和平发展、平等发展、共同发展的共同心声。

相对于对中国特色社会主义政治经济学民族性、特殊性的认识，我们对其世界性、一般性的认识，显得不足。实际上，在经济全球化成为时代潮流、和平发展成为主要问题的当代世界，任何国家都难游离之外，独善其身，任何经济理论如果完全自我封闭，也不可能真正指导实践，为人类共同发展做出贡献。而强调并自觉加强中国特色社会主义政治经济学所包含的这些世界性和普遍性，表明作为人类文明，当代中国特色社会主义政治经济学不仅属于中国，也属于世界。我们尊重别国人民的道路、制度和理论选择，但世界各国文明可以互相借鉴。中国特色社会主义政治经济学应该以更加开放的姿态走向世界，为世界文明发展、人类共同进步做出更大贡献。

事实上，在过去的实践中，中国特色社会主义政治经济学，不仅为中国的改革发展提供了理论指导，而且也对世界一些国家特别是发展中国家的改革发展提供了借鉴。

首先，中国特色社会主义政治经济学对于后发国家如何在现代条件下加快自己的理论创新和经济发展具有启示。中国特色社会主义政治经济学的理论创新，是思想解放的结果，又极大地促进了思想的进一步解放。在中国特色社会主义政治经济学理论的指导下，中国改革开放和现代化建设的实践，极大地促进了生产力的发展。中国可以做到的事情，许多发展中国家、新兴经济体也应该可以做得到。特别是，在中国特色社会主义政治经济学的指导下，中国已经从低收入国家跨入中等收入国家，目前又正在从中等收入国家向高收入国家跨越，全面建成小康社会，这些都可以为发展中国家跨越中等收入陷阱提供启示和借鉴。

其次，中国特色社会主义政治经济学对于转型国家也不无启发。从传统计划经济体制向社会主义市场经济体制转变，从封闭半封闭经济向开放经济转变，从粗放经济方式向集约型发展方式转变，中国是世界上公认的比较成功的国家。抛开基本经济制度因素，中国的渐进式、"摸着石头过河"，先农村改革后城市改革、先沿海开放再全面开放、先试点后推广，把稳定同发展紧密结合的改革理论；重视科技创新、结构调整，重视国内国外两个市场、两种资源等，可以为转型国家提供有益借鉴。

最后，中国特色社会主义政治经济学，即使对于发达国家也不无启发。当今世界，现代科技特别是互联网、信息技术迅猛发展，经济全球化不断扩大，世界变成了地球村。2008年世界金融危机后，各国正抓紧调整各自发展战略，推动变革创新，转变经济发展方式，调整经济结构，开拓新的发展空间。同时，世界经济仍处于深度调整期，低增长、低通胀、低需求同高失业、高债务、高泡沫等风险交织，主要经济体走势和政策取向继续分化，经济环境的不确定性依然突出，能源安全、粮食安全、气候变化等非传统安全和全球性挑战不断增多，[①] 世界面临许多共同重大挑战，使人类越来越成为命运共同体。在中国特色社会主义政治经济学理论的指导下，中国改革开放和现代化建设的实践，为世界的和平发展合作共赢做出了应有的贡献。中国的这些举措，符合国际惯例，对人类发展有益，与别国可以相互沟通、交流和学习。

四、关于学习别国经验和理论与经济学国际化

明确中国特色社会主义政治经济学的民族性和世界性，为中国特色社会主义政治经济学的中国化和国际化奠定了理论基础。

习近平总书记指出，强调民族性并不是要排斥其他国家的学术研究成果，而是要在比较、对照、批判、吸收、升华的基础上，使民族性更加符合当代中国和

[①]《习近平出席博鳌亚洲论坛2015年年会开幕式并发表主旨演讲》，载《人民日报》2015年3月29日。

当今世界的发展要求，越是民族的越是世界的。解决好民族性问题，就有更强能力去解决世界性问题；把中国实践总结好，就有更强能力为解决世界性问题提供思路和办法。这是由特殊性到普遍性的发展规律。①

应该指出，世界各个国家历史不同，国情不同，道路不同，文化不同，经济发展程度不同，但能够发展到今天，都有自己的经验和优长。特别是西方一些发达国家，市场经济和现代化进程要比我们早，发达程度要比我们高，资本主义制度确立以后的时间里创造的生产力，"比过去一切世代创造的全部生产力还要多，还要大。"② 作为在这样实践基础上形成的西方经济学理论，包含着一些科学的成分。认真地学习这些科学的成分，并在我国的实践中加以鉴别，分清楚哪些适合我们的国情，哪些不适合我们的国情，对科学而又适合我国国情的，不仅在实践中认真地加以应用，而且在发展中国特色社会主政治经济学中也加以吸收，这对我们是有益的。改革开放以前，我国基本排斥西方经济学，改革开放以来认真学习借鉴西方经济学，正反两面的经验说明了这样的道理。当然，西方经济学毕竟是在西方基本经济制度基础上产生的经济学，首先比较多地体现了西方发达国家经济理论的民族性、特殊性，所以，在学习西方经济学并运用到实践时，就要立足我国实际，有分析、有鉴别，绝不能不加分析地照抄照搬，更不能把它作为唯一准则，作为我国改革开放的根本指导理论。

中国特色社会主义政治经济学与别国经济学相互学习借鉴的过程，实际上就是国际化的过程。恩格斯在阐明政治经济学的特殊性之后，接下来讲过，政治经济学在首先研究并完成生产和交换的每个个别国家和个别发展阶段的特殊规律之后，能够"确立为数不多的、适合生产一般和交换一般的、完全普遍的规律。"③这是经济学可以国际化的最重要的理论基础。在经济全球化成为世界潮流的背景下，经济学国际化也将成为一种趋势。经济学国际化的使命是揭示经济全球化下各国人民共同的价值追求、利益追求和实现这种追求的经济发展、经济交往的"为数不多的、适合生产一般和交换一般的、完全普遍的规律"。它面对的首先是在经济全球化进程中人类所面对的急需解决的共同经济问题和挑战，各国经济学都应该为解决这些问题做出贡献，并在做贡献的过程中得到丰富和发展。

对于中国特色社会主义政治经济学而言，国际化包括两重含义：一重含义是学习借鉴别国经济学中包含的"适合生产一般和交换一般的、完全普遍的规律"；另一重含义是让中国的经济学走向世界，让其中包含的"适合生产一般和交换一

---

① 习近平：《在哲学社会科学工作座谈会上的讲话》，人民出版社2016年版。
② 马克思：《共产党宣言》，引自《马克思恩格斯选集》第1卷，人民出版社2012年版，第405页。
③ 恩格斯：《反杜林论》，引自《马克思恩格斯文集》第9卷，人民出版社2009年版，第153~154页。

般的、完全普遍的规律"为世界繁荣发展做出贡献。在过去的一段时间里,有人只强调前者,认为学习西方国家经济学是国际化,在国外发文章就是国际化。这种认识在改革开放初期尚可以理解,但到今天还是如此,就显得只讲表面不顾本质,只重一面不及其余,多的是盲目崇拜,缺的是中国人的骨气和理论自信。经济学的根基在实践,生命力在实事求是与时俱进。立足当代中国的实践,创新经济学理论,让中国特色社会主义政治经济学走向世界,为人类的共同发展做出贡献,这是经济学国际化的应有之意,也是每位经济学学者的责任,今天我们具有了这种现实可能,应该为此而努力。

五、开拓创新为世界经济和经济学的发展贡献中国智慧

强调民族性也好,世界性也好,关键在于创新。中国特色社会主义政治经济学有没有民族性,能不能为世界所认可,所接受,归根到底要看有没有主体性、原创性。跟在别人后面亦步亦趋,不仅难以发展中国特色社会主义政治经济学,而且解决不了我国的实际问题。不少学者都有出国学习、交流、讲学的经历,也会有切身的体会,如果我们到西方发达国家去讲西方经济学,很可能是"鲁班门前玩锛",讲得再好,大概也只有做小学生的份儿。如果我们讲中国改革发展和现代化建设的理论与实践,特别是能以国际上比较通行的方式和方法讲中国的故事,那么可能会受到赞赏和欢迎。外国人真正希望知道的,可能不是他们熟知的西方主流经济学,而是中国迅速发展的实践奥秘和理论真谛。所以中国特色社会主义政治经济学只有以我国实际为研究起点,提出具有主体性、原创性的理论观点,构建具有自身特质的学科体系、学术体系、话语体系,才能真正形成自己的特色和优势,也才能逐步为世界所重视、所接受。

理论的生命力在于创新,创新是中国特色社会主义政治经济学发展的永恒主题。实践总是在发展的,我国经济发展进入新常态,改革进入全面深化的攻坚阶段,新情况新问题层出不穷。中国特色社会主义政治经济学只有"立足我国国情和我国发展实践,揭示新特点新规律,提炼和总结我国经济发展实践的规律性成果,把实践经验上升为系统化的经济学说,不断开拓当代中国马克思主义政治经济学新境界",[①] 才能为中国为世界的发展贡献中国智慧,提供有用的理论指导

---

① 《习近平在中共中央政治局第二十八次集体学习时强调,立足我国国情和我国发展实践 发展当代中国马克思主义政治经济学》,载《党建》2015年第12期。

和支持。

　　发展中国特色社会主义政治经济学要增强问题意识,以改革开放和现代化建设提出的重大问题为主攻方向,着力对重大基本理论的系统研究和进一步阐释。实践是理论的源泉。我国经济改革发展和现代化建设实践蕴藏着理论创造的巨大动力、活力、潜力,中国特色社会主义政治经济学应该以我们正在做的事情为中心,从我国改革发展的实践中挖掘新材料、发现新问题、提出新观点、构建新理论,加强对改革开放和社会主义现代化建设实践经验的系统总结,提炼出有学理性的新理论,概括出有规律性的新实践。这是发展中国特色社会主义政治经济学的着力点、着重点,也是历史赋予我们的神圣使命,中国特色社会主义政治经济学应该为此做出新的贡献。

第二讲

国际分工的发展、中国威胁与国际经济保护主义新态势

佟家栋

佟家栋，南开大学经济学院教授，经济学博士，博士生导师，现任南开大学副校长、南开大学研究生院院长、南开大学WTO研究中心主任、欧洲问题研究中心主任、"世界经济论坛（达沃斯）夏季会议"天津筹备组组长；2012年受聘欧盟"让·莫内讲席教授"。国家"跨世纪优秀人才"（1998年）、教育部"优秀青年教师"（2000年）、教育部"优秀教材"一等奖（2003年）、中国国际贸易学会优秀奖（2005年）、天津市优秀社科成果一等奖（2007年）、文科"长江学者"特聘教授（2007年）、"国家级教学名师"（2008年）。

一、马克思主义的分工理论

马克思的分工理论是从古典经济学家亚当·斯密那里继承下来的。马克思认为，亚当·斯密的劳动分工理论比较准确、科学地刻画了手工业工人在手工工场生产过程中的分工。即通过劳动分工提高了劳动生产率，使工人能在同样时间内生产出更多的制成品。如果市场价格不变，采取分工劳动的工厂将获得更高的劳动生产率，从而获得更多的价值。在劳动力工资水平保持不变的条件下，资本家可以获得更多的剩余价值。资本主义生产进入机器大工业阶段以后，劳动分工成为机器的附属，它逐步成为机器分工的一个组成部分。一旦劳动者失去与之结合的劳动工具，就失去了工作机会，成为失业者。马克思的分工理论是分析资本主义生产关系，特别是劳动价值理论，从而成为剩余价值理论的基本出发点。他试

图揭示在整个资本主义生产中，工人的生产劳动是唯一能够实现增值的部分，虽然其他的生产要素知识参加了生产过程，但是它们对产品价值的贡献仅限于原有价值的转移，并形成产品成本的部分。进而说明，资本主义经济制度的剥削性质作为资本所有者与雇佣劳动者的利益对立关系，具有阶级利益的对立性质。

马克思将劳动分工推广到全球范围内生产分工时指出，资产阶级由于开拓了世界市场，使一切国家的生产和消费都成为世界性的了。进而指出，资产阶级挖掉了工业脚下的民族基础。古老的民族工业被消灭了，并且每天都还在被消灭。它们被新的工业排挤掉了，新工业的建立已经成为一切文明民族生命攸关的问题；这些工业所加工的，已经不是本地的原料，而是来自极其遥远的地区的原料；它们的产品不仅供本国消费，而且同时供世界各地消费。旧的、靠本国产品来满足的需要，被新的、要靠极其遥远的国家和地带的产品来满足的需要所代替了。过去那种地方的和民族的自给自足和闭关自守状态，被各民族的各方面的互相往来和各方面的互相依赖所代替了。①

从马克思完成并发表他的鸿篇巨著《资本论》（1876年）以来，社会生产力已经有了巨大的发展，马克思从逻辑上推论出的资本主义的终极归宿尽管没有发生变化，但它所存活的时间大大延长了。法国经济学家托马斯·皮凯蒂指出，资本主义制度的灭亡没有在马克思预言的那个时代到来，不是这个制度的完善，而是这个制度增加了自己的弹性（2014年）②。这个弹性的关键是第二次世界大战结束以后的一段时间，资本主义社会财富的分配中，两极分化的速度放慢，资本主义制度中尖锐的阶级矛盾有一定程度的缓和。然而，新的、更加复杂的矛盾又进一步出现了，现代分工体系已经发展到这样的程度，以致使资本主义社会现行制度难以驾驭。经济，乃至社会政治制度已经超出了一国政府能够约束或治理的范围。

二、现代分工体系的发展

伴随着经济特别是科技革命的发展，劳动分工已经从两个方面有了空前的发展：一个是微观领域；另一个是宏观领域。从微观上看，劳动分工使现代化的制造工厂不仅能够生产一种产品，而是能够生产一个系列的多档次、多种类的产

---

① 马克思：《共产党宣言》，人民出版社1997年版。
② 托马斯·皮凯蒂著：《21世纪资本论》，中信出版社2014年版。

品，不仅能够进行产品生产的车间分工，即每个车间专门生产特定的产品，而且劳动者之间也分别生产或加工不同的产品，从事不同的生产环节。从一国范围内看，同一家公司，根据不同地区收入水平的不同，需求特点不同，运输距离的长短不同，分设多家企业，形成主要供本地区消费的产品，以便减少运输成本，形成最佳的国内生产网络或供应网络。从全球看，同一家公司，根据生产或劳动过程细分为多个生产阶段，参照各国要素禀赋，根据要素成本的差异，将某个阶段的生产过程或装配过程设在密集使用要素而要素成本比较低的地区，该阶段的生产成本最低。在技术熟练程度高，但劳动成本比较高的地区安排较多使用高熟练劳动程度人员的生产环节。从国家的角度看，现在的生产分工已经跨出国界，跨国公司在全球范围内决定在国内还是国外安排特定产品的生产，以及特定生产阶段或生产环节的产品生产，乃至特定装配阶段的组装。

跨国界安排生产过程的基本依据是企业着眼于在全球范围内实现资源的最有效配置，从而使劳动生产率更高，产品的生产成本最低。为了实现技术垄断，跨国企业还要专门掌握先进的，可以带来高附加价值的技术，以便长期保持产品的生产优势，并垄断关键环节。因此，现代劳动分工已经从国内的产业分工向产业内分工发展，从产品生产的分工向产品内生产阶段和生产、装配环节发展；从国内分工获得一国的比较优势向国际分工，通过全球优势生产要素和优势资源获取全球绝对优势的阶段发展。劳动分工已经将全球的生产者联系在一起。现代化生产过程已经逐步走向全球化。

从产业分工发展的进程看，马克思在他的《政治经济学批判》中曾经深刻地分析了殖民地和宗主国之间的不平等的分工和交换关系。200多年以后的今天，各国之间的分工更加复杂。各国从国际分工进而国际贸易中的利益获得不再仅仅表现为从某种产品生产的比较优势中获利，更多的是从发达国家的跨国公司主导的国际分工中高附加价值的生产环节中获得利益。

从宏观角度看，马克思在《共产党宣言》中指出，人类社会的分工经历过农业和手工业的分工，农业、手工业和商业的分工，进而是制造业和农业的分工。随着机器大工业的出现，社会服务部门日趋发展，形成了第一产业、第二产业和第三产业的分工。伴随工业品制造业的发展，以信息技术为依托的高端智能技术及其服务业也发展起来，形成了四次产业。这种分工不仅局限在一个国家的范围内，甚至扩展到了国际范围。一些国家专门生产和加工农产品，一些国家专门生产或装配低端劳动密集型产品，一些国家专门生产技术含量较高的产品，还有一些国家成为全球资金调动和运作、信息服务和传送，并将现代分工体系联系起来的服务系统的提供者。

从亚当·斯密的劳动分工开始，到马克思分析资本主义机器大工业生产的分工中，马克思试图说明，伴随生产力的发展，这种分工一方面在环节上不断深化、细化；另一方面，在地域范围上不断向所有走向生产力发展、社会文明进步的地域扩展、延伸。这种地域扩展受到的第一个制约就是国家边界的存在。作为资本的本性，为了获得利润，它不惜将这种劳动分工延伸到任何可以获取最大限度的利润之处，国界的存在使政治上具有主权的国家必须考虑，这种资本跨国界流动、生产分工的扩展对本国利润、税收，乃至工人就业机会的增减变动。从生产过程输出国的角度要考虑这种分工扩展可能给本国带来的负面或者正面的影响，作为东道国也同样会考虑资本利益是否符合自己国家，乃至生产分工参与者甚至地方政府的利益。当这种利益关系的权衡超出一国范围时，不再是本国政府可以独立干预时，作为一国政府就难以操控，从而涉及国家与国家之间关系的协调与合作。

马克思原来所分析的殖民地与宗主国之间的不平等关系，在当今社会已经逐步细化到多国的，乃至全球分工体系之中。科学技术先进的程度和经济政治实力，成为全球分工的基础，从而各国的协调与合作演变成超出一国，甚至几个国家决定的形势，而演变成必须进行多边协调合作与权衡的格局。如果根据各国在国际生产分工所处的地位差异分类，这里可以分为工业化已经完成的发达资本主义国家，另一类就是尚未完成经济工业化的发展中国家。在分析两类国家分工关系时，这里存在两个重要的问题：一是发展中国家在全球分工中的地位和作用的问题；二是国际分工发展到今天，这两类国家对世界经济发展趋向的影响问题。

三、发展中国家对外贸易发展与中国威胁

2015 年是世界贸易组织（WTO）成立 20 周年，该组织统计了发达国家和发展中国家在国际商品贸易中所占的比重变化。该组织统计，1995 年时，发达国家在有形产品贸易中的比重是 73% 左右，发展中国家仅占 27%，到 2015 年，这个比例变成发达国家占 51%，发展中国家占 49%。显然，发展中国家在国际贸易中的作用日趋重要，在国际分工中的地位也日趋重要。图 2-1 中说明了这一点。

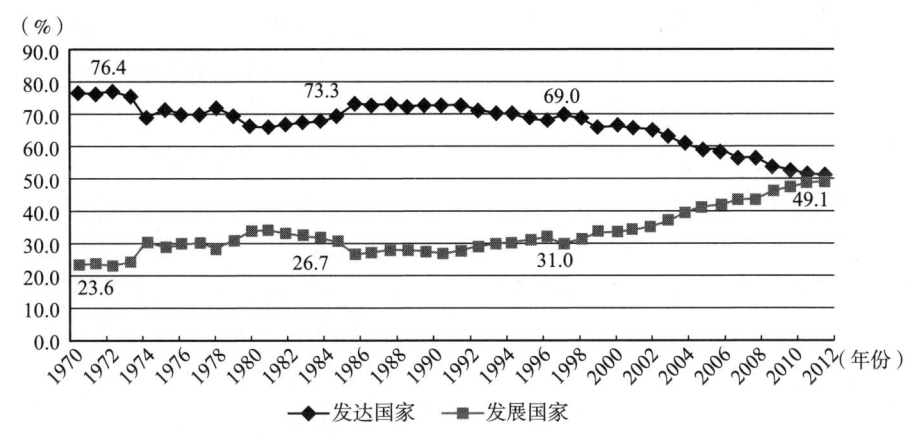

图 2-1 发达国家和发展中国家全球贸易占比

其中根本的原因在于发达国家和发展中国家在劳动生产率方面的绝对差异。具体情况如图 2-2 所示。由图 2-2 可以看出，典型的发达国家如美国的劳动生产率远远高于主要的发展中国家，甚至是远高于发展中国家情况比较好的"金砖五国"，特别是中国、印度、巴西和南非。近年来，尽管这种劳动生产率的差距在缩小，但其中的差距是明显的。一些学者的研究表明，如果按照全球价值链贸易来分析，发达国家在国际分工中所占有的附加价值是非常高的。这些发达国家

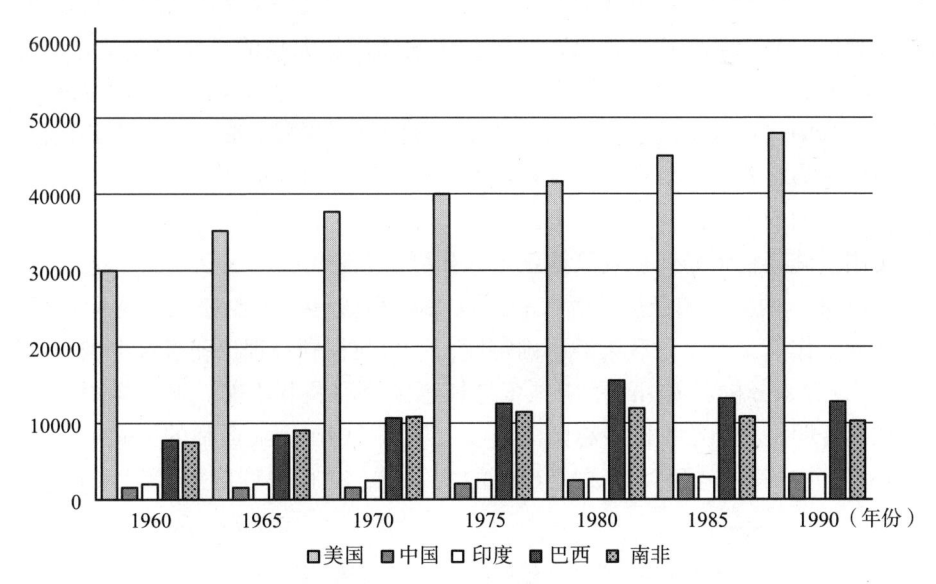

图 2-2 发达国家与发展中国家劳动生产率效率对比

处于当代国际分工的高附加价值阶段，而广大发展中国家处于全球价值链的低附加价值加工或生产阶段。由此可见，在全球分工中，发展中国家在国际分工中所处的地位是不容过度乐观的。如果我们要给这样一种国际分工状况下结论，我们宁可认为，发展中国家参与国际分工的程度在加深，但是，它们获得的经济利益并没有成比例地增加。[①]

在上述几个发展中大国中，中国的表现特别引人注目。自1978年中国经济改革开放以来，特别是中国加入世界贸易组织以来，对外贸易增长非常迅速。据世界贸易组织统计，1995年时，世界出口总额美国第一，德国第二，日本第三。2004年时，德国第一，美国第二，中国第三。2014年时，中国第一，美国第二，德国第三。近3年来，尽管中国的对外贸易总额和出口呈现负增长[②]，但是，其出口总额占全球总出口的份额仍然比较高，大约占12.5%。

由此，引起一些国家的恐慌，甚至大谈"来自中国的威胁"。2011年，美国经济学者大卫·奥特、大卫·多恩和格登·汉森在美国国际经济研究局的系列工作论文中发表文章，题目是"中国综合征：进口对美国进口竞争部门劳动力市场的影响"[③]。华尔街日报以"美国受来自中国的进口危害有多深？"为题转摘了该论文。该报用三位学者对美国多个州郡的统计数据，试图证明，美国从中国进口的廉价产品，表面上提高了美国人的消费福利，进而是收入水平，但是，中国进口对美国同类行业的"挤出效应"是明显的。这种进口挤掉了美国人的就业机会，进而使美国政府失业救济增加，财政赤字增长。进一步使美国的财政政策手段过于拮据，只能采取货币手段，甚至是被全球广泛诟病的量化宽松货币政策。而美国政府资金短缺，使政府难以支持那些失去劳动能力的人，使他们生活陷于艰难困苦当中。该篇论文暗示，保护主义对美国具有现实的必要性和重要性。论文作者们认为，如果更加自由的贸易还不那么值得反对，那么中国大规模且非常迅速地对美国的出口，构成了对美国同类产业的冲击，使它们猝不及防。他们暗示，美国实施某种贸易保护政策是正当的和可以理解的。

2014年，两位美国经济学者吉利·汉德赖和纳莫·隶茂在美国国家经济研究局系列工作论文中以《政策的不确定性，贸易与福利：理论和来自中国与美国的例证》，深入分析了美国给予中国贸易最惠国待遇及其影响。他们运用大量数据，试图证明，美国给中国最惠国待遇大大降低了中国企业面临的不确定的贸易政策环境，中国对外贸易，特别是出口的大发展，在很大程度上（22%～30%）

---

① 国内许多学者对全球价值链贸易及其利益分配都有分析，如张幼文教授等。
② 2016年第四季度，中国对外贸易出现了正增长，虽然有多种原因，但毕竟出现了转机的曙光。
③ 该论文2013年发表在《美国经济评论》上。

可以用美国给予中国的良好的贸易环境来解释。进而，他们运用计量模型模拟的结果表明，由于美国给中国创造的相对稳定的贸易环境比没有这种环境使中国的经济增长率额外提高了2%，中国企业的利润增加了50%。假设不给中国最惠国待遇，中国就会放慢经济增长的速度。引申的政策含义是，如果不给予中国最惠国待遇，中国会放慢追赶美国经济的速度。站在美国立场上的学者们为其政府提供了实施遏制中国贸易，乃至经济发展的政策药方，甚至为此提供了"坚实的理论基础"。

美国学者们研究的焦点主要有两个：一个是中国的大规模且迅速地对美国出口的增长挤掉了美国的同类行业，抢走了美国劳工的就业机会；另一个是对美国这样一个世界唯一超级经济大国地位构成了威胁。

按照马克思主义的观点，伴随着国际分工的发展和收入水平的提高，各国生产要素的价格就会发生变化，发达国家第二次世界大战后的基本机制已经形成，即劳动者的工资水平要伴随经济增长而调整。因而，发达国家经济的增长不可避免地造成劳动力成本的上升，其生产产品的成本也会随之提高，发达国家的劳动密集型产品，甚至一些资本密集型产品生产或装配的比较优势也会逐步丧失。这种成本上升，迫使美国的产业结构转向生产技术含量更高，劳动生产率更高的产业或部门，以寻求新的产业和产品竞争优势，形成新产业或新产品的国际竞争力。这个过程的不断延伸和升级，是发达国家逐步退出单纯靠生产要素投入来生产制成品的生产部门，要求它们更多地转向更加先进的生产环节或生产部门。从产业发展的规律看，这种发达国家在产业方面的调整，不是哪个国家推动的结果，而是经济发展过程的必然。另外，伴随发展中国家更多地参与到国际分工中去，这些国家居民的收入水平也提高了，因而又构成了它们对发达国家产品和服务的需求，从而为发达国家创造了新的就业机会。这种相互依赖关系的形成和强化是世界经济发展的必然规律。我们根据相关的数据库，运用网络分析方法，对最近20年中、美、日三国对外贸易的情况进行测算，结果表明，中国的对外贸易给主要贸易伙伴国经济增长带来的贡献已经超过美国和日本[①]。它表明，总体上看，中国经济发展给其他国家贸易和经济的发展做出了贡献。在就业方面，各国的变化，包括就业结构的变化，主要还在于该国内部产业结构的调整。这种调整造成了某些产业就业规模明显并绝对减少，而另外一些产业部门就业量增加了，或没有增加，或者更多地使用了人工智能技术。这种就业变化成为各国的敏感问题。

---

① 具体资料来源计算过程见附录。我们选定的典型列表结果见后面。

2016年2月,在美国国家经济研究局工作论文中,冯玲、李志远和来自美国加州大学戴维斯分校的德博拉·斯文森合作的论文《贸易政策的不确定性和出口:来自中国加入世界贸易组织的例证》在前面两位美国学者分析贸易政策不确定性的有关论述的基础上,将有关的观点延伸,运用新—新贸易理论分析了在异质性企业贸易理论之下,中国产品在出口的过程中所产生的自选择效应,使劳动生产率高的企业存在并发展起来,从而这些劳动生产率高的企业将美国的同类企业挤垮。换句话说,是中国高劳动生产率的企业迫使美国低效率企业倒闭,进而造成美国竞争性产业就业机会的萎缩。该文一方面强调了中国的出口确实带来了美国同类行业处于不利地位;另一方面,也揭示了这种因果关系的关键,即是中国在这些产品生产中的劳动生产率高于美国的同类产业或企业,导致美国在这类产品市场的竞争中处于不利地位。

问题的关键是,这种产业结构的调整正是美国企业自身的主动调整或国际化的结果。20世纪90年代中期开始,美国的经济学家杰弗里·威廉森及众多的美国经济学家[1],面对跨国企业所追求的生产全球化,展开了大量的分析。他们的分析表明,经济的全球化是跨国公司寻求高效率生产模式的必然结果。在他们看来,生产越是全球化,企业越是能够从国家分工和全球价值链分工中获得更大的利益。全球化会拉大各国收入水平的差距,进而对那些推动和主导国际化的国家是最有利的。美国是90年代以来经济全球化的倡导者和推动者,自然也会通过这种分工拉大与发展中国家经济发展水平的差距,从而使它们在全球占有更加优越的地位,继续保持其世界经济引领者的地位。同时,这种分工要求发达国家不断地将附加价值相对比较低的产品生产阶段或零部件的生产或加工阶段转移到国外,相应地,这些行业的特定生产阶段的就业机会可能转移到融入了全球生产分工或价值链中的发展中国家。这是一个资本的自然属性,而资本主义的国家从维护统治,保持社会稳定出发,更愿意这些资本和就业机会留在国内。如果该国的经济运行处在良好景气状态,这种资本与现代资本主义国家之间的目标差异可能并不尖锐,但是,当经济长期停滞或难以复苏时,资本的无国界追求高额利润与国家追求的目标之间的矛盾就会突出化。

另外,如果美国在转出这类企业或产业的同时,因为科技革命发展出新的更加先进的制造业,那么那些因为传统产业退出的工人被新的先进制造业所替代,由此所创造的就业机会,会吸收传统产业释放出来的劳动力。但是,美国

---

[1] 科尼克·哈利:《对奥鲁克和威廉姆森关于经济全球化与历史的综述》,载《经济文献杂志》2000年第12期,第926~935页。

的特殊地位是，它的产业发展决定于哪个产业或行业能够获取最大限度的利润，美国经济发展的历史表明，在推动经济和企业生产全球化以后，国内的产业向虚拟产业发展，从而发展现代服务业和金融业。这些产业的获利能力远远超过发展制造业，从而更多地将资源转向金融及其相应的服务行业。美国的这些产业获得了大规模的发展，创造了新的就业机会和就业者高水平的收入。美国《基督教科学箴言报》报道称，自制造业就业岗位在1979年达到顶峰以来，美国已经失去了逾700万工厂就业岗位。但商务部称，在用2009年的美元调整通胀后，除去原材料和其他一些成本，美国的工厂产值在同一时期内增加了1倍多，2015年达到1.91万亿美元。这意味着美国制造商在全世界排第二位，仅次于中国。

但是，那些由实体经济部门释放出来的劳动力布局受到新产业的技术或技能要求、知识水平要求的限制。因此，尽管国家的经济在迅速转型，但这些被释放出来的劳动力仍然处在失业当中，来自低工资国家的竞争让纺织品和家具制造等严重依赖劳动力的行业减少了就业岗位和生产。例如，美国纺织品生产自2000年以来减少了46%。在此期间，纺织品行业将在美国的工作岗位削减了36.6万个，即62%。图2-3是美国国家电视广播公司（CNN）报道的美国制造业就业机会下降的情况。

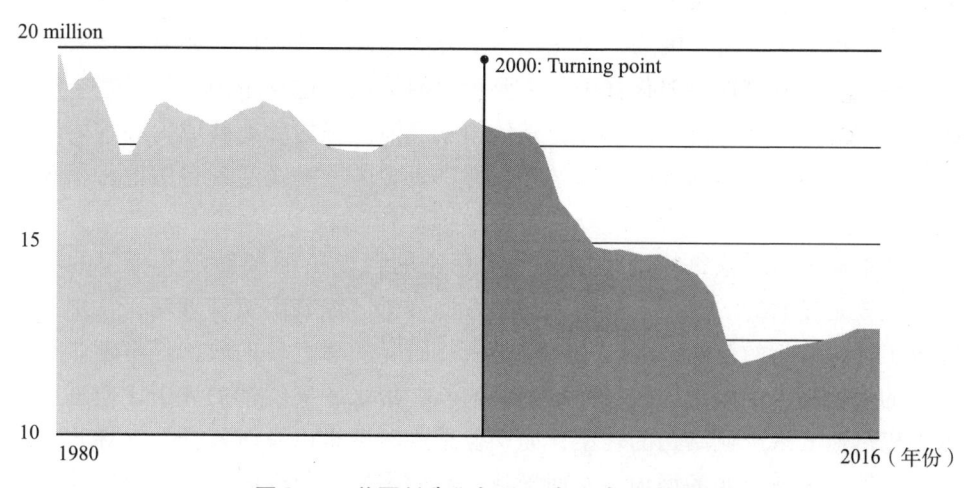

图2-3　美国制造业自2000年以来迅速下降

这种失业的增加是美国经济结构走向全球化过程中自主转型的结果。一些经济学家的研究表明，美国从失业现象的反向推理中，试图将此归咎到中国大量的产品进口和挤压，而不是全球经济结构的转变和美国自身的升级。

当代世界经济的复杂性在于，伴随经济的全球化，原有的国家利益已经具体化为相对应的利益集团的利益，表现为不同国家利益集团的对立。正是由于资本利益集团不断地追求经济的全球化，并伴随各国要素成本的差异，产生了国家之间就业机会的转移和替代。这是经济全球化过程中必然产生的。它是产业优势或生产环节或加工阶段的优势从一个国家转向另外一个国家的现实。正如乔布斯所说，出去的产业是很难再拉回来的。基于这样的原因，发达国家自己要为这些失业者提供新的就业机会，或为他们提供转向其他行业的培训。

然而，从一个行业转向新行业是非常艰难的。由于知识结构和接受教育年限的局限，从事实体经济工作的人群难以转向科技含量比较高的产业部门，进而难以适应生产劳动形式的变化。这些又进一步带来失业救济支出的增加，政府的财政支出也自然会增加。一般而言，只要该社会的总体收入水平在增长，政府税收的总水平会相应增加，税收也会相应增加，不会造成政府财政赤字的累积。但是，如果这种产业结构转型所需要的时间比较长，政府的财政赤字就会相应增加。当这种支出积累起来，可能导致政府出现财政危机或债务危机，政府可供选择的政策工具只能是货币政策了。美国，包括欧洲、日本这些国家在经济结构转型中都会产生类似的问题，从而使政府的干预政策倾向于量化宽松的货币政策。然而，量化宽松货币政策的长期使用将带来作为国际货币的国家货币信誉的下降，从而造成货币汇率的下浮，甚至作为国际货币储备地位的下降。这也是美国最担心的事情。因为，美元作为主要的国际储备货币，如果长期采取量化宽松，不可避免地会弱化其国际主要货币的地位，这也是国际货币基金组织改革呼声的主要动力之一。因此，其他国家实体经济的发展就成为寻找问题产生原因的重要领域。西方的一些学者，特别是美国的一些学者自然地将矛头指向中国。

如果从贸易理论，特别是国际分工理论的角度论证贸易及其分工的必然性，应该是显然的。然而，前述一些学者的分析已经超出贸易理论，特别是国际分工理论分析的范畴。美国的一些学者将研究的焦点转向政治经济学。这种分析的依据是，中国出口大量而迅速的增长，带来了突然性的冲击，使进口国家难以迅速实现产业结构的转型；而产业结构转型难以及时展开，又导致一些产业短期内大量失业的增加，从而导致一系列因失业救助问题和政府财政赤字积累。

按照马克思主义的分工理论，资本主义机器大工业的发展在历史上也曾经冲击了那些封建的殖民地、半殖民地的经济，使许多小手工业生产者、小商人顿时失去他们的竞争力，失去了他们赖以生存的狭小市场，失去了他们借以谋生的来源。特别是，在资本主义刚刚萌芽阶段，尚未实现健全的社会保障，因而外部资本主义的冲击是巨大而残酷的。依此推论，是否应该建立起相应的市场保护呢？比较当今的经济全球化过程，正是由于发达国家及其跨国公司推动经济的全球化，将附加价值比较低的加工、装配工作环节转移到发展中国家，其目的是发达国家及其跨国公司能够获取最大限度的利润，才产生了发达国家的实体经济或制造业产业的空心化。而发展中国家只是在经济全球化的冲击下，试图跟上经济全球化的步伐，以便获取一部分微薄的附加价值。据统计，如果按照国际贸易中的附加价值计算贸易利益，全球价值链贸易中，美国等发达国家生产了全部价值的70%以上，而发展中国家仅仅占20%多！因此，从全球价值链的角度思考，从国家利益的角度看，发展中国家制成品的出口，只是发达国家加速经济全球化的自然结果。

从中国的角度看，中国加入世界贸易组织后，中国的对外贸易和经济发展都出现了一个黄金时期。在此期间，中国的对外贸易环境有了极大的改善，相对比较自由的贸易环境和比较稳定的政策环境的可预见性，极大地调动了走向开放并希望富裕起来的中国人民的生产和出口积极性。与其说是突然的出口增加，还不如说他们试图抓住这个难得的发展机遇，因此，中国加入世界贸易组织的十几年，也是中国对外贸易迅速发展的时期。据统计，在中国加入世界贸易组织后的10年，出口贸易的增长率达到26%，与此同时，进口的年平均增长率也达到21%！就是说，中国对世界贸易的增长是双向的，既包含我们借助比较自由的贸易环境，增加了我们的出口，也相应地通过我们的进口带动了其他国家的出口。我们使用迪博尔德和伊尔马兹（Diebold and Yilmaz, 2014）提出的基于广义向量自回归方差分解（generalized vector auto-regression variance decomposition）（Koop et al., 1996; Pesaran et al., 1998; Yang et al., 2006）的网络分析法来分析中国经济增长（GDP）与世界主要国家经济增长（见表2-1）、中国出口增长与主要国家出口增长（见表2-2），以及中国出口增长与主要国家失业率（见表2-3）之间的关系①。表2-1与表2-2的结果表明，虽然相对于其他国家经济增长与出口增长对自身的贡献，中国整体上对其他国家的贡献略低，但这一差异主要产生在与一些发达国家之间，中国经济增长对许多新兴市场国家，如印度尼西亚、俄罗斯、巴西、南非等国家，在不同期间段内存在显著的正向促进作用。

---

① 计量方法与数据说明详见本文附录。

表2-1　中国经济增长与世界主要国家经济增长的关联情况，1995Q1~2015Q4

	Q=1（1季度）			Q=4（1年）			Q=8（2年）		
	From	To	Net-F	From	To	Net-F	From	To	Net-F
澳大利亚	4.66	3.57	1.09	2.46	3.20	-0.74	2.36	3.16	-0.80
比利时	1.57	2.26	-0.69	1.11	3.22	-2.11	1.33	3.28	-1.95
加拿大	0.68	1.01	-0.33	1.46	0.81	0.65	1.50	0.84	0.66
捷克共和国	0.55	0.43	0.13	1.78	1.53	0.25	1.62	1.55	0.08
丹麦	0.05	0.05	0.00	0.41	0.49	-0.07	0.48	0.49	-0.01
爱沙尼亚	2.88	3.09	-0.20	1.88	2.77	-0.89	1.73	2.74	-1.00
芬兰	0.47	0.74	-0.26	0.65	0.79	-0.14	0.74	0.84	-0.10
法国	0.79	1.68	-0.89	0.32	5.18	-4.85	0.59	5.15	-4.56
德国	1.67	2.34	-0.67	1.38	2.12	-0.74	1.51	2.09	-0.57
希腊	10.59	8.17	2.42	10.98	6.57	4.41	9.99	6.48	3.51
匈牙利	0.74	0.61	0.14	0.86	0.64	0.22	0.79	0.65	0.14
以色列	2.92	2.31	0.62	2.26	2.47	-0.21	2.27	2.45	-0.18
意大利	0.30	0.40	-0.09	0.43	1.65	-1.22	0.46	1.66	-1.20
日本	0.28	0.28	-0.01	0.24	0.80	-0.56	0.28	0.82	-0.54
韩国	1.24	0.95	0.29	1.10	0.70	0.40	1.08	0.76	0.31
墨西哥	0.84	0.85	-0.01	2.84	1.58	1.26	2.47	1.60	0.87
荷兰	0.29	0.32	-0.02	0.31	0.53	-0.23	0.32	0.54	-0.22
新西兰	2.52	2.26	0.26	2.32	3.29	-0.97	2.30	3.32	-1.02
挪威	1.93	3.03	-1.11	1.17	2.62	-1.45	1.21	2.73	-1.52
葡萄牙	1.68	2.20	-0.52	1.29	3.66	-2.38	1.14	3.63	-2.49
斯洛伐克	0.54	0.98	-0.45	1.06	2.19	-1.14	1.04	2.17	-1.14
斯洛文尼亚	1.20	1.49	-0.29	0.96	1.41	-0.45	0.77	1.41	-0.64
西班牙	0.21	0.25	-0.04	0.13	0.76	-0.63	0.23	0.80	-0.56
瑞典	2.90	3.28	-0.37	2.56	3.04	-0.49	2.62	2.99	-0.38
瑞士	1.85	2.23	-0.38	1.33	3.14	-1.81	1.42	3.28	-1.86
英国	1.69	2.01	-0.32	1.62	2.62	-1.01	1.60	2.64	-1.04
美国	0.57	0.76	-0.19	0.43	0.65	-0.21	0.54	0.80	-0.26
印度尼西亚	1.63	1.11	0.51	5.29	1.74	3.55	5.09	1.77	3.33
巴西	5.16	4.10	1.06	3.43	3.50	-0.07	3.36	3.45	-0.08
俄罗斯	0.01	0.01	0.00	4.12	1.19	2.94	4.03	1.22	2.81
南非	0.05	0.05	0.00	2.74	0.88	1.86	2.65	0.90	1.75
均值	1.69	1.70	-0.01	1.90	2.12	-0.22	1.86	2.13	-0.28

说明：From 指受到中国的经济增长的影响程度（%），To 指对中国经济增长的影响程度（%），Net-F 指该国经济增长受到中国的净影响（From-To），下同。

表2-2　中国出口增长与世界主要国家出口增长的关联情况，1992M1~2016M6

	M=1（1月）			M=3（1季度）			M=12（1年）		
	From	To	Net-F	From	To	Net-F	From	To	Net-F
澳大利亚	2.3	2.9	-0.6	1.9	2.8	-0.9	1.8	3	-1.2
奥地利	0.3	1.2	-0.9	0.4	1.2	-0.8	0.4	1.2	-0.8
比利时	0.4	1.3	-0.9	0.3	1.1	-0.8	0.4	1.1	-0.7
加拿大	0	0	0	0.3	0.4	-0.1	0.3	0.4	-0.1
捷克共和国	0.4	0.8	-0.4	0.4	2.7	-2.3	0.5	2.8	-2.3
丹麦	0.2	0.5	-0.3	0.2	0.7	-0.5	0.2	0.7	-0.5
芬兰	0.2	0.4	-0.2	0.2	0.6	-0.4	0.3	0.6	-0.3
法国	0.3	0.9	-0.6	0.4	1	-0.6	0.4	1	-0.6
德国	0.7	2.1	-1.4	0.8	1.7	-0.9	0.8	1.7	-0.9
希腊	1.1	1.5	-0.4	1	2.2	-1.2	1	2.2	-1.2
匈牙利	0	0.1	-0.1	0.1	0.3	-0.2	0.1	0.5	-0.4
冰岛	0.2	0.2	0	0.2	0.8	-0.6	0.3	1	-0.7
爱尔兰	0.3	0.3	0	0.3	0.5	-0.2	0.4	0.6	-0.2
以色列	0.7	0.7	0	1.1	0.9	0.2	1.2	1	0.2
意大利	0	0.1	-0.1	0.1	1.3	-1.2	0.1	1.3	-1.2
日本	0	0	0	0.2	1	-0.8	0.2	1.2	-1
韩国	2	3.2	-1.2	2	2.6	-0.6	2.1	2.7	-0.6
卢森堡	0.4	0.7	-0.3	0.4	0.5	-0.1	0.4	0.5	-0.1
墨西哥	1.5	1.8	-0.3	1	2.5	-1.5	1	2.5	-1.5
荷兰	0.2	0.7	-0.5	0.2	0.7	-0.5	0.2	0.7	-0.5
新西兰	0	0	0	0	0.4	-0.4	0.1	0.4	-0.3
挪威	0.5	0.7	-0.2	0.4	1.6	-1.2	0.5	1.6	-1.1
波兰	0	0	0	0.1	0.4	-0.3	0.2	0.5	-0.3
葡萄牙	0	0	0	0.1	0.4	-0.3	0.2	0.5	-0.3
西班牙	0.4	1.4	-1	0.5	2.1	-1.6	0.6	2.1	-1.5
瑞典	0.2	0.6	-0.4	0.2	0.6	-0.4	0.2	0.6	-0.4
瑞士	0	0.1	-0.1	0.3	0.1	0.2	0.4	0.2	0.2
土耳其	0.2	0.3	-0.1	0.6	0.9	-0.3	0.7	1.1	-0.4
英国	0.2	0.4	-0.2	0.2	1.2	-1	0.2	1.1	-0.9
美国	2.3	3.4	-1.1	1.7	2.8	-1.1	1.7	2.7	-1
巴西	0	0	0	2	0.6	1.4	2.4	0.6	1.8
印度	0.3	0.3	0	2.4	0.2	2.2	2.9	0.3	2.6
印度尼西亚	0.8	0.8	0	0.6	1.3	-0.7	0.6	1.3	-0.7
俄罗斯	0.9	1.1	-0.2	0.8	0.9	-0.1	0.8	0.9	-0.1
南非	0	0	0	0	0.3	-0.3	0.1	0.4	-0.3
均值	0.49	0.81	-0.33	0.61	1.12	-0.51	0.68	1.17	-0.49

表2-3　　　中国出口增长与世界主要国家失业率的关联状况，1992M1~2015M12

	M=1（1月）			M=3（1季度）			M=12（1年）		
	From	To	Net-F	From	To	Net-F	From	To	Net-F
澳大利亚	0.00	0.00	0.00	0.63	0.20	0.42	0.38	0.24	0.14
奥地利	0.06	0.07	-0.02	0.17	0.25	-0.07	0.11	0.34	-0.22
比利时	0.01	0.01	0.00	0.03	0.10	-0.07	0.13	0.10	0.03
加拿大	0.15	0.19	-0.03	0.13	0.76	-0.63	0.06	0.89	-0.84
智利	0.00	0.00	0.00	0.07	0.01	0.06	0.04	0.11	-0.07
丹麦	0.03	0.04	0.00	0.03	0.04	-0.01	0.13	0.07	0.06
法国	0.28	0.33	-0.05	0.21	0.36	-0.15	0.07	0.43	-0.36
德国	0.36	0.43	-0.07	0.25	0.65	-0.40	0.21	0.69	-0.48
爱尔兰	0.82	0.90	-0.08	1.94	0.92	1.02	1.19	0.93	0.26
意大利	0.81	0.84	-0.03	1.36	0.83	0.53	0.92	0.83	0.10
日本	0.01	0.01	0.00	0.19	0.16	0.03	0.25	0.26	-0.01
卢森堡	0.07	0.08	-0.01	0.07	0.08	-0.01	0.21	0.08	0.12
墨西哥	0.00	0.00	0.00	0.73	0.01	0.72	0.45	0.03	0.43
荷兰	0.03	0.04	0.00	0.21	0.03	0.18	0.28	0.03	0.24
新西兰	0.01	0.01	0.00	0.02	0.01	0.01	0.01	0.01	0.00
挪威	0.56	0.58	-0.03	0.46	0.73	-0.27	0.32	0.75	-0.43
葡萄牙	0.09	0.09	-0.03	0.06	0.09	-0.03	0.13	0.17	-0.03
西班牙	0.37	0.46	-0.08	0.36	0.41	-0.05	0.09	0.44	-0.35
瑞典	0.39	0.41	-0.02	0.90	0.75	0.14	0.40	0.78	-0.38
瑞士	0.00	0.00	0.00	0.03	0.00	0.03	0.13	0.04	0.09
英国	0.29	0.31	-0.02	0.47	0.26	0.21	0.31	0.26	0.06
美国	2.07	2.28	-0.21	1.57	2.30	-0.73	1.02	2.30	-1.28
巴西	0.31	0.33	-0.02	0.14	0.30	-0.16	0.12	0.30	-0.18
均值	0.29	0.32	-0.03	0.44	0.40	0.03	0.30	0.44	-0.14

表2-3的结果表明，中国出口增长也并非其他国家失业的主要原因：中国出口增长对这些国家（除美国外）的失业率解释程度几乎全都不到1%，反而是其失业率上升，更可能会对中国出口增长产生不利影响。虽然中国出口增长对美国失业率的影响略高——1年内存在1%~2%的影响，这一结果也依然不具备经济显著性。美国一些学者只是看到了中国出口对某些他们已经不具比较优势行业或生产环节就业机会的负面影响，而没有正视由于国际分工，特别是全球价值链分工，给美国的就业和经济增长带来的积极影响。幸运的是美国州立鲍尔大学商业和经济研究中心2015年的一项研究发现，在美国工厂就业岗位的减少中，贸

易因素只占 13%。在减少的就业岗位中，绝大多数（88%）是被机器人替代，或是因为其他工厂对人力需求减少的本国因素。兰德公司的高级经济学家霍华德·沙茨说："我们正以更少的人力生产更多的东西。"例如，通用汽车公司现在的雇员人数仅为 20 世纪 70 年代的 60 万人的 1/3，但它生产的汽车和卡车比以往任何时候都多。

在我们看来，问题不仅如此，更多的是中国作为经济大国迅速发展，美国政府出于政治、战略利益的考虑，不惜抑制中国经济，乃至政治上的崛起。2014年 3 月 4 日，美国前副总统拜登在英国《金融时报》上发表署名文章，称美国致力于达成跨大西洋和太平洋的两项主要贸易协议《跨太平洋合作伙伴关系协定》和《跨大西洋贸易和投资协定》，就是要增强美国在全球的领导地位，促进美国出口，壮大美国中产阶级。文章称，美国目前正就跨大西洋和太平洋的主要贸易协议展开谈判。这两项协议从规模上看都是具有历史意义的，它为美国提供了一个塑造全球经济的机会，从而加强美国在全球的领导力，并壮大美国的中产阶级群体。美国与全球其他地区的经济关系，现在比以往任何时候都更为重要。那些匆匆设置保护主义壁垒，并扭曲本国经济、偏袒国有企业的国家，正在挑战我们几十年来一直依赖的规则。问题是，美国是将发挥领导作用、发展一条反映美国价值观的新道路，还是我们将在新秩序形成之际袖手旁观。拜登副总统的讲话道出了一些学者所服务的政府目标，一方面，重振美国经济；另一方面，抑制或压制别国的发展。这是美国传承已久的国际关系准则[1]，要么自己发展保持强大，要么压制别国超过自己。超级大国的思维模式始终左右着美国的对外经济和政治关系。而美国的一些学者只是为这样的政府政策进行理论上的看似科学的诠释。刚刚上任的美国总统唐纳德·特朗普从美国第一的理念出发，退出了跨太平洋合作伙伴关系，重新思考美欧经济关系。尽管以排他性区域经济合作，乃至政治合作组织的形式抑制中国的图谋没有成为现实，但是，以抑制中国经济发展的国际经济保护主义仍然会伴随我们。

2008 年金融危机以来，世界经济正处在艰难而脆弱的复苏过程之中，我们的研究表明，[2] 贸易保护主义主要发生在经济危机恢复的脆弱期。在这个阶段，保护乃至涉及贸易的关境、关境后措施，投资、金融等方面的保护大幅度增加。根据世界贸易组织的统计，到 2015 年，世界贸易组织成立 20 周年时，全球的贸易纠纷立案总数累计达到 500 件。其中，中国是最大的受害者。不仅美国，欧盟

---

[1] 罗思义在《美国的两难》一书中揭示到"美国采用其屡试不爽的手段解除竞争威胁，这种手段不是加快自身的经济增长，而是综合利用政治和经济手段极力阻止其竞争对手的经济增长"。

[2] 佟家栋、高乐泳编著：《国际经济学》，高等教育出版社 2014 年版。

等一些国家和地区也因为中国对外贸易的发展采取了一系列针对中国的贸易诉讼,以期阻止中国对外贸易的迅速增长。这种建立在多层面、多领域的贸易保护已经超出了单纯贸易本身限制的意义,不仅仅是单纯的比较优势的丧失与转移所能探讨清楚的。其中的深刻含义是,美国及其一些国家认为,中国的崛起是一种威胁。似乎整个世界就应该是在保持美国绝对主导的前提下才是合理的,任何国家不能超越美国,成为经济的,或者政治上的挑战者。这些政治经济学的考虑已经远离了西方声称的"公平贸易"原则,并用"难以承受"或者是"是否能够承受"所替代。按照这样一个基本逻辑,世界经济就不能走向全球化,进而不可能实现,也不应该走向现代国际分工。然而,资本的本性是利润,有产者"由于一切生产工具的迅速改进,由于交通的极其便利,把一切民族甚至最野蛮的民族都卷到文明中来了。它的商品的低廉价格,是它用来摧毁一切万里长城、征服野蛮人最顽强的仇外心理的重炮。它迫使一切民族——如果它们不想灭亡的话——采用资产阶级的生产方式;它迫使它们在自己那里推行所谓文明,即变成资产者。一句话,它按照自己的面貌为自己创造出一个世界。"① 马克思在200多年前对资本本质的揭示说明,当资本走向进一步全球化的时候,一方面,资本的属性驱使跨国公司为获取高额利润,到处设厂,到处布局其生产或加工场所,到处雇佣它需要雇佣的工人,而政府又为这种利益最大化提供多方面的政策保障;另一方面,由于跨国公司生产的全球化,带来了某些行业在母国的退出,出现就业机会的绝对减少情况,即使在其他新兴行业增加了就业机会,那些失业者也很难回到工作岗位上。政府出于社会稳定的需要又必须考虑就业问题。这种全球化与国家利益的矛盾在这里很难调和,因此,反全球化,从而反对因为全球化阻止后起国家制造业发展,就成为西方国家在找不到新出路时采取的权宜政策和措施。当经济长期停滞并难以复苏时,这种反全球化的政策选择就成"新常态"了。这种态势是不符合全球经济发展要求的。

四、顺应经济全球化,实现合理的国际分工

经济全球化要求生产能够在全球范围内,按照资源禀赋、要素禀赋和技术优势展开其格局,按照最有效率、最节约成本的方式形成国际分工,按照各国在不同产业部门已经形成的优势展开国际贸易、国际投资和国际融资。这可能意味

---

① 《马克思恩格斯文集》第二卷,人民出版社2009年版,第35页。

着，发展中国家需要最大限度地按照全球的需要专门从事自己的产品生产，并不断走向新的产业优势；那些制造业已经具有比较优势的国家，专门生产制成品；而那些技术创新潜力和能力比较强的国家，专门生产或在自身的优势领域安排自己的生产；那些信息技术或现代服务也比较先进的国家可能要专门生产信息服务产品或提供服务，并探索产业科技和产业进一步发展的领域。经济全球化的前提是实现自由的贸易，创造一个自由的贸易环境，而这种自由贸易环境的创造，有赖于建立新的国际经济秩序。然而，当资金流向美国，要求它在全球范围内配置资本，达到资本投资效率最大化时，美国出于自身国家利益的考虑，将流入的全部资金滞留在美国境内，形成一国范围内资本的供过于求，并形成低利率和低融资成本。而其他国家缺乏发展资金，经济发展陷于被动状态。结果金融危机就成为必然了。当资本可以自由流动，在全球范围内自由分配时，劳动力也在不同的国家可以自由流动，应该说，这种劳动力要素的最有效配置也是顺理成章的。但是，当国家利益，具体说就业机会成为一国的重要利益之一时，劳动力的自由流动就是难以实现的。当国家利益和资本的利润追求还不能完全一致的时候，或者说国家利益和经济全球化的内在需要还存在矛盾时，资本主义国家就很难解决这个矛盾。这不是中国威胁，而是经济全球化的利益最大化追求与资本主义制度稳定的矛盾进入难以调和的阶段，新的国际分工国际化的发展趋势呼唤全球新的经济秩序及其全球治理。

五、结论

通过上述分析，我们的结论是，国际分工是一个不断走向深化的过程。在微观企业层面上，由产业分工向产品乃至生产阶段、生产环节分工发展。在地域上，地区分工向国内分工、跨国分工发展。跨国公司是分工国际化的推动者，也是分工利益的最大获得者，资本主义国家是生产分工不断国际化的维护者，同时，出于社会经济的稳定，资本主义国家又希望将就业机会保留在本国。从宏观层面看，由传统意义上生产力先进国家与生产力落后国家，殖民地与宗主国之间的分工向具有政治主权的发达国家与发展中国家之间的分工转变。这种分工的不断发展，使各国分工表现在产业或分工层次上，第一产业和第二产业在不同国家之间的分工，表现为低端制造与高端制造的分工，表现为制造业与金融、现代服务业之间的分工。

分工的国际化发展带来了各国在不同行业中的比较优势，从而是就业机会的国际转移。一些国家因为经济的发展,失去了某些行业发展的空间和优势,另一些后起的国家则承接了这种优势,这种转移是要素禀赋优势转移的必然结果。它不是某些国家的威胁或抢占。

中国作为后起的发展中大国,借助经济的全球化环境,抓住机遇紧跟经济贸易全球化的步伐,获得了贸易和经济的迅速发展,在制造业领域获取了低端制造加工环节或产业的就业机会。发达国家与发展中国家在特定产业就业机会的替代或转移是资本追求自身利益最大化的结果,发展中国家只是承接了全球化中自己具有比较优势的产业、环节或阶段,并且从中获得经济利益,推动自己的经济发展。

在经济全球化过程中,美国对金融统治地位的追求,对金融最大利益的追求,使其陷入2008年以来的金融危机和经济的持续脆弱。政府经济政策工具的短缺,使其持续运用广受诟病的量化宽松的货币政策。资本追求最大限度利润的本性与国家追求社会稳定、创造更多就业机会的意愿形成了难以调和的矛盾。国际经济保护主义将成为维护美国资本主义社会稳定的优选政策取向。

参考文献

1. 《马克思恩格斯文集》,人民出版社2009年版。
2. 马克思著:《资本论》第一卷、第二卷、第三卷,人民出版社2004年版。
3. 托马斯·皮凯蒂著:《21世纪资本论》,中信出版社2014年版。
4. 佟家栋、高乐咏编著:《国际经济学》,高等教育出版社2014年版。
5. 赵瑾著:《全球化与经济摩擦》,商务印书馆2002年版。
6. Autor, David H, David Dorn, Gordon H. Hanson and Jae Song. 2013. "The China Syndrome: Local Labor Market Effects of Import Competition in the United States." *American Economic Review*, 103 (6): 2121 – 2168.
7. Diebold, Francis X. and Kamil Yılmaz. 2014. "On the Network Topology of Variance Decompositions: Measuring the Connectedness of Financial Firms." *Journal of Econometrics*, 182 (1), 119 – 134.
8. Handley, Kyle and Limao Nuno. 2014. "Trade and Investment under Policy Uncertainty: Theory and Firm Evidence." *American Economic Journal: Economic Policy*, forthcoming.
9. Handley, Kyle and Limao Nuno. 2014. "Policy Uncertainty, Trade and Welfare: Evidence for China and the U. S." NBER Working Paper 19376.
10. Koop, Gary, M. Hashem Pesaran and Simon M. Potter. 1996. "Impulse Re-

sponse Analysis in Nonlinear Multivariate Models." *Journal of Econometrics*, 74 (1), 119 – 147.

11. Mandel, Benjamin R. 2013. "Chinese Exports and U. S. Import Prices." Federal Reserve Bank of New York, Staff Report No. 591.

12. Pesaran, H. Hashem and Yongcheol Shin. 1998. "Generalized Impulse Response Analysis in Linear Multivariate Models." *Economics Letters*, 58 (1), 17 – 29.

13. Yang, Jian, Cheng Hsiao, Qi Li and Zijun Wang. 2006. "The Emerging Market Crisis and Stock Market Linkages: Further Evidence." *Journal of Applied Econometrics*, 21 (6), 727 – 744.

附录

计量方法与数据说明：

（1）本文使用 Diebold 和 Yilmaz（2014）提出的基于广义向量自回归方差分解（generalized vector auto-regression variance decomposition, GVAR）（Koop et al., 1996; Pesaran et al., 1998; Yang et al., 2006）构建的网络分析法，来分析中国经济增长（GDP）与世界主要国家经济增长、中国出口增长与主要国家出口增长以及中国出口增长与主要国家失业率之间的关联情况。相比传统社会科学所使用的网络分析法，该网络分析可以识别出更深层次的关联结构——即可以同时识别出关联结构节点权重与关联方向（详见：Diebold 和 Yilmaz，2014）。

（2）本文表 2 - 1 至表 2 - 3 中所使用的原始数据均来自 CEIC 数据库。GDP 数据为 1995 年第 1 季度至 2015 年第 4 季度的季度数据。因为要计算对数增长率（100 × log（当期值/上期值）），所以实际 VAR 样本时间为 1995 年第 2 季度至 2015 年第 4 季度。出口数据为月度数据，原始样本时间为 1992 年 1 月至 2016 年 6 月，同样因为要计算对数增长率（100 × log（当期值/上期值）），实际 VAR 样本时间从 1992 年 2 月开始。失业率数据也是月度数据，原始样本时间为 1992 年 1 月至 2015 年 12 月，因为要计算中国的出口增长，所以实际使用的样本也是从 1992 年 2 月开始。为了在数据可得的情况下，在样本中容纳尽可能多的国家，因此，表 2 - 1、表 2 - 2 与表 2 - 3 样本中所涵盖的国家并不相同。

在开始构建 VAR 模型时，GDP 增长的 VAR 模型中除 GDP 增长率外，还加入了季度虚拟变量（见表 2 - 1）；出口、失业率的 VAR 模型中加入了月度虚拟变量，以控制季度性因素对结果的影响（见表 2 - 2、表 2 - 3）。因为样本中变量较多，观测值相对较少，因此，所有的 VAR 模型均仅滞后 1 期。

第三讲

资本主义经济停滞常态化：表现、动因和影响

何自力

何自力，南开大学经济学院教授，经济学博士，博士生导师，中国特色社会主义经济建设协同创新中心人才培养项目负责人。主要研究领域为马克思主义政治经济学基本原理、现代资本主义、公司治理、比较制度分析。中央马克思主义理论研究与建设工程重点教材《马克思主义基本原理概论》、《马克思主义政治经济学概论》、《马克思主义经济学说史》编写组主要成员。兼任中国经济发展研究会副会长兼秘书长，中国经济规律研究会副会长，教育部经济学教学指导委员会委员。

众所周知，资本主义生产方式最终战胜封建制度并确立自己的统治地位，是靠着机器大工业生产体系。从18世纪60年代到20世纪70年代的200多年间，西方国家通过两次工业革命形成了系统完整的工业体系，实现了社会生产力的巨大发展，完成了传统社会向现代社会的转型，其中英国和美国分别在19世纪和20世纪成就了世界霸主的地位。可以说，正是工业化和制造业支撑了现代资本主义的经济繁荣，为资本主义的生存与发展提供了物质技术基础。资本主义生产方式自诞生起，就伴随着经济危机，传统的经济危机是由生产相对过剩引发的，这种经济危机具有明显的周期性，19世纪时大都以10年为一个周期，20世纪前半期则演变为5年左右一个周期。经济危机的周期通常包括危机、萧条、复苏和繁荣四个阶段，一次危机经历四个阶段后会进入一个新的危机周期，经济危机周期性爆发遂成为资本主义经济的典型特征。

那么资本主义经济危机的周期性是否永远存在呢？从逻辑上讲，如果经济危机可以永远周期性地发生，就意味着资本主义每发生一次经济危机，都可以期待

其会走出萧条,经过复苏而走向繁荣,资本主义经济可以在危机与繁荣的循环交替中永远存在下去。然而历史发展的经验证明这个逻辑并不存在。西方工业资本主义自20世纪70年代起进入去工业化轨道以来,西方资本主义经济危机的形态逐渐发生变化,这就是生产过剩性危机逐渐演变为频繁爆发的金融危机,与金融危机相伴随的经济波动和停滞失去了周期性,周期的各个阶段的特征也越来越不明显,经济的持续停滞成为常态。西方资本主义经济停滞呈现常态化是当代资本主义经济的典型特征,是资本主义生产方式发生重大转变的重要标志,深入研究这一转变的表现、成因和影响,对于深刻认识当代资本主义的本质,准确把握当代资本主义的发展趋势,科学认识资本主义的历史地位,具有十分重要的理论意义和重大现实意义。

一、西方资本主义经济停滞常态化的表现

经济停滞在资本主义的发展历史上是周期性或间歇性发生的,是与资本主义经济周期性危机相伴存在的。但是从20世纪70年代起,经济停滞的周期性逐渐淡化,进入21世纪,特别是2008年金融危机之后,经济持续停滞成为常态,其表现如下。

(一)去工业化导致西方国家丧失物质生产能力

从20世纪70年代开始,在新自由主义泛滥的背景下,西方国家普遍放弃政府对经济发展方向的引导,同时不断强化市场的自发调节作用,私人资本在各个产业部门的投资和经营活动完全以最大利润为目标,而不顾这些产业对增加就业和提升国家竞争力的意义。其结果是产业结构从早期的制造业占据支配地位发展到高度服务化。70年代以来,西方国家的纺织、服装、造船、炼钢、家电、汽车等产业开始衰退,新兴高技术产业发展缓慢,产业结构中缺少带头产业。在制造业日益萎缩的同时,包括国际贸易、国际金融、国际保险、咨询业、广告业、批发业等在内的服务业的相对地位不断上升。目前在西方发达国家的三次产业中,各次产业的产值在国内生产总值中的比重是:第一产业约为10%,第二产业约为15%,第三产业约为75%。据统计,2007年制造业产值在GDP中的比重美国是20.9%,意大利是15%,爱尔兰是12%,西班牙是11%,葡萄牙是11%,希腊是9%。这样的产业结构意味着加工制造业趋于萎缩,大部分普通消

费品、日用品、工业制成品等在西方国家已不生产，消费品需求主要靠进口来满足，外贸赤字迅速扩大，产业竞争力严重衰竭。在2008年的全球金融危机和其后的主权债务危机风暴中，美国、西班牙、意大利、希腊等国均为重灾区。

（二）福利制度难以为继

第二次世界大战后随着经济的恢复和快速发展，为了缓和社会矛盾，西方国家普遍重视并建立社会福利保障制度。福利制度在一定程度上为劳动者的退休、失业和疾病提供了保障，缓和了劳资矛盾和社会冲突。但是，福利制度的建立和运行必须以健康平稳发展的经济为基础，要靠强大的财力做支撑，而目前西方国家的福利制度却面临严重危机，这就是随着去工业化和经济衰退的加剧，福利保障越来越缺乏足够的财力做支撑，福利水平呈现不断下降的趋势。社会保障能力的下降使得西方国家一直以来存在的劳资矛盾和冲突不断激化，社会贫富差距不断拉大，政治动荡不断加剧。高福利曾经是西方经济繁荣的重要标志，现在高福利已经名存实亡，成为西方社会走下坡路和趋于衰落的真实写照。另外，西方国家政府债台高筑也是福利制度难以为继的重要表现。由于经济衰退和停滞，西方国家政府的财政收入不断减少，不得不靠举债维持高福利，结果导致债台高筑。可以说，巨额债务就像一把锋利的达摩克利斯之剑高悬在西方各国政府头上，这把剑随时会掉下来。

（三）经济过度金融化，金融危机频发

1929~1933年大危机后，为了防止金融业的投机行为引发经济危机，资本主义国家普遍对金融业实行分业经营与管理，加强了对金融业的政府监管。自20世纪70年代起，为了将陷入"滞胀"泥沼的经济拉出来，恢复往昔的繁荣，西方国家普遍走上放松金融管制和金融自由化的道路，各国金融机构开始突破原有的专业分工界限，综合经营各种金融业务，取消银行和非银行存款机构间的利率限制差距，取消外汇管制，实行浮动汇率制度，金融市场相互开放，金融工具不断创新，传统信贷业务逐年减少，债券业务却迅速增长，融资方式出现证券化趋势。金融自由化使经济过度金融化，在过度金融化条件下，金融资本凭借对资金供给的控制而支配实体经济成为金融寡头，进而贪婪的金融寡头脱离实体经济，通过形形色色的金融衍生工具在国内外股票市场、债券市场、基金市场以及房地产市场呼风唤雨，巧取豪夺，使财富以惊人的速度膨胀，其结果是虚拟经济的发

展与实体经济的发展严重脱节，最终导致金融危机爆发，经济陷入全面衰退。2007年4月2日，美国第二大次级抵押贷款企业新世纪金融公司由于逾84亿美元的流动性债务申请破产保护，美国次级抵押贷款危机爆发，引发全球金融危机。

（四）服务业难以支撑经济繁荣

在西方资本主义国家，服务业已经占到整个三次产业增加值的75%以上，吸纳了社会大量的就业人口，成为支柱产业。但是，随着制造业的衰退，服务业也相应陷入停滞。包括研发、设计、金融、保险、咨询在内的服务活动是为物质生产活动服务的，它依存于物质资料生产，它的存在价值就在于为制造业提供必要的服务，是联结生产和消费的纽带。根据劳动价值论，物质生产活动是价值的源泉，服务劳动是不创造价值的，服务劳动依附于物质生产活动，服务劳动一旦脱离了物质生产活动的支撑，就失去了服务对象和存在的基础，孤立的服务劳动是不足以支撑一个社会的经济繁荣和可持续发展的。事实上，西方国家服务业的发展和繁荣是以制造业为前提的，是制造业的副产品。制造业的发展提出了为生产活动提供服务的巨大要求，需要更多的人从事生产服务性活动，这就创造了大量的就业机会；制造业的高度发展提高了人们的收入水平，使消费方式多样化了，对服务的需要也多样化了，催生出许多新的服务项目，这些都创造了新的就业机会，吸纳了越来越多的人就业。可以说，如果制造业一直处于稳定发展状态的话，服务业与之形成良性互动关系，那么整个社会经济将是非常稳定且繁荣的。但是，一旦制造业的发展停滞和萎缩了，那么孤立的服务业是不可能支撑经济繁荣的，经济陷入全面停滞就是很自然的。西方国家目前经济衰退，失业越来越严重，这一切都源于制造业的衰退。一国经济的基石说到底是制造业，满足衣、食、住、行需要的物质生产活动是最重要最基本的生产活动，孤立的服务业不可能解决衣、食、住、行问题，制造业萎缩了，服务业必然紧随其后而萎缩，整个国家的经济将迅速陷入衰退且不可逆转。

（五）政府债务负担不断加重，公共开支难以为继

新机器、新技术替代劳动是工业资本主义条件下劳资关系悖论的典型表现。在这一悖论存在的情况下，越来越多的劳动者被从生产部门排挤出来，进入失业大军的队伍；在技术含量低或者没有技术含量的第三产业就业，收入水平十分低

下；财富越来越向少数人手里集中，两极分化越来越严重。这一切对资本主义制度构成严重威胁，迫使资产阶级政府通过扩大公共开支来缓和矛盾。然而，加工制造业的衰退弱化了经济增长，政府扩大财政收入失去了经济来源。政府向资本家征税以维持福利制度，结果却迫使资本家借对外直接投资之名，将资本和相应的收入转移他国，以达到避税目的，这使政府税源进一步减少。产业空心化和制造业衰落以及资本家逃税行为使政府通过增大公共开支来支持福利制度变得非常困难，被迫举债以维持公共开支，结果使债务雪球越滚越大。目前所有发达资本主义国家的政府都背负着巨额债务，债务危机随时爆发并压垮资本主义经济。2009年10月，希腊政府宣布其2009年的财政赤字占国内生产总值的比例达到12.7%，公共债务占国内生产总值的比例达到113%，远远超过欧元区所要求的3%和60%的上限，随后惠誉、标准普尔和穆迪相继下调对希腊的主权信用评级，标志着希腊主权债务危机的爆发。随着希腊债务危机的发展，欧元大幅下跌，欧洲股市暴挫，主权债务危机在欧元区蔓延，西班牙、意大利、葡萄牙和爱尔兰等国也相继陷入信用危机，希腊主权债务危机迅速蔓延为欧洲范围的一场危机。如今虽然经过全力救助，欧债危机有所缓和，但是造成危机的经济和政治条件并未发生根本变化，新一轮危机的爆发只是个时间问题。在过去的20年里，日本国债平均每年以40万亿日元（约合4080亿美元）的速度增长。日本政府的债务1981年度超过100万亿日元（约合1万亿美元），2008年度达500万亿日元（约合5.1万亿美元）。2013年8月，日本国债达到1000万亿日元（约10.4万亿美元）大关，占GDP的240%，相当于日本国民人均负债余额约854.5万日元（约合8.2万美元）。[①] 现在日本政府每年财政支出半数以上依靠发行国债，财政恶化的程度在发达国家名列第一。自2008年美国爆发次贷危机以来，联邦政府一直处于举新债还旧债的状态，这种拆东墙补西墙的手段在美国政府关门事件中得到突出表现。2013年10月16日，美国国会达成协议，结束部分政府部门长达16天关门危机，协议批准联邦政府借债3280亿美元。在这之前规定的上限是16.7万亿美元，致使美国债务首次突破17万亿美元，达到17.075万亿美元。[②] 在经济持续衰退的背景下，巨额债务这把高悬的达摩克利斯之剑随时会掉下来。

（六）经济持续下行，复苏和新的繁荣遥遥无期

自20世纪70年代以来，虽然个别时期个别国家经济有过短暂较高速度的发

[①] 张舒英：《日本超高债务的风险》，载《人民日报》2013年8月21日。
[②] 李静：《美国政府关门》，载《中国新时代》2013年第11期。

展，但是总趋势是逐步下行，2008年金融危机后则是整体呈现停滞态势，经济复苏乏力。金融危机期间，西方各国政府采取了一系列措施试图挽救遭受重创的经济，包括出巨资援助大银行和大公司；实施宽松货币政策，将利率降到接近于零的水平；实施再工业化政策，鼓励海外投资回流本土；加大基础设施、环境保护、高新技术产业的投资，创造新的经济增长点，等等，然而政策实施的成效甚微。据统计，美国、欧元区、日本的经济增长率分别从2007年的1.9%、2.8%和2.4%降到2008年的0.0、0.4%和-1.2%，2009年分别又降为-2.6%、-4.1%和-6.3%。[①] 目前西方国家投资疲弱，消费不振，出口乏力，通货紧缩严重，经济增速低迷，美国经济增速不到2%，欧元区不到1%，日本增速徘徊在1%左右。

（七）失业率高居不下

1974年后，各发达资本主义国家的失业率几乎都超过了5%。到了20世纪80年代，虽然通货膨胀得到了抑制，但失业率仍然居高不下。90年代，失业现象进一步加重，特别是欧洲国家的失业率达到空前严重的程度。1995年，经济合作与发展组织（OECD）25个成员国的平均失业率高达8%。1997年，欧盟国家平均失业率高达10.6%。金融危机导致严重失业，美国、欧元区、日本的失业率分别从2007年的4.6%、7.5%和3.9%上升到2008年的5.8%、7.5%和4.0%以及2009年的9.3%、9.4%和5.1%[②]，2014年美国、欧元区、日本的失业率分别为6.2%、11.6%和3.6%[③]。目前，欧元区失业率仍在11%以上徘徊。

（八）中产阶级分化，橄榄形阶级结构转变为金字塔形结构，表现为阶级对抗加剧

中产阶级是由机器大工业生产体系造就的，蓝领也好，白领也好，都是制造业和大企业的产物。美国中产阶级的标准是：有房，面积人均100平方米以上，两个孩子，职业为公司白领、政府公务员、会计、律师、医生、大学教师等，三口之家年收入10万~20万美元。随着制造业衰落，越来越多的蓝领和白领进入服务业，而服务业的劳动生产率和劳动者收入水平大大低于制造业。美国第三产

---

①② 中华人民共和国国家统计局：《中国经济景气月报》总第132期，2011年3月。
③ 中华人民共和国国家统计局：《中国经济景气月报》总第182期，2011年3月。

业每小时平均工资约比制造业低 11%。由于第三产业零售业、金融、保健业有大批工人从事非全日制工作，其收入水平就更低了。随着制造业的衰落，庞大的政府公共开支难以为继，不得不实行紧缩政策，大规模削减政府公务员的数量和降低工资，造成了中产阶级人数的减少和收入水平的下降。随着制造业的迅速萎缩，中产阶级的主导地位被动摇，收入增长缓慢，生活状况越来越差。2006 年 10 月 2 日出版的《美国新闻与世界报道》指出，现在美国人贫富收入悬殊甚于历史上任何时候。20 世纪初，美国产业工人的工资可让贫穷的家庭逐渐过上中产阶级的生活。全国的穷人和中产阶级各占一半，他们的子女大多数比父母过得好。1970 年美国实施经济紧缩政策后，美国人的收入差距迅速拉大。即使今天社会福利提高了，还是无法弥补这一差距。据"美国经济政策研究所"和"预算与政策选择中心"这两个智囊机构共同发布的题为《差距拉大》的研究报告显示，美国过去 20 年来的贫富收入差距明显扩大。现在，美国最富有的 1% 家庭拥有近全社会 40% 的财富，而底层 80% 的家庭只拥有全国 16% 的财富。随着中产阶级的没落和在社会政治生活中平衡作用的消失，西方社会形成了 1% 最富有人群与 99% 的低收入人群的严重对立，这种状况仿佛回到了财富占有极端不平等的资本主义发展的初级阶段，社会的阶级结构重新表现为穷人和富人两大集团的对立。在中产阶级分化，低收入人群越来越庞大的情况下，消费抑制必然越来越严重，消费对经济的拉动作用必然越来越微弱，消费不旺，经济复苏自然没有希望。

（九）政治体制病入膏肓，政府运作效率十分低下，难以应对经济和社会危机

西方政治制度本质上是资产阶级进行政治统治和社会管理的手段和方式，是为资产阶级的利益和资产阶级专政服务的，因此它不可避免地有其历史的和阶级的局限性。西方政治哲学对政府的作用采取不信任的态度，政府仅仅被看做保护私人财产和维护国家安全的"守夜人"，否定政府对经济活动的必要调节和干预。在实践中，当社会出现重大经济或社会危机需要政府出面干预时，激烈的党派纷争严重限制了政府的干预能力，致使政府缺位和难以发挥作用，任凭危机状况不断恶化。

西方政治制度中选举是其重要的制度形式，但是它常常被金钱、媒体、黑势力、财团等所影响和操纵，本质上是有钱人的游戏，是资本玩弄民意的过程。西方政治制度标榜"法律面前人人平等"，但是，资本家和劳动者之间、富人和穷人之间经济利益的严重不平等粉碎了这一假象。政治制度实行两党制，它们通过竞选争夺执政地位，交替组织政府，一党执政时，另一个党就成为反对党，对执

政党的行为进行批评和攻击。这种制度设计的目的是让在野党对执政党起到牵制和监督的作用，可是批评、攻击和牵制的出发点和落脚点却是这两个党所代表的大垄断资本的利益，而非绝大多数民众的利益，这就使得政治决策成为维护少数人利益的工具，政策制定成为强势利益集团进行利益角逐和讨价还价的过程，政府的执行力受到极大的限制，运行效率非常低下，难以应对事关全体民众利益的严重危机和挑战。

以美国为例，2008年金融危机爆发以来，美国在野的共和党对执政的民主党提出的几乎任何一项反危机举措都采取批评和抵制的不合作态度，诸如金融机构和大公司救助、医疗改革、联邦政府债务上限调整等重大措施都是在经过了非常艰难的讨价还价后才获得有限的实施，严重制约了政府克服金融危机的努力。美国政治体制存在的缺陷招致了许多有识之士的严厉批评，其中美国知名学者法里德·扎卡里亚的批评尤为深刻，他说，"当前，美国经济确实出了问题，但总的看来，问题不是出在美国经济本身严重效率低下，也不是出在美国已经在文化上走向了衰退，而是由特定的政府政策造成的。"[①] 他指出，美国政治制度已经病入膏肓，陈旧落后、高度僵化，被金钱、特殊利益、情绪化的媒体和进行意识形态攻击的集团主宰着，各党派经常为一些琐事进行无休止的恶性争论，政治变成了吵吵嚷嚷的闹剧，很少能达成妥协和采取行动，运作效率十分低下。不妥协的党派之争有助于筹集竞选资金，但对于治理国家却是灾难性的。[②] 毫无疑问，扎卡里亚的批评是切中要害的，富有启发意义。

二、西方资本主义经济停滞常态化的原因

工业资本主义衰落直至陷入停滞是不可阻挡的趋势。推动工业资本主义陷入停滞常态的根本原因有以下几个。

（一）以私有制和雇佣劳动为基础的基本经济制度

西方国家的市场经济偏重市场调节，轻视必要的政府干预，这与其实行的基

[①] [美] 法里德·扎卡里亚，赵广成、林民旺译：《后美国世界：大国崛起的经济新秩序时代》，中信出版社2009年版，第204页。

[②] [美] 法里德·扎卡里亚，赵广成、林民旺译：《后美国世界：大国崛起的经济新秩序时代》，中信出版社2009年版，第204~207页。

本经济制度有密切关系。基本经济制度规定着一定社会生产、分配和交换的基本原则，规定着该社会生产关系的性质，决定着经济体制的根本性质、主要特点及发展方向。西方资本主义经济制度的核心是私有制与雇佣劳动制度，私人资本在市场经济中占据支配地位，私人资本与雇佣劳动之间的关系具有对抗性，私人资本的本性是追求最大利润，它构成了私人资本从事所有经济活动的唯一动机和目标，决定了资本主义市场经济的固有特征，即资本利益至上。在资本主义私有制条件下，私人资本最愿意接受的市场竞争秩序是自由放任和自由竞争，市场发挥自发调节作用的自由市场经济是最符合私人资本的本性和意志的经济运行机制，体现了私人资本追求最大利润的目标和要求。基于资本主义私有制，私人资本追求私人利益最大化而不是社会利益最大化，私人利益与社会利益之间存在着尖锐的矛盾，私人资本对任何限制和约束其谋求私人利益最大化的行为的制度安排本能地予以抵制，拒绝承担任何以牺牲私人资本利益为代价的社会义务和责任，反对政府基于维护社会利益而对私人资本利益进行的干预和调控。

当代资本主义是生产高度社会化的社会，经济与政治密切联系，企业与社会高度融合，国内与国际连为一体，但是高度社会化的经济与生产资料私人占有之间存在着尖锐的矛盾，使得私人利益与社会利益的矛盾具有不可调和性。例如在就业问题上，机器替代劳动与保持充分就业就是一个突出矛盾。对政府来讲，为了保持社会稳定和经济发展，必须实现高水平的就业，而对私人资本来讲，利润最大化是唯一的追求目标，为此，私人资本在生产过程中不断用新的技术、新的机器代替工人，以期提高劳动生产率，这样做给资本家带来了丰厚利润，却给社会带来了失业人口不断增大的问题。资产阶级政府为制止失业人口不断增大，需要对资本家机器替代劳动的行为进行干预和限制，这必然遭到资本家的抵制，他们要么用手投票，通过选举政治把自己的代理人推到国家立法机构，让这些代理人维护自己的利益；要么用脚投票，将产业转移到别的国家，最终将失业问题甩给政府。可见，只要私有制存在，私人利益与社会利益的矛盾是根本得不到解决的，由此导致社会矛盾不断激化，经济发展陷入停滞。

（二）以资本既支配又排斥劳动为核心的劳动关系悖论

传统的工业资本主义以机器大工业生产体系为基本生产工具，以雇佣劳动者与机器生产体系的结合为基本生产方式，表现为庞大的使用价值财富的堆积，价值财富以物质财富为载体。在剩余价值规律的作用下，一方面，雇佣劳动者在产业资本的支配下从事资本主义生产，产业资本与产业工人的结合成为资本主义生产体系得以运转的根本条件；另一方面，产业资本为了获取超额剩余价值，在激烈的市场竞争中获胜，必然要不断采用新技术，购置新机器，不断改进经营与管理，以便提高劳动生产率，其结果是机器排挤工人，资本有机构成高的企业排挤资本有机构成低的企业，造成产业工人大量失业。在这里产业资本排挤产业工人，产业资本与产业工人相分离也是工业资本主义赖以存在的条件。至此，我们面对着的是一个严重的悖论：资本只有与劳动结合在一起，资本主义生产方式才能得以运行，同时，资本主义生产方式的生存和发展又迫使资本与劳动相分离。其实资本与劳动关系的这一悖论恰恰是资本主义生产方式的本质特性，这一特性可以称为劳资关系悖论。这一悖论在工业资本主义条件下的存在和发展，必然导致工业资本主义走向衰落并陷入危机：即越来越多的劳动者被资本主导的新技术、新机器所排挤，越来越多的传统加工制造行业被淘汰，产业空心化越来越严重，与此同时，金融业不断膨胀，金融资本逐渐取代产业资本占据支配地位，大机器生产体系的衰败最终让工业资本主义陷入严重的危机，直至经济停滞成为常态。

（三）以权力制衡为特征的政治法律制度

西方市场经济体制中市场力量强大而政府地位弱小，与西方的政治制度也有密切关系。在西方的三权分立制度安排中，立法是基础，司法是保证，行政只是立法和司法的从属和执行机构。表面上看，社会各种利益群体都有自己的代表参与立法决策，决策过程显示出民主性，但是事实上，真正能够影响决策的只是少数财力雄厚的利益集团，决策最终体现的是少数利益集团的意志和要求。西方政治制度中的政府是行政机构，基本职能是落实议会批准和通过的各项政策和法规。由于政府行政职能受到立法机构的严格制约，而立法机构又控制在少数利益集团的手中，体现少数人的意志和要求，因此，政府在本质上只是为少数利益集团服务的工具。西方的多党制与三权分立制度相适应，主要任务是隔几年为政府机构选择一个掌门人，哪个政党能够执掌政府权力，就看哪个政党能够代表大资本利益集团的意志和要求，或者看大资本利益集团支持哪个政党，愿意为哪个政党捐出巨额竞选经费。西方国家最有势力的利益集团既操纵议会的立法过程，又控制政府行政部门首脑的选举，政治体制沦为利益集团的驯服工具。在西方国家的政治实践中，私人资本利益集团占有社会资源，绑架公共权力，不允许政府过多干预和限制自己的权力。在这套制度中，不同党派为各自代表的利益集团的私利在立法机构激烈争斗，相互掣肘和拆台，很难就重大经济和社会问题达成一致，决策效率极端低下，致使作为执行机构的政府难以有效发挥职能，很难及时应对、解决经济社会发展中出现的重大问题和矛盾，导致经济持续停滞，社会财富创造能力枯竭，人们的收入水平不断下降。

（四）以新自由主义为核心的意识形态

新自由主义是流行于西方社会的主流意识形态。新自由主义形成于20世纪30年代，发展于50年代末60年代初，主要以哈耶克、弗里德曼等人发表的一系列论著中阐述的新自由主义思想为代表。新自由主义思想的主要内容是：宣扬个人高于社会的唯心主义历史观，将个人自由视为自由市场经济的基础；反对公有制，极力主张全盘私有化；倡导经济自由主义，迷信市场自行调节，断言市场机制可以有效地实现资源配置；反对国家干预，认为国家干预只会扭曲资源配置，降低资源配置效率，管得最少的政府才是最好的政府。自70年代以来，哈耶克、弗里德曼等人宣扬的新自由主义在西方大行其道，在该思潮的影响下，西方国家实施了一系列旨在强化市场调节，削弱国家干预的政策措施，遂使西方市场经济体制向更加偏向市场主导的方向转变。这种模式对私人资本的经济行为缺乏有力约束，对宏观经济波动和失衡状态缺乏有效调控，对私人利益与社会利益的矛盾难以积极化解，导致经济和社会矛盾日益激化，金融危机、债务危机频发，经济停滞常态化，社会成员的高收入难以为继。

三、西方资本主义经济停滞常态化的影响

西方资本主义经济停滞常态化已经是毫无疑义的了，现在的问题是怎么预估这一状况的经济和社会影响。笔者认为，西方资本主义经济一直占据着世界经济和政治舞台的中心位置，其对整个世界的政治、经济、社会、文化、生态产生着重大影响，当下的西方资本主义经济正走向持续停滞，会对整个世界产生重大影响。

第一，推动西方资本主义进入动荡、矛盾和冲突多发期。西方资本主义经济停滞常态化意味着经济发展动力丧失，当经济繁荣不复存在时，政治和社会稳定也将不复存在，社会动荡不安、各种群体性冲突事件频发将成为常态。目前西方国家正在面临许多前所未有的社会问题，如恐怖主义问题、反金钱政治问题、反难民问题、反移民问题、反穆斯林问题、暴力事件频发问题等，这些问题相互缠

绕、相互影响，随经济持续停滞而不断加剧。福利制度一直是西方国家引以为傲的制度安排，它也确曾发挥了缩小收入差距，缓和社会矛盾的作用，但是随着经济陷入持续停滞状态，政府的财政收入大大减少，为了缓解财政支出压力，不得不采取财政紧缩政策，大幅度削减福利开支，由此引发社会的广泛不满和抗议，社会矛盾和冲突空前尖锐。对经济停滞局面缺乏强有力解决办法使选民越来越怀疑政治家解决问题的能力，现在几乎每一个欧洲国家的传统主流政党的影响力都在下降，60多年来，一直主导欧洲各国政治的中左派社会民主党派，以及中右派基督教民主党派正在为争取多一点点的支持率而苦苦挣扎。与此同时，政治的右倾化正成为西方政治变化的重要特征。在日本，右翼势力日益坐大，他们一方面篡改历史、参拜靖国神社、修改宪法、强军扩兵；另一方面不断在东海挑起钓鱼岛争端，拼命插手南海问题，借强化与美国军事同盟围堵和挤压中国。美国大选中，共和党候选人特朗普直言不讳地揭露美国政治和经济黑幕，在让人们看到了一个真正的美国的同时，也将人们对美国经济和政治失望的情绪和要求深刻变革的愿望调动到前所未有的高度。欧洲的政治右倾化也在与日俱增。欧洲的右翼政党利用经济停滞、紧缩财政、压缩福利等因素以及移民、难民，特别是多国发生的暴力事件大造舆论，在全欧洲都声势大涨。资本主义国家政治右倾化是十分危险的，联想到20世纪30年代后萧条时期法西斯势力崛起并最终酿成惨烈空前的第二次世界大战，人们不能不对目前西方资本主义国家政治右倾化的发展保持高度的警惕。

第二，导致西方国家失去经济全球化的主导地位。2008年金融危机之后，世界经济陷入停滞状态，世界各国政府纷纷采取反危机措施救助经济，但是时至今日复苏极其缓慢和不确定，世界经济各项指标均未达到危机前的水平：从贸易看，经济衰退和贸易保护主义盛行，国际贸易的规模和增速显著萎缩；从金融看，发达经济体实施量化宽松特别是负利率政策，导致流动性过剩和股市高度泡沫化；从投资看，发达经济体用于绿地投资的对外直接投资规模严重萎缩；从企业经营看，为了实现再工业化又采取吸引企业回流政策，跨国公司的发展受到制约。这一切意味着经济全球化陷入低潮。后危机时代经济全球化陷入低潮与发达经济体失去经济全球化主导能力有直接关系。其一，金融危机后国际金融监管加强，且油价和大宗商品价格大跌，发达经济体的投机性金融资本的国际流动受到抑制；其二，20世纪70年代中期以来，新自由主义经济政策推动的跨国公司大规模对外直接投资使跨国公司母国产业高度空心化，发达经济体陷入经济衰退，根本无力继续推动投资全球化；其三，发达经济体收入差距日益扩大，社会消费能力受到严重削弱，吸纳国外商品和劳务的能力严重萎缩，而制造业萎缩也难以扩大出口，严重抑制国际贸易的复苏；其四，发达经济体实行再工业化战略，鼓励企业回流本土，跨国公司的扩展数量锐减，无力推动跨国生产经营全球化。显然，发达经济体陷入持续停滞使其丧失继续主导经济全球化的能力，进而导致经济全球化进程停滞。

第三，推动美国的霸权地位加速衰落。17世纪以来相继崛起过三个引领世界的强国，即率先走向海洋时代的荷兰、率先步入工业时代的英国和率先引领金融时代的美国。金融时代最显著的特征是金融资本取代工业资本成为经济的主导力量。基于雄厚的金融实力加上强大的加工制造能力，美国最终取代英国，成为世界经济秩序的主导。但自20世纪70年代起，随着布雷顿森林体系崩溃，美国主导的金融时代出现严重危机。作为克服危机的重要手段，美国大力实施新自由主义经济政策，在世界范围内强力推行投资自由化和贸易自由化，但这非但没有克服反而不断深化了危机，推动美国走向衰落。其主要表现是：其一，经济实力衰落明显。美国经济总量已从战后初期占世界45%下降到现在不足1/4，其自1971年至今40多年来一直面临贸易逆差，逆差规模由最初仅十几亿美元剧增至现在数千亿美元。其二，产业结构严重失衡。美国的产业结构严重扭曲，目前三次产业增加值占GDP的比重依次为0.7%、16.8%和82.5%，经济高度金融化，虚拟经济与实体经济严重脱节，传统制造业高度萎缩，高科技产业独木难以成林，既无力扩大内需，也难以拉动世界经济增长。其三，债台高筑。作为世界第一强国，美国本应对经济落后或陷入经济危机的国家和地区加以援助，以维护世界经济平衡。但2014年底美国联邦政府债务已达18万亿美元之巨，首次超过美国年度国内生产总值（GDP）的规模，负债率超过100%，美国自己已在寅吃卯粮，帮助别国发展更是力不从心。其四，经济稳定功能严重弱化。美国本应成为世界经济的稳定器，但事实上它却是包括2008年全球金融危机在内的多次金融危机的始作俑者，凭借世界储备货币地位而滥发美元的自私行为，更使美国成为国际经济秩序的麻烦制造者，更别说推动世界经济走向复苏和稳定。可以说，美国强国地位赖以存在的金融时代因工业资本与金融资本的融合而开启，随金融资本的高度膨胀和催生经济虚拟化而达到顶点，最后因虚拟经济与实体经济相脱节，国民经济失去财富创造能力和竞争力而走向衰落。今日西方资本主义经济陷入持续停滞与美国的衰落有密切联系，二者在很大程度上具有内在的互为因果性。

第四，导致世界和平与发展面临越来越大的威胁。在西方资本主义经济停滞常态化背景下，美国霸权地位衰落是必然的，由此也给世界和平和安全带来严重威胁。美国对其霸权地位的衰落不会袖手旁观，而是要竭尽全力加以维护，为此，会采取一系列损人利己的手段以求自保。其一，在贸易方面实施保护主义政策。奥巴马上台后，为了应对美国金融危机和减少贸易赤字，一改曾经高举的贸易自由化旗号，转而高举保护主义旗帜，极力强化对外贸的政府干预，限制别国对美国出口。中国是美国最大的贸易进口国，为了遏制中国产品销往美国，美国设置种种贸易壁垒，强压人民币升值，扬言将中国纳入汇率操纵国的黑名单，以便对中国实施更加严厉的惩罚。自20世纪90年代以来美国在常见的反倾销反补贴调查的基础上，启用337调查，也就是美国国际贸易委员会根据美国《1930年关税法》第337节授权，对进口过程中出现的各种"不公平行为"或"不正当手段"进行调查。从近年美国337调查实践看，绝大多数案件都涉及知识产权。一旦国际贸易委员会经过调查认定被指控的"不公平行为"或"不正当手段"属实，就可以签发有限排除令或者普遍排除令，禁止侵权产品甚至其上下游产品进入美国市场。我国是337调查的最大受害国，一多半调查都是针对我国进行的。针对我国开展的337调查目的是遏制中国产业升级和产品出口，把我国产业局限在价值链的最低端。其二，在金融方面利用利率调整扰乱世界经济。美元是世界储备货币，据此美国将海量美元输送到世界其他地区，构成各国外汇储备，使得美国利率政策的每次调整都对全球资本市场产生重大影响。后危机时代的美国经济复苏相当脆弱，量化宽松和接近于零利率的政策释放出大量货币，极大地推高美国股市，但美国经济去工业化和产业空心化的状态并未改观。在此背景下，加息对美国来说无疑是步险棋，只会拉低美国经济，美联储对美国经济真实状况心知肚明，因此不敢轻易加息。但是，美联储加息不具备基本条件，不等于不加息。加息会在振兴美国资本市场、提高资本收益、满足金融资本家的逐利需求等方面起到一定积极作用，鉴于美国影响力和领导力趋于削弱，美国需要通过加息来振作精神，一旦这样做了，其溢出效应肯定会给新兴经济体乃至世界经济造成冲击，使一些新兴经济体和发展中国家陷入资本外流、本币贬值、通货膨胀、经济衰退的水深火热之中。其三，在政治上加大对别国的干预、控制和遏制力度，制造一系列严重恐怖灾难，推高战争危险。美国在世界范围推行价值观革命，企图将其民主制度输送和移植到别国，为此，美国与其同盟国联合对伊拉克、阿富汗、利比亚、叙利亚等国进行渗透和干预，结果非但没有给这些国家带来和平与安宁，反而造成持续的部族冲突和连绵不绝的暴力，给这些国家的民生带来深重灾难。为了遏制中国的发展，美国高调宣称实施亚太再平衡战略，将其大部分军事力量部署到亚洲，近期更是挑唆菲律宾、越南等国对我国南海主权提出挑衅，制造南海仲裁闹剧，借口朝鲜拥核对日韩及美国的安全构成威胁，将萨德导弹防御体系配置到韩国，给亚洲的区域和平与安全造成严重威胁。

四、结论

第二次世界大战后,随着科技革命的新发展和资本主义的自我调整,资本主义经济实现了快速发展,经历了20世纪50年代和60年代的"黄金时期",但是,从70年代初开始,西方资本主义经济转而走上迅速衰落和停滞的轨道。目前,西方资本主义经济停滞呈现出明显的常态化。产业竞争力丧失,经济持续低迷,金融秩序混乱,政府债台高筑,中产经济没落,政治制度失灵,经济和社会陷入全面危机。

西方工业资本主义经济停滞常态化不是偶然的,而是资本主义内在矛盾和剩余价值规律作用的结果,具有客观必然性。西方资本主义经济制度以私有制和雇佣劳动为内容,它们构成了资本主义基本矛盾的制度基础,推动私人利益与社会利益的矛盾不断深化和激化,导致资本主义经济发展丧失动力,经济陷入持续停滞。资本主义生产方式内部其劳资关系是对抗性的,资本既要靠剥削雇佣劳动获取剩余价值,又要用新机器替代雇佣劳动以谋求超额剩余价值,结果是大量的传统制造业被摧毁,越来越多的工人被迫进入服务业,导致经济陷入停滞。西方资本主义政治制度代表大资本的利益,运行效率低下,无力化解日益加剧的经济和社会矛盾,面对经济陷入持续衰退的局面却无能为力。新自由主义思潮鼓吹全盘私有化、完全市场化和极端自由化,是经济停滞常态化的重要意识形态原因,只要西方资本主义国家不放弃新自由主义这样的教条主义思维,就难以从根本上克服西方资本主义国家面临的经济停滞困境。

西方资本主义经济停滞常态化对世界经济和政治已经和正在产生严重影响,已经是世界第二大经济体并高度融入世界经济的中国不可能独善其身,必须从战略的高度采取措施加以应对。在刚刚结束的G20杭州峰会上,中国提出了建设"创新、开放、联动、包容"的世界经济的新理念,全面表达了对西方发达经济体经济停滞、世界经济复苏乏力背景下世界经济的发展思路、发展方向和发展着力点的中国观点。中国倡导二十国集团成员国积极调整政策思路,做到短期政策与长期政策相结合,需求侧管理与供给侧改革并重,通过创新、结构性改革、新工业革命、数字经济等新方式,为世界经济开辟新道路,拓展新边界;中国主张把创新置于推动全球经济复苏的首要位置,为世界经济摆脱复苏乏力、增长脆弱的局面提供强大动力;中国推动加强宏观经济政策协调,维护经济和金融稳定,共同促进全球经济增长;中国积极推动全球治理创新,提高发展中国家在规则制定中的话语权,构建系统完备、惠及所有国家的国际规则,不搞排他性、封闭性和碎片化安排,反对一家独大和赢者通吃,力求使所有国家共商规划、联动发展、共享成果;中国倡导所有国家不分大小、一律平等的国际关系准则,积极打造人类命运共同体,努力构建合作共赢的国际经济新秩序。可以说,建设"创新、开放、联动、包容"型世界经济是中国给世界开出的一个全新药方,它是把握世界经济发展大势,引领经济全球化迈向新阶段,推动世界经济实现强劲、平衡、可持续和包容性增长的重大战略抉择,对克服西方资本主义国家经济停滞常态化造成的世界经济复苏乏力、经济和金融危机风险积聚、经济全球化态势逆转等消极影响具有积极的化解作用,对世界经济复苏和经济全球化重启无疑会发挥非常重要的助推作用。

第四讲

金融资本主义的新发展及其危机

朱安东

朱安东，清华大学马克思主义学院副教授、博士生导师。美国马萨诸塞州立大学阿姆赫斯特校区经济学博士，兼任国际发展经济学会（International Development Economics Associates）联执秘书长、中国《资本论》研究会副秘书长、美国马萨诸塞州立大学政治经济学研究所研究员（Research Associate）。主要从事当代资本主义、国有企业和中国经济研究。曾获北京市第十二届哲学社会科学优秀成果奖一等奖、第14届（2010年度）孙冶方经济科学奖论文奖等奖项，入选北京市宣传文化系统第二批"四个一批"人才（理论界别）。

随着近年来许多国家证券市场和房地产市场价格的上涨，自2015年年底以来，尤其是2016年年中以来，媒体、学者和有关机构都开始发出美国等国出现资本市场泡沫的警告。如《纽约时报》在2014年7月8日发表了题为《大繁荣时代的大泡沫》文章，警告在全球普遍出现了资产泡沫。[1]《福布斯》杂志网站发表了福布斯撰稿人、经济分析师杰西·科隆博用23张图片来证明股票市场正在走向一个灾难性的崩溃的文章。[2] 此前，该网站在2014年1月28日发表了一篇题为《许多著名投资者认为美国股市处于泡沫中》的文章。[3] 一些世界知名的经济学家也发出了类似的警告。著名经济学家张夏准2014年2月24日在英国

---

[1] Neil Irwin, Welcome to the Everything Boom, or maybe it should be called the Everything Bubble, The New York Times, July 8, 2014.

[2] Jesse Colombo, These 23 Charts Prove That Stocks Are Heading For A Devastating Crash, http://www.forbes.com/sites/jessecolombo/2014/07/01/these-23-charts-prove-that-stocks-are-heading-for-a-devastating-crash/5/.

[3] Mike Patton, According To Many Famous Investors, U.S. Stocks Are In A Bubble, http://www.forbes.com/sites/mikepatton/2014/01/28/according-to-many-famous-investors-u-s-stocks-are-in-a-bubble/.

《卫报》发表文章指出，英国的经济尚未恢复到危机前水平，而美国经济形势也并不好，但美国和英国又产生了历史性的股市泡沫，而政策制定者们不愿采取强硬措施，我们正走向困境。① 诺贝尔经济学奖获得者、耶鲁大学金融学教授席勒在 2013 年 12 月接受德国《明镜周刊》采访时指出，许多国家的股票现在价格偏高，而一些国家的房地产价格则已经飞速上涨。这样下去结果可能很糟糕。其中最让人担心的是美国的股票市场暴涨，因为其经济仍然较为疲软和脆弱。② 无独有偶，诺贝尔经济学奖得主斯蒂格利茨在 2014 年 7 月初接受采访时表示对美股涨到如此高的位置"非常担忧"。③ 一些重要的机构也发出了类似的警告。如美联储主席耶伦前不久在美国国会听证时曾强调，美国经济面对的最大风险之一是金融市场的不稳定；④ 国际货币基金组织在 2014 年 6 月曾指出，部分国家的房产市场持续过热，从全球来看，房产价格也趋于达到最高值。世界必须行动起来，遏制又一场房价毁灭性崩盘的风险。⑤ 国际清算银行（BIS）也在新近发布的年报中警告那些正在经历过度的金融市场繁荣的国家要注意泡沫破裂的风险。⑥

这些声音值得我们高度重视。首先，资产泡沫本身值得我们关注，因为其一旦破裂，可能会再次给世界经济带来非常严重的后果；其次，更值得注意的是，这一轮的资产泡沫是发生在实体经济尚未从上一轮金融和经济危机中完全恢复的背景下。与西方国家在 20 世纪六七十年代首次遭遇经济停滞与通货膨胀同时出现类似，现在可能是第一次遭遇到经济停滞与资产泡沫同时出现，处理起来将会非常棘手。

一、许多国家经济陷入困局：经济停滞与金融泡沫共存

（一）许多国家和人群仍然处于危机的阴影之中

自 2008 年全球金融和经济危机爆发以来，已经过去了 6 年，但世界经济尚

---

① Ha-Joon Chang, "This is no recovery, this is a bubble-and it will burst.", The Guardian, Monday 24 February 2014, http://www.theguardian.com/commentisfree/2014/feb/24/recovery-bubble-crash-uk-us-investors.
② 《诺贝尔经济学奖得主警告：小心美国股市泡沫》，http://www.chinadaily.com.cn/hqcj/2013-12/02/content_17145189.htm.
③ http://money.msn.com/top-stocks/post-stiglitz-very-uncomfortable-with-stock-market-levels.
④ 高伟东：《美股加速走高引发泡沫担忧》，载《经济日报》2014 年 7 月 15 日。
⑤ 《国际货币基金组织警告称：世界面临又一轮房产泡沫》，http://at.mofcom.gov.cn/article/jmxw/201406/20140600624974.shtml.
⑥ Bank For International Settlements, 84th Annual Report: Time to step out of the shadow of the crisis, http://www.bis.org/publ/arpdf/ar2014e.pdf.

未完全复苏，许多国家还处于经济停滞的泥潭之中。根据世界银行的资料，在有数据的174个国家里，仍然有42个国家的人均国内生产总值尚未恢复到危机前（2007年）的水平。从表4-1可以看到，除了极少数国家外，危机之后（2010~2013年）的国内生产总值增长率均比危机前（2003~2007年）低，世界平均水平下降了近1个百分点，说明世界经济尚未完全恢复到"正常"增长轨道。特别值得注意的是欧元区在2010~2013年的平均年增长率只有0.6%，基本处于停滞状况。各国人均国内生产总值的变化也清楚地表明了这一点，英国和法国2013年的这个指标尚未恢复到2007年的水平，美国、日本则是刚好恢复到危机前水平。[1]

表4-1　　　　　　　危机前后部分国家经济增长表现

	国内生产总值增长率			2013年人均国内生产总值指数（2007年为100）*
	2003~2007年	2009年	2010~2013年	
世界	3.7	-2.1	2.9	
高收入国家	2.9	-3.5	1.9	
欧元区	2.2	-4.5	0.6	
中、低收入国家	7.3	3.2	5.9	
阿根廷	8.7	0.1	5.4	120.5
巴西	4.0	-0.3	3.4	113.7
中国	11.7	9.2	8.8	162.7
印度	8.8	8.5	6.7	134.9
俄罗斯	7.5	-7.8	3.4	109.7
南非	4.8	-1.5	2.8	105.1
法国	2.0	-3.1	1.0	97.6
德国	1.7	-5.1	2.1	106.3
日本	1.8	-5.5	1.8	100.7
英国	3.3	-5.2	1.2	94.3
美国	2.9	-2.8	2.3	101.0

注：*按可比价格计算。
资料来源：世界银行，"世界发展指数"数据库。

在这个背景之下，大量人群还生活在危机的阴影中。许多人还处于失业当中，生活困苦。根据国际劳工组织的估计，在2013年，全球失业人口比2012年上升了490万人，达到了2.018亿人，比2007年多3180万人。此外，由于长期

---

[1]　根据世界银行发布的"世界发展指数"数据库（http://datacatalog.worldbank.org/）中相关数据计算所得。

找不到工作而放弃找工作的人数高达 2300 万人。而且这种情况还在进一步恶化，到 2018 年这个数据可能会上升到 3000 万人。① 值得注意的是青年失业情况在持续恶化，近年来，青年失业率一般是社会失业率的两倍以上。根据国际劳工组织的估计，全球青年失业率从 2007 年的 11.6%（7008 万人）上升到了 2013 年的 13.1%（7451 万人），中东地区更是达到了 27.2%。而危机爆发以来青年失业率上升最快的是发达经济体，特别是欧盟，从 2007 年的 12.5% 上升到了 2013 年的 18.3%，青年失业人口增加了 275 万人。在这种情况下，大量失业青年放弃了寻找工作，危机爆发以来全球青年劳动参与率下降超过了两个百分点，下探至 47.4%。② 危机爆发后，许多家庭失去了住房，据估计，从危机爆发到 2014 年 3 月，美国已经有 500 万套住房被银行收回，而且这个数据还在不断增长。③ 同时，在不少地区贫困现象更加恶化。按照美国官方统计，美国贫困人口在 2010 年达到了史无前例的 4634 万人，大约每 7 个美国人中就有一个人处于贫困之中（贫困发生率为 15%）。到 2012 年，这个指标更上升到了 4650 万人，比危机前的 2007 年增加了 922 万人。④ 这些人连基本的食品都无法得到完全的保障。欧洲的情况也类似，如果不是更差。根据其官方数据，欧盟 27 国的贫困人口从 2007 年的 8065 万人上升到了 2012 年的 8497 万人，贫困发生率达到了 17%。⑤

（二）许多国家出现金融泡沫

出人意料的是，许多国家的资产市场已进入了一个新的繁荣，甚至已经出现了严重的泡沫。如前所述，国际货币基金组织已经对全球房地产市场泡沫发出了警告。根据其发布的全球房价指数（以 2000 年的平均价格为 100），按国内生产总值加权平均后的指数，全球房价在 2007 年第三季度达到最高点，达到 127.0，之后一路下滑，到 2012 年第一季度达到最低点 114.6，之后连续 9 个季度上涨，到 2014

---

① International Labor Organization, GLOBAL EMPLOYMENT TRENDS 2014: Risk of ajobless recovery? P. 17 (http://www.ilo.org/global/research/global-reports/world-of-work/2014/WCMS_243961/lang-en/index.htm).

② 《青年失业是指年龄在 15～29 岁之间既没有就业也不在接受教育或培训的人口》，（http://www.ilo.org/global/research/global-reports/world-of-work/2014/WCMS_243961/lang-en/index.htm），第 21 页，以及国际劳工组织网站（www.ilo.org）。

③ http://www.corelogic.com/research/foreclosure-report/national-foreclosure-report-march-2014.pdf.

④ 美国人口普查局数据，http://www.census.gov/hhes/www/poverty/data/historical/people.html，表 4-2 值得注意的是，作为美国白种人的贫困问题也很严重，虽然其贫困发生率仍低于全美平均水平，但总量在不断增加，从 2007 年的 2512 万人上升到了 2012 年的 3082 万人，增加了 570 万人。

⑤ http://appsso.eurostat.ec.europa.eu/nui/submitViewTableAction.do.

年第二季度,达到119.7,只比最高点低7.3。当然,因为各国具体情况不同,房价的表现也不一样。但在国际货币基金组织统计的51个国家/地区中有33个国家/地区上年房价上涨,13个国家/地区的涨幅超过5%,其中尤其新兴市场房价涨势惊人,菲律宾的房价涨幅甚至超过了10%。① 其研究明确指出,在许多经济合作组织国家中房价太高,房价租金比高于历史平均水平,为房价的下调提供了空间。② 从图4-1可以看到,在有数据的27个经合组织国家中,有19个国家的房价租金比高于历史平均水平,其中加拿大和新西兰分别高出了87%和80%。即便在美国这样房地产市场尚未完全恢复的国家,部分地区(如加利福尼亚州)和城市(如洛杉矶)可能已经出现房地产泡沫。③ 由于房地产市场的"财富效应"及其本身对实体经济的重要影响,一旦泡沫破裂,对于相关国家的经济将造成重大打击。

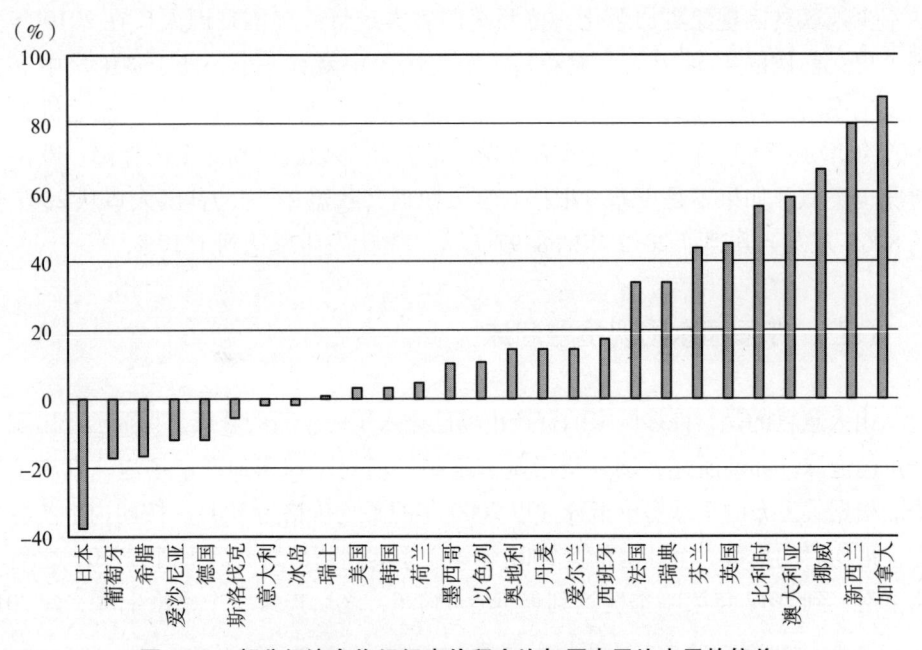

图4-1 部分经济合作组织房价租金比与历史平均水平的偏差
(2014年第一季度或第二季度)

资料来源:国际货币基金组织的"全球房市观察"网站。

---

① 数据来自国际货币基金组织的"全球房市观察"网站,http://www.imf.org/external/research/housing/index.htm。

② Hites Ahir and Prakash Loungani, Global House Prices Inching Up, FINANCE & DEVELOPMENT, December 2013, Vol. 50, No. 4, http://www.imf.org/external/pubs/ft/fandd/2013/12/picture.htm.

③ Christopher Matthews, Where the Next Huge Real Estate Bubble May Be Building, Time, Nov. 12, 2013, http://business.time.com/2013/11/12/where-the-next-huge-real-estate-bubble-may-be-building/.

与此同时，许多国家的证券市场泡沫重现值得我们高度重视。在经济合作组织统计的42个国家中，有18个国家的股票市场已经达到或者超过了危机前的高点。印度尼西亚、哥伦比亚、土耳其和智利等国在2014年9月的股票指数分别已经超过了危机前高点的138%、83%、86%和63%。[①] 如果说上一次的危机意味着股票市场泡沫严重的话，那么我们可以合理地认为这些国家又已经开始出现泡沫。表4-2列出了在国际市场具有重要影响的一些股票指数在危机前后的表现，从中可以看到，不少国家的股票指数已经超过了危机前的高点。美国的几大指数均已超过危机前的高点，其中具有重要意义的标准普尔500指数在屡创历史新高并在近期回调后仍然超出危机前高点32%，纳斯达克指数更是超过了67%，并曾一度逼近新经济泡沫破裂前的历史最高点5049。英国金融时报100指数虽然在最近跌到了危机前高点之下，但它曾在2013年5月达到6804点，超过了危机前高点，并逼近2000年年初的历史最高点6930。德国法兰克福指数在近期的下跌之后仍然比危机前高点高21%，而且它曾在2014年7月达到过其历史最高点10029，比危机前高点高出24%。韩国综合股价指数也曾恢复到其危机前的水平，而且曾于2011年5月实现历史最高点2229。墨西哥IPC指数在危机后迅速反弹，并曾屡创新高，在2013年2月一度达到45913点的历史最高点，即便最近也仍然比危机前高点高出30%。最难以想象的是阿根廷股票指数（MERVAL），前不久居然达到了危机前高点的4.5倍即便在经历了最近的下跌之后仍有危机前高点的3.4倍。法国、日本和我国香港由于各种原因确实还没有恢复到危机前的高点，但是均已经比危机中的最低点高出不少。俄罗斯和巴西的股票指数分别在2011年和2010年反弹至接近于危机前最高点的水平，只是后来由于外资流出等原因又出现了下跌。

还可以用来判断股票市场是否出现泡沫的一个指标是市盈率，它反映了，如果不考虑股价上涨的因素，根据该股一定期限内的平均盈利情况，以市场价格买入股票后多少年能收回成本。为了减少公司盈利短期波动的影响，耶鲁大学的席勒教授专门计算了美国标准普尔500指数所包括的股票经过通胀调整和周期调整后的市盈率（CAPE）。根据这个指标，席勒教授曾较为准确地预测了上两次金融危机。从图4-2中我们可以看到，到2014年12月，这个指标已经高达27.3，远高于长期平均水平（16.6），接近了危机前的最高水平（27.5）。这意味着，美国股市的泡沫可能已经相当严重，接近于上一个泡沫的水平。

---

① 根据经济合作组织网站（http：//stats.oecd.org/Index.aspx? DatasetCode = MEI_FIN）提供的数据计算所得。

图 4-2 美国标准普尔 500 指数所包括的股票经过周期调整后的
市盈率（CAPE）：1881.1~2014.12

资料来源：Robert J. Shiller 教授个人网站，http://www.econ.yale.edu/~shiller/data/ie_data.xls。

综上所述，在全球经济尚未从上一轮危机中完全恢复，许多国家还处于危机与停滞的泥潭，大量人群生活还非常困难的情形下，一个世界性的资产泡沫正在形成，在某些国家甚至还非常严重。这种情形在历史上是少见的，也是难以应对的。

二、困局的直接原因：发达国家"劫贫济富"的危机应对政策

正如许多学者指出的，导致上一轮金融和经济危机的根源是资本主义的内在矛盾在新自由主义时期的表现，直接原因是以美国金融垄断资本为首的跨国资本在全球推行的新自由主义政策。由于新自由主义理论和政策在全球泛滥，劳资力量对比失衡，工人实际工资停滞或下降，导致贫富差距拉大和消费不足；同时，经济金融化、金融自由化和金融全球化带来了严重的金融泡沫，这不仅导致了严重的产能过剩，而且引发了金融危机。[①]

正常情况下，一次重大的危机意味着此前的政策存在严重问题，危机应该为反思相关政策并进行重大政策调整提供机会，正如美国在 1929~1933 年的大萧条之后推出的罗斯福新政一样，许多人在这次"大衰退"爆发之后都期待主要资本主义国家放弃新自由主义教条，进行重大改革。但这种情况并没有出现。在危机爆发之后，发达国家采取了一套维护金融垄断资本的利益而不顾普通大众生活

---

① 程恩富主编：《金融风暴启思录》，中国法制出版社 2009 年版；朱安东：《世界资本主义危机的根源和发展》，载《马克思主义与现实》2012 年第 4 期。

的政策，试图"以新自由主义挽救新自由主义"。[①]

（一）导致经济停滞的直接原因：发达国家应对危机的财政政策

在财政政策方面，这些国家除了在危机爆发初期采取了为数不多的有利于普通大众的政策外，总体来说是对大众不利的。以美国为例，在2008年10月启动的用于收购金融机构不良资产的TARP计划（Troubled Asset Relief Program）中，绝大部分被用于救助大银行和大公司，只有6%用于帮助遇到还贷困难的房屋所有者，仅约100万家庭实际获得房贷减免。而在2009年2月启动的用于补助失业者、创造就业以及增加政府投资的ARRA法案（American Recovery and Reinvestment Act，到2013年年底共支出8046亿美元）以及后续的额外财政支持（6740亿美元）中，31%用于给各个阶层减税，19%用于给各种商业行为提供税收刺激，只有18%用于公共投资，20%用于提供失业补助等支持受危机直接影响的人群。[②] 相对于实体经济的危机深度，这种规模的财政刺激是不够的，而且其结构也不合理，从而对实体经济的恢复作用有限。

更严重的是，随着之后欧洲主权债务危机的爆发，西方国家在金融资本的幕后推动下把危机爆发的原因指向社会福利支出，从而普遍采取了财政紧缩政策，削减在危机中大众急需的各种社会福利。2003~2007年，美国和欧元区的政府消费支出年均增长1.3%和1.9%；危机爆发后，美国2010~2012年政府消费支出增长率分别为0.1%、-2.7%和-0.2%，而欧元区2010~2013年这个指标分别为0.6%、-0.1%、-0.6%和0.1%。这种政策进一步打击了普通大众的消费能力，加剧了消费不足的危机。美国和欧元区2003~2007年私人消费的年均增长率分别为3.1%和1.7%。危机爆发后，在2008年和2009年分别降低了0.3%和1.5%之后，美国在2010~2012年私人消费的年均增长率只达到了2.2%。欧洲的情况更差，在2009年降低了1%之后，2010年和2011年分别只增加了1%和0.3%，然后再度下降，2012年和2013年分别下降了1.3%和0.6%。[③]

---

① 齐昊、李钟瑾：《以新自由主义挽救新自由主义》，载《马克思主义与现实》2012年第4期。
② Council of Economic Advisers, The Economic Impact Of The American Recovery And Reinvestment Act Five Years Later, Final Report To Congress, February 2014, http://www.whitehouse.gov/sites/default/files/docs/cea_arra_report.
③ 世界银行：《"世界发展指数"数据库》，http://datacatalog.worldbank.org/。

（二）导致资产泡沫的直接原因：发达国家货币政策及不彻底的金融改革

如果说西方国家的财政政策是"饮鸩止渴"的话，那么其货币政策可以说是"扬汤止沸"，虽然在危机刚爆发时防止了金融市场的崩溃，但在之后则导致资产泡沫的重现并严重影响了新兴经济体的经济金融稳定。

在危机爆发的迹象开始出现之后，美国从 2007 年 9 月 17 日开始连续 10 次降低联邦基准利率，一直降到 0.125%。英国和欧洲央行也在危机爆发后连续多次降低基准利率，最终分别降到了 0.5% 和 0.15%（见图 4-3）。相应的金融机构从贴现窗口以及从隔夜拆借市场获得资金的利率也降到了极低的水平，欧洲央行甚至在前不久把隔夜存款利率降至 -0.2%。这些政策极大地降低了各国金融机构获得资金的成本。

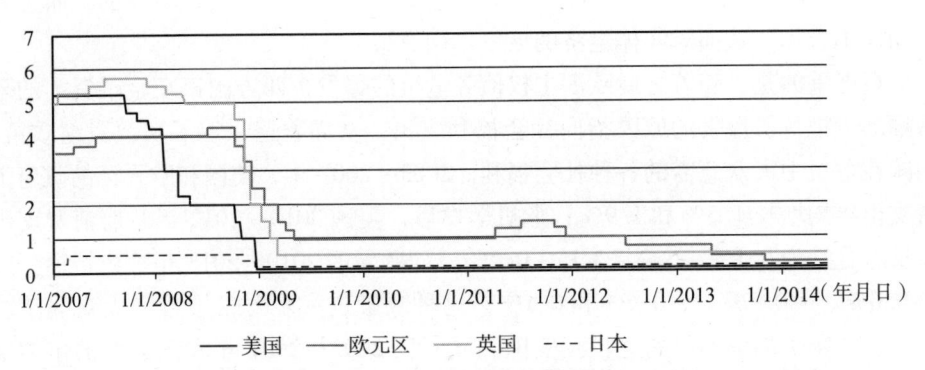

图 4-3 欧元区、美国、英国和日本中央银行基准利率：2007.1.1～2014.6.6

资料来源：国际清算银行 2013/14 年报，http://www.bis.org/statistics/ar2014stats.htm。

但这类传统政策工具即便在用到极致之后仍然无法解决问题。于是，西方国家纷纷采取了非传统的极度宽松的货币政策，通过购买国债、有问题的抵押支持证券（MBS）以及其他债券的形式向市场注入巨量资金。这种做法导致各国央行的资产负债表急剧膨胀。与 2007 年相比，美国、英国、日本和欧洲央行的资产负债表分别增加了 3.96 倍、3.74 倍、1.34 倍和 0.79 倍（见图 4-4）。

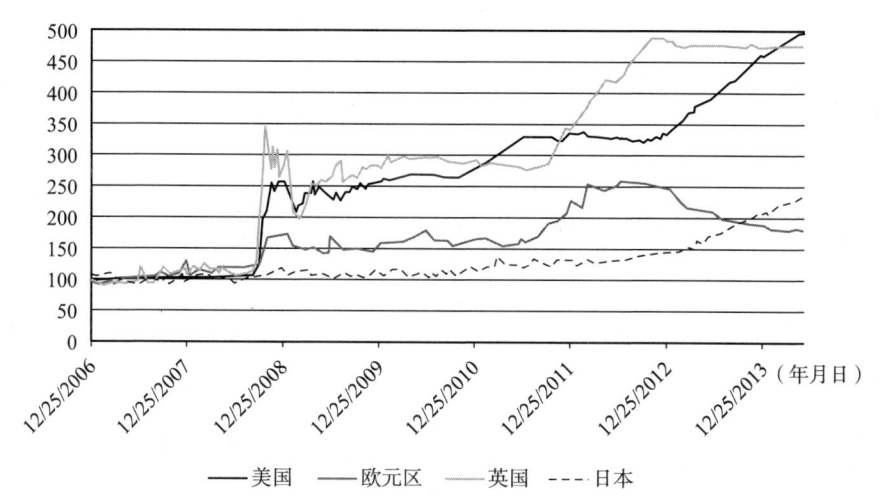

图 4-4　欧元区、美国、英国和日本中央银行的总资产：
2006.12.25~2014.6.2（2007=100）

资料来源：国际清算银行 2013/14 年报，http://www.bis.org/statistics/ar2014stats.htm。

以美国为例，自 2008 年 9 月以来，美联储大量购买两房债券以及抵押支持证券（MBS），最多时曾拥有 1690 亿美元的两房债券（2010 年 3 月 10 日）。到 2014 年 7 月 30 日，美联储仍然拥有 421 亿美元的两房债券和 1.67 万亿美元的抵押支持证券。此外，美联储 2009 年 3 月宣布开始大量买进美国国债（包括长期国债）。此前，包括美联储在内的各国中央银行买卖国债本来是一个常规货币政策手段，美联储拥有的国债数量在危机爆发后甚至从 2007 年年初的 7789 亿美元下降到了 2009 年 3 月初的 4746 亿美元。但此后美联储持有的美国国债一直增加，到 2014 年 7 月 30 日，已经增加到了 2.4 万亿美元（见表 4-2）。

表 4-2　　　　　　2002~2014 年美联储资产负债表的变化

	2002 年 12 月 18 日	2007 年 1 月 3 日	2014 年 7 月 30 日
资产（亿美元）	7207.6	8758.9	44066.4
其中：国债	6294.0	7789.1	24202.9
联邦机构债券（两房债券）	0.1	0.0	421.3
抵押支持证券（MBS）	0.0	0.0	16743.6
其他（黄金、特别提款权等）	142.7	140.3	181.5
负债（亿美元）	7032.7	8452.8	43503.1
其中：存款机构在美联储的存款	249.2	265.3	28728.8

续表

	2002年12月18日	2007年1月3日	2014年7月30日
资本	174.9	306.0	563.3
杠杆率	41.2	28.6	78.2

资料来源：美国联邦储备银行网站，http://www.federalreserve.gov/datadownload/, Factors Affecting Reserve Balances (H.4.1)。

西方国家央行采取这种极端的政策的公开目的是为了向市场注入资金，降低企业和家庭借贷的成本，刺激投资和消费。但正如前已述及的，由于财政紧缩政策的影响，消费未能复苏。再加上多年来积累起来的全球性的产能过剩的影响，企业投资意愿不足。最典型的是欧元区国家，2003~2007年，欧元区投资的年均增长率为4.1%，危机爆发后的2008年和2009年，投资分别下降了1.9%和16.7%，然后在2010年和2011年分别增长2.8%和3.1%之后，又开始下降，2012年和2013年分别下降了6.2%和3.0%。① 在实体经济不振的情况下，原本注入市场的大部分资金又以超额储备的形式回到了中央银行的账上。比如美联储账上的其他金融机构的存款从2007年年初的265亿美元爆炸式地增长到了2014年7月30日的2.87万亿美元。

此外，值得一提的是被寄予厚望并被称为大萧条以来最重要金融监管改革法案的多德—弗兰克法案（Dodd - Frank Wall Street Reform and Consumer Protection Act）。作为对本轮金融危机的反思的结果，为了尽可能防止类似危机的出现，该法案在2010年7月开始实施，其主要内容包括三大方面：（1）扩大监管机构权力，破解金融机构"大而不能倒"的困局，允许分拆陷入困境的所谓"大到不能倒"的金融机构和禁止使用纳税人资金救市，并可限制金融高管的薪酬；（2）在美联储之下新设立消费者金融保护局，赋予其超越监管机构的权力，全面保护消费者合法权益；（3）采纳所谓的"沃克尔规则"，即限制大金融机构的投机性自营交易，尤其是加强对金融衍生品的监管，以防范金融风险。但是，金融资本从一开始就采用各种方式抵制和影响法案的起草和通过，最终通过的版本成为了妥协的产物，留下了许多漏洞。由于金融资本的抵制和游说，法案的执行过程总体是缓慢和比较无力的。因而，该法案并未达到其最初的目的，金融市场仍然是极其不透明的，投机和欺诈依然盛行。

向金融体系大量投放资金虽然没有带来实体经济繁荣，但在危机爆发之时确

---

① 世界银行：《"世界发展指数"数据库》，http://datacatalog.worldbank.org/。

实防止了金融市场的崩溃，挽救了金融资本。同时，由于资本市场上长期充斥着大量低成本资金，这一方面在包括美国在内的一些发达国家带来了新一轮的资产市场的繁荣甚至泡沫；另一方面给发展中国家经济发展带来了挑战。由于大量投机性资金充斥着市场，而新兴经济体的经济形势比发达国家要好，大量热钱流入新兴市场，使相关国家的股票市场在危机之后甚至早于发达国家超过危机前的最高点，短期内刺激了新兴经济体的增长。但是，历史多次证明，这种短期投机性资本的流入会严重影响这些国家的金融和经济稳定，一旦国际市场上有了风吹草动，如美国提高利率，这些资金可能集中在短时期内流出，导致这些国家的金融和经济危机。南方中心和国际清算银行都对此发出了警告。[①] 尤其值得注意的是，现在新兴经济体的经济总量已经达到全球的一半左右而且与发达经济体之间形成了各种紧密联系，一旦新兴经济体的经济出现大的问题，发达经济体本就脆弱的复苏很可能会又一次被打断。

（三）发达国家经济政策也已陷入困局

这种经济停滞与金融泡沫同时存在的局面在历史上是很少见的，现有的经济政策很难让发达国家走出这个困局。一方面，要解决实体经济的问题，应该减少贫富分化并加大政府投资，但这两者在目前的政治经济和意识形态格局之下均难以实施，毕竟现在发达国家的公共债务平均水平已经高达国内生产总值的1.1倍，而新自由主义仍然在这些国家的政策制定中处于统治地位。为使实体经济复苏或者至少不致再次陷入衰退，发达国家又必须保持宽松的货币政策。而这将加剧资产市场的泡沫程度。众所周知，泡沫越大，破裂后导致的后果越严重。要遏制住泡沫的发展，就必须逐步退出"货币宽松"的政策，甚至提高利率。而这，一方面，可能戳破新兴经济体和/或发达经济体的资产泡沫，导致金融和经济危机；另一方面，可能会直接打击实体经济，导致经济危机。以美国为首的发达国家已经陷入进退维谷的两难境地。在不久的将来，又一场危机很可能难以避免。

[①] 见 Yılmaz Akyüz, Crisis Mismanagement in the United States and Europe: Impact on Developing Countries and Longer – Term Consequences, South Center, Research Paper 50, February 2014, http://www.southcentre.int/wp-content/uploads/2014/02/RP50_Crisis – Mismanagement-in – US – Europe_EN. pdf) 和 Bank For International Settlements, 84th Annual Report: Time to step out of the shadow of the crisis, http://www.bis.org/publ/arpdf/ar2014e.pdf。

三、困局的基础性原因：金融垄断资本的统治

在20世纪30年代的大萧条中，金融垄断资本的力量受到重大打击，在随后的几十年里被严格管制，投机行为受到严格控制，因而出现了资本主义制度建立以来的历史上难得的几十年里没有出现重大金融危机的一个时期。

但是，正如马克思曾指出的，"生产过程只是为了赚钱而不可缺少的中间环节，只是为了赚钱而必须干的倒霉事。（因此，一切资本主义生产方式的国家，都周期地患一种狂想病，企图不用生产过程作中介而赚到钱。）"[①] 在20世纪70年代末80年代初，产业资本和商业资本无力解决"滞胀"等危机，金融资本再次浮出水面，之后逐步主导了发达国家的政治经济文化权力，在全球强制推行新自由主义，逐步削弱甚至解除了对金融市场的各种管制，利用信息技术的发展，快速增强了自身的实力，并实现了对政权的"捕获"。

（一）金融资本控制了巨大的经济和金融资源

不难想象，在各个发达国家中，最富有的那批人要么本人就是金融资本家，要么与金融资本有着密不可分的联系。以美国为例，其最富有的1%的人在全社会总收入中的份额在1928年曾经达到23.9%，之后一直下降到1976年的最低水平8.9%，随后开始上升，直至2007年的23.5%。值得注意的是，越富有的人，其收入来源越依赖于资本收入，在2007年，美国最富有的万分之一的人收入的70.6%来自资本收入，仅次于他们的最富的万分之九的人收入中只有49.4%来自资本收入，之后千分之四的人这个指标只有33.1%，而即便是仅次于最富的1%的4%的人收入中只有15%来自资本收入。[②]

在2013年，仅仅美国最大的6家银行所拥有的资产达到了9.6万亿美元，相当于美国当年国内生产总值的57%。经济基础决定上层建筑，控制了如此巨量经济和金融资源的金融资本自然会想方设法改变社会政治文化以有利于其攫取更多利润。

[①] 《马克思恩格斯文集》（第6卷），人民出版社2009年版，第67~68页。
[②] 数据来自Thomas Piketty, Capital in the Twenty-First Century, Harvard University Press, 2014。

（二）金融资本逐渐主导了发达国家的政治进程

哈贝马斯2011年发表的《论欧洲宪政》一书中指出，权力从人民手中滑落，技术官僚早就在筹划一场"悄然的政变"。[①] 最近，有两位学者研究了美国1981~2002年间的1779项政策，就富人、利益团体、普通民众对政府决策的影响程度进行了评估。结果发现，美国可以被认为已变成一个寡头政治的国家，国家权力集中在一小撮富人手里，他们往往拥有巨大的财富，在银行界、金融界或军事方面处于高层地位并且在政治上强势，普通民众对决策的影响力微乎其微。[②] 金融资本对政治进程的影响和控制连一些主流学者也看不下去了，麻省理工学院斯隆管理学院教授，曾在2007~2008年担任国际货币基金组织首席经济学家的西蒙·约翰逊教授直斥美国已经变成了一个"香蕉共和国"，通过华尔街与华盛顿之间的人员流动（或称"旋转门"），对高等院校的渗透和影响，尤其是政治捐款的作用，美国已经形成了寡头政治，政府中的监管者、立法者以及学者都信奉了一套对金融资本有利的意识形态，认为有利于华尔街的就是有利于美国的，而且相信大型金融机构和自由流通的资本市场对美国在世界上的地位至关重要。[③] 金融资本对政治进程的影响可能会变得更加明显。为防止富人操控选举，美国曾规定了向各类竞选人和政党捐款的上限。但是，随着金融资本的力量不断上升，这种规定已经难以被容忍了。美国联邦最高法院在2010年取消了对公司政治捐款的限制，2014年4月又宣布取消个人对联邦候选人及政党参与竞选活动最高捐款总额的上限。

正是因为这种经济政治生态，金融资本不仅在20世纪八九十年代逐步减除了各种管制，而且能让各国政府在危机爆发时及时出手用公共资金救助大型金融机构，从而让自身力量避免遭受重大打击，在危机中和危机之后继续支配着政治进程。在这种情况下，金融资本肆意妄为，完全不顾社会影响，在危机之中就大肆给金融机构的高管们发放巨额工资奖金。金融危机过后，金融资本继续让各国政府采取各种有利于自身的政策。事实上，多德—弗兰克法案自从提出以后，金

[①] Jürgen Habermas, On Europe's Constitution – An Essay, http://www.suhrkamp.de/fr_buecher/on_europe_s_constitution-juergen_habermas_6214.pdf.

[②] Martin Gilens and Benjamin I. Page, Testing Theories of American Politics: Elites, Interest Groups, and Average Citizens, http://www.polisci.northwestern.edu/people/documents/Testing Theories Of American Politics FINAL for Production 6 March 2014.pdf.

[③] Simon Johnson, The Quiet Coup, The Atlantic Monthly, May 2009, http://www.theatlantic.com/magazine/archive/2009/05/the-quiet-coup/307364/.

融资本一直想尽办法进行抵制,虽然最终国会通过了,但在实施过程中金融资本仍然在不断进行抵制,甚至鼓动各种力量试图推翻这个法案。

值得注意的是,在危机之后,金融资本的垄断性更强了,力量变得更强大了。到 2013 年,美国最大的 6 家银行拥有美国金融系统 67% 的资产,其资产与 2008 年相比上升了 37%。[①] 同时,金融业的利润继续远远超过制造业,占到美国企业部门利润的 40% 以上。

四、世界资本主义的未来

由于金融垄断资本继续控制着西方资本主义国家的政治经济文化大权,本轮金融危机之后西方统治集团并未对导致危机的新自由主义理论和政策进行应有的反思,更谈不上推行合理有效的改革。因而,导致危机的基础性矛盾不仅没有缓解,反而更加尖锐。而目前已经出现的经济停滞与金融泡沫同时存在的局面使西方国家政府进退维谷。在这种情况下,资本主义的基本矛盾及其在新自由主义模式的资本主义国家中的各种危机表现将更加明显,停滞、危机和动荡可能将会成为资本主义的常态,金融垄断资产阶级的统治将难以持续。当然,作为资本主义最高阶段的帝国主义发展到今天,作为帝国主义最高阶段的金融垄断资本主义发展到今天,是否意味着资本主义已经走到穷途末路,有待于我们的进一步观察和研究。但可能现在已经到了提出这个问题的时候了!

---

① Stephen Gandel, By every measure, the big banks are bigger, Fortune, September 13, 2013, http://fortune.com/2013/09/13/by-every-measure-the-big-banks-are-bigger/.

第五讲

中国宏观审慎政策工具的有效性研究

梁 琪 李 政 卜 林

梁琪，南开大学经济学院教授，经济学博士，博士生导师，教育部"新世纪人才"，天津市"131"金融风险创新团队负责人。现任南开大学经济学院院长、中国特色社会主义经济建设协同创新中心副主任。主要研究领域为风险管理、金融发展等。主要社会兼职为教育部高等学校金融学教学指导委员会委员、中国国际金融学会常务理事/副秘书长/学术委员会委员、中国城市金融学会常务理事、中国经济发展研究会常务理事、中国博士后特华科研工作站指导专家等。研究成果曾获教育部高校人文社科优秀成果奖、中国金融学年会优秀论文奖、天津市人文社会科学研究优秀成果奖。

一、引言

本次国际金融危机的影响范围和破坏程度都是前所未有的，危机引发了各界人士对系统性金融风险的关注，国际社会和各国政府都希望通过宏观审慎政策来化解系统性风险，以实现金融稳定。目前加强宏观审慎监管已成为全球共识，但是学术界对宏观审慎政策框架中的许多问题还未达成共识，不同的国家对其理解也不完全相同。在宏观审慎政策理论研究不断完善的同时，宏观审慎工具的操作实践已经走在了理论发展之前。

宏观审慎工具的引入主要是应对时间维度和跨部门横截面维度的系统性风险。现阶段我国存在时间维度和截面维度的潜在系统性风险，前者表现为信贷和以房地产为代表的资产价格的快速增长，后者则表现为银行之间、银行部门与非正规融资及地方融资平台之间日益增加的关联性（Wang and Sun, 2013）。在本次国际金融危机之前，我国已经使用一系列的宏观审慎工具，包括房地产调控政策，如可变的贷款价值比率（Loan-to–Value, LTV）上限以抑制呈泡沫化的抵押贷款增长和房地产市场风险；差别存款准备金的动态调整机制来调控信贷增速，抑制信贷扩张和杠杆率变动的顺周期性，平滑信贷周期。危机后，巴塞尔协议Ⅲ的实施，我国进一步提高了商业银行的监管标准，如资本和流动性缓冲、系统重要性银行附加资本要求等。

目前，学术界对宏观审慎工具有效性的经验研究还非常有限（张健华和贾彦东，2012；Galati and Moessne, 2013），而且偏重于跨国研究，针对单个国家的分析相对较少。首先，不同国家金融特征上的差异会影响宏观审慎工具的选择及其实施效果，跨国分析得到的结论在单个国家的适用性有待进一步验证；其次，已有的研究主要偏重于宏观层面的分析，采用银行微观数据的研究还非常有限；最后，部分研究未能考虑到宏观审慎政策变量所存在的内生性问题，直接采用固定效应模型进行分析，研究结论可能存在一定偏误。有鉴于此，本文采用中国商业银行的微观数据，将差别存款准备金动态调整机制和可变的LTV上限作为宏观审慎工具的代表，采用系统GMM方法分析这两大工具在抑制银行信贷增长、杠杆率变动及其顺周期性中的作用，评估其有效性，研究审慎工具在不同类型银行之间工具效力的差异性，并对政策的使用空间和改进方向进行了探讨，以期为中国宏观审慎政策制度安排的设计和实施提供经验证据的支持。

二、文献回顾

（一）宏观审慎工具的定义与操作实践

在本次国际金融危机爆发前，已有一些国家进行了宏观审慎工具的操作实践，积累了宝贵经验。本次金融危机的爆发则促使越来越多的国家使用宏观审慎政策，且频率越来越高，各国尤其是欧美发达经济体均提出了金融监管改革方案，成立专门的机构，加强宏观审慎政策的框架建设和实践操作，而且宏观审慎政策成为本次国际金融监管体系的核心内容，体现在巴塞尔Ⅲ资本协议中。

那么，宏观审慎政策的具体操作工具有哪些呢？从实践来看，各国的监管当局运用多种政策工具来解决金融部门的系统性风险，这些政策工具主要包含审慎工具，但也包括一些通常被认为属于其他公共政策的工具，比如财政、货币、汇率，甚至行政措施（IMF，2011；Lim et al.，2011）。因此，笔者认为宏观审慎工具并非一种新的政策工具，而是将宏观审慎视角引入到原有的工具当中，一切维护金融稳定、降低系统性风险的政策工具都可以纳入到宏观审慎政策的工具箱中[①]。

IMF（2011）通过对 49 个国家调查统计，识别出最常用的 10 种宏观审慎工具。这些工具可分为三类[②]：第一类是信贷相关的，如贷款价值比率 LTV 上限，债务收入比率（debt-to-income，DTI）上限，外汇贷款上限、信贷量或者信贷增长上限；第二类是资本相关的，比如逆周期动态资本要求、动态拨备以及对利润分配进行限制；第三类是流动性相关的，包括限制净外汇头寸敞口（Net Open Position in Foreign Currency，NOP）或者货币错配，限制期限错配以及准备金。Lim 等（2011）指出这些工具一般用于应对四种不同的风险来源：一是，信贷过度扩张及其推动的资产价格泡沫而引起的金融风险；二是，过度杠杆化以及后续去杠杆化带来的系统风险；三是，系统流动性风险；四是，国际资本大幅流动及其波动引起的金融风险。各国监管当局使用上述审慎工具从时间和截面两个维度来防范系统性风险的积聚，维护本国金融系统的稳定。

此外，新兴市场国家和发达国家在宏观审慎工具的运用上也存在着些许差异。首先，从使用频率来看，相对于发达国家，新兴市场国家采用宏观审慎工具的次数更为频繁。其次，新兴市场国家往往更关注国际资本大幅流动及其波动带来的风险和系统流动性风险，因此，他们倾向于使用与资本流动和流动性水平相关的措施，如对 NOP 的限制和准备金工具。同时，由于其金融系统的市场化水平相对较低，新兴市场国家也会更多地采用限制信贷增速或者信贷总量等工具，而发达国家多采用 LTV 上限和 DTI 上限等信贷工具。而且，发达国家使用动态拨备的频次也较高，由此可以看出，发达国家似乎更关注过度杠杆化以及后续去杠杆化所导致的金融风险（Claessens et al.，2013）。最后，不同的国家在金融体系、银行业结构、金融开放水平、金融市场化水平、金融部门的规模以及金融监管效率等方面存在显著差异，同时其金融部门面临的冲击和风险也是不同的，这些特征性的差异导致各国监管当局选择不同的宏观审慎工具，并且这些差异有可

---

① 《中国金融稳定报告（2010）》也指明，"宏观审慎工具并非一种特殊的、独立的政策工具，而是服务于防范系统性风险目标，为实施宏观审慎政策对已有宏观审慎工具、微观审慎工具、财税会计工具的功能叠加、调整或组合。"

② 每种工具都可能具有多种属性并产生多种效果（张健华和贾彦东，2012），因此这里的分类并不绝对，例如，准备金可以作为信贷工具，通过准备金率调整间接降低信贷增速，也可以作为资本工具，建立资本缓冲。

能进一步影响审慎工具的实施效果。

（二）宏观审慎工具有效性文献评述

宏观审慎工具受到各界人士的关注，同时国际监管机构和各国监管当局也越来越多地使用这些工具，但宏观审慎工具的有效性从经验上尚未得到充分的分析和理解，相关的研究成果还比较有限。Galati 和 Moessne（2013）指出了其中的原因：第一，宏观审慎工具虽然在本次金融危机爆发前已经出现，但2008年危机发生后，它才受到足够的重视并广泛地应用于操作实践中。因而，实证研究所需的基础数据还相对缺乏。第二，学术界对金融系统和宏观经济关系的认识理解还不充分，有关二者互动影响的理论模型还比较缺乏，进一步为经验分析带来了困难。第三，宏观审慎政策的实施并不是孤立的，而是与其他政策相结合，这使得评估宏观审慎政策的有效性进一步复杂化。

近年来，学术界努力克服上述困难，对宏观审慎工具的有效性进行了有益的探索研究。代表性的如 Lim 等（2011）通过跨国宏观面板的研究表明，许多宏观审慎工具都能有效降低系统性风险。LTV 上限和 DTI 上限、准备金、逆周期资本要求、信贷量或者信贷增速上限、动态拨备等工具有助于抑制信贷增长和杠杆率变动的顺周期性；对 NOP 和期限错配的限制有助于降低跨机构和跨市场的共同风险敞口。而且，宏观审慎工具的有效性似乎并不依赖于汇率制度或者金融部门的规模，但冲击的类型确实起到作用，因而不同类型的风险需要使用不同的工具。IMF（2012）同样采用跨国分析，从信贷增长、房地产价格升值和资本流入三个角度探讨了宏观审慎政策降低金融脆弱性的效果。其研究发现动态资本要求和准备金对抑制信贷增长具有显著的效应；LTV 上限和资本要求对于控制房地产价格上涨具有强烈影响，但准备金的影响在统计上不显著；准备金有助于实行浮动汇率制的新兴市场国家减少资本流入。与 Lim 等（2011）和 IMF（2012）跨国宏观分析不同，Claessens 等（2013）采用 48 个国家的银行微观数据，分析了宏观审慎政策对银行杠杆率上升、资产增长和非核心负债对核心负债之比变动的影响。他们的研究表明，DTI 上限和 LTV 上限，对信贷增长和外汇借款的限制在经济繁荣时期有助于降低银行杠杆率、抑制资产和非核心负债的快速增长，准备金、动态拨备、对利润分配的限制等逆周期缓冲有助于减轻银行杠杆率和资产的增长。与宏观审慎工具的事前性质相一致，审慎政策工具在经济上升周期时的影响大于经济萧条周期时。

同时，部分研究者针对某些特定审慎工具的有效性进行了研究。首先，新兴市场国家，尤其是中国、俄罗斯、巴西、哥伦比亚、秘鲁和韩国等将准备金工具作为一种宏观审慎工具，服务于金融稳定的目标（Lim et al.，2011；IMF，2011，2012）。Montoro 和 Moreno（2011）、Tovar 等（2012）基于拉美国家的经验证据表明，准备金工具在抑制银行信贷顺周期性，稳定资本流动方面是成功的。Glocker 和 Towbin（2012）构建了一个小型开放经济的 DSGE 模型，其研究表明，在具有金融摩擦和资本流入的情形下，根据经济条件调整准备金工具能够稳定信贷，服务于金融稳定的目标，而利率工具只能服务于价格稳定的目标。其次，宏观审慎的资本分配机制在缓和金融周期过度波动，降低系统风险中发挥了重要作用。BCBS[①]（2010）发现从当前的水平提高最低资本要求和流动性要求具有净的长期经济效益。这些效益来自更高的资本和流动性要求降低了金融危机发生的可能性以及危机导致的相关产出损失。Gauthier 等（2010）则采用加拿大银行系统的数据表明，依据单个银行对整个银行系统贡献的系统性资本分配机制，能够大幅降低单个银行的违约概率以及系统性危机发生的可能性。最后，有证据表明，动态拨备提高了单个银行以及整个银行体系的弹性和应变能力[②]。Jiménez 和 Saurina（2006）指出，在经济繁荣时期，无论是筛选借款人还是抵押品要求，商业银行的信贷标准都较为宽松，此时动态前瞻性的拨备具有明显意义，因为它将银行贷款组合因经济周期而导致的信用风险状况也考虑进去了。Jiménez 等（2012）针对西班牙的研究表明，动态拨备等逆周期的宏观审慎政策在抑制银行信贷供给周期方面是有用的，而且更为重要的是，在经济萧条期，动态拨备有利于平滑经济衰退，维护了企业信用，提高了企业获取银行贷款的可能性。

目前国内学者对我国宏观审慎工具有效性的研究还非常缺乏。张健华和贾彦东（2012）总结了国内外宏观审慎政策的理论与实践进展，其中对宏观审慎工具有效性这一主题也进行了一定的梳理。马勇和陈雨露（2013）在基于中国经济的 DSGE 模型框架下，研究了货币、信贷和金融监管政策等宏观审慎政策规则的协调搭配问题，其结果表明宏观审慎青睐简单清晰的规则，宏观审慎政策的搭配组合不仅有助于稳定经济金融系统，而且可以降低单一政策面临的多目标困境和政策负担，其协调搭配需要避免"政策冲突"和"政策叠加"问题。梁璐璐等（2014）、王爱俭和王璟怡（2014）分别将 LTV 上限和逆周期资本要求作为宏观审慎工具的代表，在 DSGE 框架下讨论了宏观审慎政策和货币政策效果，研究发现宏观审慎政策有益于稳定金融波动，而且在金融危机的冲击下，货币政策和宏

---

① 全称为巴塞尔银行监管委员会（Basel Committee on Banking Supervision）。
② 西班牙早在 2000 年就引入了动态拨备工具，因而有关动态拨备有效性的研究主要以西班牙为例。

观审慎政策互相配合的效果最好，有助于金融稳定和价格稳定目标的共同实现。王志强和李青川（2014）采用门限 VAR 模型，从宏观审慎监管角度分析了存款准备金率的政策效果，研究发现，准备金率在一定条件下可以作为宏观审慎工具。Wang 和 Sun（2013）基于我国银行数据的研究表明，准备金等部分宏观审慎工具可在一定程度上控制贷款增长和房价上涨，降低系统性风险。此外，部分宏观审慎工具是通过对其他公共政策工具的设计和校准进行调整而为宏观审慎目标服务的，比如，存款准备金传统上是一种货币政策工具，在以往研究中部分学者对其货币政策作用进行了分析（张晓慧等，2008；徐明东和陈学彬，2011）。

三、研究设计

（一）变量选择

1. 宏观审慎工具变量

根据 Lim 等（2011）和 Claessens 等（2013）的统计，我国目前使用的宏观审慎工具主要有 5 种，准备金率、LTV 上限、DTI 上限、逆周期资本要求和系统重要性银行附加资本要求、贷款限额控制。其中，前两种工具使用的最为频繁。根据《商业银行资本管理办法（试行）》过渡期安排，2013 年 1 月 1 日，商业银行应达到最低资本要求，国内系统重要性银行还应满足附加资本要求，而逆周期资本如需要再计提；我国虽然实行 DTI 上限控制，但一直都是 50%；贷款限额控制则主要集中在 2008 年金融危机发生前，以及 2009 年下半年，执行的时间也相对较短。由此可见，后三种工具或是使用时间较短，或是没有变化。

与此相对，2003～2012 年中国人民银行调整法定存款准备金率次数为 40 次，且主要集中在 2006 年以后。早在 2004 年中国人民银行就建立了差别存款准备率制度，后来又将宏观审慎视角引入到准备金工具中，实施了差别存款准备金动态调整机制。[①] 2006～2008 年，面对国内银行体系流动性过剩、信贷增长过快、房

[①] 中国人民银行从 2004 年 4 月 25 日起对金融机构实行差别存款准备金率制度，但是差别仅为 0.5 个百分点，而且基于维护金融稳定考虑，央行对执行差别存款准备金率的金融机构采取高度保密原则。2008 年 9 月 25 日后，央行对大型和中小型银行要求的法定准备金率也不再相同，调整不再统一，工农中建交和中国邮政储蓄银行的准备金率高于其他商业银行。

地产价格快速攀升、资产价格泡沫和通货膨胀压力增大、系统性风险不断累积的局面,中国人民银行采用存款准备金逆周期调节,不断上调准备金率,从2006年的8%上升至2008年9月的17.5%。雷曼兄弟破产后,国际金融危机席卷全球,为了应对资本外流、信贷萎缩可能导致的经济减速甚至崩溃,央行又适时下调准备金率,防范我国银行体系出现流动性危机。随着金融危机的影响逐渐褪去,2009年在宽松货币政策条件和资本强劲流入的双重作用下,我国出现了增速高达33%的信贷扩张高潮。因此,央行在2010年年初及时上调了5家大型商业银行的法定存款准备金率,进行逆周期的审慎监管。总的看来,2003年以来,存款准备金政策出现了向更加严格和稳健发展的趋势,而且针对不同金融机构实施了差别化调节的新模式。此外,我国住房抵押贷款的LTV上限也经过了十余次的调整,其中二套房的LTV上限[①]由2003年80%下降到2011年40%。通过LTV上限来调节信贷需求,一方面,控制房地产价格的过快上涨及其泡沫化;另一方面,防范商业银行杠杆率快速上升及其对房地产市场风险的过度暴露。

基于上述考虑,本文采用法定存款准备金率和住房抵押贷款LTV上限作为宏观审慎工具的代表,根据法定存款准备金率和LTV上限的实际使用天数,对其进行年度加权平均。为了更好地评估宏观审慎工具的政策效应,与以往研究一致,本文取其一阶差分作为宏观审慎政策(Macro - Prudential Policy,MPP)的度量,而且采用法定存款准备金率和住房抵押贷款LTV上限的变化量作为模型的解释变量,可以降低宏观审慎政策变量与利率等货币政策变量的共线性,更准确地估计其影响系数。

2. 被解释变量

银行信贷的过度扩张一方面会降低其资产质量,使商业银行风险过度承担,从而给金融稳定造成负面影响;另一方面,在当前我国金融市场化改革尚未完成,地区经济增长不平衡的情形下,信贷激增会导致资产价格快速上涨,尤其是可能诱发房地产市场泡沫化风险。同时,商业银行杠杆率的快速上升,会提高其脆弱性,降低整个银行系统面临内外冲击时的弹性和韧性。因此本文选择商业银行的贷款增速($dlnloan$)和杠杆率的变动率($dlnleverage$)作为宏观审慎工具的目标风险变量。

---

① 一套房为居民自住型住房,国家对一套房的LTV实施的是保护政策,一直维持在70%~80%,因此本文采用二套房LTV上限的调整作为宏观审慎工具变量。

3. 控制变量

（1）宏观控制变量。本文采用的宏观控制变量有两个：一是经济增长变量；二是利率变量。鉴于 GDP 增长率中净出口的影响较大，本文采用徐明东和陈学彬（2011）的建议，选用与信贷增长更为密切的固定资产投资增长率。对于五家大型商业银行和全国性股份制银行，其经营的范围是全国，本文采用国家层面的固定资产投资增长率；而对于城商行和农商行，虽然部分城商行实现了跨区域经营，但其主要服务对象还是当地经济，因此采用城商行和农商行所在地级市的固定资产投资增长率，同时，对合并重组形成的区域性股份制商业银行，如徽商银行、江苏银行、吉林银行、龙江银行、华融湘江银行等，本文采用该银行所在省份的固定资产投资增长率。利率变量代表了央行的货币政策立场，当前我国的利率市场化进程尚未完成，还未形成市场化的基准利率，存贷款基准利率还发挥基础作用。因此，笔者采用 6 个月至 1 年贷款基准利率作为利率变量的代表，根据其使用天数，进行年度加权平均。

（2）银行微观特征变量。贷款增速作为被解释变量时，依据徐明东和陈学彬（2011）的研究，本文还控制了规模、流动性和资本等三个银行微观特征变量。银行规模（$SIZE$）采用总资产的自然对数表示；流动性（LIQ）采用流动性资产除以存款和短期融资的总额来代表，资本（CAP）则采用商业银行的资本充足率来代表。这三大特征都会影响银行的贷款增速，代表了银行供给方面的因素。杠杆率的变动率作为被解释变量时，笔者选取银行规模（$SIZE$）和贷款增速（$dln\text{-}loan$）作为控制变量，其中贷款增速越高，商业银行提升杠杆率的动机也就越强，杠杆率的增长也就越快。同时，根据 Claessens 等（2013）的研究，本文将杠杆率的水平（$leverage$）也作为控制变量。因为如果银行的杠杆率水平已经很高，会限制其进一步上升的空间，降低其增速。

4. 交叉项

在经济繁荣时期，商业银行倾向于信贷扩张，提升其杠杆率，使得实体经济进一步过热，而经济形势一旦发生转向，银行就会骤然变得保守起来，提高信贷标准，紧缩信贷，去杠杆化，影响企业信用，使得实体经济衰退进一步加强。本次金融危机中商业银行所呈现的这种信贷繁荣萧条周期，显著放大了危机对实体经济造成的损害，危机后，宏观审慎监管的一个重要维度就是降低金融系统的顺周期性。为此，Lim 等（2011）通过跨国宏观研究，探讨了宏观审慎工具是否有助于抑制信贷增长和杠杆率变动顺周期性。

对于中国而言，金融系统的稳定与宏观经济的关系更为密切，银行贷款占社会融资规模的比重虽然在不断下降，但占比仍在 60% 左右，信贷波动与经济周期的变化及系统性风险之间有很大的关系（张健华和贾彦东，2012），因此，降低银行信贷及其杠杆率的顺周期对我国防范和降低系统性风险的危害具有重要意义。本文依据 Lim 等（2011）的研究，构建宏观审慎变量 MPP 与经济增长变量的交叉项，从我国商业银行的微观层面，来分析宏观审慎工具在抑制我国银行信贷和杠杆率顺周期性中的作用。

（二）计量模型

根据上面的分析，笔者建立了如下基准模型：

$$Y_{i,t} = \mu_i + \sum_{k=1}^{p} \alpha_k Y_{i,t-k} + \beta MPP_{i,t} + \gamma_1 growth_{i,t} + \gamma_2 i_{i,t} + \theta X_{i,t-1} + \varepsilon_{it} \quad (1)$$

其中，$Y_{i,t}$ 为各银行的贷款增长率和杠杆率的变动率，μ_i 为个体效应，ε_{it} 为随机扰动项。为了控制银行贷款增速和杠杆率变动自身的反馈效应以及惯性，本文构建的是动态面板模型，在实证研究中，动态滞后阶数 p 一般为 1 阶或 2 阶。MPP 为本文的宏观审慎变量，即法定存款准备金率和住房抵押贷款 LTV 上限的变化量（dRRR 和 dLTV）。贷款增速和杠杆率变动具有顺周期的特征，审慎工具对其进行逆周期调节和控制，二者具有一定反馈效应，因此本文将 MPP 设为内生变量。growth 和 i 分别为两个宏观经济变量，即固定资产投资增长率和贷款基准利率，作为信贷需求的代理变量，growth 也会受到银行信贷增速的反馈影响，同时基准利率作为货币政策工具，其本身具有内生性，因此，笔者将其也设为内生。X 为银行微观特征变量，它们与被解释变量可能具有一定的同期相关性，根据 Claessens 等（2013）、徐明东和陈学彬（2011）的研究，本文采用其滞后一期值，用以消除当期相互影响的内生性问题。我们最感兴趣的是 MPP 系数的符号、显著性以及大小，它代表了宏观审慎工具在控制我国银行信贷增速以及杠杆率上升中的有效性及其工具效力。

同时依据 Lim 等（2011）的研究，本文构建宏观审慎变量 MPP 与经济增长变量的交叉项，研究宏观审慎工具的使用能否降低银行信贷扩张、杠杆率变动与经济增长的正向关系，即它们的顺周期特征：

$$Y_{i,t} = \mu_i + \sum_{k=1}^{p} \alpha_k Y_{i,t-k} + \beta MPP_{i,t} \times growth_{i,t} + \gamma_1 growth_{i,t} + \gamma_2 i_{i,t} + \theta X_{i,t-1} + \varepsilon_{it}$$

$$(2)$$

四、实证结果与分析

(一) 样本选择与描述性分析

本文的研究样本为 2003~2012 年 97 家中资银行的年度非平衡面板数据,数据来源为 Bankscope 数据库,在原始数据的基础上,剔除了外资银行、政策性银行、信托公司以及证券公司的数据,剔除了数据连续期少于 3 年的银行,共剩下 97 家银行。样本银行包含了工、农、中、建、交 5 家大型商业银行,光大、中信、浦发等 13 家全国性股份制商业银行①,北京银行、宁波银行、南京银行、北京农商银行、重庆农村商业银行等 79 家城市商业银行和农村商业银行。法定存款准备金率、贷款基准利率来自 Wind 数据库,固定资产投资数据来自相应年份的《中国统计年鉴》和《中国城市统计年鉴》,笔者对中国人民银行、银监会以及国务院的法律法规和政策文件进行汇总整理得到二套房的 LTV 上限。各变量的描述性统计指标如表 5-1 所示。

表 5-1　　　　　　　　　　主要变量的描述性统计

变量	定义	观测数	均值	标准差	最小值	最大值
dln$loan$	贷款的对数差分	588	0.216	0.138	-0.456	1.105
dln$leverage$	杠杆率的对数差分	583	-0.047	0.277	-1.585	0.902
SIZE	总资产的自然对数	675	18.225	1.817	14.588	23.588
LIQ	流动资产/(存款+短期融资)	675	0.296	0.119	0.025	0.714
CAP	资本充足率	561	0.118	0.034	0.006	0.301
leverage	资产/权益	675	19.497	9.189	6.693	75.722
growth	固定资产投资名义增长率	675	0.247	0.219	-0.257	2.415
i	贷款基准利率	675	5.992	0.632	5.31	7.179
dRRR	法定准备金率的变动	675	1.147	2.194	-2.508	5.007
dLTV	LTV 的变动	675	-0.05	0.074	-0.169	0.082

---

① 鉴于中国邮政储蓄银行的经营特点,本文将其算入全国性股份制商业银行。

(二) 实证结果

本文采用系统 GMM 两步法来估计（1）式和（2）式。为了判定系统 GMM 估计中工具变量的有效性，笔者采用 Sargan 检验，其原假设是"所有工具变量都是有效的"。为了保证估计的合理有效，还必须保证扰动项不存在自相关，即扰动项的差分具有一阶自相关、二阶和更高阶不存在自相关。

表 5-2 给出了宏观审慎工具对银行贷款增速及其顺周期性的影响。在 5% 的显著性水平下，Sargan 检验和自相关检验均不能拒绝原假设，表明我们的系统 GMM 估计选取的工具变量是合理的，扰动项不存在显著的序列相关。

表 5-2　　　　宏观审慎工具在控制信贷增速及其顺周期中的作用

	(1)	(2)	(3)	(4)
$d\ln loan(t-1)$	0.0788*** (5.10)	0.1725*** (7.96)	0.1353*** (8.51)	0.1942*** (7.97)
$dRRR(t)$	-0.0017* (-1.90)			
$dLTV(t)$		0.1735*** (6.56)		
$dRRR(t)*growth(t)$			-0.0235*** (-5.50)	
$dLTV(t)*growth(t)$				0.6874*** (6.51)
$growth(t)$	0.1459*** (5.37)	0.0976*** (5.52)	0.1500*** (9.59)	0.1395*** (7.34)
$i(t)$	-0.0221*** (-6.32)	-0.0267*** (-12.45)	-0.0108*** (-2.90)	-0.0276*** (-11.41)
$SIZE(t-1)$	-0.0128*** (-11.44)	-0.0299*** (-9.20)	-0.0249*** (-12.23)	-0.0246*** (-11.32)
$LIQ(t-1)$	0.0069 (0.30)	0.0667** (2.16)	0.0463* (1.89)	0.0871** (2.56)
$TCR(t-1)$	0.5169*** (5.14)	0.5710*** (6.95)	0.2991*** (3.45)	0.3253*** (2.97)
常数项	0.4567*** (19.17)	0.7793*** (14.77)	0.6144*** (16.79)	0.6912*** (17.22)
N	401	401	401	401

续表

	(1)	(2)	(3)	(4)
AR 1(p 值)	0.0000	0.0000	0.0003	0.0000
AR 2(p 值)	0.3204	0.3619	0.3056	0.4176
Sargan Test(p 值)	0.5170	0.3983	0.7121	0.5670

注：括号内为 z 统计量；***、** 和 * 分别表示1%、5%和10%的显著性水平；t 表示当期值，t-1 表示滞后一期值。

贷款增速滞后一期变量的系数显著为正，表明商业银行的信贷扩张具有一定的惯性或黏性。从控制变量的系数来看，绝大多数的系数至少在10%的水平下显著。银行的规模越大，其信贷增速越低，这可能反映了银行的规模越大其经营策略相对保守谨慎，也可能是因为规模较大的银行受到的信贷管控更加严格。当前我国商业银行普遍具有信贷扩张的冲动，较高的流动性水平和资本充足率为其进一步的信贷扩张提供了基础，因此，银行的流动性水平和资本充足率越高，其贷款增速也相对较高。growth 的系数显著为正，具有两层含义，一方面，growth 作为信贷需求的代理变量，其系数为正，表明银行的信贷供给会受到经济增长需求的影响；另一方面，这一结果同时表明在控制其他因素以后，贷款增速与经济增长具有显著的正相关关系，即信贷增速具有明显的顺周期特征。贷款基准利率的系数显著为负，贷款基准利率越高，企业的融资成本越高，信贷需求越低，商业银行只能被动调整资产组合，降低信贷增速。

我们最感兴趣的是宏观审慎工具变量以及它与经济增长变量交叉项的系数符号及其显著性。准备金率的系数在10%的水平下显著为负，这表明央行上调商业银行的存款准备金率，降低它们信贷供给能力，能够显著减缓银行的信贷扩张步伐。LTV 上限的系数在1%的水平下显著为正，这表明降低 LTV 上限，提高住房抵押贷款的首付成数，能够抑制呈泡沫化的抵押贷款的增长，从而间接降低银行信贷增速，并且防范银行对房地产市场风险的敞口过度暴露。两个宏观审慎工具变量与经济增长交叉项的系数都在1%的水平下显著，这表明通过准备金率和 LTV 上限的逆周期调节，即在经济上升周期收紧政策工具，经济下行时期放松政策工具，能够显著降低贷款增速与经济增长的正向关系，平滑信贷周期，降低商业银行信贷扩张的顺周期特征。

表5-3进一步给出了两大宏观审慎工具在降低商业银行杠杆率增速及其顺周期中的作用。因为在动态模型为 AR（1）形式时，扰动项的自相关检验一直无法通过，即扰动项仍存在潜在的序列相关，因此笔者加入了被解释变量的滞后二阶项，构建 AR（2）形式的动态面板模型。此时，Sargan 检验和扰动项的自相

关检验均在5%的水平下通过了检验。

表5-3　　　　　宏观审慎工具在杠杆率变动及其顺周期中的作用

	(1)	(2)	(3)	(4)
$d\ln leverage(t-1)$	-0.4432*** (-16.68)	-0.4864*** (-10.48)	-0.4560*** (-15.59)	-0.4679*** (-11.47)
$d\ln leverage(t-2)$	-0.4038*** (-13.84)	-0.4548*** (-10.54)	-0.4133*** (-16.42)	-0.4362*** (-12.60)
$dRRR(t)$	-0.0068*** (-2.59)			
$dLTV(t)$		0.2015*** (3.02)		
$dRRR(t)*growth(t)$			-0.0062 (-0.94)	
$dLTV(t)*growth(t)$				0.8284*** (4.61)
$growth(t)$	0.1713*** (2.73)	0.1417* (1.80)	0.1505*** (3.52)	0.0976* (1.70)
$i(t)$	-0.0266*** (-2.84)	-0.0476*** (-3.85)	-0.0567*** (-5.80)	-0.0542*** (-6.32)
$SIZE(t-1)$	0.0213*** (6.38)	0.0238*** (2.96)	0.0253*** (5.92)	0.0220*** (3.70)
$d\ln loan(t-1)$	0.4988*** (7.24)	0.5306*** (6.12)	0.4200*** (8.72)	0.4274*** (6.36)
$leverage(t-1)$	-0.0137*** (-13.63)	-0.0124*** (-7.91)	-0.0137*** (-14.03)	-0.0132*** (-9.77)
常数项	-0.1988** (-2.16)	-0.1551 (-0.83)	-0.0761 (-0.66)	-0.0356 (-0.25)
N	354	354	354	354
AR 1(p值)	0.0105	0.0153	0.0152	0.0158
AR 2(p值)	0.4401	0.4719	0.4026	0.4992
Sargan Test(p值)	0.7086	0.5913	0.5845	0.6391

注：括号内为z统计量；***、**和*分别表示1%、5%和10%的显著性水平；t表示当期值，$t-1$和$t-2$分别表示滞后一期值和滞后两期值。

表5-3中动态滞后项的系数均显著为负，如果当期的杠杆率提升速度较快，在下两期商业银行会适当减缓其扩张杠杆率的步伐，具有一定的短期调整机制。

growth 的系数至少在10%的水平下显著为正，这说明我国商业银行提高杠杆率具有明显的顺周期性。在经济上升周期，银行提升其杠杆率的速度也较快；在经济下行周期，银行会减缓提升速度，甚至通过一系列的去杠杆化措施，快速降低杠杆率水平，以满足监管要求。贷款基准利率的系数显著为负，这表明央行的货币政策立场会影响商业银行的脆弱性水平，提高基准利率有助于抑制商业银行杠杆率的放大。银行的规模越大，杠杆率增速越快，这可能是因为目前大银行的杠杆率水平低于中小银行，大银行进一步提高杠杆率的动机较强，且提升的空间也较中小银行大。与理论预期一致，信贷增速的系数显著为正，信贷资产在银行盈利资产中属于盈利水平相对较高的那部分，信贷增速会直接影响银行提高杠杆率的意愿水平。同时，杠杆率水平会影响其进一步提升的空间，杠杆率水平和杠杆率的变动率显著负相关。

从宏观审慎工具的系数来看，这两大宏观审慎工具确实影响了商业银行的杠杆率变动，提高准备金率或者降低住房抵押贷款的LTV上限都能降低其增速。然而，准备金率与经济增长变量交叉项的系数虽然符合理论预期为负值，但在10%的水平下仍不显著，似乎准备金工具对于抑制商业银行杠杆率变动顺周期的作用并不明显。与此相对，LTV上限交叉项的系数在1%的水平下显著。在经济繁荣周期降低LTV上限，在经济下行时期适当提高LTV上限，通过这种逆周期调节，能够降低商业银行杠杆率的顺周期特征，降低银行体系的脆弱性水平。

同时，笔者将样本分为五大行和全国性股份制银行、城商行和农商行两个子样本[①]来研究宏观审慎工具的有效性及其在不同类型银行间的差异性。表5-4的(1)、(3)、(5)、(7)列和(2)、(4)、(6)、(8)列分别为五大行和全国性股份制银行、城商行和农商行子样本的回归结果。限于篇幅，这里仅给出审慎工具变量以及它与经济增长变量交叉项的系数。表5-4的上部分为审慎工具在控制信贷增速及其顺周期中的作用，下半部分给出了审慎工具在杠杆率变动及其顺周期中的作用。首先，在两个子样本中，审慎工具及其与经济增长变量的系数都是显著的，这两大宏观审慎工具对抑制我国银行信贷扩张、杠杆率放大及其顺周期性都是有效的，且进一步验证了全样本实证结果的可靠性和稳健性。其次，从系数的大小来看，对于不同类型的银行，宏观审慎工具的效力确实存在一定的差异，相对于城商行和农商行，五大行和全国性股份制银行对宏观审慎工具的调节更为敏感，审慎工具的效力更大。最后，具体来看，准备金率工具对银行贷款增

---

① 如果将样本分为五大行、全国性股份制银行、城商行和农商行三类，会导致第一个子样本观测过少，系统GMM两步法无法估计。鉴于五大行和全国性股份制银行在经营范围、商业模式以及银行微观特征上更为相似，所以将二者合并为一类。

长及其顺周期的影响在两个子样本间的差异性相对较小,对杠杆率变动及其顺周期则具有一定差异。与此相对,LTV 上限工具在两个子样本中的差异更为明显,五大行和全国性股份制银行对 LTV 上限的变动非常敏感,工具效力远大于城商行和农商行。笔者以为 LTV 上限主要通过抑制居民的住房信贷需求来间接调控银行的信贷增速和杠杆率变动,目前,五大行和全国性股份制银行承担了绝大部分的住房抵押贷款发放,因此 LTV 上限工具对前者的工具效力要远高于后者。与此相对,准备金工具则是直接冻结银行的信贷供给能力,调节得更为直接,因而调控效率在不同类型银行间的差异相对较小。

表 5-4　　　　　　　宏观审慎工具在子样本中的工具效力

	(1)	(2)	(3)	(4)	(5)	(6)	(7)	(8)
Panel A:								
dRRR	-0.0069*** (-2.93)	-0.0063*** (-5.06)						
dLTV			0.2232*** (4.09)	0.1376*** (6.44)				
dRRR * growth					-0.0406*** (-3.61)	-0.0313*** (-8.26)		
dLTV * growth							1.8333*** (8.83)	0.6455*** (9.19)
Panel B:								
dRRR	-0.0252*** (-4.52)	-0.0116*** (-6.92)						
dLTV			0.8274*** (3.37)	0.1805*** (5.00)				
dRRR * growth					-0.1020*** (-4.30)	-0.0155*** (-3.47)		
dLTV * growth							2.1467*** (4.39)	0.2588** (2.35)

注:括号内为 z 统计量;***、** 和 * 分别表示 1%、5% 和 10% 的显著性水平。

当前,我国大型商业银行的存款准备金率维持在 20%,中小型银行为 18%,根据张晓慧等(2008)的研究,我国最优准备金率上限为 23% 左右,进一步上调准备金率的空间已不大。同时，目前购买二套房的 LTV 上限为 40%，下调的余地也不太大。如何拓展这些宏观审慎工具的使用空间，提高其效力呢？笔者以为，可以从单个宏观审慎工具本身、多个宏观审慎工具配合以及宏观审慎工具和其他公共政策协调三个方面来提升工具效力。首先，对于准备金率工具，央行一方面可根据存款期限长短和流动性差异征收差别的法定准备，提高工具调控的针对性；另一方面在必要时可扩大存款准备金的缴存基数，增强调控效力，避免监管套利。为了提高 LTV 工具的监管效力，可根据各地房地产价格涨幅情况实施差异化的 LTV 上限，这不仅能够防范局部地区的房地产价格过度上涨以及区域性金融风险的出现，而且有助于抑制银行信贷的过度扩张和杠杆率放大。其次，为了定点或定向控制某类潜在的系统性风险之源，提高宏观审慎监管效力，可以多种宏观审慎工具搭配使用。多种宏观审慎工具的配合使用不仅有助于化解特定来源的系统性风险，而且监管当局也能够积累宝贵的经验[1]，提升其金融监管效率。最后，为了进一步提高宏观审慎工具在防范和化解我国系统性金融风险中的效力，应该加强宏观审慎政策与微观审慎政策、货币政策、财政政策等的协调配合，发挥协同效应。目前学术界普遍认为，在大多数情况下，宏观审慎政策与货币政策等其他公共政策趋向于相互支持而非冲突，因此，宏观审慎政策与其他公共政策在确保政策工具清晰的前提下，在理论上是可以实现互补的。这种互补不仅有利于宏观审慎工具金融稳定目标的实现，而且，金融体系更稳定、更有弹性和更少顺周期性也将提高其他公共政策的有效性。

五、主要结论与政策建议

本文利用我国 97 家商业银行 2003~2012 年的微观数据，将差别存款准备金动态调整机制和可变的 LTV 上限作为宏观审慎工具的代表，采用系统 GMM 估计方法实证检验了这两大工具在抑制我国银行信贷扩张、杠杆率变动及其顺周期性中的作用，评估了我国宏观审慎工具的有效性，并对审慎工具在不同类型银行之间工具效力的差异性进行探讨。

研究结果表明，首先，无论是全样本还是分类型子样本，差别存款准备金动态调整机制和可变的 LTV 上限能够显著影响我国商业银行的信贷增长和杠杆率变动，目前我国宏观审慎工具的实施是有效的。而且通过宏观审慎工具的逆周期

---

[1] 当前技术下的定量模型还不太稳健，远不能指导宏观审慎监管的操作实践，经验判断非常重要。

调节，能够有效降低银行信贷扩张和杠杆率放大的顺周期性，平滑信贷周期，降低我国银行系统的脆弱性水平。其次，对于不同类型的银行，这两大宏观审慎工具的效力确实存在一定的差异，相对于城商行和农商行，五大行和全国性股份制银行对宏观审慎工具的调节更为敏感，审慎工具的效力更大。最后，不同宏观审慎工具的传导路径存在差别，相对于准备金率的直接调节，LTV 上限主要通过抑制居民的住房信贷需求来间接调控银行的信贷增速和杠杆率变动。因此，差别存款准备金动态调整机制的调控效率在不同类型银行间的差异相对较小，可变的 LTV 上限对五大行和全国性股份制银行的效力则要高于城商行和农商行。

本文结论的政策含义主要体现在以下三个方面：首先，应针对商业银行的类型，实施差异化的宏观审慎政策工具，从而有助于提高政策工具的有效性；其次，设计开发不同的宏观审慎工具，应加强对不同工具传导机制的研究，这样才能针对性地使用工具，提高宏观审慎监管效力；最后，在当前上调准备金率和下调 LTV 上限的空间已不大的情形下，可从单个宏观审慎工具本身、多个宏观审慎工具配合以及宏观审慎工具和其他公共政策协调三个方面来拓展这两大工具的使用空间。

第六讲

俄罗斯的"国家资本主义"与经济发展

景维民

景维民，南开大学经济学院教授，经济学博士，博士生导师。曾任南开大学经济学系主任，现任南开大学经济学院党委书记，中国特色社会主义经济建设协同创新中心首席专家。从事转型经济理论与实践的研究和教学工作，主要涉及中国经济体制改革与发展，中国、俄罗斯和东欧国家的社会经济转型比较以及当代国家治理等领域。1996~1997年赴波兰华沙大学经济学院做高级访问学者。主持了国家社会科学重点基金、教育部人文社会科学基金、天津市哲学社会科学基金等多项国家级和省部级重要研究课题。兼任中国俄罗斯东欧经济研究会常务理事、孙冶方经济学奖评委会委员、《经济研究》等杂志匿名审稿人以及部分高校国家级研究中心学术顾问等学术兼职。

进入21世纪以来，俄罗斯逐步形成了一种"国家资本主义"发展模式。这一发展模式的形成具有历史和现实的内在逻辑，它是俄罗斯20世纪90年代激进的"去国家化"运动的反向调整，体现了一种"国家回归"的必然趋势。国家资本主义模式对于21世纪初俄罗斯的经济发展具有一定积极作用：一是形成秩序整合效应，为经济复苏创造了"稳定红利"；二是形成租金转移效应，使社会经济发展分享到"资源红利"；三是政治权威主义与经济自由主义相结合，为推动改革与发展注入"制度红利"；四是凝聚社会团结力量，为国家治理提供了"合法性红利"。俄罗斯的国家资本主义同样具有内在的制度弊端，在政治稳定与经济开放、国家权力与个人自由、经济增长与社会发展等领域存在一系列急需克服的内在矛盾和两难选择。尽管目前俄罗斯的国家资本主义发展模式具有一定稳定性和适应性，但要实现经济长期发展和国家的有效治理，需要通过更加深入的结构性改革和制度建设，推动国家资本主义模式的改进与更新，形成更具包容性的政治经济发展模式。

一、当代"国家资本主义"争论的缘起

"国家资本主义"这一概念由来已久。19 世纪末，伴随西方资本主义从自由竞争阶段向垄断阶段过渡，政府对经济的干预程度不断加大，一些学者就用"国家资本主义"一词描述这一国家在经济中不断扩张的现象。[1] 马克思主义经典作家曾对国家资本主义的本质和表现做出过深入分析。列宁对资本主义条件下的国家资本主义和社会主义条件下的国家资本主义做出区分。他认为，在资本主义条件下，"国家资本主义就是资本主义制度下由国家政权直接控制这些或那些资本主义企业的一种资本主义"。而在社会主义条件下，"国家资本主义，就是我们能够加以限制、能够规定其范围的资本主义，这种国家资本主义是同国家联系着的，而国家就是工人，就是工人的先进部分，就是先锋队，就是我们。"[2] 由此可见，国家资本主义是与国家政权相结合，由国家控制、支配、引导、调控的一种资本主义经济形态。国家政权性质的不同将决定国家资本主义本质的差异。在传统意义上，国家资本主义指的是在一个国家中与其他私人资本主义经济并存的一种经济成分，而非一种固定的经济模式。

第二次世界大战结束后，国家对经济的干预普遍加强，政府、市场和社会三者之间的关系也呈现出多样化的趋势。从广义上讲，战后主要资本主义经济体在不同程度上都具有某种国家资本主义色彩。有学者据此将战后国家资本主义模式划分为四种主要类型：一是"赶超式"国家资本主义模式，即以日本、韩国为代表的主要通过政府的行政指导和产业政策对企业进行干预和诱导的资本主义模式；二是"计划式"国家资本主义模式，这种模式主要存在于印度等发展中国家，其主要特征表现为：制订庞大的经济计划，组建大量国有企业，实行"许可证制度"，对重要物资和产品价格进行严格管制，推行进口替代战略；三是"莱茵式"国家资本主义模式，这种模式以德国的"社会市场经济"体制为代表，其实质是一种以市场竞争为基础，国家对经济进行适度调节，并以社会福利体制为保障的市场经济；四是"凯恩斯式"国家资本主义模式，即以美国为代表的依

---

[1] 彭五堂：《"国家资本主义"概念辨析》，载《河北经贸大学学报》2014 年第 2 期。
[2] 《列宁选集》第四卷，人民出版社 2012 年版，第 700 页。

靠财政和货币政策对总需求进行管理的资本主义模式,同时,政府通过救济、社会福利和保险等手段在全国范围内推行了养老金和失业保险制度。①

2009年以来,"国家资本主义"再度成为西方学术界争论的热点话题。受2008年国际金融危机的冲击,发达国家普遍陷入自"大萧条"以来最为严重的经济衰退。为应对危机挑战,发达国家普遍加大了政府对经济的干预力度,甚至采取了部分国有化的措施对一些大型企业、金融机构进行救助和接管,以至于西方学者惊呼"国家资本主义正在全球蔓延"。与发达国家深陷危机相对的是以中国、巴西、俄罗斯为代表的新兴经济体整体崛起,并深刻重构着现存的世界政治经济格局。这些新兴经济体在国家与经济的关系上具有某种共性特征:一是国家所有权的范围不断增长,在战略行业组建了一些规模庞大的国有企业和企业集团,尤其是在能源领域,国家扩张的速度更快,政府拥有的企业控制了3/4的世界能源储备②;二是新兴经济体普遍组建了国家主权财富基金,利用这种国家与资本结合的新形式,为国有企业融资,并帮助本国企业开拓海外市场、收购重要资产和资源,实现国家的战略利益;三是国家普遍制定了雄心勃勃的发展战略,试图利用后危机时期全球经济再平衡的机遇,实现新一轮的"经济赶超";四是国家对经济的渗透和控制往往得到政治上的威权主义的有力支撑。正因如此,美国政治风险咨询公司欧亚集团的董事长伊恩·布雷默(Ian Bremmer)在美国《外交事务》杂志上发表了《国家资本主义的蓬勃发展》布雷默认为,与美国、欧洲和发达世界通过短期的干预主义来缓解全球经济衰退带来的痛苦不同,在发展中世界,"国家对经济的严重干预标志着在战略上摒弃自由市场理论",这一趋势正在把越来越大的经济力量转移到国家中央权力机构手中,从而重塑国家政治与全球经济,"它们刺激了庞大而复杂的国家资本主义现象"。③ 2012年,英国《经济学人》杂志刊发了题为《国家资本主义的崛起》的特别报告,随后举办的达沃斯论坛也将"国家资本主义"作为辩论主题。时任美国国务卿希拉里在2012年的多次演讲中强调"'国家资本主义'的兴起构成经济和战略挑战"。④ 总之,后危机时期,"国家资本主义"争论的兴起,反映出发达国家对新兴经济体崛起的忧虑:一是新兴经济体国家资本主义的兴起会导致进入这些经济体市场的西方跨国公司对这些国家政府的依赖和屈从;二是新兴经济体利用政府力量扶持本国国有企业对西方跨国公司展开激烈竞争,不仅会抢占国际市场份额、获得西方关键技术,而且会扭曲市场机制,甚至威胁自由民主国家的安全;三是新兴

---

① 张建刚:《国家资本主义的模式及其发展状况》,载《当代经济研究》2010年第3期。
②③ 伊恩·布雷默:《国家资本主义的蓬勃发展》,载《国外理论动态》2009年第5期。
④ 谢来辉、杨雪冬:《"国家资本主义"评析》,载《国外理论动态》2013年第3期。

经济体的威权政治不受反对党、媒体、社会团体的制约，更容易采取贸易保护和投资保护主义的政策维护本国利益，这将削弱自由市场机制创造繁荣的机会，对西方主导的经济政治秩序带来损害。①

二、俄罗斯"国家资本主义"的特征及其对经济社会发展的影响

在关于国家资本主义的争论中，俄罗斯自普京执政以来形成的政治经济模式总是被视为国家资本主义的典型代表，因为它几乎完全符合西方学者对当代新的国家资本主义特征的界定。首先，国家所有权在战略领域不断得到扩展。2003年的尤科斯事件揭开了俄罗斯再国有化的序幕，此后，政府不仅在石油、天然气等能源领域扩展自己的触角，而且进一步延伸到军工、高科技、交通、机械装备、金融、媒体等领域。到2015年中期，55%的俄罗斯经济都掌握在政府手中，政府直接雇佣2000万员工，相当于劳动力的28%，这是自20世纪90年代中期私有化浪潮以来最高的比例。② 在金融领域，2005年私人商业银行总资产占比为70%，目前减少至一半。其次，俄罗斯利用资源性商品出口的收益建立起庞大的主权财富基金：一是利用主权财富基金的收益平衡油价波动带来的收入变化；二是投资于欧盟、美国和日本等发达国家的债券和大型公司的股票，实现国家财富的可持续增长；三是国家介入经济的程度明显加强，不仅在金融危机时期以及乌克兰危机之后采取了一系列的反危机计划，帮助国家应对挑战，而且制定了一系列中长期的发展战略，促进国家经济整体竞争力的提升；四是采取国家主导下的能源战略和能源外交战略，实现国家的对外政策目标，维护国家的核心利益。

西方学者对俄罗斯的国家资本主义普遍持有一种批判态度，认为这种模式的形成是20世纪90年代的政治民主化和经济自由化的倒退，而且从经济增长方面看，国家资本主义模式具有不可持续性。中国学者则认为，俄罗斯国家资本主义的兴起在某种程度上是对叶利钦时期俄罗斯脱离国情的新自由主义激进转型战略的一种修正和纠错；普京时代所采取的转型战略调整和新的政治经济发展模式，为其国家资本主义模式的形成提供了前提条件。③ 我们认为，对俄罗斯当代的国

---

① 谢来辉、杨雪冬：《"国家资本主义"评析》，载《国外理论动态》2013年第3期。
② Simeon Djankov, "Russia's Economy under Putin: From Crony Capitalism to State Capitalism", Policy Brief, Sptember 2015, Peterson Institute for International Economics.
③ 田春生：《俄罗斯"国家资本主义"的形成及其特征》，载《经济学动态》2010年第7期。

家资本主义模式及其对经济社会发展的影响需要进行全面客观的分析和评价。

首先，俄罗斯国家资本主义模式的形成具有历史和现实的必然逻辑，是俄罗斯20世纪90年代激进的去国家化运动的一种反向调整，体现了一种"国家回归"的正常趋势。至少在经济领域，国家回归为俄罗斯21世纪前10年的发展带来了一些正面的促进作用。

第一，俄罗斯采取国家资本主义模式，形成了一种秩序整合效应，为经济的复苏创造稳定的制度环境，使俄罗斯的经济发展收获了"稳定红利"。新制度经济学大师诺思曾经指出，在任何时代，国家都是社会中最强有力的组织。提供社会秩序是国家的基本职能，而社会秩序，是包括经济、政治、军事和宗教系统在内的大的合成系统。每一种社会秩序都以不同的方式塑造社会组织的形成，促进个体围绕共同的目标进行协作。因此，能否支持复杂的社会组织的形成是经济增长的关键。[①] 尽管如此，在许多发展中国家，秩序却是极度稀缺的制度资源。缺乏一个稳定的秩序结构，通常使发展中国家陷入持续分裂和冲突之中，难以为经济增长创造一个稳定的环境。正因为如此，福山将国家维持秩序的能力排在法治和责任性政府之前，将其作为发展中国家实现政治经济现代化的最关键的条件，这一点同样适用于转型期的俄罗斯。在20世纪90年代休克疗法实施之初，经济学家叶甫尼根·雅辛曾经将俄罗斯转型期的增长路径划分为消极重组和积极重组两个时期。[②] 在前一时期，经济将经历一个消极的"去产能"过程，即通过大规模私有化和自由化改革，对大量无效的国有企业和经济组织实施破产和重组，将长期低效配置的沉淀资源释放出来，因而经济必然要经历一个衰退和探底的过程。伴随经济消极重组的开启，积极重组的阶段会马上到来，即新生企业、新的投资、新的生产、新的交易活动和技术创新会不断涌现，从而使有效供给不断增长，最终超过消极重组带来的产出缩减，因而整体的经济增长将呈现出一个J型曲线的轨迹。但在现实中，俄罗斯经济的消极重组阶段持续时间过长，衰退程度过深，而积极重组阶段却迟迟没有到来，从而使整个经济增长呈现出一个底部拉长的U型轨迹。导致这一状况的重要原因在于，激进的去国家化，使整个社会秩序陷入持续混乱、分裂状态。在政治领域，不同政治力量的激烈博弈，导致各项

---

① Douglass C North, John Joseph Wallis, Barry R. Weingast, "A Conceptual Framework for Interpreting Recorded Human History", NBER Working Paper No. 12795, 2006。中译文参考了 D. C. 诺思、J. J. 沃利斯、B. R. 温格斯特：《从限制介入到开放介入：一个解释有记录之人类历史的概念框架》，载《马克思主义与现实》2011年第2期。

② 叶甫尼根·雅辛：《俄罗斯走向市场经济之路》，引自冯绍雷、相蓝欣主编：《俄罗斯经济转型》，上海人民出版社2005年版。

改革政策朝令夕改，忽而激进、忽而渐进，严重影响了市场行为主体对政府改革政策稳定性的信心和预期。在经济领域，混乱无序的私有化和法治的严重缺失，不仅导致大量国有资产流失，而且滋生了严重的有组织犯罪问题，无论是企业家，还是普通民众的财产权利和人身安全都时常受到严重威胁。在这样一种"秩序真空"中，经济社会主体的"理性"选择不是进行长期投资和创新等增利性活动，而是采取投机、掠夺、再分配等短期的分利活动，并尽快将自己获取的财富和资产转移到国外，因而，在整个90年代，尽管俄罗斯处在巨大的投资缺口，但是每年都有上千亿美元的资本外逃。普京执政后，通过对转型战略的调整和采取一系列国家主义的政治经济改革政策，推动俄罗斯的国家和社会关系从"秩序分裂"走向"秩序整合"。伴随制度环境的逐步稳定，政府的各项改革政策可以更为有效和连续地推进，从而使生产者和投资者的预期得到改善，他们逐步将自身的资源禀赋投入到生产、交换和创新等创造财富的活动中，而不再一味地进行掠夺，市场经济的微观基础得以确立，这些都有助于经济的复苏和增长。一个典型的例证就是，在普京执政后，俄罗斯的公司治理状况逐步出现好转，企业家们开始关注公司的市场价值，并采取了更加透明、规范的治理结构，长期困扰俄罗斯公司治理的"内部人控制"问题得到缓和。欧洲复兴与开发银行（EBRD）在2001年的年度报告中对俄罗斯公司治理的改善作出了如下评价：伴随着俄罗斯市场制度结构的改善，"俄罗斯的公司治理和商业实践取得了重大的进展。这主要是由控制企业的股东和经理的行为变化所驱动的。他们开始关注增加企业的股票价值，而不再仅仅专注于剥夺公司财产和其他所有者的权益"。当年因极其恶劣的掠夺行为而饱受诟病的尤科斯公司，也在21世纪初成为首家采用西方公司管理制度的俄罗斯公司。它具有较高透明度，持股人拥有权利受到保障，并按照美国公认的会计准则处理财务账目，还选举富有职业经验的公司经理人作为独立董事。2001年，尤科斯的美国存托凭证被投资者接受，进入美国交易市场。为赢得市场的信任，尤科斯甚至接受了《萨班斯－奥克斯利法案》关于财政报表、公开披露商业信息以及内部管理的苛刻条件。[①]

第二，俄罗斯实施的国家资本主义政策，形成了垄断租金转移效应，为重塑国家能力提供了经济基础，使社会经济发展分享到"资源红利"。俄罗斯丰富的石油、天然气和金属矿物，既为俄罗斯带来了丰厚的资源红利，也为资源行业带来了巨大的垄断租金。这些租金的不同分配模式将会对社会经济发展造成不同的影响。当这些来自自然资源的租金被少数富人、权贵阶层占有的时候，整个国家

[①] 马丁·西克史密斯：《普京VS尤科斯：俄罗斯的石油战争》，华夏出版社2011年版，第45页。

很容易产生一种"寡头资本主义",导致收入分配差距扩大,社会失衡甚至失序,进而影响经济效率;反之,当这些租金被社会成员所公平共享时,则可能形成一种"民主资本主义"模式或"民主社会主义"模式。前者恰恰成为20世纪90年代俄罗斯的真实写照,后者则在诸如澳大利亚、挪威这样的民主资本主义和民主社会主义国家得到再现。从俄罗斯历史和现实的政治经济结构来看,无论采取民主资本主义模式还是民主社会主义模式显然都缺乏制度和文化基础,为了使国家走出"寡头资本主义"陷阱,只能采取一种居中的国家资本主义模式,利用政权的强制力量将垄断于少数寡头手中的租金重新夺回国家手中,使国家能够运用这部分宝贵的资源租金推进制度改革、实施宏观调控并加强社会建设,增进国家必要的汲取能力和治理能力。2000~2008年俄罗斯保持了年均7%的增长率,经济增长的27%以上是由石油和天然气等能源出口贡献的。特别是自1999年以来,国际石油价格持续上涨,成为助推俄罗斯经济快速增长的重要力量。在这一状况下,普京通过国家力量对资源能源行业的整合,使得大部分大宗商品的出口收益从原先的寡头手中转移到国家手中,充实了政府的财政收入。叶利钦时期的私有化,使俄罗斯的大部分国有资产落到了金融寡头手中,到2004年,俄罗斯政府控制的石油公司仅占石油工业的7%,石油收入仅占财政收入的15%。但是普京的国家主义政策迅速扭转这一局面,截至2008年年初,国家已经掌握了俄罗斯能源产量的50%和石油产量的67%,并有效控制了所有石油公司。政府可以进一步运用这些资源红利推进国内基础设施建设、增加投资、提高居民收入,并实现国家的战略利益目标。例如,2004年年初建立了俄罗斯主权财富基金,即国家稳定基金,借助实际油价上行并远超基础价,以及俄罗斯国内上调石油出口关税和资源开采税率等措施,主权财富基金实现超预期增长。基金基数增大后,俄罗斯政府在2008年2月将稳定基金一分为二,形成"储备基金"和"国家福利基金"两大基金,并各自赋予不同的用途。储备基金是在世界能源价格发生下滑,导致国家收入下降的时候用于补充财政收入,以及偿还外债等;国家福利基金则用于健全国民福利。[①] 此外,由于国家手中再度掌握了必要的经济资源,因而可以实施社会政策,调节收入分配差距,促进社会和谐稳定。普京执政后,不仅解决了叶利钦时期久拖未决的拖欠养老金问题,而且实施"收入倍增计划",使居民收入增长速度高于经济增长速度,在一定程度上缓解了社会分化,并且使消费需求成为拉动俄罗斯经济增长的一个主要力量。2008年金融危机以来,俄罗斯也可以利用原来积累的资源红利增加养老金支出,维持社会成员的实际收

---

① 关雪凌、张猛:《普京新保守主义解析》,载《中国人民大学学报》2015年第2期。

入,缓和收入差距和危机冲击带来的社会成本。世界银行认为,在利用财政政策缩小收入分配不平等方面,俄罗斯要好于智利、巴西、哥伦比亚、土耳其等新兴经济体国家,甚至好于美国这一发达经济体。①

第三,政治上的威权主义与经济上的自由主义相结合,推动了一些关键领域的结构性改革,为推动俄罗斯经济增长注入"制度红利"。西方学者认为,在普京执政的早期阶段,采取的是一种政治上的威权主义加经济上的自由主义的国家治理模式。在实施秩序整合,重塑国家能力的基础上,普京政府至少在第一任期内推动了一些叶利钦时代难以推动的重要结构性改革。一个典型的例子是税制改革。2002年,俄罗斯采取税制改革,将企业利润税的税率从35%下调至24%,将统一社会税的税率从35.6%下调至26%,并首次引入累退税率;取消个人所得税的累进税率,用13%的单一税率取代了最高30%的累进税率,从而使俄罗斯的税制改革取得重大进展。这些改革减轻了企业负担,促进了生产经营的积极性。② 在普京担任总统的第一个任期,还推动了对俄罗斯经济社会发展具有深远影响的土地制度改革,尤其是通过了非常重要的《土地法典》(2001年)和《农用土地流转法》(2002年)。众所周知,俄罗斯是一个具有浓厚的村社文化传统的国家,土地公有和定期重分是传统村社制度的一个核心部分,而这一土地公有传统在苏联时期的农业集体化运动中进一步得到强化。这种特定的历史传统和路径依赖必然给俄罗斯转轨后的土地制度改革带来很大阻力。普京执政后,高度重视俄罗斯土地制度改革,2002年4月19日,普京就农用土地流转问题专门召开会议指出,农用土地的流转,不仅仅是农业改革的一个组成部分,而且是关键的部分,不仅关乎农民的命运,也关乎俄罗斯的国家建设。在他看来,农用土地改革的滞后,不仅会影响农业市场以及整体经济的发展,也会助长非法的土地交易,影响俄罗斯私有产权制度的建立。在经过激烈的社会争论后,普京力排众议,将土地买卖和租赁等内容纳入两部法律,并在实质上开启了俄罗斯土地产权改革和农地交易市场建立的进程。③ 在公司治理领域,2001年,俄罗斯通过了《公司法修正案》和《公司行为法》,促进了公司股权和治理结构的改善,控股股东和企业经理开始关注增加企业的股票价值,而不再仅仅专注于剥夺公司财产和其他所有者的权益。此外,在普京总统的第一任期内,俄罗斯相继完成了《海关法典》《中央银行法》《俄罗斯公司行为法》等基础性法律的修订工作;通过

---

① World Bank, "The Russian Economy Inches Forward: Will that suffice to turn the tide?", Russia Economic Report, No. 36, November 2016.
② 李建民:《曲折的历程:俄罗斯经济卷》,东方出版社2015年版,第120页。
③ 肖辉忠:《俄罗斯农用土地私有化以及流转问题研究》,载《俄罗斯东欧中亚研究》2015年第1期。

了《投资活动法》，修改和补充了《地下资源法》《产品分割协议》《股份公司法》，以及有关反官僚主义的一揽子文件。修订了《农用土地法》《俄罗斯联邦仲裁法》《法人国家登记法》《对不动产抵押法》《银行和银行活动法》《有价证券市场法》《股份公司法》《土地和地段级别转换法》《经济特区法》《租让协议法》。2006年又相继通过了《在俄罗斯进行对俄国家安全具有战略意义的商业组织直接投资秩序法》《公路付费法》《组织市场和交易所贸易法》《对不动产形成、投资和进行国家清点核算法》《自然垄断法》《森林法典》等多部与规制市场经济秩序有关的法律[1]，以健全市场经济发展所需要的法律制度体系。这些改革与叶利钦时期已经进行的自由化改革叠加在一起，为普京前两任期内的经济持续增长注入了制度红利。

第四，俄罗斯国家制度模式调整，发挥了凝聚社会团结的功能，为国家治理提供了"合法性红利"。美国彼得森国际经济研究所的学者西蒙·詹科夫指出，尽管对霍多尔科夫斯基等寡头的打击引发了一些国内外投资者对俄罗斯能否保障私有产权的担忧，但由于人们普遍对20世纪90年代混乱无序的私有化中，寡头盗窃国家资产的行为充满憎恶，因此普遍得到了社会的支持或认同。[2] 由于叶利钦时期混乱无序的私有化和窃取国家财富的犯罪行为已经严重挑战了俄罗斯社会的公平正义观和道德底线，因而民众普遍将普京打击寡头、没收其财产的行为看作是一种"矫正的正义"，这就为国家所有权进一步接管一些私人资产铺平道路，同时也为普京实施国家主义的治理模式变革提供了合法性支撑。此外，普京的国家主义治理理念和相关的改革举措既满足了俄罗斯民众在经历了制度巨变后对秩序的需求。90年代，俄罗斯狂飙突进的经济自由化和政治民主化改革摧毁了苏联全能主义国家对经济与社会的深入渗透和严格控制，压抑已久的市场与社会力量被从"潘多拉魔盒"中突然释放出来，瞬间开始在俄罗斯大地上无约束地自我型构。经历了全能主义体制下政治域与经济域、社会域高度重合的国家治理格局之后，在新生的体制下，俄罗斯的政治权力与经济利益以及市场交易的关系并非瞬间可以厘清，权力规则与经济利益紧密结合以及严重的权力资本化现象进一步撕裂了本来就已经日趋分化的社会结构，而这种分裂又进一步使规范、有效运行的市场经济失去了必要的社会依托。俄罗斯要走出90年代的制度危机、秩序治理危机、经济发展危机，必须有一种强有力的主体来培育、整合、规范这个新生的市场社会。这个主体显然就是国家，一个具有强大制度能力的国家。正如普京

---

[1] 李建民：《国际资本对俄罗斯投资现状及其启示》，载《俄罗斯中亚东欧市场》2007年第3期。
[2] Simeon Djankov, "Russia's Economy under Putin: From Crony Capitalism to State Capitalism", Policy Brief, Sptember 2015, Peterson Institute for International Economics.

所言:"对俄罗斯人来说,一个强大的国家不是什么异己的怪物,不是要与之做斗争的东西,恰恰相反,它是秩序的源头和保障,是任何变革的倡导者和主要推动力。"① 显然,国家资本主义模式符合俄罗斯历史上长期形成的爱国主义、强国意识、国家作用、社会团结等传统价值理念,发挥了有效整合社会,凝聚社会团结的功能,为俄罗斯经济社会的稳定和发展培育起"社会红利"。

三、俄罗斯"国家资本主义"的内在矛盾与面临的挑战

国家资本主义在某种程度上契合了俄罗斯的历史传统和现实环境,尤其是国家对经济的渗透和控制与威权主义的国家治理模式形成了制度关联性和互补性,至少在中期内成为一种相对稳定的制度均衡。但是在国家对经济的控制和渗透过程中,也会出现国家治理的边际收益递减和边际成本递增的趋势,尤其是当治理成本超过收益之时,国家资本主义发展绩效的拐点就会到来。2009年全球金融危机的冲击,以及乌克兰危机后俄罗斯面临的经济衰退则充分暴露了其内在的弊端。

第一,俄罗斯在保持国家政治秩序稳定与经济权利开放性之间存在矛盾。普京时代,无论是对政治制度的改革,还是对寡头干政的打击,无疑发挥了巩固国家权力、稳定政治秩序的重要作用,为21世纪前10年的经济复苏和增长创造了条件。但是国家资本主义体制下俄罗斯仅仅是形成一种诺斯所谓的"有限准入秩序"。国家通过在政治和经济领域设置一定进入门槛,创造了系统性的政治经济租金,然后通过一系列正式规则和非正式规则,使租金在国家与少数强势的社会精英阶层之间配置,以谋求一个相对稳定的政治均衡状态,赢得精英对国家政权的支持。但是随着经济增长的放缓和资源红利的缩小,这种租金有不断耗散的可能。当租金耗尽之时,国家与精英之间达成的平衡有可能被打破,从而引发新一轮的利益博弈和争斗。同时,这种国家与精英达成的暂时的稳定均衡并没有为经济发展培育出一个足够透明、开放、公平的制度环境,形成一种"开放性准入秩序",市场竞争机制难以充分发挥作用,资源低效配置和经济的再分配性质并未从根本上得到扭转。而且,随着国家所有权的扩张以及一些政府控制的公司集团的建立,俄罗斯一些基础性产业的垄断性进一步增强,少数大公司几乎完全控制市场,长期获得垄断利润,而普通中小企业的进入严重受阻。一些庞大的能源企

---

① 普京:《千年之交的俄罗斯》,引自《普京文集:文章和讲话选集》,中国社会科学出版社2002年版,第9页。

业凭借自身的垄断地位获得资源配置的先决优势,必然对中小企业所需要的资源产生"挤出"效应,使中小企业面临资金、基础设施、能源供给等方面的约束。① 国内市场竞争不充分的一个典型表现就是每年官方注册的新生企业的数量在不断减少。瑞典经济学家安德斯·阿斯伦德提供的数据表明,1999~2005年,俄罗斯新注册企业的数量以年均7%的速度在增长,但是到2006~2009年下降到2%~4%。从2010年开始,新企业的数量开始下降,2012年12月到2013年4月,个体企业的数量减少了36.7万家,这主要是由于市场准入和营商环境的恶化。② 缺乏新企业的不断涌现,必然使俄罗斯经济发展丧失微观动力。

　　政治集权与经济缺乏开放性之间矛盾的另一个突出表现就是俄罗斯仍然存在着较为严重的"政府被俘"问题。普京虽然通过打击寡头势力缓解了叶利钦时代"寡头干政"的局面,但是以大型企业为代表的商业利益集团对政府的俘获问题并没有得到根本解决。普京的政策在一定程度上是把垄断租金从叶利钦时代形成的寡头转移到与普京个人或联邦政府关系密切的寡头手中。③ 这些新的寡头主要包括俄罗斯最大的石油天然气服务公司贡沃尔(Gunvor Group)总裁根纳季·季姆琴科,他是普京在克格勃的同事,该公司为俄罗斯石油、俄罗斯天然气等国有能源公司的油气提供出口服务。贡沃尔集团在2013年前并没有什么突出表现,但是在普京拆解尤科斯集团之后,该企业迅速发展。2004年,该企业的年利润只有50亿美元,而到了2007年已近达到430亿美元。另一个俄罗斯著名的"新贵"是弗拉基米尔·雅库宁。雅库宁20世纪70年代加入克格勃,普京在圣彼得堡工作时与其建立起紧密的关系。90年代早期,雅库宁离开政府成为一名商人,在普京执政后再度回到政府,并在俄罗斯交通运输部担任要职,2005年被普京任命为铁路公司总裁。此外,还有金融界的著名富豪尤里·科瓦里楚克,他所掌控的俄罗斯银行(Bank Rossiya)在2000年普京任总统后迅速发展,在2000~2003年,俄罗斯银行资产翻了13倍达到65亿卢布(1.8亿美元)。此后俄罗斯银行又兼并了俄罗斯国有天然气公司(Gazprom)养老基金和保险业务部门,其资产规模又翻了69倍达到4490亿卢布,成为俄罗斯国内第14大银行。④ 除了这些新贵之外,一些老寡头也加入了普京的阵营,如阿布拉莫维奇、罗森博格,这

---

① 唐朱昌:《俄罗斯中小企业发展相对缓慢的原因——基于制度层面的分析》,载《俄罗斯中亚东欧研究》2012年第2期。

② Anders Aslund, "Putin's State Capitalism Means Falling Growth", The Moscow Times, May 21, 2013.

③ Evgeny Yakovlev and Ekaterina Zhuravskaya. (2006) "State Capture: From Yeltsin to Putin". CEFIR/NES Working Paper series, No. 94, http://www.cefir.ru/papers/WP94_Zhuravskaya_Yakovlev.pdf.

④ 《解密普京的"私人银行":Bank Rossiya》, https://zhuanlan.zhihu.com/p/19730986? columnSlug = wallstreetcn。

就使得国家不断控制生产性资产，或者主要的资产被与总统关系密切的富豪所控制。这些寡头服从于国家的控制，作为交换，能够得到政府的合同，获得国有银行的廉价贷款，以及受到国家对其财产的保护。① 正是由于政府与商界精英之间的这种复杂关系，俄罗斯也成为全球"裙带资本主义"程度最高的国家之一。因此，有学者认为当今的俄罗斯实际上是国家资本主义与寡头资本主义的混合体。

政府与富豪和强势利益集团之间的裙带关系，不仅为寻租腐败的滋生创造条件，而且还会因利益集团的博弈导致结构改革政策的拖延。2008 年后，受国际金融危机的冲击，俄罗斯制订了新一波私有化计划，自由派改革者主张采取开放策略，大大加速私有化进程，扩大外资进入的范围，在借助私有化缓解财政压力的同时，利用外国资本帮助俄罗斯企业的技术进步；但与此同时，被称为"新保守主义"的精英则希望通过设立贸易保护壁垒，并对破产的企业实行国有化，不愿放弃国家对于主要产业的直接控制，质疑利用外国资本进行产业升级的可能性。这两派的利益博弈，使得俄罗斯私有化的速度大大低于预期。② 2013 年乌克兰危机爆发后，俄罗斯遭受西方经济制裁，俄罗斯政府出台反危机措施，对企业实施救助，但这些救助对象往往是一些国有的大企业，而一般的中小私人企业则承受更大的成本，而且制裁也加速了经济中现存的国家所有权扩张的趋势，导致国家不断地接管那些困难的企业。

第二，俄罗斯国家资本主义模式在处理国家的政治目标和经济目标之间存在矛盾。布莱默认为，国家资本主义实质上是在利用市场来创造官员们认可的利益，其根本动机是出于政治考虑（最大化国家权力，稳固领导层统治）而非经济考虑（最大的经济增长），这二者之间的矛盾往往不可调和，官员对政治利益的关注很可能以损失经济效率为代价。在俄罗斯，政府经常把商业决策交给那些缺乏有效管理商业经营活动经验的官僚，他们的决策往往使市场缺乏竞争力，导致资源配置效率低下。但是由于这些企业背后有国家政权的强大支撑，并且可以获得大量国家补贴来获得竞争优势，因而对那些普通的私营竞争对手带来巨大威胁。③ 阿斯伦德提供的数据表明：标准普尔指数中的企业平均的价格收益率（每股价格除以每股的净利润）为 13，但俄罗斯的国有公司只有 5.7，最极端的政治化的国有企业俄罗斯天然气工业股份公司（Gazprom）为 2.9，俄罗斯石油运输

---

① Simeon Djankov, "Russia's Economy under Putin: From Crony Capitalism to State Capitalism", Policy Brief, Sptember 2015, Peterson Institute for International Economics.
② 张昕：《国家资本主义、私有化与精英斗争——近期俄罗斯"国家—资本"关系的两重逻辑》，载《俄罗斯研究》2012 年第 6 期。
③ 伊恩·布雷默：《国家资本主义的蓬勃发展》，载《国外理论动态》2009 年第 5 期。

公司（俄罗斯石油运输公司）只有1.8。由于这些企业规模巨大，但市场估价很低，因此拉低了俄罗斯整个股票市场的市值。在推行国家资本主义过程中，寡头企业把一些效率相对较高的中小企业收购或者排挤掉，而寡头的企业又被效率更低的大型国有企业集团兼并掉，最终整个经济的效率整体下降。

第三，俄罗斯的国家资本主义在发挥资源驱动型增长比较优势与推进结构调整之间存在矛盾。国家在资源能源行业的不断扩张，使得俄罗斯资源依赖型的发展模式更为固化。21世纪前10年，大宗商品价格的持续走高使俄罗斯充分享受到"资源红利"，也使得其经济结构和出口结构日益向石油、天然气和矿产品进一步倾斜。然而这种模式的发展面临着严重的"瓶颈"制约。一是油气部门对增长的贡献已经达到最大边界，其贡献率会越来越低。2005年油气部门占GDP的比重达到顶峰，为25%，随后这一比例开始下降，2013年年底时收缩到21%。二是资源驱动性增长模式面临着较大脆弱性，容易遭受大宗商品价格波动和其他外部冲击的影响。三是能源部门的过度发展挤占其他非能源部门发展所需要的资金和市场空间，引致技术进步和创新，并极易滋生寻租腐败。四是综合来看，俄罗斯的生产能力、供给能力已经达到极限。一个重要的表现是后危机时期俄罗斯经济持续走向低迷，但失业率一直保持在极低的水平，甚至在目前的经济衰退状态下仍然保持了5.2%~5.7%的低水平。[1] 这意味着经济中可以投入的劳动基本已经投入，为了应对危机冲击，企业只能依靠削减工资进行调整，而不愿意解雇工人，因为再也没有多余的劳动力存量。同时，劳动生产率基本没有增长，资本利用率也低于2007年的水平。因此，没有来自供给侧的结构性改革，俄罗斯在中期很难维持5%的合意的增长率（即便没有西方的制裁）。[2]

从长期来看，要想使俄罗斯实现经济的可持续增长，必须实现经济结构的多元化，提高非能源部门出口的竞争力，同时需要吸引外资的大量流入，以构筑新的增长动力。尽管目前的卢布贬值在一定程度上提高了俄罗斯出口产品的竞争力，但从中期来看，这种优势不会持续太长时间。俄罗斯企业还面临着来自产品质量、创新能力、遵守国际标准和经济系统内部结构约束的挑战。改进质量，提高创新能力，遵守国际标准都离不开外国投资的大量流入，这就需要俄罗斯形成一个更加友好的投资环境。达到这一目标，需要去除阻碍营商的行政壁垒，减少运输和注册成本，降低腐败和规制的不确定性，确保进入生产要素和市场的公平

---

[1] World Bank, "The Russian Economy Inches Forward: Will that suffice to turn the tide?", Russia Economic Report, No. 36, November 2016.

[2] Sergey Drobyshevsky, "A View on Russian Economy Mid-term Perspectives", The World Financial Review, November – December 2013.

机会。从目前的发展来看，尽管俄罗斯在市场经济环境建设和制度质量领域取得了一些进展，但由于在关键领域的结构性改革滞后，因此尚未形成一个友好的、具有足够吸引力的营商和投资环境。一个重要的表现是俄罗斯普遍存在着"返程投资"的问题，即国内资本通过非正式渠道转移到海外的避税天堂，然后再以外资的形式流回到国内，以享受外资的待遇。[1] 此外，还存在着大量的资本外逃现象。这些问题都反映出投资者对俄罗斯商业环境信心不足。另一个表现就是俄罗斯存在着大量的"影子经济"。[2] 此外，由于能源集团的势力过于强大，俄罗斯的政治经济又缺乏竞争性，因此，新的产业利益集团很难撼动能源集团的地位，促进经济的多元化发展。尽管危机和经济下滑为俄罗斯进行结构性改革提供了契机，但关键是由于缺乏具备竞争性和包容性的政治环境，具有改革思维和改革能力的人士难以进入政府担任要职，必然会进一步延缓一些重要改革措施的实施。

第四，国家资本主义治理模式面临着后工业化社会和新一轮产业革命的挑战。国家资本主义的一个最重要特征，是国家在经济中发挥作用的程度不断加深。俄罗斯著名经济学家弗拉基米尔·马乌认为，这样一套治理结构比较适合工业化时代的经济发展，因为工业时代面临的核心问题是如何集中资源支持初期的技术进步，并动员社会所有的资源力量支持关键产业的发展。但是在一个具备更高水平技术的后工业社会，这套治理结构可能是无效的。在后工业社会，核心问题是保持一个弹性化的治理结构，以适应经济个体行为选择的需要，同时，保持一个有效的政治和法律环境，以确保将所有行为主体引导到经济发展并降低交易成本上。[3] 发展经济学的研究表明，在经济发展初期，由于一个国家的经济结构比较简单，技术水平处于技术前沿边界以内，因此，国家可以发挥后发优势，模仿发达国家已经走过的道路，集中资源和力量支持一些关键产业的发展，并采取技术引进、吸收和再创新的模式实现技术赶超。但是随着经济发展到后工业化时代，当一个国家的经济发展接近产业和技术的前沿边界时，所有国家都处于一条起跑线上，国家对于未来产业的发展方向和创新方向无法做出准确判断，这时更加需要依靠市场的力量，通过市场竞争培育和筛选出最有效率的产业和最有前景的技术创新。而国家资本主义的过度扩张无疑对市场竞争力量形成某种程度的压

---

[1] World Bank, "The Russian Economy Inches Forward: Will that suffice to turn the tide?", Russia Economic Report, No. 36, November 2016.

[2] 刘军梅、玛雅科娃:《俄罗斯的"影子经济": 变化历程、影响因素与趋势判断》, 载《俄罗斯中亚东欧研究》2012 年第 1 期。

[3] Vladimir Mau, "The role of state and creation of a market economy in Russia", BOFIT Discussion Papers 23/2011.

制，显然会削弱市场的选择功能，因此，俄罗斯在新兴产业、高技术产业等领域的发展不仅大大落后于西方发达国家，而且落后于中国这样一个蓬勃发展的新兴经济体。

第五，俄罗斯的国家资本主义在促进国内经济发展与实现国家战略利益之间存在一定矛盾。国家资本主义通常产生于经济落后的发展中国家，一方面，发展中国家要借助国家力量动员稀缺资源完成经济的工业化、现代化的目标；另一方面，国家控制经济资源对内可以巩固政权稳定，对外可以突破"中心—边缘"的不平等国际政治格局，实现国家的对外战略利益。这就决定了国家资本主义体制兼具经济和政治双重目的。如何在促进经济发展和实现国家利益之间谋求一个有效的平衡，也是俄罗斯所面临的一个重要挑战。

苏联解体后，以美国为首的西方集团对俄罗斯的围堵和遏制丝毫没有松懈。在经济领域，西方国家鼓动俄罗斯推行激进的私有化和自由化改革，但是却没有履行最初的承诺，给予俄罗斯必要的经济援助，而是坐视俄罗斯经济陷入严重衰退与混乱，试图进一步削弱俄罗斯的实力。曾经作为俄罗斯改革顾问的杰弗里·萨克斯在20世纪90年代初多次呼吁国际货币基金组织为俄罗斯提供卢布稳定基金，以支持其汇率改革，但是在美国和西方国家的阻挠下流产。对于俄罗斯所承担的苏联时代的外债问题，西方七国也采取了类似的灾难性做法，加紧逼迫俄罗斯偿还债务，加剧了俄罗斯外汇储备的枯竭。这些做法与西方国家对波兰转轨的大力援助和支持形成鲜明的对比和反差。[1] 在军事和政治上，美国和西方国家同样违背当年"北约不再东扩"的承诺，加快北约和欧盟的扩张速度，不断压缩俄罗斯的战略空间，并在格鲁吉亚、乌克兰以及中亚地区频频发动"颜色革命"，使俄罗斯的国家政治安全也遭受严重威胁。这些做法充分表明，一个强大的俄罗斯并不符合西方国家的利益，一个国力衰弱、百病缠身且不具威胁力的俄罗斯才是西方国家给俄罗斯的未来定位。[2] 面对以美国为首的西方国家的围堵和遏制，普京执政后开始对外交战略和政策作出调整，国家资本主义也被用来作为实现国家外交利益的重要手段。普京执政后，伴随经济的恢复，军事投入的增加，俄罗斯综合国力有所加强，在此基础上，俄罗斯从上到下踌躇满志，急欲在最短的时间里成为世界强国，因而与叶利钦时代相比，俄罗斯外交政策更具进取性。除了在政治和军事上与美国为首的西方世界展开较量外，俄罗斯还频繁使用能源外交等经济手段来实现本国的利益。但是，与西方世界的正面冲突也导致了经济制裁

---

[1] 杰弗里·萨克斯：《贫困的终结：我们时代的经济可能》，上海人民出版社2007年版，第122~125页。

[2] 邢广程：《俄罗斯与西方关系：困境与根源》，光明网，2017年2月3日。

和俄罗斯进一步融入全球经济的障碍，这无论对于俄罗斯继续推进结构性改革，还是对于利用外资和技术改善产业结构，促进发展模式转变都会带来负面影响。尤其是乌克兰危机后，俄罗斯与西方的冲突加剧，经济制裁给俄罗斯经济发展带来诸多负面影响：一是卢布贬值，通货膨胀严重；二是石油和能源出口受到严重制约，财政收入大幅减少；三是经济制裁使得投融资环境不断恶化，资本外逃更为严重；四是制裁加剧俄罗斯经济衰退的程度，导致居民收入水平下降、贫困人口增加、民生保障受到严重威胁。① 面对西方的制裁和遏制，如何突破围堵，减轻经济制裁给俄罗斯经济社会发展带来的伤害，或许需要俄罗斯对原有的外交战略和政策做出适应性调整，用更为灵活务实的方式为经济发展创造一个有利的外部环境，从而在实现强国目标与促进经济发展之间形成一个更加有效的均衡。

四、俄罗斯"国家资本主义模式"的发展前景

西方一些学者指出，尽管面临上述诸多挑战，但是目前来看，俄罗斯的国家资本主义发展模式在中期仍然具有稳定性。② 一是目前的国家资本主义经济模式在应对危机冲击方面，还是展现出一些灵活性，包括采取浮动汇率制度促进贸易平衡；灵活运用利率政策缓解资本外逃，对银行注资以防范金融风险；采取减少开支的财政政策，防止赤字扩大；运用稳定基金，对冲油价下跌的影响；加强社会保障，缓和危机对人民生活的冲击。这些措施在一定程度上减轻了制裁对俄罗斯经济的影响，也获得了社会民众对政府治理的支持。当前，俄罗斯经济已经走出乌克兰危机后衰退的最低谷，根据世界银行的预测，2016年俄罗斯经济下滑的幅度将缩小至0.6%，2017年预期经济增长率由负转正为1.5%，2018年进一步微升至1.7%，相应地，贫困率有所下降，市场对俄罗斯的信心逐步恢复。从外部环境来看，英国脱欧、特朗普担任美国总统可能使西方对俄罗斯的制裁有所缓和，油价也有望继续回升③，这些都会对俄罗斯经济发展带来一些积极因素，从而有助于维护政治和社会的稳定。二是从政治上看，普京依然拥有很高的支持

---

① 田春生：《全球秩序演变对俄罗斯的新威胁》，载《学术前沿》2016年第3期（上）。
② Simeon Djankov, "Russia's Economy under Putin: From Crony Capitalism to State Capitalism", Policy Brief, Sptember 2015, Peterson Institute for International Economics.
③ 世界银行预测，2017年油价为55.2美元/桶，2018年进一步恢复到59.9美元/桶。World Bank, "The Russian Economy Inches Forward: Will that suffice to turn the tide?", Russia Economic Report, No. 36, November 2016.

率,尤其是乌克兰危机爆发后,面对西方的制裁,俄罗斯民众的民族主义情绪和强国意识空前高涨,对普京的执政绩效以及俄罗斯目前的经济发展道路的认同程度持续升高。2013~2015年,尽管GDP增速连续下降,但民众对普京的支持率则持续上升,从46%、64%上升到87%~88%。[①]较高的社会支持有助于普京继续保持其政治经济政策的稳定性和连续性。此外,考虑到美国和欧洲目前的政治体制和经济发展模式自身都存在着难以克服的弊端,并由此引发了较为严重的经济和社会问题,如经济增长动力不足、中产阶级缩小、贫富差距扩大、民粹主义高涨、难民潮的困扰等,欧美新自由主义模式对新兴经济体的吸引力正在减弱,因此,俄罗斯也很难彻底抛弃原有的发展模式。

从长远看,俄罗斯要实现经济的可持续发展和社会的长治久安,需要对经济发展模式和相应的治理结构做出进一步的调整,实现国家资本主义发展模式的改进。从经济发展看,俄罗斯需要从目前的资源驱动型增长模式转向包容性增长模式。包容性增长主要包括两个方面的内涵:一是增长的可持续性,这就需要培育经济增长的强劲内生动力。除了进一步扩大内需,提高投资率以外,最重要的就是培育富有活力的新兴企业家群体,促使俄罗斯新企业大量涌现,为经济增长和创新注入源源不断的新动能。二是增长的高质量、高效益,这就要求俄罗斯将增长的动力由资源消耗转向创新驱动。为此,要实现经济结构的多元化、现代化。第一,要着力扭转转型以来日益严重的去工业化趋势,实现再工业化,运用新技术改造传统制造业,不断提升实体经济的竞争力;第二,充分利用自身原有的科技优势,在一些高技术产业、新兴产业领域占据主导地位,例如制药、合成材料、航空航天等产业;第三,提高增长收益的共享性,这就需要俄罗斯继续调整收入分配政策,缩小收入分配差距,培育中产阶级的发展壮大;第四,对超级富豪施加必要的限制,缓解社会两极化的趋势,增加社会信任和团结。尤其是在当前的危机冲击下,俄罗斯贫困人口增加,目前仍然有2140万人在国家贫困线以下,尽管2016年俄罗斯的贫困率比2015年减少了0.5个百分点,但仍然处于14.6%的较高水平;俄罗斯收入分配底层的40%人群和中产阶级也出现了缩小趋势,这将使得21世纪前10年来自经济繁荣的社会收益逐步耗尽。此外,最近几年,俄罗斯社会整体的收入分配差距也出现了重新扩大的趋势。由于富人拥有更多外汇和海外投资渠道,因此,在经济危机中,他们更容易通过转移资产等方式减少自己的损失,而危机带来的社会成本则大多由庞大的中低收入阶层承担。因此,俄罗斯需要对于低收入群体和弱势群体给予更多的扶持,以防止社会结构再

---

① 李莉:《乌克兰危机后俄罗斯社会情绪的变化》,载《俄罗斯东欧中亚研究》2016年第3期。

次陷入断裂状态。

　　为了实现上述目标，俄罗斯国家资本主义模式需要进一步转型，形成一套更具包容性的制度安排和开放准入型经济秩序，实现国家资本主义模式的更新和升级。从政治体制看，俄罗斯需要进一步完善其已有的民主法治制度，逐步增加政治体制的公开性、透明度，扩大政治制度的包容性和参与度，能够吸纳更多新兴中产阶级和改革派人士进入政府，不断推进重要领域的结构性改革，使国家治理获得更多的社会支持。尤其是改变因缺乏必要的社会监督机制，导致国家对政治经济资源过度垄断并由此带来的政治上的严重腐败和政府行政的低效率，不断提升国家的有效治理能力。从经济领域看，需要形成一套支持经济持续增长和包容性制度体系。按照俄罗斯经济学家马乌的观点，这种制度主要包括四个方面：一是创造一个竞争环境，克服经济中的垄断趋势。尤其重要的是国家创建有效透明的规制制度和明晰的市场准入条件，确保国家决策的透明度和公民个人经济和社会生活的安全性。二是为那些寻求进入市场的新生企业提供有效激励并消除进入壁垒，为中小企业创业和运营提供更加便利的基础设施，以鼓励他们的创新和生产行为。三是加强产权保护，无论是实物资产，还是知识产权都要得到严格保障，把拥有财产的人、拥有知识技术的人、拥有高素质人力资本的人留住，使他们真正致力于国内的生产投资和技术创新活动。四是完善市场体系，发展包括金融、土地、技术生产要素在内的要素市场体系，发展土地和房地产市场，为经济增长提供充足的资本和其他关键要素。[①] 如果能够完成这些制度建设，俄罗斯的国家治理和经济发展模式将会在经历了20世纪90年代1.0版本的寡头资本主义，21世纪前10年2.0版的国家资本主义之后，逐步形成一个3.0版本的更具包容性的资本主义经济模式。

---

　　① Vladimir Mau, "The role of state and creation of a market economy in Russia", BOFIT Discussion Papers 23/2011.

第七讲

当代资本主义的发展趋势与我国的应对方略

张 宇

张宇,中国人民大学经济学院二级教授,经济学博士,博士生导师,《政治经济学评论》主编,中国资本论研究会副会长,中国企业改革与发展研究会副会长,享受国务院特殊津贴。入选全国宣传文化系统"四个一批"人才培养工程,入选国家万人计划哲学社会科学领军人才,中央马克思主义理论研究与建设工程政治经济学学科首席专家,咨询委员,"新世纪百千万人才工程"国家级人选,国家社会科学基金评审组专家。主要从事马克思主义政治经济基本理论、社会主义经济理论和中国经济改革的研究。

当代资本主义发展出现了许多新特征、新矛盾。准确把握这些特征和矛盾,对于我们推进中国特色社会主义理论与实践的发展具有重要意义。

一、当代资本主义新的阶段性特征

(一)当代资本主义新的阶段性特征

资本主义自诞生起就处于不断变化之中,经历了原始积累、自由竞争、私人垄断资本主义和国家垄断资本主义等重要发展阶段。20世纪70年代滞胀危机后,资本主义发生了重要而深刻的变化,成为信息化、全球化、金融化和新自由主义化的垄断资本主义。

生产信息化。20世纪70年代以来，发生了以信息技术为核心的新科技革命，带来生产方式的深刻变革，生产过程逐渐向半自动化和自动化发展，出现了弹性化、精细化、智能化、数字化等新的趋势，服务业取代工业成为国民经济的主要部门。

政策新自由主义化。滞胀危机后，第二次世界大战后形成的国家干预主义受到了批判，以"私有化""市场化""自由化"为核心的新自由主义理论和政策取得了支配地位，对资本逐利活动的各种限制和调节大大削弱，资本和市场对社会各个领域的渗透日益深入。

经济全球化。苏东剧变之后，资本主义体系在全球急剧扩张，生产全球化、贸易全球化和金融全球化飞速发展，跨国公司成为世界经济的主导性力量，全球统一的金融市场货币体系逐步形成。

资本虚拟化或金融化。20世纪80年代以来，货币、证券、外汇、金融衍生品等虚拟资产急剧膨胀，经济关系和社会资产越来越表现为债权、股权等金融关系和金融资产，金融资本成为占统治地位的资本形式。

（二）资本主义基本矛盾不断发展和深化

在资本主义发展的新阶段，以信息革命为基础的社会生产力获得了巨大发展，生产社会化程度不断提高，资本的力量不断加强。随着资本主义生产方式的深刻变化，资本主义的基本矛盾即生产的社会化与生产资料资本主义私人占有之间的矛盾不断发展和深化，主要表现为：

两极分化加剧。信息化、金融化、经济全球化和新自由主义政策，大大推动了资本在全球的扩张，使资本主义积累的一般规律即一方面是财富的积累另一方面是贫困的积累更加明显，资本对劳动的强势地位进一步加强，失业率不断攀升，劳动收入在GDP中所占比重持续下降，贫富两极分化现象日益突出。

生产持续低迷。两极分化的加剧使全球范围内的生产过剩问题日益突出，资本主义国家不得不采取各种刺激需求的措施维持经济增长。这些刺激措施在一定程度上避免了经济危机的崩溃性后果，减轻了其破坏作用，但也拉长了走出危机的时间，导致经济增长的持续低迷和长期停滞。

金融危机频发。资本的金融化使经济增长越来越依赖由金融泡沫支撑的财富效应和高负债，金融投机泛滥。这种建立在虚拟经济基础之上的增长模式持续发展，结果就是资产泡沫的周期性膨胀和破裂，金融危机频繁爆发，实体经济的健康发展受到严重影响。

生态危机突出。资本无止境追求利润的冲动和社会生产的无组织性，必然引发全球性的资源、环境和生态难题。过度的资源消耗、严重的环境污染日益威胁着环境和生态平衡，破坏着社会再生产的正常条件。严重的生态危机成为当前资本主义经济体系面临的一个严峻挑战。

世界经济严重扭曲。由资本所主导的经济全球化存在诸多不对称性：一是没有黄金和充足实物支撑的美元成为国际结算、支付和储备的主要货币，美元的霸权地位导致国际贸易和货币体系严重失衡；二是发达国家片面强调贸易和金融自由化，对来自发展中国家的劳动力流动却采取严格的管制措施，资本和商品的全球化与劳动力的全球化脱节；三是发达国家要求发展中国家全面开放市场，而它们自己则在不同时期、不同领域交替使用自由贸易政策和保护主义政策；四是在经济全球化进程中发达国家与发展中国家处于不同地位，南北差距进一步扩大。

（三）国际金融危机是系统的制度性危机

2008年爆发的国际金融危机仍在发酵。经济持续低迷，贫富两极分化加剧，金融资本的寄生性和掠夺性日益加深，环境和生态危机不断恶化，财政赤字无节制膨胀，垄断资本对民主政治和社会舆论的操控加强，霸权主义和军事干涉盛行，这些弊端相互交织和集中爆发清楚地表明，这次国际金融危机并非一般的周期性危机，而是系统的制度性危机，是资本主义基本矛盾在新的历史条件下的总爆发。

经济（金融）危机是资本主义基本矛盾的必然产物，也是资本主义制度自我调整和创新的动力。1929～1933年震撼资本主义世界的大危机，促成了自由资本主义向国家调节资本主义的转型。20世纪70年代严重的滞胀危机，促成了资本主义的信息化、金融化和新自由主义化转型。但是，资本主义制度越发展，其自我调整的空间就越窄、潜力就越小。从技术上看，信息化导致资本对劳动的强烈排斥，资本主义发展日益表现出产业空洞化和无就业式增长的特点；从所有制上看，资本的虚拟化意味着生产资料私有制的历史合理性正在丧失，这是作为私人财产的资本在资本主义生产方式范围内的扬弃；从资本形态上看，金融资本是资本运动最高级、最纯粹的形态，资本的运动摆脱了物质形态的束缚而同生产过程日益脱节；从空间上看，资本的全球化把资本主义生产方式扩展到全世界，在空间发展上逼近极限。

面对这次国际金融危机，无论新自由主义，还是国家干预主义，都显得力不从心。实行新自由主义，难以解决资本主义经济所固有的失业、经济危机和贫富分化等严重问题；实行国家干预主义，会损害私有制神圣不可侵犯的原则，损害资本主义经济的活力。实行紧缩性的财政货币政策，会加剧经济衰退、恶化失业问题；实行刺激性的财政货币政策，会加剧债务危机、扩大资产泡沫，而对于解决生产过剩和失业问题也并无裨益。面对这样的困境，发达国家往往凭借强大的金融、政治和军事实力，甚至不惜发动战争，打垮竞争对手，维护本国利益，对外转嫁危机。事实一再证明，资本主义国家用来解决危机的种种手段，只能使危机以更大的规模重新出现。市场失灵与政府失效交织、自由主义危机与国家干预危机并发，是资本主义基本矛盾发展不可避免的后果，也是资本主义走向衰落的历史征兆。

（四）社会主义市场经济的制度优势

与资本主义经济形成鲜明对照的是，中国改革开放 30 年来经济的持续快速增长，这种增长是与制度变革和制度优势相联系的。从计划经济向社会主义市场经济体制的转型，使经济主体有了独立的经济利益和经济自主权，极大地调动了企业、个人等经济主体的积极性，解决了传统体制中存在的激励不足的问题；价格决定的市场化，使价格能够及时灵活地反映资源的稀缺状况，解决了传统体制中信息搜集和传递的问题；竞争作用日益充分的展开，推动了技术、产品和管理方式的创新，解决了传统体制的创新缺乏的问题；市场规模的不断扩大，使劳动分工日益深化，专业化水平不断提高，分工与交换的相互作用日益增强，解决了传统体制下经济增长的持续动力不足的问题。经济体制改革和市场经济的发展为改革开放以来中国经济的繁荣和发展提供了有力的制度保障。资本主义市场经济是以私有制为基础的，必然会产生阶级对立、经济危机、贫富分化等深刻的矛盾和弊病，不可能实现持续快速发展。与此不同的是，社会主义市场经济是与社会主义基本制度相结合的市场经济，既发挥了市场经济的长处，又发挥了社会主义制度的优越性，具有很多新特点和新优势。这就是，中国共产党总览全局、协调各方的核心作用同尊重人民首创精神相结合，以公有制为主体同多种所有制经济共同发展相结合，政府有效调控同市场有效作用相结合，提高效率同促进社会公平相结合，坚持独立自主同参与经济全球化相结合，中央集权同地方分权相结合，兼顾当前利益与长远利益、局部利益与整体利益、发展改革与稳定，等等，调动了各方面的积极性和创造性，融合了多种制度的优势和长处，使各种资源都得到比较充分有效的利用，极大地解放和发展社会生产力、推动经济社会全面发展。

在新的历史条件下坚持发展中国特色社会主义,必须继续发挥这种优势,坚持正确方向和道路,保持战略定力,不犯颠覆性错误。要毫不动摇鼓励、支持、引导非公有制经济发展,激发非公有制经济活力和创造力;同时坚持公有制的主体地位,发挥国有经济主导作用,"做大、做强、做优"国有企业,不搞私有化。着力解决市场体系不完善、政府干预过多的问题;同时健全宏观调控体系,提高政府治理能力,更好地发挥政府作用,不搞去政府化。实施新一轮高水平对外开放,加快构建开放型经济新体制;同时坚持独立自主、自力更生,把立足点放在依靠自身力量的基础上,在对外开放中注意维护国家的主权和安全,不搞去国家化。充分保障个人自由,发挥个人的积极创造性,让一切创造社会财富的源泉充分涌流;同时,维护公平正义,走共同富裕的道路,不搞两极分化。尊重市场规律,使市场在资源配置中起决定作用;同时,着力保障和改善民生,加快发展社会事业,提高社会保障和公共福利的水平,不搞去社会化。深化金融体制改革,保持金融健康发展;同时要防止虚拟经济脱离实体经济盲目膨胀,坚持发展生产,建立创新型国家,不搞过分金融化。坚持以经济建设为中心,坚持发展是硬道理的战略思想;同时,加强党对经济工作的领导,坚持和完善社会主义的政治制度和核心价值体系,巩固和加强社会主义的上层建筑,不搞去政治化。归根结底,就是要把社会主义制度的优势与市场经济的长处更好地结合起来,进一步完善中国的经济模式和发展道路,推动经济更有效率、更加公平、更可持续发展。

二、推动产业集中,培育本土跨国公司

(一)全球产业集中和资本垄断创历史新高

2008年危机爆发以来,伴随着经济危机和企业重组并购浪潮,全球范围的产业集中和资本垄断进一步加剧;无论实体产业还是金融部门,集中趋势进一步延续;全球经济的变化趋势和未来走向,值得我们高度关注。

1. 产业集中和寡头垄断是全球普遍现象

自19世纪以来尤其是20世纪50年代以来,自由竞争的资本主义逐渐以寡头垄断为特征的资本主义所替代。产业集中和资本垄断发生在全球经济的众多产业部门,当今世界最大的跨国公司垄断了众多产业50%以上的全球市场份额。

这些被跨国公司（包括波音、空客、丰田、福特、通用、可口可乐、百事可乐等）高度垄断的产业既包括飞机制造、汽车汽配、农用机械、碳酸饮料、软饮料、烟草等传统产业，也包括移动通讯、电脑、液晶显示器、数码相机、制药、金融服务等新兴产业。

产业集中与研发支出的集中相伴相生，以发达国家跨国公司为龙头的产业集中主导了大规模的研究开发、生产销售等核心经济活动。英国贸易和产业部的调查显示，2008年世界上最领先的1400家公司共投入了5450亿美元研发支出，其中最领先的前100家公司的研发支出占到了1400家公司研发总支出的60%，丰田汽车等5家汽车企业的研发支出都超过了60亿美元。统计表明，自20世纪50年代以来，世界500强企业的收入总额一直呈现上升趋势，2012年世界500强企业的收入（30.3万亿美元）占到了全世界GDP（71.67万亿美元）的约42%。

2. 美国为首的发达国家的国内产业集中也在加剧

类似全球范围的产业集中，美国贝尔公司、电力公司、柯达公司、佳得乐公司、特玛捷公司、格柏公司、吉列公司分别占有美国本地电话服务市场的85%~100%、美国本地电力市场的85%~100%、美国非专业胶卷市场的75%、美国运动饮料市场的85%、美国票务服务市场的70%、美国婴儿食品市场的70%、美国剃须刀产品市场的80%，美国联邦快递和UPS公司占有美国包裹快递市场的75%，美国航空等5家航空公司占有美国民航市场的85%~95%，回声星通信公司和休斯电子公司占有美国卫星转播市场的90%，沃尔玛等4家公司占有美国零售业市场的70%以上。自1950年以来，美国最大的200家公司的收入和利润一直呈现不断上升的趋势。据统计，美国最大的200家公司的收入占美国全部企业收入的比重已经从1950年的21%上升到2008年的大约30%，美国最大的200家公司的利润占美国全部企业利润的比重已经从1950年的13%上升到2007年的大约30%。即使在金融危机高涨的2010年，世界500强企业（包括近200家美国企业）的利润甚至大幅增长，2010年利润比2009年利润增加了335%，这是世界500强企业在过去的近60年当中取得的第二大增长。

3. 金融部门的产业集中和产融结合的趋势持续加剧

金融危机爆发后，JP摩根、美洲银行、富国银行、法国巴黎银行、德国商业银行、野村证券、巴克莱资本等金融业巨头分别并购重组了包括贝尔斯登、华盛顿互惠银行、美林公司、瓦霍维亚银行、富通银行、德累斯顿银行、雷曼兄弟在内的数家有影响的金融机构，全球金融产业集中的趋势持续加剧。在1997年，全球最大的 25 个银行持有全球最大的 1000 家银行资产的 28%；2006 年，这个数字上升到 41%；到 2009 年，这个数字已经进一步扩张到 45%。在美国，1995 年，六家最大的银行控股公司（摩根大通、美国银行、花旗集团、富国银行、高盛投资公司和摩根斯坦利公司）拥有的资产相当于美国 GDP 比重的 17%；到 2006 年年底，这个比重上升到 55%，到 2010 年（第三季度），这个数字则上升到了 64%。金融危机爆发前的 2007 年，美国金融业利润占到美国公司利润的 40% 左右。伴随着美国金融业利润的高企，包括通用电气、西门子等在内的不少跨国公司涉足金融领域，开启了产融结合或者传统制造业转型的新趋势。

（二）加大政策扶持和引导力度、推动我国产业集中发展

积极应对全球范围的产业集中和资本垄断，应该加强我国产业集中发展的整体规划、扶持引导，加快培育我国本土跨国公司，走出一条集中发展、协同发展的产业化新道路。

1. 加强我国产业集中发展的整体规划

牢牢把握全球产业集中的新趋势，结合我国产业发展的实际情况，从国家总体利益、全局利益、长远利益的高度，规划好若干重要战略产业、产能过剩产业、散乱小产业的集中发展，释放产业集中发展的规模效应和集群效应，提升我国经济的整体竞争优势，维护我国经济的总体利益。

2. 加大对我国产业集中发展的政策扶持

尊重产业集中发展的科学规律、加大金融政策、财税政策等对产业集中的政策扶持力度和宏观指导力度，引导各类企业有序实现产业集中，鼓励企业在采购、研发、生产、经营等方面交流合作、协同发展，避免本土企业之间的恶性竞争、无序竞争。

3. 加快培育本土跨国公司的战略部署

以做优做强为目标，以世界 500 强为标杆，以技术、人才、管理为抓手，注重企业的研发投入、人才培养和国际化经营，打造中国本土企业的竞争优势；引导各类所有制企业开展全球价值链整合，支持各类所有制企业在境内外实施并购、重组，提升企业在全球价值链的地位；力争在未来 5~10 年培育 200 家左右有全球影响和国际竞争力的本土跨国公司。

三、稳步推进金融开发，防范金融危机

（一）对经济金融化需要反思

20世纪80年代后，西方发达国家特别是美国的经济出现了金融化的趋向，社会资产日益表现为金融资产，经济关系日益表现为金融关系，金融部门在经济增长中的作用日益增长，企业的利润来源日益依赖于金融市场，虚拟经济相对实体经济日益膨胀。上述趋向，被许多人视为发展市场经济的必由之路和中国经济体制改革的必然方向。无疑，金融是现代市场经济的中枢，经济的现代化离不开金融体系的现代化和金融市场的健康发展。但是，必须看到，金融的本质是融资中介，本身并不创造价值，必须服务于实体经济。国内外越来越多的人认为，现在的美国金融是失败的金融，已经走上了一条邪路，从服务于实体经济的中介机构，转变为自我循环、自我服务和掠夺他国财富的工具，国家的经济政治被金融利益集团所绑架，导致了产业空心化，生产持续低迷，贫富两极分化，金融危机不断。近年来，中国金融领域投机盛行，资金不断从实体经济流向虚拟经济，有紧步美国后尘而"脱实向虚"的危险苗头，需要引起我们高度警惕。

（二）对金融自由化需要反思

近年来，金融自由化理论流行，在国内经济金融界产生了不可小视的影响。金融自由化理论认为，开放资本项目，实现金融自由化，取消政府管制，让市场决定资本的配置，是金融改革确定无疑的方向，是完善市场经济和提高资源配置效率的必然选择。上述理论在逻辑和事实上都缺乏根据。从事实上看，在广大发展中国家，金融自由化至今没有成功的先例。即便在发达国家，如日本和美国，金融自由化的实践也是失败多于成功。主要的原因在于，现代市场经济中，资本等生产要素在各种交易所内都变成了金融投资品—投机品，它们的价格形成机制已不同于一般的商品价格，不再单纯取决于市场的供求，而是由国家、核心公司、市场自发力量三者共同决定，特别是由跨国公司和发达国家的力量决定的。在世界经济体系中由于美元处于霸权地位，货币供求和利率汇率等要素定价权在很大程度上掌握在美国金融资本手中。在这种条件下，如果没有有效的调控能力

而一味推进金融自由化,难免使我国的金融市场和金融体系被国际资本和发达国家所操纵,将我国的金融主权拱手让与他人。我国是一个社会主义国家,实行的是社会主义市场经济,必须把发展市场经济同坚持党的领导、政府调控、共同富裕和独立自主等原则有机地结合起来,金融作为一种工具,市场作为一种平台,资本作为一种要素,必须为我所用,为社会主义现代化建设所用,否则,就会犯颠覆性错误。

(三) 注意防范金融风险和过度金融化

信用和金融具有二重性质,一方面可以促进生产力的发展和资源的有效利用,给生产和消费带来了极大的伸缩性,使其获得了不受限制的跳跃式增长的巨大的能力;另一方面,则会放大生产和消费的矛盾,在促进了生产和消费迅速发展的同时,也创造出了大量的过剩生产能力和虚假需求,形成了巨大的资产泡沫,加速了危机的爆发,增加了危机的破坏力。人们普遍认为,当代资本主义经济已经进入了垄断金融资本主义的发展阶段,金融资本相对于实体经济急剧膨胀,金融市场中的投机、赌博、欺诈、操纵、掠夺空前泛滥,金融风险和经济动荡空前剧烈,特别是金融资本所具有的掠夺性、投机性和不稳定性,对世界经济危害极大。中国目前虽然还没有出现严重的虚拟化和金融化危机,但已经出现了虚拟经济相对于实体经济的过快增长苗头,特别是随着金融领域对外开放程度的不断提高和资本项目的逐步放开,国际投机资本对我国的攻击难以避免,对我国资本市场和金融秩序的稳定造成严重冲击。这是我们必须高度警惕和防范的。

(四) 加强金融监管

人们普遍认为,现代金融体系具有内在不稳定性,金融风险是普遍存在的。因为金融市场上大量交易的是债券、证券及信用衍生品等虚拟资本,具有高负债经营或高杠杆运行的特点。特别是金融衍生品的出现,更多服务于对冲基金、商业银行、投资银行、保险公司等金融机构和市场上职业炒家的投机套利需求,和实体经济关系不大,很容易制造金融风险和金融危机。同时,资本逐利的本性决定了信息欺诈、内幕交易、操纵市场等投机违法行为是金融市场的伴生物,具有长期性固有性,不会因为市场成熟、加强管理就能完全消失。金融系统的内在不稳定性和伴生的巨大风险性,决定了要发展金融市场,就离不开严格的市场监管。

近年来，我国金融业发展明显加快，形成了多样化的金融机构体系、复杂的产品结构体系、信息化的交易体系、更加开放的金融市场，特别是综合经营趋势明显。这对现行的分业监管体制带来重大挑战。党的十八届三中全会就加强金融监管提出了完善监管协调机制的改革任务。强调要坚持市场化改革方向，加快建立符合现代金融特点、统筹协调监管、有力有效的现代金融监管框架，坚守住不发生系统性风险的底线。党的十八届五中全会进一步强调，"近来频繁显露的局部风险特别是近期资本市场的剧烈波动说明，现行监管框架存在着不适应我国金融业发展的体制性矛盾"，要求"加强金融宏观审慎管理制度建设，加强统筹协调，改革并完善适应现代金融市场发展，有力有效的现代金融监管框架"。

四、在对外开放中坚持走自主发展道路

（一）经济全球化的二重性

经济的全球化以及在此基础上形成的世界经济体系具有二重性：一方面是生产的社会化和资源配置的全球化过程；另一方面是社会经济关系在全球范围内的一体化过程。

从生产力发展和资源配置的角度看，经济的全球化是生产社会化发展的更高阶段。在全球化的经济中，社会总资源的配置是通过世界市场在全球范围内来实现的，商品、资本和劳动力的流动跨越了国家的界限，市场经济日益具有国际性，国际贸易不断扩大，跨国投资的不断增加，包括银行贷款、票据融资和债券发行在内的国际金融市场不断发展，劳动力的跨国流动和国际移民不断增加，国际价值规律成为调节生产过程的主要规律。

经济全球化是生产社会化发展的必然趋势，对于生产力的发展有着巨大的推动作用。全球化促进了国际分工在广度和深度上的发展，加速了商品、资金、信息和劳动力流动在全球范围内的流动，加快了知识和技术传播与扩散的速度，密切了各国和各民族之间的相互联系和相互依赖，提高了全世界资源配置的效率，导致了社会财富的日益增长。对于发展中国家来说，经济全球化有利于它们更多地获得资金尤其是跨国公司的直接投资，加快经济发展和结构调整；有利于它们更好地利用自身优势，开拓国际市场，发展对外经济贸易；有利于它们更快地得到先进技术、管理经验，发挥后发优势，实现技术跨越。对于经济全球化的进程

如能加以正确引导和驾驭，可以促进各国的经济和社会发展，也有利于世界经济的发展和国际社会的稳定。

经济的全球化既是生产的社会化和资源配置的全球化过程，也是不同生产关系在全范围内相互碰撞和相互渗透的历史过程。资本的本质在于运动，只有在运动中，资本才能不断增殖，马克思恩格斯曾经深刻地阐述了经济全球化的性质和历史必然性："创造世界市场的趋势已经直接包含在资本的概念本身中，任何界限都表现为必须克服的限制。"[①] "资本一方面要力求摧毁交往即交换的一切地方限制，征服整个地球作为它的市场，另一方面，它又力求用时间去消灭空间，就是说，把商品从一个地方转移到另一个地方所花费的时间缩减到最低限度。"[②] 从生产关系的角度看，迄今为止的经济全球化，实际上是资本主义生产方式在世界范围内的扩张过程。

因此，经济全球化是一把"双刃剑"，经济全球化在推动生产的社会化和世界经济发展的同时，又给世界经济的发展带来了许多新矛盾。资本主义的基本矛盾也随着经济的全球化而在全世界范围内得到了更为广泛的发展。对发展中国家来说，它是机遇，更是挑战。

第一，当今世界的经济全球化是西方发达国家主导的，是资本主义的全球化。在这一过程中，发达的资本主义国家处于"中心"地位，垄断着资金、技术、生产力、军事、政治等资源，并在制订国际经济的"游戏规则"中发挥着主导作用，因而成了支配的一方，它们在全球化中获益最大；而广大的发展中国家则处于"外围"地位，处于依附地位，面临着被边缘化的危险。

第二，经济的全球化过程是与经济的自由化和放松国家对本国市场的调控相联系的，因而是个不断削弱主权国家经济权力的过程。与此同时，由于世界经济的规则是由发达国家制定，主要的国际经济组织也主要由发达国家控制，跨国公司建立的全球性经济网络也日益突破国界的限制，把资源和财富日益集中在自己手里，这就会严重制约和削弱发展中国家的自主发展能力。

第三，随着资本主义全球化的不断发展，世界性经济危机也在不断深化。经济的全球化就把生产与消费、个别企业的有组织性与整个社会生产的无组织性的矛盾推向了一个更高的阶段和更广的范围，这样就产生了越来越大的失调的可能性，从而导致了世界性经济危机的爆发，对发展中国家经济形成严重冲击。

---

① 《马克思恩格斯全集》第 30 卷，人民出版社 1995 年版，第 389 页。
② 《马克思恩格斯全集》第 30 卷，人民出版社 1995 年版，第 538 页。

第四，全球市场的发展还使得人类生态环境问题更加尖锐。以利润为导向的经济增长方式在创造巨大的物质财富的同时，也引发了地球变暖，臭氧层变薄，森林过度砍伐和土地沙漠化，许多种类植物群和动物群的灭绝或濒临灭绝，空气、水和土壤被严重污染等一系列危及人类生存的全球性问题。

第五，当今世界的经济全球化是一种不对称的全球化，在全球化的滚滚浪潮中，发达国家只是一味推动商品和资本的自由流动，对来自发展中国家的移民却设置了重重障碍，劳动力市场的全球化远远落后于商品和资本的全球化，这样就形成了一种不对称的全球化：即货物和资本市场倾向于被全球化，而劳动力市场却被分割成许多板块；一方面是越来越全球化的经济；另一方面是不同主权国家和政治社会的继续存在。全球化的不对称性导致了南北差距的不断扩大和民族国家之间利益冲突的持续存在。

总之，经济全球化作为一个客观进程，具有二重性，可以有两种发展趋势：一是促进世界资源的合理配置，促进各国生产力的发展，从而造福各国人民；二是资本主义经济关系的全球扩张，进一步加剧世界资源配置和经济发展的不平衡，继续扩大南北发展差距，加剧贫富分化和环境恶化。我们应选择并推进前一种趋势，警惕并控制后一种趋势。

（二）依附性发展与自主性发展

在经济全球化条件下实现国家的经济发展存在着两种不同的道路或模式，即依附性发展和自主性发展。依附性发展的概念是由依附论学者们提出的，这一理论的中心思想是：现代资本主义世界体系是一个不平等的体系，这一体系从它诞生起就被分为发达国家和后发国家、宗主国和殖民地、中心国或外围国，最上层是主要生产高利润、高技术、高工资的多样产品的中心国，最下层是主要生产低利润、低技术、低工资且产品种类不多的外围国，这两类国家的关系是一种支配与被支配、剥削与被剥削的关系，中心国家通过榨取外围国家的剩余而得以发展，而外围国家则由于处于依附地位而失去了自主积累和自主发展的能力。[①] 依附理论的重要代表人物多斯桑托斯对于依附下了这一个明确的定义：我们把依附确立为一种历史状况，它造成了一种世界经济结构，即有利于一些国家却损害另外一些国家经济发展的结构，并决定了这些国家内部经济发展的可能性，从而形

---

① 在众多持"依附"观点的学者中，所使用的分析方法与政治主张并不尽相同。政治上，有的主张社会主义革命，有的则主张在资本主义制度进行结构性改革；从经济学观点上看，又分为以联合国拉丁美洲经济委员会为主的结构理论者和以弗兰克、阿明、多斯桑托斯与卡多索等为代表的马克思主义学者。

成了它们的经济—社会现实。

那么,这种依附性的关系是如何产生的呢?根源在于资本主义制度本身。资本主义经济的发展在空间上依赖于劳动力、原料来源、投资场所和销售市场的不断扩张,这种扩张不外乎两个途径:在国内,资本通过侵入非资本主义经济领域,把越来越多的生产要素和经济过程置于资本的控制之下;在国外,资本通过武力和非武力的侵入和占领,把越来越多的国家和地区的生产要素和经济过程置于发达国家资本的统治之下。资本主义制度在国内和国际两个方面的发展,必然在资本主义国家范围内和资本主义世界范围内造成两种不同类型的两极分化。在资本主义国家内部造成财富在少数资产阶级一极积累和贫困在广大无产阶级一极积累;在资本主义世界体系内造成少数发达国家(富国)和大多数不发达国家(穷国)的两极分化。资本主义世界的分化现象不过是资本主义国内的分化现象在全球规模上的重演。

概括地说,依附性发展的主要特点是:经济增长主要依靠外资,关键性部门被外资控制;生产技术主要依靠模仿,购买外国专利或设备,自主的核心技术缺乏;被动融入国际分工、产业发展主要依赖出口,局限于低层次的产业;金融体系依附或受控于西方,主要依赖外国,资本积累的能力低下;政策缺乏自主性制订受制于他国,经济主权受到严重侵蚀;自主发展能力严重不足,国家利益得不到保障。

在全球化过程中一个国家如何才能实现自主发展呢?这取决于许多的因素,如一国家的自然禀赋、文化传统、教育水平、经济与政治体制、国家的政策、国际国内环境等,归结起来有两个方面的因素,一是生产力的因素;二是生产关系的因素。

(1)从生产力的方面看,主要取决于科学技术的自主发展或自主创新的能力。科学技术是第一生产力,各个国家所具有的科技水平从根本上决定着它们在国际分工中所处的地位和相互关系,进而决定了它们在世界经济体系中所处的地位和相互关系。在世界经济体系中,中心国家拥有关键性的自主技术和持续的创新能力,因而处于支配的一方;而外围国家则不具有关键性的自主技术和持续的创新能力,因而处于依附地位。

(2)从生产关系的方面看,主要取决于制度和政策的自主选择或国家的自主能力。合理的制度和政策是生产力发展的根本保障,发展中国家只有从本国的国情出发,自主地选择适合国情的制度与政策,才能找到经济和社会发展的正确道路。而制度和政策上的自主性又是以存在着一个强有力的政府为前提的。没有一个强有力的政府,就不可能保障制度和政策上的自主性,就不可能在全球化的条件下实现国家的自主发展。

（三）在对外开放中坚持走自主发展的道路

独立自主、自力更生是中国共产党在领导革命、建设中一贯坚持的方针。社会主义制度建立之后，毛泽东就提出"自力更生为主，争取外援为辅"的方针。改革开放以后，随着对外开放和经济全球化的不断深入，如何处理对外开放与独立自主的关系，成为发展中国特色社会主义面临的重大课题。对此，邓小平明确指出，"中国的事情要按照中国的情况来办，要依靠中国人自己的力量来办。独立自主，自力更生，无论过去、现在和将来，都是我们的立足点"。[①] 在30多年的开放实践中，中国坚持把对外开放和积极参与经济全球化与独立自主相结合，形成了中国社会主义的自主发展道路。

（1）坚持中国人民自己选择的社会主义制度和社会主义发展道路，发挥社会主义制度优势，始终把国家主权和安全放在第一位，坚决维护国家主权、安全、发展利益。

（2）保持强有力的国家调控，从国家全局和长远利益出发制定科学的发展战略，始终保持对关键行业和领域的控制力，在对外开放中切实保障维护国家的利益，掌握发展的主动权。

（3）根据国家经济发展的需要自主确定货币金融政策，维护国家的货币主权，保障货币金融体系的稳定性，有序推进金融开放，有效防范系统性金融危机和金融风险。

（4）建立创新型国家，坚定不移走中国特色自主创新道路，不断提高国家的自主创新的能力，掌握关键领域的核心技术，实现产业结构在国际分工体系中从中低端向中高端水平迈进。

（5）在坚持扩大出口的同时，充分发挥国内市场广阔的优势，把扩大内需作为经济发展的基本立足点和长期战略方针，走内需主导的发展道路。

（6）要利用国外资金，但同时更要重视自己的积累。优化引进外资的结构，提高利用外资的水平，把引进外资与提升产业结构、技术水平结合起来，同带动经济发展、企业技术改造结合起来。

---

① 《邓小平文选》第3卷，人民出版社1993年版，第3页。

五、实施"互利共赢"的对外开放战略

（一）实施"互利共赢"的对外开放战略

国家的对外政策是对内政策的延续和发展。由于社会制度的不同，社会主义国家和资本主义国家在对外经济关系的处理上也存在着重要的差别。资本主义世界经济体系是由性质不同的两类关系构成的。第一类关系是发达资本主义国家与发展中国家的关系，即所谓的中心与外围的关系或南北关系，这类关系是以控制与被控制、剥削与被剥削为特征的，其发展的趋势是两极分化。第二类关系是发达资本主义国家之间的关系，这类关系是以这些国家的竞争与合作为特征的，其发展趋势是资本主义国家之间趋同与分化的循环交替。各个资本主义国家在世界经济政治舞台上相互竞争，先进的资本主义国家力图保持自身的优势，后进的资本主义国家则要奋力追赶，这就成为国家之间发展不平衡的根本动力，并在一定条件下导致了资本主义国家之间的矛盾与冲突，乃至爆发战争。[1] 这两种关系的不同性质及其发展规律，都是资本主义经济关系的本质决定的。上述情况表明，资本主义的国际经济关系从根本上来说是不公平不公正不合理的。

与此不同，社会主义国家的对外经济关系是以互助合作为基础的，平等互利原则是中国共产党处理对外关系的基本原则，也是社会主义对外开放的战略原则。毛泽东曾指出"无论是人与人之间，政党与政党之间，国家与国家之间的合作，都必须是互利的，而不能使任何一方受到损害"，[2] 邓小平指出，中国与外国的经济交往"帮助是相互的，贡献也是互相的"[3]。在上述认识的基础上，党的十七大报告系统阐述了互利共赢战略的基本要求："以自己的发展促进地区和世界共同发展，扩大同各方利益的汇合点，在实现本国发展的同时兼顾对方特别是发展中国家的正当关切。按照通行的国际经贸规则，扩大市场准入，依法保护合作者权益。支持国际社会帮助发展中国家增强自主发展能力、改善民生，缩小南北差距。支持完善国际贸易和金融体制，推进贸易和投资自由化便利化，通过

---

[1] 高峰：《21世纪资本主义经济的发展与演变》，载《政治经济学评论》2011年第1期。
[2] 《毛泽东外交文选》，中央文献出版社、世界知识出版社1994年版，第161页。
[3] 《邓小平文选》第3卷，人民出版社1993年版，第79页。

磋商协作妥善处理经贸摩擦。决不做损人利己、以邻为壑的事情。"①

实行互利共赢的开放战略目标，是建立以合作共赢为核心的新型国际关系，构建人类命运的共同体。经济全球化使国际社会日益成为一个你中有我、我中有你的命运共同体。面对世界经济的复杂形势和全球性问题，任何国家都不可能独善其身、一枝独秀，这就要求各国同舟共济、和衷共济，在追求本国利益时兼顾他国合理关切，在谋求本国发展中促进各国共同发展，建立更加平等均衡的新型全球发展伙伴关系，增进人类共同利益，共同建设一个更加美好的地球家园。

（二）统筹国内国际两个大局

在经济全球化的条件下，国内市场与国际市场、国内经济与国际经济是紧密联系、高度融合、相互影响的。因此，必须统筹国内国际两个大局，既立足国内，充分运用我国资源、市场、制度等优势，又重视国内国际经济联动效应，积极应对外部环境变化，利用两个市场、两种资源，推动互利共赢、共同发展。

具体来说，既要充分发挥我国市场广阔的优势，始终把扩大内需作为经济发展的基本立足点和长期战略方针，又要积极扩大商品和服务的出口，不断提高我国出口商品的技术含量和附加值；要更加注重统筹利用好两种资源，缓解国内短缺资源的约束，要充分利用境外资源特别是战略性资源，建立多元、稳定、可靠的境外资源供应基地；既要积极引进国外资金、技术和设备，也要鼓励具备资金、技术、人员和管理等方面优势的企业，到海外进行投资，把资源优化配置扩展到国际国内两个市场，推进国内结构调整，拉动经济持续快速增长；既要积极吸收国际投资和跨国公司投资，也要大力支持和鼓励国内企业开展对外投资，从事境外生产、贸易、服务，带动商品、技术和劳务出口，形成一批我国自己的跨国企业和企业集团，培育一批在国际上享有知名度的著名品牌；要利用我国劳动力资源丰富的优势，大力发展对外承包和劳务合作，加大开拓国际工程承包市场的力度。

统筹国内发展和对外开放，必须加快管理体制和工作机制的转变，形成更加完善的内外政策协调机制：一是形成国际贸易摩擦的有效应对机制。目前，国际范围内的贸易保护主义有所抬头。随着中国加入WTO，我国与世界其他各国的贸易摩擦也在增多。因此，要加强政府、中介组织、企业的协同配合，全方位开展同国外贸易保护主义的斗争。二是建立有效的金融调节机制。随着我国金融体

---

① 《中国共产党第十七次全国代表大会报告》，人民出版社2007年版，第49页。

系的进一步对外开放，外资对我国的影响将进一步扩大，国际金融市场对我国金融体系的影响将进一步增强，金融体系的风险将进一步加大。必须采取有效措施加以防范。三是统筹双边、多边、区域、次区域开放合作。四是破除一切阻碍对外开放的体制机制障碍，加快形成有利于培育新的比较优势和竞争优势的制度安排。要从制度和规则层面进行改革，推进包括放宽市场投资准入、加快自由贸易区建设、扩大内陆沿边开放等在内的体制机制改革，完善市场准入和监管、产权保护、信用体系等方面的法律制度，着力营造法治化、国际化的营商环境。

（三）积极参与全球经济治理

积极参与全球经济治理，是改革开放不断深入和经济全球化不断发展的必然要求。这是因为：

第一，当前的世界经济体系仍然是资本主义主导的世界经济体系，包含着深刻的弊端，如世界范围内的贫富两极分化，对于全球生态系统的过度开发与破坏，全球性的经济混乱和金融危机的频繁爆发，发展中国家对发达国家依附的加深，霸权主义、强权政治和剥削掠夺为特征的资本主义法则支配着世界经济和政治秩序，更加公正合理的国际政治经济秩序的形成依然任重道远。

第二，国际力量对比正在发生前所未有的积极变化，资本主义世界经济体系的矛盾和危机日益深化，资本主义制度由盛转衰的征兆更加明显。与此同时，发展中国家群体力量继续增强，国际力量对比逐步趋向平衡，新兴市场国家和发展中国家群体性崛起正在改变全球政治经济版图，世界多极化和国际关系民主化大势难逆，以西方国家为主导的全球治理体系出现变革迹象。

第三，我国在世界经济和全球治理中的分量迅速上升，我国是世界第二经济大国、最大货物出口国、第二大货物进口国、第二大对外直接投资国、最大外汇储备国、最大旅游市场，成为影响世界政治经济版图变化的一个主要因素，国内国际经济联动效应日益增强，中国正在从世界经济规则和秩序的"接受者"向倡导者、构建者转变。

国际国内条件的深刻变化，要求我们发展更高层次的开放型经济，积极参与全球经济治理和公共产品供给，提高我国在全球经济治理中的制度性话语权，构建广泛的利益共同体。要求我们更加主动地发出自己的声音，打破少数国家对全球经济法律规则的"垄断"，使规则向着更为合理均衡的方向发展。要求我们积极参与全球经济治理，推动国际经济治理体系改革完善，积极引导全球经济议程，促进国际经济秩序朝着平等公正、合作共赢的方向发展。

总之，随着全球性挑战增多，加强全球治理、推进全球治理体制变革已是大势所趋。这不仅事关应对各种全球性挑战，而且事关给国际秩序和国际体系定规则、定方向；不仅事关对发展制高点的争夺，而且事关各国在国际秩序和国际体系长远制度性安排中的地位和作用。我们提出"一带一路"倡议、建立以合作共赢为核心的新型国际关系、坚持正确义利观、构建人类命运共同体等理念和举措，顺应时代潮流，符合各国利益，增加了我国同各国利益汇合点。

（四）完善全球经济治理的中国方案

十八大后，习近平总书记就完善全球经济治理体系问题多次发表重要论述，提出了系统的理论和主张，勾勒了完善全球经济治理体系的中国方案的蓝图。

1. 平等

习近平指出，面对世界经济形势的发展演变，全球经济治理需要与时俱进、因时而变。全球经济治理应该以平等为基础，更好反映世界经济格局新现实，增加新兴市场国家和发展中国家代表性和发言权，确保各国在国际经济合作中权利平等、机会平等、规则平等。

2. 开放

全球经济治理应该以开放为导向，坚持理念、政策、机制开放，适应形势变化，广纳良言，充分听取社会各界建议和诉求，鼓励各方积极参与和融入，不搞排他性安排，防止治理机制封闭化和规则碎片化。

3. 合作共赢

要建立以合作共赢为核心的新型国际关系，各国在追求本国利益时兼顾他国合理关切，在谋求本国发展中促进各国共同发展，扩大同各方利益的汇合点，建立更加平等均衡的新型全球发展伙伴关系，增进人类共同利益。

4. 共商共建共享

共商，就是集思广益，由全球所有参与治理方共同商议；共建，就是各施所长、各尽所能，发挥各自优势和潜能并持续加以推进建设；共享，就是让全球治理体制和格局的成果更多更公平地惠及全球各个参与方。

5. 打造人类命运共同体

当今世界，国际社会日益成为一个你中有我、我中有你的命运共同体，任何国家都不可能独善其身、一枝独秀，这就要求各国同舟共济、和衷共济，建立更加平等均衡的新型全球发展伙伴关系，增进人类共同利益，共同建设一个更加美好的地球家园。

第八讲

人本经济学与结构转型探讨

常修泽

常修泽，国家发展和改革委员会宏观经济研究院教授、博士生导师，清华大学中国经济研究中心研究员，享受国务院特殊津贴。历任南开大学经济研究所副所长、国家计委（国家发改委）经济研究所常务副所长、国家发展和改革委员会学术委员会委员等职。兼任中国经济学术基金（香港）学术委员会副秘书长，香港亚太法律协会产权顾问等。1949~2009年《中国百名经济学家理论贡献精要》入选者，《20世纪中国知名科学家学术成就概览（经济学卷）》入选者。获国家发展和改革委员会优秀科研成果一等奖（2000，2004，2005）。

笔者在南开大学经济研究所工作时，曾向教育部提出《社会主义人本经济学》的青年哲学社会科学基金课题申请，但迄今未写出成体系的《人本经济学》专著或教程。30年间，只出了三部专题性理论著作——《人本体制论》《包容性改革论》和《人本型结构论》。第四部著作《文明融博论》刚开始研究（计划10年完成，2025年出版）。笔者之所以称"论"而不叫"学"，是因为尚未形成完整的理论体系，只能以"论"交流。鉴于《人本体制论》和《包容性改革论》已经出版多年，《文明融博论》则刚刚开始，故这里拟以2015年新出的《人本型结构论》为依据，专门就"人本型经济结构"做专题探讨。

结构性矛盾是中国经济内部的深层次矛盾。虽然国家多年来一直强调"调结构"，但是，实事求是地说，结构转型并没有取得突破性进展。结构转型为什么一直转不过来？各种原因当然十分复杂，但从深层次探究，其根源之一在于没有摆脱"物本位"和"官本位"的束缚。

对中国经济结构问题的探讨，可以有多种视角。与已有研究不同，这里选取了一个新视角——"人本经济学"（或称"人的发展经济学"）视角，研究探讨如何以人的发展为主线来推进经济结构的转型，并力求将此主线贯穿到需求结构、供给结构（即产业结构）、要素投入结构、资源环境（也是一种要素投入结构）以及城乡结构、区域结构之中，故曰"人本型结构论"。

一、中国经济内部的结构性矛盾

（一）需求结构

在《人本型结构论》开始部分，笔者提出了一个命题："需求管理与供给管理相结合的新方略"[①]。与凯恩斯主义突出强调"需求管理"或与里根经济学突出强调"供给管理"不同，笔者是一个"结合论者"，主张供需并重、两侧发力，并且在逻辑上，把居民消费需求放在突出位置。

马克思在《〈政治经济学批判〉导言》一书中曾对社会再生产四个环节的一般联系有过精辟论述，其中明确指出，生活消费是社会再生产全过程的"终点"，"在消费中，产品脱离这种社会运动，直接变成个人需要的对象和仆役，供个人享受而满足个人需要。因而，生产表现为起点，消费表现为终点"[②]。请注意：马克思这里渗透的人文精神："人"是主人，"品"是"仆役"；人的需要是主体，产品的供给只是满足人的需要的"对象"。这个关系不能颠倒：鉴别"人本经济学"抑或"物本经济学"，马克思阐释的这个"社会生产目的"无疑是一个分野。尤其是在社会主义制度下，由于社会制度的规定性，其生产目的更应是为了"人"及"人的需要"。要说"常态"，这才是经济发展的应有之"常态"（而不仅仅是在经济下行时，作为"保增长"的经济手段。这是笔者主张的"人本型"结构与"物本型"结构不同的视角）。

在需求结构中，笔者看重消费需求，特别是居民消费需求。固然，在社会主义初级阶段，基于经济社会和人的发展的需要，需保持相应的投资率和净出口率，但不应忘却生活消费是社会生产的最终目的，在实践中不应挤压消费，尤其不应挤压居民消费。

[①] 常修泽：《人本型结构论》，安徽人民出版社2015年版，第5页。
[②] 马克思：《〈政治经济学批判〉导言》，引自《马克思恩格斯全集》第12卷，人民出版社1995年版，第733~762页。

中国经济结构存在的突出问题是什么呢？笔者认为，首先是需求结构，特别是"消费需求不足"的问题。

改革开放以来，中国的最终消费率（包括政府消费和居民消费）曾长期在60%~70%的区间内波动，但进入21世纪后呈现明显逐年下降的趋势，从2000年的62.3%持续下降到2010年的48.2%，降低了14.1个百分点，为改革开放以来的最低点，2011年略有回升至49.1%，居民消费率从2000年的46.4%下降到2011年的35.7%，约下降了10个百分点。最终消费率持续下降，相对应的是投资率呈现上升态势。投资率居高不下，严重挤压消费率，致使中国的最终消费率低下：不仅低于处于较高发展阶段的发达国家，也落后于处于相同发展阶段的发展中国家，例如同为"金砖国家"的巴西、俄罗斯和印度。按世界银行数据库资料，2012年中国居民消费率为34.6%（中国国家统计局资料，2012年为36%），而美国的这一比例是68.6%，德、法、英等欧洲国家为55%~65%，日、韩等东亚国家为50%~60%，多数发展中国家则为60%~65%。

总之，中国与"人"的发展直接相关的居民消费率处在低位状态，与"物"的增长直接相关的投资率却处在"亢奋"状态，说明居民的消费需求有被投资率不合理抑制的问题。马克思在《资本论》中曾用过一句格言："死人抓住活人"〔注：所谓"死人抓住活人"，是马克思《资本论》序言提到的一个格言。它是指前人的思想禁锢了后人。本文借用这一句式，阐述"死物（投资）抑制活人"，也是对人的一种"禁锢"。〕；而现在的中国是"死物（投资）抑制活人"，笔者称之为"物本压制"。这是中国经济结构调整首当其冲的问题。

（二）供给结构（产业结构）

随着中国经济增长进入中高速阶段，被高速增长所掩盖的经济矛盾逐步暴露出来，最突出的是工业比重偏高，而与人的发展直接相关的服务业发展不够，成为整个产业结构中的一条"短腿"。

2015年中国第三产业增加值占GDP比重为50.5%，纵向比有进步，但提升并不理想，与人民群众多样性和可持续性的需求有明显的差距。特别是横向与世界服务业增加值占比平均水平70.2%（2012）相比，仍相差20个百分点〔注：2014年台湾地区第三产业占比达68%以上，而大陆地区只有48.1%。虽然发展阶段不同（大陆整体发展水平处于工业化中后期），两个经济体的规模也不同，但大陆与台湾第三产业相差20多个百分点，也令人感慨。〕。

从服务业就业指标看，2013年中国（指大陆部分）占比仅为38.5%，而美国 2010 年是 81.2%，虽有阶段不同的客观因素，但也不至于少于美国的一半吧？由此可见中国服务业落后之一斑。

同时，在工业内部也存在不少现实问题。例如，产能过剩呈现多产业、长时间等突出特点。国际和国内经验表明，产能利用率为 80% 左右是衡量工业产能是否过剩的分界点。中国社会科学院经济研究所常欣的《增长动力转换论》[①] 一书中使用的分界点值为 81%~82%；国家发改委有关司局研究者以 78% 为分界点。笔者取中间值 80% 为分界线，75% 以下表明产能过剩严重。解决产能过剩问题，亟须新思维。

（三）要素投入结构

要素投入结构主要揭示经济发展靠什么"要素"投入的问题。按照新古典经济增长理论的索洛模型，劳动力、资本（包括资金以及作为特殊形式资本的土地和其他自然资源）投入以及技术进步是经济增长的三大源泉。在生产技术给定的条件下，产出由投入的数量决定。由于资本和劳动的边际产出递减，长期内的经济增长由技术进步决定。也就是说，当经济处于均衡的稳定状态时，人均产出的增长率只取决于技术进步的速率。中国过去 30 年经济发展主要靠什么呢？靠拼劳动力、拼资源、拼环境。如今劳动力、资源和环境成本已经"拼够老本"，这条老路不可持续下去了。

未来中国在要素投入结构上的变革方向是进一步发挥技术进步和创新的作用，而最突出的问题是"人"的潜力没有得到充分发挥。世界经济论坛公布的《2014~2015 年全球竞争力报告》排序显示，在 144 个经济体中，总体指标中国位列全球竞争力第 28 名，而与人的创新相关的"技术储备度"排名方面，中国仅排在第 83 位。[②] 按世界经济论坛判断，"中国仍非创新强国"。这是一个很刺激民族心理的判断。

（四）另一种要素投入结构：资源环境

讨论要素投入结构，不能仅仅分析劳动力投入与技术投入的关系，在人类面临环境挑战的今天，必须重视投入结构中的资源环境的代价。在中国，这表现为

[①] 常欣：《增长动力转换论》，经济科学出版社 2014 年版。
[②] 世界经济论坛：《2014~2015 年全球竞争力报告》，2014 年 9 月。

大量的资源消耗和环境污染。近年来，北京和若干城市大面积的雾霾天气、沙尘天气肆虐，也从一个方面说明中国的环境资源已经被严重"透支"。

正是这种"透支"，引发了人们的思考。笔者在《广义产权论》一书的题记中写道："反思这场金融危机和环境危机，我发现：美国人透支的是家庭财产，中国人透支的是国民资源——从人力资源到自然资源到环境资源。透支资产的困于当前，透支资源的危及长远"。[①] 考虑到中国所付出的沉重代价，在发展思路上必须改弦易辙。

（五）城乡结构

城乡结构问题，是一个特别富有人道主义内涵的结构性命题。如果单纯看"进城"比例而不考虑是否享有城市人的权利和尊严的话，2015年中国毛城镇化率已经达到56.1%，但是这个口径是按城镇常住人口（半年以上）来统计的，如果从人的发展角度来看，中国的实际城镇化率仍然仅为35%（户籍人口，2013），远低于52%的世界平均水平。

笔者在《人本体制论》一书中曾指出，城镇化最深刻的本质，是"人的城镇化"（常修泽，2008）。农村人是不是跟城里人一样，享受到了城市提供的各种福利？农村的孩子能不能跟城里孩子一样上公办的小学、初中？能不能像城里人一样到医院用医保就医？总之，一句话，是不是享受了城市的文明？是不是融入了城市？

由于户籍制度的障碍，特别是户籍身份上所附着的福利差异，2亿多进城"农民工"并没有平等地享受城市的各种基本公共服务。据国家统计局发布的2014年全国农民工监测调查报告，2014年全国农民工总量27395万人，其中，外出农民工16821万人，雇主或单位为外出农民工缴纳养老保险、工伤保险、医疗保险、失业保险和生育保险的比例分别为16.7%、26.2%、17.6%、10.5%和7.8%。从近七年调查数据看，外出农民工参加社会保险的水平有所提高，"五险"的参保率提高了4~6个百分点，但总体水平仍然较低。

（六）区域结构

进入21世纪以来，在区域协调发展战略的引领下，随着各具特色的区域战

[①] 常修泽：《广义产权论》，中国经济出版社2009年版。

略的实施，中国的地区差距有所缩小，但区域间发展不平衡的问题依然存在。从《中国统计年鉴2015》反映区域经济实力的主要指标，包括地区生产总值、固定资产投资、对外贸易、地方财政收入来看，东部地区仍然处于绝对的优势地位，面积占第一位、人口占第二位的西部地区经济发展仍然十分滞后，其中潜伏着许多内在的矛盾。

在新阶段，中国经济的内外环境将发生重要的变化和挑战。就全球来说，主要是全球新技术革命潮流、后金融危机时代的全球化潮流和注重"人的自身发展"三大潮流；就国内来说，主要是中国人口结构的重大变迁和"刘易斯拐点"的到来，以及资源环境矛盾的进一步显现。特别是信息革命和生物革命的迅猛到来，不仅改变着经济发展结构，而且改变着人的自身，使人自身发生前所未有的变化。在此背景下，无论是需求结构，还是供给结构，抑或是要素投入结构，都将发生深刻而重大的变化。这一切，都使中国经济内部的深层次结构矛盾进一步凸显，促使中国经济结构转型。

二、中国经济结构转型必须"以人的发展为导向"

中国经济结构转型正处在"人本导向"与"物本导向"的博弈时期。

一个幽灵，一个以"增长中心主义"为宗旨的物本型幽灵，仍在中国大地游荡。即使在近年最新的关于中国经济结构转型升级的讨论中，这一气氛也久久挥之不去。

究竟中国经济结构转型升级的基本导向是什么？或者说，中国经济结构转型升级的根本出发点放在哪里？理论和实践上都有不同见解或做法。这里笔者提出并与诸位专门讨论一下"以人的发展为导向"的经济结构转型升级问题。

在讨论之前，需要科学把握"人"的内涵。按照笔者的《人本体制论》的论述，建议从三个维度把握人的含义（常修泽，2008）。

一是横向上的"全体人"，而不是"部分人"或"多数人"或"大多数人"。主张惠及全体人民。笔者在《包容性改革论》中，曾提出一个命题"社会共生"，社会各方面，大家都有活路，都能共生共存。一个也不能少。具体表现为三条："穷人不能再穷，富人不能出走，中产必须扩大"。①

基于此，在讨论"以人的发展为导向"的经济结构转型时，应把握"全体

---

① 常修泽：《包容性改革论》，经济科学出版社2013年版，第229页。

人":在消费结构上,既要关注富人,也要关注穷人和中产阶层;在城乡结构上,既要关注城里人,也要关注乡下人;在区域结构上,既要关注东部人,也要关注中西部人。在实施转型过程中,作为一个执政党,应该有"海纳百川"的博大胸怀。

二是纵向上的"多代人",而不仅仅局限于"当代人",强调"本代公平"和"代际公平"并重,据此推进结构转型:在产业结构上,不仅要考虑满足"当代人"需要的服务业,还要考虑满足"跨代人"需要的战略性新兴产业;在资源环境方面,不仅要强化当代的"节能减排",还要考虑长远的生态建设,以期使多代人获得生态福祉。

三是内核上的"多需人"而不是"单需之人"。在"人本型结构"中,作为"主体化"的"人"有多种需求,包括物质生活、精神生活、健康和生命安全,以及参与社会生活、政治生活的需求等等。因此,经济结构大系统的各类结构,必须设法满足"人"的多种需求。这不仅涉及经济结构本身,而且涉及社会结构、文化结构乃至政治结构。

顺便说一下,在探讨"人"的含义过程中,涉及几个命题的关系:即"以人民为中心""人民主体"与"人的全面发展""以人为本"的关系问题。他们彼此之间究竟是什么关系?有人说是彼此排斥关系:一个排斥另一个(这就出现要哪个,不要哪个的问题);有人说是层次高低关系或清晰度不同的关系(这就出现哪个层次高、哪个层次低的问题,哪个清晰、哪个不清晰的问题),云云。

笔者认为,"以人民为中心""人民主体"与"人的全面发展""以人为本",四个命题具有理论上的一致性、连贯性,我们可以并用。不应用一方排斥另一方(不存在要哪个或不要哪个的问题),也不应用一方压另一方(不存在哪个层次高,哪个层次低;或哪个清晰,哪个不清晰的问题)。当然,在使用时要看语境,看用哪个更符合自己讲话的语境。

笔者主张把"以人的发展为导向"作为结构转型的根本指导理念,有如下三个原因。

第一,从理论角度来分析,追求人的发展是马克思主义的精华,也是当代人类文明发展的基本价值取向。

马克思(1848)在《共产党宣言》中阐述新社会的本质要求时,曾明确指出:"每个人自由的全面发展是一切人自由全面发展的条件"。[①] 2015年2月,笔者在比利时出席"2015欧洲思想实验室年会"期间了解到,在会议举办地——

[①] 马克思恩格斯:《共产党宣言》,人民出版社1997年版。

• 中国经济与世界 •

布鲁塞尔即是马克思1845~1848年流亡时的寄居写作之地,并前往现场,身临其境。当年,马克思被作为"危险的革命者"而遭德国和法国驱逐之后,旅居布鲁塞尔,在此写出了《哲学的贫困》《工资劳动与资本》和《共产党宣言》。就在《共产党宣言》里,他和恩格斯提出:"每个人自由的全面发展是一切人自由全面发展的条件",并称这是"新社会的本质"。正是基于对这种"新社会本质"的认识,马克思预言,在这一社会中,人们可以"在最无愧于和最适合于他们的人类本性的条件下来进行这种物质变换"。①

笔者不知道其他人如何判断"每个人自由的全面发展是一切人自由全面发展的条件"这段话的价值?但在笔者的著作《人本体制论》中,曾引用了恩格斯晚年的评价。恩格斯强调,他除了择出这句话以外,"我再也找不出合适的了"。② 基于此,在拙著《人本体制论》一书中,笔者曾指出:"促进每个人的自由发展是马克思主义的精华"。

关于这个问题,因笔者在《人本体制论》一书做过系统论述,不再赘述。只强调按马克思的思想,中国经济结构的转型升级,必须以"每个人自由的全面发展"为指导性理念。无论是经济的总体结构,还是经济的具体结构,都要注重"人",用马克思的话,"最无愧于"和"最适合于""人类的本性"——笔者认为这是结构转型的灵魂。讨论中国的结构转型,必须抓住"人本"这一"命门"。

当然,这不仅是马克思主义的核心价值,而且是人类共同文明的最高价值。早在20世纪70年代初期,国外一批具有人文主义思想的学者就日益关注人自身的命运问题。例如,古雷特提出,发展的核心价值和基本要素应包括三个方面:一是"生存",指创造满足人类基本需要的能力;二是"自尊",指自重和独立性的感觉;三是"自由",指从贫困、无知和卑贱三种状态中摆脱出来,使人们具备更大的能力来决定他们自己的命运。③ 到了20世纪80年代初,佩鲁指出,应把"人的全面发展"作为发展的根本目标与核心价值取向。④

第二,从现实角度分析,以人的发展为导向是摆脱"GDP中心主义"惯性运作的理性选择。

笔者自1986年提出"人本经济学"课题申请后一直在思考:在经济发展过

---

① 马克思:《资本论》第三卷,引自《马克思恩格斯全集》第25卷,人民出版社1995年版,第924~927页。
② 恩格斯:《恩格斯致卡内帕》,引自《马克思恩格斯全集》第39卷,人民出版社1995年版,第189页。
③ [美] 德尼·古莱:《残酷的选择》,社会科学文献出版社2008年版。
④ [法] 佩鲁:《新发展观》,华夏出版社1987年版。

程中"人的位置在哪里"？经济发展的根本价值是见物还是见人？实际情况如何？

中国提出"调结构"非自今日始。但多年来，总的看没有取得实质性的突破。原因何在？虽然有外部冲击的客观原因，但从深层根源说，基本上还是一个旧的发展理念和体制在惯性运作、在束缚着中国。这里面的要害是以 GDP 为中心的速度增长主义的思想作怪。

既然以追求 GDP 增长速度为首要目标，那么，怎样才能使 GDP 高速度增长呢？最直接、最快捷的途径就是扩大投资。于是，"投资驱动型"模式应运而生。进一步往下挖掘："投资驱动型"深层的原因是什么？笔者以为是"政府主导型"（"官本位"）作怪。在此，我们发现了"物本位"与"官本位"的内在联系。"GDP 至上"——"投资驱动"——"政府主导"，这是一个有着紧密联系（"一荣俱荣，一损俱损"）、完整的"因果链"。要摆脱这一链条的惯性运作，必须从源头上提出"以人的发展为导向"。

第三，从未来趋势分析，"以人的发展为导向"是适应新阶段中国人需求变化的必然要求。

中国的经济社会发展正在出现某种阶段性变化。总体上判断：到 2020 年中国将完成"全面建成小康社会"的战略目标。这就意味着，下一步中国将转入以追求人自身更高发展的新阶段。

在新的阶段，人民群众将会提出与以往不同的需求，这类需求越来越具有多样性、进阶性、公平性和可持续性的特点。讲究 HDI（"人类发展指数"）指标，也更有意义。一方面，客观地讲，中国是一个发展中国家，促进人的全面发展有一个逐步提升的过程。从现实来看，在"生存""自尊"和"自由"三个方面，中国的"人本"还处于"低端"状态。另一方面，我们也要看到，当代世界新技术革命的浪潮，不仅推动着经济的发展，同时也在重塑着人的自身，"无限制新人"背后所隐含的是更富独立性和开放性的要求。[①]

三、"人本型结构论"在六个结构中的战略铺陈

讨论中国的结构转型，必须抓住"人本"这一"命门"。那如何把人的发展主线贯穿到中国六个结构中去呢？下面一一分析。

---

① 常修泽：《人本体制论》，中国经济出版社 2008 年版。

（一）需求结构：瞄准提高"居民消费率"及相应的"民富支撑"

1. 紧盯"居民消费率"

讨论需求结构中的消费，有三组四个指标需要分开：第一组是消费率或称最终消费率（指消费支出占"支出法"中的国内生产总值的比重），包括政府消费率、居民消费率两个指标；第二组是消费增长率（指消费量与基期相比的动态增长幅度）；第三组是消费对经济增长的贡献率（指消费增量与"支出法"中的国内生产总值的增量之比）。

在以上指标中，最后一个指标是从增长主义的角度探讨消费"对增长的贡献"问题，该指标2013年为48.2%，2014年上升3个百分点，达到51.2%。这是很有意义的，然而不是本文的研究角度。至于消费增长率，可以从增长主义角度探讨，也可从人的发展角度探讨（带有二重性）。基于"人"的角度研究，笔者最看重的是最终消费率，特别是其中的"居民消费率"。从消费增长率来看，近年来是不慢的（2013年社会消费品零售额增长率为13.1%），但笔者认为中国需求结构的症结不在"消费增长率"，也不在"消费对经济增长贡献率"，而在"居民消费率"。

中国居民消费率偏低是一个大问题。现在到了创造消费大国的"人本基础"的时候了。在新阶段乃至更长的时期内，重要的任务就是，要在需求管理—供给管理相结合的新方略中，把居民消费率拉高。

那么，居民消费率提高到多少才合适？基于对"十三五"规划时期投资、出口以及居民收入等因素的综合分析，总消费率估计56%左右，其中，居民消费率至少应在43%以上。从2014年的37.7%（调整后的最新数据）提高到43%，大致一年提高一个百分点。

在2016年6月28日南开大学负责承办的"世界经济论坛第十届新领军者年会"（夏季达沃斯论坛）的"新常态中国经济与当代世界"分论坛上，笔者曾提出了未来五年，即到2020年，中国居民消费率的预测数据：居民消费率43%以上，规模可达40万亿元左右，折合6万多亿美元。[①]

2. 释放民间的消费潜力

中国民间的消费潜力是巨大的，消费空间是相当广阔的。世界经济论坛

[①] 金融界网站，2016年6月28日。

（WEF）发布的《2014~2015年全球竞争力报告》对全球144个经济体按12个分项以及总体状况进行了测评。中国12个分项在144个经济体的排名如下：制度第47名，基础设施第46名，宏观经济稳定性第10名，健康与初等教育第46名，高等教育与培训第65名，商品市场效率第56名，劳动市场效率第37名，金融市场发展第54名，技术储备度第83名，市场规模第2名，商务成熟度第43名，创新第32名。总的来看，绝大多数都不理想，而且对比前几年的情况，比如《2011~2012年全球竞争力报告》，12个分项指标中有9个指标的排名出现了程度不同的下滑，唯一的"亮点"是市场规模始终名列第二名。

现在的问题是如何把亿万人民的消费潜力变成促进人自身发展的强大动力。这就需要加快培育消费增长点。例如，现在中国有2.1亿的60岁以上老年人口，如何促进养老家政健康消费？再如，当前移动电话用户总数达到12.9亿户（截至2015年2月），且更换周期平均为15个月，移动宽带（3G/4G）用户总数达6.24亿户（比上年同期净增数增长40%），估计几年后达到10亿户。如何继续壮大信息消费？再如，2014年全年国内游客达36.1亿人次，如何提升旅游休闲消费，在"十三五"末期把中国打造成为世界第一大旅游目的地国？此外，如何推动绿色消费？如何稳定住房消费？如何扩大教育文化消费？等等问题都值得思考。

3. 打造"人性化消费"新格局

除了研究中国居民消费"量"的增长之外，更应研究居民消费特征和方式的变化。从20世纪80年代以来，中国居民消费具有明显的模仿型排浪式特征：购买彩电，排浪式地购彩电；购买冰箱，排浪式地购冰箱等。自21世纪第一个10年之后，这种消费特征逐步淡化。鉴于模仿型和排浪型的消费阶段已经过去，个性化、多样化消费已呈主流，需要创新消费模式，激活消费需求，破解"人性化消费"过程中的各种障碍，形成一个"人性化消费"的新格局。

4. 建立促进居民消费的长效机制

笔者提出"十字箴言"："能消费、敢消费、放心消费"。

首先，"能消费"，关键是正确处理好"国富"和"民富"的关系。

既要"国富"，又要"民富"。笔者主张适当向"民富"倾斜，在新阶段，尤其如此。这就要在经济发展的基础上进一步提高城乡居民收入水平（2014年全国居民人均可支配收入20167元，城镇居民人均可支配收入28844元；农村居民人均可支配收入10489元。在新阶段，居民人均可支配收入的增长速度应明显超过国民生产总值的增长速度）。特别是中低收入者的收入水平（2014年全年低收入组人均可支配收入4747元，中等偏下收入组人均可支配收入10887元。在新阶段，中低收入者的收入水平应明显超过居民人均可支配收入的增长速度），为消费提供"民富支撑"。

其次，"敢消费"，关键是完善社会保障制度。

重点是养老、医疗、失业等制度，提高保障水平；同时健全社会救济制度，做好扶贫工作。尽快编织好全社会的"安全网"，让老百姓吃上"定心丸"，以解除消费的后顾之忧。

最后，"放心消费"，关键是加强政府对消费环境的监管。

实行严格的"责任清单"制度，确保食品、药品等各个领域的消费安全。这才是切实的"人道主义"。

（二）供给结构（产业结构）：瞄准与人直接相关的现代服务业和战略性新兴产业

"2015欧洲思想实验室年会"关于"中国'十三五'规划"专场，讨论主题为"走向创新市场领导者"。笔者当时引用了美国著名学者托马斯·彼得斯的一段话："不要老想分享市场，而要考虑创造市场。不是取得一份较大的馅饼，而是要设法烙出一块较大的馅饼，最好是烘烤出一块新的馅饼"。[①]

从人的发展角度研究，在中国"十三五"及未来一段时间，人们需要的"新的馅饼"是什么呢？笔者认为，主要是与人的发展直接相关的现代服务业和战略性新兴产业。

1. 产业结构逐步从以工业为主导转向以服务经济为主导

中国"十三五"及未来一段时期，将是由"工业化中后期"向"工业化后期"转变的时期。与此相适应，国家应明确提出"逐步从以工业为主导转向以服务经济为主导"的经济战略和行动方案。鉴于中国服务业占GDP比重仅为51.5%（2015年），比世界服务业平均水平70.2%（2012年）差22个百分点的事实，应把发展现代服务业作为优化结构的"战略重点"。

发展目标是在2016年内，务求实现服务业比重超过52%（三大产业中"控

[①] 托马斯：《乱中取胜——美国管理革命通鉴》，引自常修泽：《现代企业创新论》，天津人民出版社1994年版，第396页。

股"标志），继而在 2020 年全面建成小康社会之时，争取达到 55% 以上（这大体与目前印度、俄罗斯等"金砖国家"的服务业比重水平并驾齐驱，并不算高），然后再向世界服务业平均水平 70.2% 迈进。

2. 补足生产性服务业发展滞后的"短板"

发展服务业，应采取生产性服务业和生活性服务业"双线推进"的方略。从经济角度分析，生产性服务业具有技术附加值高、技术高度密集、耗能低、经济产值高等特征。而从"人本"角度分析，生产性服务业具有需求弹性大、有助于提升就业率的人性特征。目前，生产性服务业是我国整个服务业的重点和"短板"。在"十三五"及未来一段时间应侧重发展以下八个产业：金融服务业、现代物流业、交通运输业、技术服务业、商务服务业、设计咨询服务业、人力资源服务业和节能环保服务业，尤其要突破金融、物流和人力资源服务业等"重点短板"。

3. 开拓"大健康产业"等生活性服务业新领域

生活性服务业是直接为"人"的生活服务的行业。在新阶段，应研究 2020 年小康社会全面建成后，人民群众想什么？盼什么？对现代服务业有什么新需求？

笔者在《人本型结构论》一书关于产业一章中，写道："悠悠万事，唯此为大：健康产业"。[1] 2014 年底习近平同志在江苏视察时更是明确指出"没有全民健康，就没有全面小康"。在美国，健康服务业占 GDP 的比重为 17%~18%，但中国只有 5% 左右。如何把民生健康或"健康中国"作为未来服务业发展的"旗舰"？

除着力发展"大健康产业"外，还要大力发展以下 7 类：（1）商贸服务业（特别是电子商务）；（2）旅游业；（3）居民服务业；（4）文化产业（演艺、网络文化产品、影视、出版）；（5）体育健身休闲竞赛表演；（6）住房产业；（7）市场化培训教育服务业等。从现在起，就应瞄准上述产业，开拓新领域，发展新业态，打造新热点。同时针对服务业发展中的体制障碍，进一步扩大服务业对外开放，克服该领域开放度低、限制多、国际竞争力弱等问题。中国服务业的对外开放有可能成为改革开放后的第二次开放。

4. 立足于"多代人"，发展战略性新兴产业

战略性新兴产业是以重大技术突破为基础、对人的长远发展具有重大引领作

---

[1] 常修泽：《人本型结构论》，安徽人民出版社 2015 年版，第 110 页。

用且成长潜力大的产业。发展战略性新兴产业已成为世界主要国家抢占新一轮经济和科技发展制高点的重大战略。对中国这样一个人口众多、人均资源少、生态环境脆弱,又处在工业化快速发展时期的国家来说,更具有重要战略意义。要在未来国际竞争中"自立于民族之林",必须加快培育和发展战略性新兴产业。

在新阶段,发展战略性新兴产业,应瞄准新一代信息技术产业及"互联网+"、高端装备制造产业、生物产业、新材料产业、节能环保产业、新能源产业、新能源汽车产业等。尤其是新一代信息技术产业及"互联网+",它不仅会改变人们的生产方式、生活方式,而且会改变人的思维方式,重塑人的自身。

(三) 要素投入结构:瞄准人的"心灵放飞"和万众创新

要素投入结构转型的核心是"创新驱动"。但"驱动"什么?现有的认识并不清晰,普遍的看法是"驱动"经济增长。笔者主张两个"驱动":一则"驱动"经济发展;二则"驱动"人的发展。[①]

当今大势,新一轮世界信息革命浪潮兴起,可以用五个字来概括这轮浪潮:"云"(云计算)、"物"(物联网)、"移"(移动互联)、"大"(大数据)、"智"(智能化)。而在国内,随着土地等物质要素趋紧、人口老龄化严重、农业富余劳动力减少,也要求我们由过去拼物质资源向创新转换。

1. 加强关键领域的核心技术和品牌的研发

2014 年欧洲专利局收到 27.4 万项专利申请,其中,中国 2.65 万项,占近 10%;总获批 6.46 万项,其中,中国获批 1200 多项,仅占 2%。在品牌方面,据世界品牌实验室的数据显示,2014 年全世界品牌 500 强中,美国拥有 227 项,几乎占总数的一半,而中国仅有 29 项。《福布斯》杂志 2014 年发布的全球品牌 100 强,美国占 54 项,中国品牌为 0。这两则消息既令人忧虑,也让我们找到了关键:未来应更注意提高专利的质量和效应,打造自主品牌,尤其是具有国际知名度的品牌。

2. 推进万众创新

创新必须要有创新型人才。出于兴趣与爱好,努力把各种创意转变为现实的

[①] 常修泽:《关于十三五发展的若干"理念"的思考》之三"创新双驱动"理念,载《经济参考报》2015 年 10 月 16 日。

"创客"(Maker)是依靠力量。据统计,中国当前有1亿左右科技人力资源,这是中国最宝贵的"创客"。首先要发挥这些人士的引领和带动作用,同时,培育和造就千千万万个各种"创客",使之成为自主创新的主力军,也促进创新者自身的发展。

3. 创新知识产权保护及相关制度

制度比技术更值得关注,尤其是知识产权保护制度、对科技人员的产权激励制度等较为关键。产权保护制度,是社会主义市场经济的基石。在市场经济活动中,只有对知识产权予以严格的保护,才能稳定各创新者的创新预期。此外,还应着力推进相关财税体制、金融体制、市场体制的创新,为万众创新提供体制支撑。

4. 创新的根本在于创新者的"心灵放飞"。

如何开掘创新之源?最根本的是思想的自由和开放。当前知识分子心灵并未完全放飞,被一种无形的力量压着。欲真推进创新,必须让其"心灵放飞"。[1] 如果心灵不放飞,遑论创新?中国社会科学院张卓元先生在《围绕人调整经济结构》书评中,特别重视"心灵放飞"。[2] 中华文明中有很多墨守成规的东西,但也有类似"天行健,君子以自强不息"此类的创新精神,需要挖掘;同时需要认真吸收西方文明中的"冒险精神",这样才能进行创新创意,同时也才能把创新者自己打造成一代"无限制的新人"。[3]

当然,在看到新技术促进人的发展的同时,也要看到问题的另一面。事物都是"双向占有"的。信息技术的传播有没有对人形成另一种"限制"呢?马尔库塞的名著《单向度的人》就曾指出,"技术的进步使发达的工业社会对人的控制可以通过电视、电台、电影、收音机等传播媒介而无孔不入地侵入人们的闲暇时间,从而占领人们的私人空间……让人们满足于眼前的物质需要而付出不再追求自由、不再想象另一种生活方式的代价"。[4] 可见,技术的进步是否使发达的工业社会加剧"对人的控制",仍需要深入讨论。

---

[1] 常修泽:《人本型结构论》,安徽人民出版社2015年版,第173页。
[2] 《人民日报》(理论版),2015年11月28日。
[3] 常修泽:《人本体制论》,中国经济出版社2008年版,第228页。
[4] 赫伯特·马尔库塞,刘继译:《单向度的人——发达工业社会意识形态研究》,上海译文出版社2008年版。

(四) 资源环境：瞄准生态福祉和环境人权

世界著名哲学家伯特兰·罗素在《工业文明的前景》中讲过一段颇为深刻的话。他说，不是社会主义与资本主义斗争，而是工业文明与人性斗争（Bertrand Russell，1923）。这里最值得关注的是"人性"二字。

"人性"是资源环境命题的最高境界，它表现为生态福祉和环境人权，涉及人的生存权和发展权问题。据公开的数据显示，中国二氧化硫排放量超过大气达标数值；化学需氧量排放接近排放最大允许量的两倍。这对人的生存和发展造成巨大的影响，何谈人的尊严？个别地方发生的环境事件已敲响了警钟：我们要防止可能发生的没有外部势力插手的、内生的"绿色骚乱"。

中国政府已明确提出，到"十三五"末期即2020年，单位GDP二氧化碳排放量将比2005年下降40%~45%，非化石能源占一次能源消费比重将达到15%。这是对国人的生态福祉和环境人权的庄严承诺。如何实现？应从四条线路推进：第一条是技术线路：向技术要生态福祉（如LED技术等）；第二条是结构线路：向结构要生态福祉（如首钢搬迁改成文化园区等）；第三条是政府线路：向规制和政策要生态福祉（如环境税以及对环境的其他管制，用李克强同志的话说，环境执法不应是"棉花棒"，而应是"撒手锏"）；第四条是市场线路：向产权要生态福祉，要有"天（环境产权）、地（资源产权）、人（环境人权）"的广义产权思路。[1]

习近平在海南省指出，良好的生态环境是最公平的公共产品。倘能按上述四线路推进，中国人的生态福祉就能得到提高，环境人权也就会有相应的保障。

(五) 城乡结构：瞄准填平城乡之间人的制度鸿沟

这是一个极富人道意味的命题。2015年春夏之交，贵州毕节市四个孩子的自杀，再次震惊中国。这虽然只是个案，但折射出了深刻的社会现实。中国城乡之间（也包括演化到城市内部）的制度性"鸿沟"早就应该填平了。

这将是一个复杂的系统工程。基本思路是着力解决城乡"二元结构"和城市内部"二元结构"同时并存的"双二元结构"问题，实现"城乡一体、城内融合"。首先，应着力解决城乡"二元结构"问题。要以"城乡共荣"为前提，实

---

[1] 常修泽：《广义产权论——中国广领域多权能产权制度研究》，中国经济出版社2009年版。

现乡村与城市的共存。其次，着力解决城市内部"二元结构"问题，使进城农民市民化。

填平城乡之间人的"鸿沟"，须重点推进四项制度改革：（1）户籍制度改革，确保到 2020 年，基本建起新型户籍制度，使 1 亿左右农业转移人口和其他常住人口在城镇落户。（2）农村土地制度改革。应加快推进农村土地确权、登记、颁证，依法保障农民的土地承包经营权和流转权、宅基地使用权。同时，推进农村集体经济组织产权制度的改革，保护成员的集体财产权和收益分配权。（3）公共资源的配置制度改革，实现城乡均衡配置。（4）社会保障制度，使城乡居民获得基本的社会保障。当前，外出农民工这部分群体参加社会保障的比例还很低，需要做艰苦的工作。

（六）区域结构：瞄准区域人际协调，以避免"板块群体碰撞"

中国是一个区域发展颇不平衡的国家。为避免"板块群体碰撞"，28 年前即 1988 年笔者曾提出"四沿——渗透型"开放战略，反映了自己的一种区域"均衡发展"的情结〔注：1988 年 5 月 4 日，新华社编发的《国内动态清样》第 1182 期，以《常修泽等建议实行"四沿——渗透型"开放战略》为题，呈送中央政治局和国务院领导同志参阅。新华社记者杨继绳在《瞭望》周刊发文介绍了这一战略构想。《瞭望》周刊（1988 年第 21 期）指出常修泽等提出的"四沿渗透型"开放战略，对中央的沿海发展战略"提出了重要的补充和修正意见"。〕。

28 年过去了，新阶段应当实行什么样的区域发展战略呢？经过近年来的研究，笔者建议实施升级版的"四沿"发展战略：首先是升级版的"沿海"战略：以京津冀协同发展和"21 世纪海上丝绸之路"为重点，特别是在实施 21 世纪海上丝绸之路战略的过程中，发挥沿海地区排头兵和主力军的作用。二是升级版的"沿江"战略：以长江经济带拉动大长江流域经济发展。三是升级版的"沿线"战略：以"新丝绸之路经济带"拉动大陆经济发展。四是升级版的"沿边"战略：实施边境或跨境经济合作区等多种沿边发展方式。①

从整个中国的视野来考虑问题，除了大陆区域之间的人际协调以外，还应包括港澳台地区与大陆之间的人际协调问题。香港和澳门的发展虽已纳入"一国两制"范畴，但 2015 年 6 月 18 日的政改挫折表明需要有新的协调。大陆与台湾的经济关系，则是一种"特殊的区域关系"，如果忽视乃至丢掉这一块，中国的区

---

① 常修泽：《"新四沿"战略：打开区域大布局》，载《学术前沿》2015 年第 8 期。

域结构研究就是不完整的。应根据 ECFA 生效之后两岸经济关系进入新阶段的变化,将两岸经济的合作与发展融合到国家"十三五"发展规划中,并在实际行动中加强两岸合作［注:对于笔者的这一建议,台湾《旺报》(2010 年 10 月 6 日)、台海网(2010 年 10 月 6 日)和中国改革论坛网(2010 年 10 月 9 日)上都有过报道。］。

四、真刀真枪改革:为"人本型结构"提供制度支撑

结构转型"转到深处是体制"。前面阐述的经济结构转型,除涉及生产力和生产关系外,更涉及制约结构转型的体制障碍问题。在酿成"物本型"经济结构的诸种传统因素——人口红利、资源红利逐步消退之际,"制度红利"成为"人本型结构论"的重要动力。结构转型,是真转型,还是假转型?如果真转型,那就请扫除体制障碍吧。

(一)真刀真枪改革

中共十八届三中全会通过的《中共中央关于全面深化改革若干重大问题的决定》,是一个全方位改革的纲领性文件。整个决定内容,涉及 336 项具体改革,可以看成是新阶段各个相关领域"滴灌式"的制度设计,为我们提供了明确的和可操作性的方略。3 年来,中国改革的画卷正徐徐展开。

作为"全面改革元年"的 2014 年和"改革攻坚之年"的 2015 年,改革虽有一些新的举措,但仍缺乏比较大的体制性突破,尚不尽如人意。关于改革取得的成就,笔者是赞同的,改革不易,改革取得成绩更为不易。笔者想补充说明一点:前一阶段体制改革虽然取得了进展,但是同时也存在一些困难和问题。仅就笔者比较熟悉的经济体制而言,根据个人的实际调查可以看出,近年来向完善的社会主义市场经济体制的转变,是在曲折中展开的,有进展,亦有不足,尤其是在一些关键性的领域和环节,"攻坚"之战可以说打得比较艰苦,经济领域一些深层次的体制性"瓶颈"依然存在。例如,作为市场经济微观基础的国有经济改革尚未到位,特别是垄断性行业改革仍然较为滞后。在此背景下,中央深改组提出"真刀真枪搞改革",点破了当前改革的要害之所在。

要"真刀真枪搞改革",需要全面而深刻地看待我们国家的制度优势,正确评估社会主义社会"内在的"变革力量。对于我们国家的制度优势,笔者认为,

不应用凝滞、僵化的观点来看待，而应用运动、变革的观点来审视。恩格斯说，社会主义社会是一个不断变革的社会。其不断变革，尽管有外在因素起作用，但就决定因素而言，是指这种制度内在的属性、内在的力量。不断改革、自我完善、自我发展，正是社会主义制度的内在优势之一。"真刀真枪搞改革"，对于突破经济领域一些深层次的体制性"瓶颈"，进而清除那些制约结构转型的体制障碍，是有决定意义的。

（二）克服两种"本位"

笔者在 2008 年出版的《人本体制论》一书题记曾写道："在传统的计划经济模式下，人的主体性被集权所压制；在原教旨的市场经济模式下，人的主体性被金钱所侵蚀；至于在未来某个虚拟世界的体制下，人性会不会被过度纵欲而扭曲，尚不得而知；我现在最想探求的是，在 21 世纪的中国，如何建立无愧于人自身解放和发展的新体制。"[①]

"建立无愧于人自身解放和发展的新体制"，在结构层面就是要打造"人本型经济结构"。"人本"的对面是什么？

一是"物本位"。在中国，物本主义思潮及其表现相当严重；既表现为政府的 GDP 崇拜，也表现为社会存在的"金钱拜物教"。马克思恩格斯曾有一句名言——它使人和人之间除了赤裸裸的利害关系，除了冷酷无情的现金交易，就再也没有别的联系了。整个社会虽然还没到上述那么恶劣程度，但物本位（"金钱拜物教"）造成的道德失范和社会诚信丧失十分严重。我们应该正视这一现实。

二是"官本位"。中国"官本位"根深蒂固。传统体制下，权力本位导致政府主导型经济模式。其根本的问题是把人看成执行上级意志和计划的工具。哈耶克曾经讲过：由于在计划经济中，只有国家的强制权力决定谁拥有什么，唯一值得掌握的权力就是参与行使这种命令权。[②] 最近，一本反映俄国当年"权力凶猛"的书《生活与命运》翻译出版，值得看一看。

现在的问题在于：仍存在"权力凶猛"。如何"把权力关进制度的笼子"？没有破题。2016 年夏天，笔者在东北调研，再次印证"权力凶猛"。该地区经济困境，深层原因在于权力干预经济。可见，社会氛围多么崇尚权力。仅辽宁一个贿选案件，卷入 500~600 名人大代表。笔者从东北到朝鲜考察，感觉权力绝对

---

① 常修泽：《人本体制论》题记，中国经济出版社 2008 年版。
② 哈耶克：《通往奴役之路》，中国社会科学出版社 1997 年版。

崇拜甚至到神化程度。

为什么"人本型经济结构"难以建立？流行于各级政府的 GDP 挂帅（"物本位"）以及因政府职能没有取得实质性转变而依然存在的"政府主导型"（"官本位"）是重要原因，并成为结构转型的制约因素。

之所以如此，原因十分复杂。撇开深层的权力因素之外，直接的原因之一是原有干部考核体系与财税体制导致地方政府行为微观化。经济利益驱动与政治晋升拉动两股力量的合流，形成"双驱动"机制。虽然近年来一些人文发展指标和可持续发展指标开始被重视，但惯性仍然存在。由于没有实现发展理念转换，GDP 仍在官员内心世界居核心地位，其"经纪人"特征没有发生根本变化。另一个更为深层的原因是纵向的权力来源结构和民主监督机制的缺乏。

克服两种"本位"，首先是克服"物本位"，改变 GDP 在官员内心世界至高无上的地位，确立"人类发展指数"等人文指标和环境指标的约束作用。其次是克服"官本位"，转变"政府主导型"的发展模式。既让市场在资源配置中发挥"决定性"作用，又发挥政府的重要作用。但近来出现一种把"政府的重要作用"解释为"政府驾驭市场"的观点，且颇为流行，应该澄清和纠正。同时，要实施"三张清单"即：负面清单——明确企业不该干什么，做到"法无禁止皆可为"；权力清单——明确政府该干什么，做到"法无授权不可为"；责任清单——明确政府的责任，做到"法定责任必须为"。从更深层考虑，还要推进政府自身的结构改革，建立政府权力体系内的决策权、执行权、监督权相互制衡机制，使政府"有权而不能任性"。

（三）推进"五环式"改革

邓小平在 1992 年的南方谈话中指出，"恐怕再有三十年的时间，我们才会在各方面形成一整套更加成熟、更加定型的制度。在这个制度下的方针、政策，也将更加定型化"。邓小平讲的"各方面形成一整套更加成熟、更加定型的制度"，是指什么范围、什么领域的"制度"？20 多年来，流行的解释和把握是大致锁定在"成熟的社会主义市场经济体制"上。从当时我国改革开放面临的形势和主要任务看，锁定经济体制作为重点是可以的。但是，笔者看了邓小平同志的原文，从他紧接说的"现在建设中国式的社会主义，经验一天比一天丰富……就是要有创造性"[①] 来看，笔者认为，"各方面"应锁定在"建设中国式的社会主义"的

---

① 《邓小平文选》第三卷，人民出版社 2001 年版，第 372 页。

"各方面"：即不仅包括经济体制，而且包括政治、社会、文化和资源环境体制的"各方面"。

基于此，笔者在2008年出版的一书中指出，新阶段历史要求中国开展的是类似奥运"五环"的改革，包括经济、政治、社会、文化、生态环境制度改革[注：在2008年出版的《人本体制论》一书和在《经济社会体制比较》上发表的文章对此已经详细论述，这里不再展开。]①。

中共十八届三中全会指出："加快发展社会主义市场经济、民主政治、先进文化、和谐社会、生态文明"的制度，实际是一种全方位的改革思路。在新阶段，应按照中共十八届三中全会确定的上述"五位一体"改革"蓝图"推进全面改革。笔者认为，在推进中，必须更加注重改革的系统性、整体性、协同性，防止单打一或顾此失彼。要以"海纳百川"的精神，寻求每一项体制的包容性，避免狭隘化和简单化的倾向。笔者在《包容性改革论》一书中，提出了建立包容性制度的构想："经济改革：寻求公正的深度市场化经济体制；社会改革：寻求各阶层社会共生的社会体制；政治改革：寻求最大政治公约数的政治体制；文化改革：寻求多元文明交融互鉴的文化体制；生态体制改革：寻求以天地人产权为基础的环资制度。"②

在新阶段，无论是哪个结构转型，都会触及经济体制乃至政治社会文化和环境资源体制。可以这样说，没有"五环"改革的突破性进展，经济结构的改造、转型、升级是不可能的。这就意味着，本文研究的中国经济结构转型，与"五环改革"具有内在的一致性。

（四）反腐败与突破固化利益格局

新阶段的全方位改革将会遇到重重障碍，其中，严重的腐败和固化的利益格局是最大的障碍。春秋时代郑国政治家子产曾讲过一段颇有哲理的话："火烈，民望而畏之，故鲜死焉。水懦弱，民狎而玩之，则多死焉。"（《左传·昭公二十年》）如果执政者严格执法，就很少会有人以身试法，相反，如果执法者太过懦弱，就会有人"狎而玩之"。

中国确实有过"水懦弱"的情况。不是不想医治这个"患病的机体"，但当"打开"之后看到"五脏六腑"已经那样，没敢动"大手术"，只好"缝上"继

---

① 常修泽：《人本体制论》，中国经济出版社2008年版。
② 常修泽：《包容性改革论》，经济科学出版社2013年版，前言第2页。

续维持。于是历史老人看到了那么多"狎而玩之"的官僚纵欲妄为、"玩死"自己。这种情况不应该继续下去了。

中国需要严厉而有效的"反腐败"斗争,切实制止官僚"狎而玩之"。通过"反腐败",矫正权力与资本结盟、权力与利益交换的格局。同时,必须摆脱既得利益格局中某些"障碍力量"的束缚,改革者首先自己不要被既得利益集团所绑架,决策者也不能顺着权力与资本结盟的思路来决策。唯有超越固化利益格局的羁绊,才能开创改革新的局面。

第九讲

第三次工业革命与智能工业化

贾根良

贾根良，中国人民大学经济学院二级教授、经济学博士，博士生导师，经济思想史学科学术带头人、博士生导师，教育部"新世纪优秀人才支持计划"首批获得者。主要研究领域包括经济思想史、演化经济学、发展经济学、中国经济、经济史、比较经济学和科技管理等。社会兼职主要有：中国演化经济学年会主席，中国经济发展研究会副会长，中华外国经济学说研究会常务理事，中国拉丁美洲学会常务理事，清华大学技术创新研究中心学术委员，国内多家大学兼职教授等。

科技创新和科技革命是推动人类社会持续发展的根本动力，是在新一轮科技革命的激烈国际竞争中，大国立于不败之地最重要的物质基础。把科技革命作为引领发展的基础性动力，必须研究和把握近代以来科技革命的世界性发展规律。生产力的发展变化总是在一定生产关系的制约下活动和展开的，新生产力诞生后的大发展总是发生在调整生产关系与其相适应的大变革之后，但生产力的自行发展有其内在的原因和发展规律[①]。本文的分析视角主要限于后者。

自 2008 年国际金融危机爆发以来，世界经济至今仍复苏艰难，各国纷纷把摆脱困境的终极希望寄托在新一轮科技革命的兴起，制造业正处于根本性的变革中。相关热点话题如发达国家的"制造业回流"和"再工业化""第三次工业革命""互联网+"德国"工业 4.0"（在德文语境中又称"第四次工业革命"）"互联网时代"等议论众说纷纭，急需理论层次的梳理和深入研究。中国是一个发展中大国，从欠发达国家崛起和赶超的视角以及纵观工业革命史的方位，探讨

---

① 马昀、卫兴华：《用唯物史观科学把握生产力的历史作用》，载《中国社会科学》2013 年第 11 期。

•中国经济与世界•

科技革命的规律性发展和第三次工业革命的基本特征,对认识我国面临的严峻挑战和历史机遇极为重要。

本文将通过批判性地考察19世纪美国学派的相关理论,特别是试图从马克思有关"工具机革命"在工业革命中的关键性作用,以及精神生产力未来将控制物质生产力的深刻洞察中获取灵感,提出资本的信息—智能生产率理论和工业智能化理论,为相关讨论提供新的理论观点和历史视野。美国学派的"资本的能量生产率理论",不仅为美国和德国在第二次工业革命中后来居上奠定了理论基础,而且也揭示了前两次工业革命的基础性特征。本文第一部分将集中论述该理论的创新之处。但是,美国学派的"资本的能量生产率理论"只是适合前两次工业革命的特定工业化理论,它不能解释第三次工业革命的新现象。马克思有关工业革命的理论,为克服美国学派的理论缺陷指明了方向。本文第二部分将集中讨论马克思的相关理论对于理解信息革命时代工业化所具有的重要意义。按照历史与逻辑相统一的原则,在对第三次工业革命与前两次工业革命进行比较的基础上,本文第三部分将遵循美国学派和马克思相关理论的研究传统,通过对信息革命、互联网和资本智能化等问题的讨论,提出资本的信息—智能生产率理论和工业智能化理论,为理解第三次工业革命提供理论洞察力,并对我国的工业化道路提出政策建议。

一、美国学派"能量生产率"的工业化理论

从生产力发展质的飞跃看,人们一般将英国在18世纪下半叶开始的以机器生产替代手工劳动、以工厂取代手工工场和家庭作坊、以无机能源取代人力和畜力,进而从农业社会向工业社会的历史性转变称作"第一次工业革命"。机器(物化劳动或死劳动)对劳动(活劳动)的替代,在历次工业革命中都处于关键地位。在第一次工业革命中,其表现形式就是机器生产替代手工劳动。正如马克思所概括的:"劳动资料取得机器这种物质存在方式,要求以自然力来代替人力,以自觉应用自然科学来代替从经验中得出的成规。"[①]"资本的已经发展的原则恰恰在于,使特殊技能成为多余的,并使手工劳动,即一般直接体力劳动,不管是熟练劳动还是肌肉紧张的劳动,都成为多余的;相反,把技能投入死的自然力。"[②]

[①] 《马克思恩格斯文集》第5卷,人民出版社2009年版,第443页。
[②] 《马克思恩格斯全集》第46卷(下),人民出版社1980年版,第86页。

第九讲　第三次工业革命与智能工业化

在对古典经济学庸俗成分及庸俗经济学的批判中，马克思发现，商品生产中的劳动具有具体劳动和抽象劳动的二重性，进而把古典经济学开创的劳动价值论奠定在科学的基础上。马克思坚持认为，经济范畴只是一定历史阶段生产关系的抽象，资本作为历史范畴，以劳动力商品的存在为决定性条件。资本乃是物化在生产资料、生活资料、商品和货币中的生产关系，货币资本的自我增殖源于资本家在生产过程中剥削雇佣工人创造的剩余价值。在本文关于工业革命的文献中，流行着"资本"这一历史范畴非马克思主义的使用，其含义是指资本的"使用价值"或"物质存在"①，即作为资本生产关系之基础的物质载体（生产资料或物化的具体劳动），是除了投入的活劳动之外的其他生产要素。囿于叙述的便利，本文中"资本"概念的含义一般系指资本的物质存在，而非资本的社会形式。

马克思经济学研究的主要对象是社会再生产过程的社会形式即生产关系属性，通过它与再生产的物质内容或生产力的矛盾运动，揭示一定社会形态的经济运动和发展规律。关于生产力自身发展的"各个因素及其内在关系和主要结构"，"马克思提出了一些基本观点和构想，但还来不及进行系统的论述"。② 例如，马克思认为，考察促进生产的条件，"就得研究在各个民族的发展过程中各个时期的生产率程度"；"一个工业民族，当它一般地达到它的历史高峰的时候，也就达到它的生产高峰。实际上，一个民族的工业高峰是在这个民族的主要任务还不是维护利润，而是谋取利润的时候达到的。就这一点来说，美国人胜过英国人。"③ 在始自18世纪末的一个世纪中，对于美国这样一个处于"谋取利润"时期的不发达资本主义国家，工业革命成为它赶超英国的利剑，其相关理论值得格外关注。

在美国学派看来，资本系以机器设备等实物形态存在的资本品（capital goods）。从19世纪的美国学派④、阿林·杨格一直到20世纪60年代末的经典发展经济学，其理论都是以这种资本概念为基础的。发展经济学的先驱之一拉格纳·讷克斯在其名著《不发达国家的资本形成问题》（1952）一书中所谓的"资本形成"，就是指各种各样能够大力增加生产力效果的资本品供给，而非金融意义上的货币资本供给。讷克斯批评了斯密定理（即"分工受市场范围的限制"）的缺陷，亚当·斯密"看到了分工同在生产过程使用资本一事有密切的联系。他

---

① "在机器中，尤其是在作为自动体系的机器装置中，劳动资料就其使用价值来说，也就是就其物质存在来说，转化为一种与固定资本和资本一般相适合的存在"（《马克思恩格斯文集》第8卷，人民出版社2009年版，第184页）。
② 陈筠泉：《马克思论科学在生产中的应用》，载《哲学研究》1998年第4期。
③ 马克思提出各民族不同发展时期的"生产率程度"这个重要命题时，明确表示尚待展开阐述，详见《马克思恩格斯文集》第8卷，人民出版社2009年版，第10页。
④ 贾根良：《美国学派：推进美国经济崛起的国民经济学说》，载《中国社会科学》2011年第4期。

• 中国经济与世界 •

实际上等于说使用资本的程度受到市场容量的限制,在这里他指出了一条十分重要的根本真理。但这并不是全部真理。这个问题还有另外一面,那就是,市场的范围倒转过来又在很大程度上取决于分工","他避开了这样的循环关系,而提出了一种直线式的因果关系"。① 马克思对生产、分配、交换和消费之间相互作用的一般关系做了辩证分析,"它们构成一个总体的各个环节,一个统一体内部的差别",其中,生产起着支配作用,"交换的深度、广度和方式都是由生产的发展和结构决定的",但交换对生产也有反作用,"当市场扩大,即交换范围扩大时,生产的规模也就增大,生产也就分得更细"。②

亚当·斯密是英国工场手工业时期古典经济学的主要代表,在生产对交换起支配作用问题上的认识不足,源于他对工业革命尤其是物化为机器体系的固定资本作用认识的极大历史局限性。马克思指出,"生产方式的变革,在工场手工业中以劳动力为起点,在大工业中以劳动资料为起点。"③ "与资本相适应的生产方式,只能有两种形式:工场手工业或大工业","在第一种情况下,工人(积累的工人)数量同资本的数量相比应该更大;在第二种情况下,固定资本同大量共同劳动的工人人数相比应该更大。"④ 因此,"关于分工,亚当·斯密没有提出任何一个新原理。人们把他看做工场手工业时期集大成的政治经济学家,是因为他特别强调分工。他认为机器只起到了从属作用,这种说法在大工业初期遭到罗德戴尔的反驳,在往后的发展时期又遭到尤尔的反驳。"⑤

许多学者对亚当·斯密忽视机器生产对于资本主义发展的重要性也提出了批评。阿林·杨格在其1928年的经典论文中,针对亚当·斯密的分工理论指出,"他忽略了主要之点,即分工使一组复杂的过程转化为相继完成的简单过程,其中某些过程终于导致机器的采用",⑥ 其结果必然是认识不到机器生产对工业革命的意义。亚当·斯密之所以忽视机器生产对于资本主义发展的重要性,原因之一就在于,"斯密未能预见到工业革命将会带来的变化",因为亚当·斯密根本上"就没有意识到工业革命的存在"。⑦ 这样,亚当·斯密的资本概念仅指社会产品中不用于消费而用于投资的"预储资财",实际的代表是货币资本。他说,一个

---

① 拉格纳·讷克斯,谨斋译:《不发达国家的资本形成问题》,商务印书馆1966年版,第21页。
② 《马克思恩格斯文集》第8卷,人民出版社2009年版,第23页。
③ 《马克思恩格斯文集》第5卷,人民出版社2009年版,第427页。
④ 《马克思恩格斯全集》第46卷(下),人民出版社1974年版,第83~84页。
⑤ 《马克思恩格斯文集》第5卷,人民出版社2009年版,第404页注(44)。
⑥ 阿林·杨格,贾根良译:《报酬递增与经济进步》,载《经济社会体制比较》1996年第2期。
⑦ 查尔斯·P. 金德尔伯格,高祖贵译:《世界经济霸权:1500~1990》,商务印书馆2003年版,第207~208页。

人"他所有的资财,如足够维持他数月或数年的生活,他自然希望这笔资财中有一大部分可以提供收入;他将仅保留一适当部分,作为未曾取得收入以前的消费,以维持他的生活。他的全部资财于是分成两部分。他希望从以取得收入的部分,称为资本。另一部分,则供目前消费"。① 迈克尔·赫德森曾对此评论说,"亚当·斯密与李嘉图在对价值进行讨论时,关于资本所列举的事例并未说明资本可以产生能量并替代劳动(例如,他们并不认为蒸汽机是一种提供劳动的独立生产个体),而是认为资本仅仅是辅助劳动的简单工具。根据这种观点,手动织布机与蒸汽织布机、铅笔与蒸汽机都是同质的资本形式。"②

在经济思想史中,最早认识到机器生产对工业革命重要性的,是美国学派的先驱和美国第一任财政部长亚历山大·汉密尔顿(Alexander Hamilton);最早明确地将资本视为一种可以替代劳动乃至成为自主生产要素的,是19世纪20年代的美国学派经济学家丹尼尔·雷蒙德(Daniel Raymond)。早在1791年,汉密尔顿就写道,"机器的使用,在国家总产业中具有极为重要的作用。它是一种用以支援人的自然力的人造力量,对劳动的一切目的来说,它是四肢的延伸,是力量的增强。"③ 美国著名政治家和美国学派的早期代表人物亨利·克莱(Henry Clay,1777~1852)继承和发展了汉密尔顿的思想。他以英国工业革命的事实说明,机器如何可以使劳动生产率提高200倍,并直接将机器的使用与科学技术的进步联系在一起。"科学使一个人像二百人甚至一千个人那样强有力,它不靠自然力,因此科学将胜过也必将胜过依靠劳动力的数量。在其他条件相等的情况下,一个建立在科学基础之上的、培育实用的、机械的和制造工艺优势的国家必将在力量上是优异的,并能保持这种优势地位。"④ 基于对英国工业革命的观察,雷蒙德的《政治经济学原理》更明确地将资本看作是一种自主的或独立的生产要素,它可以完成人力无法做到的工作,如使产品标准化,因而可以进行互换零部件的大规模生产。⑤

以促进国家生产力发展为目标的美国学派,将其对资本研究的目光聚焦在激发自然生产力和开发大自然的作用上,将资本视作是构建人类可以更好地支配自

---

① 亚当·斯密,郭大力、王亚南译:《国民财富的性质和原因的研究》,商务印书馆1972年版,第254页。

② 迈克尔·赫德森,贾根良等译:《保护主义:美国经济崛起的秘诀(1815~1914)》,中国人民大学出版社2010年版,第149页。

③ Alexander Hamilton, "Report on the Subject of Manufactures (1791)," reprinted in Frank Taussig, ed., *State Papers and Speeches on the Tariff*, Cambridge, MA: Harvard University, 1892, P. 17.

④ Calvin Colton, *Life and Times of Henry Clay*, Vol. 2, New York: A. S Barnes & C., 1846, P. 160.

⑤ Daniel Raymond, *The Elements of Political Economy*, Baltimore: F. Lucas, Jun. and E. J. Coale, 1823.

然能量的生产体系。这一理论的重要发展就是由第二代美国学派代表人物之一帕申·史密斯（Peshine Smith）提出的、以工业开发的自然能量所测度的资本生产率学说,[1] 我们称其为"资本的能量生产率理论"。

正如迈克尔·赫德森指出的，早在18世纪晚期，汉密尔顿及其追随者就已经将工业制成品在国际间竞争的性质，抽象为一种唯一的共同要素投入，即生产中施加和利用的工业能量。[2] 利用德国著名有机化学家李比希等人在农业化学中有关土壤肥力的研究，帕申·史密斯发现，可将能量这种对共同要素投入的抽象推广到农产品的国际间竞争。美国学派认为，这种唯一的共同要素投入就是资本、劳动和土地在生产力性质上拥有的共同特征，即在提供类似的生产服务时，其贡献都可被还原为某种"工作作用力"，也就是推动工具做功或促进生物成长的能量。正是在能量提供及其效率这种共同要素投入的基础上，资本、劳动和土地之间存在着竞争。即资本可以创造体力劳动提供的能量产出，从而替代后者成为原始工作的提供者；以化学肥料和农业机械形式存在的资本可以增加土地生产率，从而部分地替代土地。以工业生产为例，蒸汽动力生产每人时"工作作用力"的成本，要比人类体力劳动提供同样能量所需要的成本低得多，因为给机器提供燃料和操作机器的成本，要比供养和维持人身体的成本低得多。资本的生产率在日益提高的程度上超过它的（劳动等）成本，这主要是由每个工人所能推动的能量日益增长所导致的。在第一次工业革命时期，蒸汽织布机比手动织布机的生产率之所以高十几倍，原因就在于人的肌肉作为动力来源，被动力程度高十几倍和单位成本更低的蒸汽动力所替代。

美国学派发现，19世纪一些拥有丰富体力劳动资源和肥沃土地的国家，其工农业产品却因价格过高，失去了世界市场的立足之地。原因就在于，工业化国家拥有的、由自然能量驱动的高质量资本，排挤了落后国家未经改良的土地和缺乏技能的劳动。正如史密斯指出的，工业革命使英国的机器生产力已经提高到相当于6亿人口的力量，对机器的使用是英国夺得世界经济霸权的关键，一国通过不断拓宽工业技术的使用边界，可以在商品贸易中击败那些过度依靠工人体力和土壤肥力来提供能量的过时生产方式。[3] 因此，美国学派认为，各国商品的国际竞争，实质上都是自然能量这一根本性生产要素的投入和开发水平的竞争。发达

---

[1] 迈克尔·赫德森：《保护主义：美国经济崛起的秘诀（1815~1914）》第二版导言，中国人民大学出版社2010年版，第11页。

[2] 迈克尔·赫德森：《保护主义：美国经济崛起的秘诀（1815~1914）》，中国人民大学出版社2010年版，第330页。

[3] E. Peshine Smith, *A Manual of Political Economy*, New York: G. P. Putnam & Son, 1853, P. 72.

国家的资本—技术密集型工业和资本-肥力密集型农业,与落后国家的简单劳动密集型工业和肥力耗竭式农业展开竞争,前者拥有的国际贸易优势取决于其生产要素开发自然能量的绝对优势,正是资本的高能量生产率,使率先实现工业化的国家在国际贸易中拥有了绝对竞争优势。避而不谈发达国家丰富的资本供给最初都是通过工业保护形成的,倡导自由贸易的比较优势理论及其派生出的要素禀赋理论,非历史地假定资本稀缺的落后国家天生就被赋予了劳动或者土地的比较优势,因而认为应继续在低质量的经济活动中消耗其体力劳动或土壤肥力。美国学派的理论锋芒穿透了自由贸易理论设置的重重迷雾,揭示出工业资本在开发自然能量方面的巨大作用,探究了国际贸易中生产要素相互竞争的真实机制。以此为基础,美国学派为李斯特的工业保护主义学说,提供了强有力的理论论证,更为马克思的民族发展阶段"生产率程度论"提供了依据,对当时美国、德国等后发国家经济发展战略和经济政策的制定产生了深远影响。

  美国学派的"资本的能量生产率理论"虽已被尘封了一个多世纪,但无法掩蔽其理论创新的强大生命力。首先,它清楚地揭示,前两次工业革命中生产力成功发展的根源在于,利用自然能量驱动的资本对体力劳动的替代,利用自然能量驱动的资本使人类彻底摆脱了体力作为动力来源的限制,体力劳动再也无法与之相竞争。其次,它为理解后发国家在前两次工业革命时期成功的经济追赶提供了深刻的解释力。生产力理论是德国历史学派先驱李斯特经济学的基石,李斯特所谓的财富生产力是指创造财富的能力。他之所以使用"制造力"一词来表达制造业创造财富的能力远高于原材料生产和农业,原因就在于:在李斯特的时代,只有制造业才具有创新窗口大、规模经济效应和更高附加值的特征。简言之,它是高质量的经济活动:不同的经济活动在创造财富的能力上是不同的,只有高质量的经济活动才能富国裕民。但是,李斯特的生产力理论仍然保留在德国浪漫主义的传统之中,没有具体解释工业的"制造力"如何提高生产力及其在国际竞争中的决定性作用。美国学派突破性的贡献就是提出了"资本的能量生产率理论",将利用高等级能量驱动的资本(如机器设备和化肥等)视作生产力发展的根本。[①] 在 19 世纪上半叶,虽然一些经济学家已经注意到资本正在替代劳动甚至替代土地,但只有美国学派独树一帜地强调并解释了这种替代对国家竞争力的深刻影响。在第二次工业革命开始时,美国和德国正是通过实施工业保护主义措施,从电力电气、内燃机和钢制品等新兴产业入手,率先开发了作为其核心生产力的"电力和石油密集型"资本,才一举跃迁至在第一次工业革命时拥有"煤炭密集

---

① 贾根良:《新李斯特经济学作为一个学派何以成立?》,载《教学与研究》2015 年第 3 期。

型"资本绝对优势的英国之前列。按照美国学派的理论,正是日益扩大的、国家间自然能量密集型资本的生产率差距,成为富国越富和穷国越穷的物质基础;后发国家只有创造出本国资本自然能量生产率的绝对竞争优势,才能取得经济追赶的成功。这一理论已被世界经济发展的史实所证明。

二、马克思的机器大工业理论及其当代意义

但是,美国学派"资本的能量生产率理论"存在两大缺陷,已不能解释生态经济文明和第三次工业革命的新现象。首先,它假定自然资源尤其是其被人类利用的能量是潜在无限的,所以不能为我们应对资源枯竭和环境污染问题提供理论指导,这与本文主题没有直接关系,暂且存而不论。其次,美国学派"资本的能量生产率理论"认为,经济增长的源泉在于人类开发自然能量以替代人类的肌肉力量,或替代人类体力劳动产生的能量,经济发展的关键在于开发出更高效利用自然能量的资本品,所以该理论只是一种资本替代体力劳动的工业化理论,无法解释作为第三次工业革命资本替代脑力劳动的新现象。由于这些严重缺陷,美国学派虽在前两次工业革命方面成为美、德、日、韩等后发国家经济追赶成功的重要推动力量,但在第三次工业革命时代已不能为我国制定经济发展战略及其政策提供理论指导,需要创造新的工业化理论。本文第三部分将提出资本的信息—智能生产率和工业智能化理论,旨在填补这一空白。但在补白之前还需高屋建瓴——回顾马克思关于工业化进程中生产力在科技革命条件下发展的基本理论,包括自动机器体系的建构。

关于资本替代劳动[①]的一般性理论,马克思在《资本论》第一卷第十三章"机器和大工业"及其《经济学手稿》(1857~1858年)的相关论述中有过深入的阐述。"所有发达的机器都由三个本质上不同的部分组成:发动机,传动机构,工具机或工作机。"机器的前两部分"仅仅是把运动分配并传送到工具机,由此工具机才抓住劳动对象,并按照一定的目的来改变它。机器的这一部分——工具

[①] 我们在这里使用资本替代劳动的概念,而不使用马克思原著中的机器替代人类劳动力的概念,是因为当时技术进步主要表现为机械技术的革命,化学生物技术革命还处于萌芽状态。在化学生物技术革命的情况下,化肥和杀虫剂作为资本货物或马克思所说的劳动资料,像机器一样可以替代劳动力,正如马克思指出的,"机器的生产率是由它代替人类劳动力的程度来衡量的"(《马克思恩格斯文集》第5卷,人民出版社2009年版,第449页)。马克思已预见到,随着大工业的发展,现实财富的创造将越来越"取决于一般的科学水平和技术进步","例如,农业将不过成为一种物质变换的科学的应用,这种物质变换能加以最有利的调节以造福于整个社会体"(《马克思恩格斯文集》第8卷,人民出版社2009年版,第196页)。

机，是 18 世纪工业革命的起点"。① 17 世纪末发明的蒸汽机并没有引起工业革命，而是"工具机革命"对工业革命的诞生起到了决定性作用。马克思把发动机与工具机的两部分，追溯到手工工场工匠同时兼任的"作为单纯动力的人和作为真正操作工人的人之间的区别"，如在纺车上脚起动力作用，手在纱锭上做引纱和捻纱的工作。②工匠作为操作工人，由于"人能够同时使用的工具的数量，受到人天生的生产工具的数量，即他自己身体的器官数量的限制，"所以，其功能"首先受到了工业革命的侵袭"，珍妮纺纱机发明的目的就是要克服人类操作活动所受器官的限制。③而工具机的革命又使蒸汽机的革命成为必要。一旦发动机摆脱了人力的限制，成为"自动的原动机"，就能同时推动许多工作机，"只需要人从旁照料"，并带动传动装置的扩展，于是"就有了自动的机器体系"。马克思写道："只有在劳动对象顺次通过一系列互相联结的不同的阶段过程，而这些过程是由一系列各不相同而又互为补充的工具机来完成的地方，真正的机器体系才代替了各个独立的机器。……当工作机不需要人的帮助就能完成加工原料所必需的一切运动，而只需要人从旁照料时，我们就有了自动的机器体系"。④"通过传动机由一个中央自动机推动的工作机的有组织的体系，是机器生产的最发达的形态。"⑤ 马克思强调，"机器生产是在与它不相适应的物质基础上自然兴起的。机器生产发展到一定程度，就必定推翻这个最初是现成地遇到的，后来又在其旧形式中进一步发展了的基础本身，建立起与它自身的生产方式相适应的新基础"，"尤其使社会生产过程的一般条件即交通运输手段的革命成为必要"。⑥ 而"要解决这些任务到处都碰到人身的限制"，⑦ 这尤其关乎"知识和技能的积累，社会智慧的一般生产力的积累"，⑧"在这种情况下，发明就将成为一种职业"⑨。马克思在这里分析了生产力内部不同生产要素与结构之间在发生不同步质变时，适应与不适应的矛盾运动。对于马克思来说，上述自动机器体系的建立绝不是生产力发展的历史终结，科技革命条件下生产力发展的内在结构性矛盾将继续推动其新的飞跃发展。

---

① 《马克思恩格斯文集》第 5 卷，人民出版社 2009 年版，第 429 页。
② 《马克思恩格斯文集》第 5 卷，人民出版社 2009 年版，第 431 页。
③ 《马克思恩格斯文集》第 5 卷，人民出版社 2009 年版，第 430、431 页。
④ 《马克思恩格斯文集》第 5 卷，人民出版社 2009 年版，第 436、438 页。
⑤ 《马克思恩格斯文集》第 5 卷，人民出版社 2009 年版，第 438 页。
⑥ 《马克思恩格斯文集》第 5 卷，人民出版社 2009 年版，第 439、441 页。
⑦ 《马克思恩格斯文集》第 5 卷，人民出版社 2009 年版，第 440 页。
⑧ 《马克思恩格斯文集》第 8 卷，人民出版社 2009 年版，第 186~187 页。
⑨ 《马克思恩格斯文集》第 8 卷，人民出版社 2009 年版，第 195 页。

•中国经济与世界•

马克思深邃地预见到,随着"资本唤起科学和自然界的一切力量",一般社会知识变成直接的生产力,社会生活过程的条件本身将在更大的程度上"受到一般智力的控制并按照这种智力得到改造"。① 工人不再是站在机器之旁用眼看管机器和用手纠正机器的差错,"不再像以前那样被包括在生产过程中","不再是工人把改变了形态的自然物作为中间环节放在自己和对象之间","工人不再是生产过程的主要作用者","相反地,表现为人以生产过程的监督者和调节者的身份同生产过程本身发生关系","工人把由他改变为工业工程的自然过程作为中介放在自己和被他支配的无机自然界之间",因"而是站在生产过程的旁边",马克思还补充道,这些情况"同样适用于人们活动的结合和人们交往的发展"。② 马克思在这里指出,随着智力劳动特别是自然科学的发展,科学的社会智慧作为一般的社会生产力、知识形态最主要的精神生产力,未来将使整个生产过程都成为科学的应用,科学技术的发现和发明将引起生产力的变革,并由此引起生产关系和其他社会关系及人们生活方式的改变。在未来精神生产力控制和改造物质生产力的新科技革命中,社会智慧的智力劳动会不会如同自动的机器体系那般,通过其内部特有的"发动机、传动机构和工作机"三位一体相辅相成的先后变革,实现马克思的科学预见呢?

马克思关于科技革命条件下生产力发展的基本理论,不仅为美国学派"资本的能量生产率理论"找到了寓于其中的历史及理论定位的依据,而且为认识目前的第三次工业革命提供了一种历久弥新的基本理论分析框架。

马克思清楚地告诉我们,正是纺织机械这种工具机的革命而非蒸汽机的动力革命,才是第一次工业革命的起点和诞生的标志,纺织机械的发明是机器大工业与工场手工业相区别的根本性标志。罗斯托说,直到工业革命时,"英国的发明者和革新者终于解决了用棉线作经线的问题,从而以机器同印度人的灵巧的双手展开了竞争",③ 打败了印度原先领先的棉纺织业。但马克思也没有忽视蒸汽机这种动力革命的重要性,尤其是它对建构自动的机器体系的基础性作用。动力革命或者说自然能量替代人体能量,对资本主义制度和前两次工业革命的重要性不可低估。正如马克思所强调的,"手推磨产生的是封建主的社会,蒸汽磨产生的是工业资本家的社会。"④ 马克思指出,作为工业革命起点的工具机"还只是机

---

① 《马克思恩格斯文集》第 8 卷,人民出版社 2009 年版,第 197、198 页。
② 《马克思恩格斯文集》第 8 卷,人民出版社 2009 年版,第 196 页。
③ W. W. 罗斯托,黄其祥、纪坚博译:《这一切是怎么开始的——现代经济的起源》,商务印书馆 1997 年版,第 106 页。
④ 《马克思恩格斯文集》第 1 卷,人民出版社 2009 年版,第 602 页。

器生产的简单要素"，工具机"要克服它本身的阻力，就必须有一种比人力强大的动力"。① 这就使发动机的革命成为必要。马克思分析了人力、畜力和水力所提供的能量无法适应纺织机械高速、"划一运动"和连续运转所需要的驱动力困境，认为正是这个原因才促使瓦特发明了第二种蒸汽机即所谓双向蒸汽机，② 蒸汽机成为工业城市之母，利用自然能量驱动的资本对体力劳动的替代，最终导致了农业社会向工业社会的历史性转变。在这个意义上，美国学派"资本的能量生产率理论"，恰当地刻画了自然能量替代人体能量在前两次工业革命中的核心地位。这也是《第二次机器革命》③ 的作者，强调提供自然能量的蒸汽机、电动机、内燃机在克服人类肌肉力量限制上之重要性的原因。

在马克思看来，从动力和工具操作两方面摆脱人类生理器官的限制，以物化劳动不断取代活劳动，是工业革命的基本推动力。他还提出了人类以精神生产力控制和改造物质生产力这样具有远见卓识的重大命题。

按照马克思分析的逻辑，摆脱人类生理器官的限制，既包括人类肢体的四肢和五官等器官，也包括人类大脑思维的器官。在计算机发明之前的第一、二次工业革命中，机器替代的只是工人的四肢和五官等器官，即替代工人的肌肉力量及其高强度的紧张。计算机的发明酝酿了以人工智能系统替代脑力劳动的第三次工业革命，人类开始进入以科学的社会智慧替代个人大脑思维器官的时代。马克思为我们提供了统一分析科学在生产中的自觉应用，使体力劳动和脑力劳动先后被逐步替代的基本框架。反观美国学派，虽然他们将机器等资本看做是一种自主的生产要素，认为它可以完成人力无法做到的工作，但却没有进一步深究"机器使人类摆脱所受器官限制"的问题，因此也就不可能像马克思那样做出"作为单纯动力的人和作为真正操作工人的人之间的区别"，更不可能提出以"社会智慧的一般生产力"替代脑力劳动的问题，其理论发展只集中在与"作为单纯动力的人"有关的、替代人类"工作作用力"的"能量生产率理论"，是仅适于前两次工业革命特定范围的科技革命理论。

马克思的理论对于澄清广泛流传和根深蒂固的一些错误看法，提供了最重要的文献来源，为厘清第三次工业革命的特征提供了基本思路。长期以来，人们将蒸汽机的广泛使用看做是第一次工业革命的标志，误以为第一次工业革命起源于发动机的改进。这种广泛流传的错误看法至今在关于第三次工业革命的论著中仍屡见不

---

① 《马克思恩格斯文集》第5卷，人民出版社2009年版，第432页。
② 《马克思恩格斯文集》第5卷，人民出版社2009年版，第432~434页。
③ 埃里克·布莱恩约尔弗森、安德鲁·麦卡菲，蒋永军译：《第二次机器革命：数字化技术将如何改变我们的经济与社会》，中信出版社2014年版。

鲜。例如，美国学者杰里米·里夫金在其畅销书《第三次工业革命》中就认为，"通讯革命和能源革命的结合"是历次工业革命爆发的标志或原因。[①] 又如在另一本畅销书中，埃里克·布莱恩约尔弗森和安德鲁·麦卡菲也认为，"第一次机器革命时代开始于以蒸汽机为特征的18世纪末。紧接着，电动机、内燃机以及很多其他创新技术的出现，使人们克服了肌肉力量的限制"，而第二次机器革命[②] "这个时代不是以增强肌肉的机器为特征的，相反，它是以增强人类思维能力为特征的。人工智能、大数据、创新网络、高能机器人、3D打印机和基因技术已经在使工作岗位、公司和整个行业发生巨大的变化。而以上这些仅仅是第二次机器革命时代的最初产物，我们非常自信地认为，更多的新生事物将会纷纷到来。"[③] 该书作者对于两次机器革命或者说第三次工业革命与前两次工业革命之本质区别的看法是正确的，但他们将发动机看做是机器革命或工业革命标志的看法却是错误的。

马克思为什么强调"工具机革命"在历次工业革命中的引领作用呢？原因就在于不同类型的"工具机革命"需要性质完全不同的动力类型。在第三次工业革命中，资本替代劳动的目标既不是"作为真正操作工人的人"的体力劳动器官，也不是替代"作为单纯动力的人"（由机器提供做工的能量）。马克思最初做出这种区分时针对的只是机器替代体力劳动，但在第三次工业革命中，"工具机革命"已表现为资本对人类脑力劳动器官的替代。与计算机、机器人和搜索引擎等替代人类脑力劳动器官的"工具机革命"相匹配的"动力革命"，只能是作为其驱动程序的软件和人工智能，而不可能是前两次工业革命中作为其动力源的自然能量。在当代生产力发展的历史条件下，马克思的科技革命理论有待深化。

首先，马克思在第一次工业革命条件下有关"自动机器体系"的理论需要创新。马克思的"自动机器体系"理论无疑是20世纪初流水线生产和20世纪中叶自动化生产的思想先驱，清楚地表达了其系统论和控制体系的技术思想，是20世纪50年代以后才得以发展的系统论技术观的先驱，但这一思想现在需要根据第三次工业革命的新发展予以创新。20世纪70年代中期，由于计算机可编程逻辑控制器的使用，生产的自动化取得了巨大进步。特别是随着互联网的发展，"软件不再仅仅是为了控制仪器或者执行某步具体的工作程序而编写，也不再仅仅被嵌入产品和生产系统里。产品和服务借助于互联网和其他网络服务，通过软

---

① 有关笔者对这种观点的批评参见贾根良：《第三次工业革命：世界经济史的长期视角》，载《学习与探索》2014年第9期。

② 该书作者的这个说法相当于本文所讨论的第三次工业革命。

③ 埃里克·布莱恩约尔弗森、安德鲁·麦卡菲：《第二次机器革命：数字化技术将如何改变我们的经济与社会》中文版序，中信出版社2016年版。

件、电子及环境的结合,生产出全新的产品和服务。越来越多的产品功能无须操作人员介入,也就是说他们可能是自主的"。① 例如,"智能手机或者汽车通过 GPS '知道'自己在哪里。通过内置微型相机和传感器,一个系统可以'辨认出'另一个系统。通过优秀的程序控制,一个系统能独立地对外界条件做出反应,也能做到'自适应'——更准确地说,就是在一定程度上优化自己的行为。"② 在这种情况下,原来由人直接操纵的控制机器运作的机构,就变成了由智能机器自主操纵的自动机构。马克思解构的机器体系三大组成部分(发动机、传动机构和工具机),发展成为再加"智能控制装置"的四个组成部分,智能在第三次工业革命中凸显为机器体系的基本特征。"在'智能工厂'中,员工已从'服务者'转换成了操纵者、协调者。未来的生产需要员工作为决策者和优化过程中的执行者",③ 马克思关于工人"站在生产过程的旁边",通过精神生产力控制和改造物质生产力的实现线路图,已经开始呈现在当代人面前。

其次,马克思在第一次工业革命条件下有关社会生产过程的一般条件,或我们今天所说的基础设施的分析框架需要创新。工业革命的不同类型对交通运输和信息通讯这两大基础设施革命提出的要求是不同的。马克思在出版《资本论》第一卷时,第二次工业革命还未发生,与第一次工业革命机器大生产相匹配的基础设施变革,集中在交通运输的革命。"工农业生产方式的革命,尤其使社会生产过程的一般条件即交通运输手段的革命成为必要。"④ 在当代,作为基础设施的信息通讯革命则尤为重要。工业革命史告诉我们,与前两次工业革命中资本替代体力劳动的工业化相适应,交通运输基础设施的革命占主导地位,在第一次工业革命中表现为运河、铁路和蒸汽船的开发,在第二次工业革命中表现为钢轨、钢制船舰、高速公路和机场的开发。在这两次工业革命中,信息通讯虽然经历了从电报、电话到无线电的革命性发展,但其相对于交通运输的革命来说都处于从属地位。⑤ 然而,在以人工智能系统替代脑力劳动为特征的第三次工业革命中,信息通讯基础设施革命的重要性远远超过交通运输基础设施革命的作用,信息和数

---

① 乌尔里希·森德勒主编,邓敏、李现民译:《工业 4.0:即将来袭的第四次工业革命》,机械工业出版社 2014 年版,第 9~10 页。
② 乌尔里希·森德勒主编,邓敏、李现民译:《工业 4.0:即将来袭的第四次工业革命》,机械工业出版社 2014 年版,第 13 页。
③ 乌尔里希·森德勒主编,邓敏、李现民译:《工业 4.0:即将来袭的第四次工业革命》,机械工业出版社 2014 年版,第 47 页。
④ 《马克思恩格斯文集》第 5 卷,人民出版社 2009 年版,第 441 页。
⑤ 克利斯·弗里曼、弗朗西斯科·卢桑,沈宏亮等译:《光阴似箭:从工业革命到信息革命》,中国人民大学出版社 2007 年版,第 145~146 页。

据的社会化程度已经成为"社会生产过程的一般条件","云计算"和"大数据"等互联网革命的不断推陈出新,对于本文第三部分将讨论的"资本的智能生产率"和工业智能化具有决定性的影响。

三、资本的智能生产率理论和工业智能化理论

在对第三次工业革命及其发展趋势进行分析之前,对三次工业革命及其每次工业革命的阶段性划分进行简要说明是很有必要的。根据经济史学家图泽尔曼和钱德勒将第一次和第二次康德拉季耶夫长波合称为"第一次工业革命"的传统,[①] 笔者曾将第三次和第四次长波合称为"第二次工业革命",将第五次和第六次长波合称为"第三次工业革命"。[②] 演化经济学家佩雷丝以每次诱发技术革命浪潮的重大技术突破(大爆炸)作为起点,划分出五次技术革命浪潮,做了与康德拉季耶夫五次长波相类似的说明。[③] 据此,我们可以将历次工业革命划分为两个阶段,每个阶段都由一次技术革命浪潮构成(见表9-1)。按照每次工业革命包含两次技术革命浪潮的划分,笔者对第三次工业革命两阶段的讨论,将直接使用第五次和第六次技术革命浪潮的概念。

表9-1　　　　　　　三次工业革命与六次技术革命浪潮

工业革命	技术革命浪潮	核心及关键性投入	诱发技术革命的大爆炸	交通运输和信息通讯基础设施	该时期的流行名称	核心国家
第一次工业革命	第一次技术革命浪潮	生铁 棉花	阿克莱特在克隆福德设厂(1771)	运河 收费公路 轮船	产业革命	英国
	第二次技术革命浪潮	铁 煤	蒸汽动力机车"火箭号"在利物浦到曼彻斯特的铁路试验成功(1829)	铁路 电报 蒸汽船	蒸汽和铁路时代	英国(扩散到欧洲大陆和美国)

[①] 克利斯·弗里曼、弗朗西斯科·卢桑:《光阴似箭:从工业革命到信息革命》,中国人民大学出版社2007年版,第150页。

[②] 贾根良:《第三次工业革命与新型工业化道路的新思维——来自演化经济学和经济史的视角》,载《中国人民大学学报》2013年第2期。

[③] 卡萝塔·佩雷丝,田方萌等译:《技术革命与金融资本》,中国人民大学出版社2007年版,第67~75、29、40页。

续表

工业革命	技术革命浪潮	核心及关键性投入	诱发技术革命的大爆炸	交通运输和信息通讯基础设施	该时期的流行名称	核心国家
第二次工业革命	第三次技术革命浪潮	钢铁 电力	卡内基酸性转炉钢厂在宾夕法尼亚的匹兹堡开工（1875）	钢轨 钢制舰船	钢铁、电力和重化工业时代	美国和德国追赶并超越英国
	第四次技术革命浪潮	石油 天然气 合成材料	第一辆T型车从底特律的福特工厂出产（1908）	高速公路 机场 无线电	石油、汽车和大规模生产的时代	由美国扩散到欧洲
第三次工业革命	第五次技术革命浪潮	芯片 信息	在加利福尼亚州的圣克拉拉，英特尔的微处理器问世（1971）	信息高速公路（互联网）	信息和远程通讯时代	由美国扩散到欧洲和亚洲
	第六次技术革命浪潮	信息 数据 可再生能源	云计算、大数据 可再生能源	新一代无线网络（5G、Wi-Fi）、物联网和云计算（云网络）、智能电网等	工业智能化	美国、日本、欧洲和中国

资料来源：第一次至第五次技术革命浪潮的内容根据克利斯·弗里曼、弗朗西斯科·卢桑：《光阴似箭：从工业革命到信息革命》，中国人民大学出版社2007年版，第145~146页和卡萝塔·佩蕾丝：《技术革命与金融资本》，中国人民大学出版社2007年版，第18~19页的观点整理而成，第六次技术革命浪潮为作者补充。

上述讨论已阐明，第一次工业革命是人类生产力发展史无前例的突破和裂变，而第二次工业革命则与之存在着连续性，因为它们都是资本对体力劳动（包括四肢等操作活动和人类体能做动力）的替代。但第三次工业革命则与第二次工业革命或者说前两次工业革命之间存在新的裂变，因为从机器替代体力劳动到人工智能系统替代脑力劳动是广义的机器性质的质变，是人类生产力发展的飞跃，其意义只有第一次工业革命才能与之相媲美。第三次工业革命在本质上是信息-智能密集的资本对脑力劳动的替代，这是第三次工业革命与前两次工业革命根本不同的特征。在前两次工业革命时期，人类通过操纵纸、笔和算盘等诸如此类的工具从事脑力劳动，智力工作仍具有手工劳动的特点。在第三次工业革命中，作为智力劳动工具机的计算机，操纵着作为信息处理工具的软件，替代了人类对纸、笔和算盘等手工工具的操作。计算机的发明使人类摆脱了思维器官和手工劳动在计算速度、信息收集和信息存储等诸多方面不可逾越的生理局限性，不仅使人类从繁重的、简单的脑力劳动中解放出来，而且也导致了智力劳动效率的极大提高。在前两次工业革命时期，机器是对人类体力劳动生理器官及其动力的替代；在第三次工业革命时期，凝聚了科学技术更大发展的新机器系统，则是对人类脑力劳动生理器官及其智能的替代。计算机、机器人、搜索引擎、手机、平板和3D打印机等工具机制造业的发展，因而在第三次工业革命中具有基础性和先导性。这是信息技术硬件在移动互联网出现之前的第三次工业革命上半段，即第五次技术革命浪潮中飞速发展的原因。

但正如许多信息技术专家指出的，近年来，支配信息技术硬件发展的摩尔定律正在逐渐逼近其物理极限。其实这反而意味着，信息技术革命正在酝酿更大的突变：当信息技术硬件的发展出现报酬递减迹象之时，作为其动力系统即驱动程序的软件和互联网的推陈出新，就开始主导第三次工业革命下半段的发展，软件和互联网的进一步革命对资本的信息—智能生产率越来越重要，越来越具有决定性作用。不同类型的"工具机革命"需要性质完全不同的动力类型。替代人类体力劳动的工具机，其驱动力是自然能量；替代人类脑力劳动的计算机、机器人和搜索引擎等，驱动力只能是作为其驱动程序的软件和人工智能。如果说在前两次工业革命时期，生产力的发展水平是由资本的能量生产率所决定的，那么，在第三次工业革命的下半段，生产力的发展水平则是由软件的智能程度即资本的智能生产率所决定的。正如在第一次工业革命中"工具机革命"最初只能在既有的旧的物质基础或一般生产条件的缝隙中生长，而蒸汽机的改进和交通运输革命在那次工业革命的最终完成中起到了决定性作用，软件和互联网的智能化革命将成为第六技术革命高潮的基本推动力量。

信息化是智能化的基础，智能化则是在信息化基础上涌现的生产力高级形态，它是随着移动互联网和大数据到来的。对第三次工业革命史的考察发现，机器设备、软件等资本的智能化是一个在不断累积中产生突变的过程。例如，计算机未来发展的方向是智能计算机，但实际上，计算机一诞生就与一般的机器和计算装置不同，其人机对话的交互性就已具有初步的智能性，人们称它为"电脑"。又如1959年，英格伯格和德沃尔联手制造的第一台工业机器人是没有感知能力的，更像一种精密的仪器。但第二代工业机器人已经具有一些对外部信息进行感知和反馈的能力，如触觉、视觉等，特别适合于完成矿井、海底、高温高压和高腐蚀环境下的勘探、操作和科学考察等任务，已经具备一定的智能性。目前，工业机器人的发展已经进入第三代，即"智能机器人"或称"仿人机器人"的发展阶段，这种机器人将具有类似于人类的判断和处理能力。机器的智能化虽不能完全代替人类的大脑，但某些功能却已远远超过人的大脑，无人驾驶汽车或在智力竞赛及象棋比赛中打败世界冠军的机器人和计算机就是例证。

虽然计算机和机器人的发明在信息革命中是关键性的，但对机器的智能化具有决定性影响的，却是移动互联网的发明和大数据的创生。没有联网的计算机和机器人还只是"信息和知识的孤岛"，只有互联网才导致了"信息大爆炸"[1]和知识的真正共享，特别是移动互联网的发展产生了大数据，并诱导了云计算技术的革命性发展，将来还会发生何种技术革命，我们现在尚无法预测。互联网导致了知识生产的指数性增长和技术革命步伐的日益加快。这是因为，与物质交换及其生产遵循报酬递减规律不同，信息和知识交换及其生产遵循的是报酬递增规律。例如，甲用两把斧头等价交换乙的一只绵羊，交换结果并没有使双方的价值得到增加，但如果甲乙双方交换两种知识，不仅使各自的知识增加一倍，而且由于知识的杂交，很有可能使一方或双方产出新的知识。在芸芸众生的社会群体中，作为精神生产积累的社会智慧，其知识生产无不呈现链式反应的特征。

"信息大爆炸"和知识生产的链式反应，客观上要求机器设备在无人介入的情况下自动处理信息，并自主地执行人类越来越多的智能（资本的智能生产率），目前，这已成为生产力发展最大的制约因素，因此，人类精神生产力通过资本智能化的大规模开发已势在必行。互联网发展经历了三个阶段：（1）人们通过计算机彼此联网，打开了任意多人构成的社交网络；（2）移动互联网使人们的交往不再局限于电脑旁；（3）人际交往可经任意具备万维网接口的设备互联，互联网进入物联网阶段。德国"工业4.0"实际上就是物联网发展计划，德国学者和工程师们称其为基于信息物理融合系统（Cyber-Physical System，CPS）的第四次工业革命。所谓信息物理融合系统是互联网与"机器对机器（M2M）通信"融合的结果，美国称其为"工业互联网"。"机器对机器（M2M）的通信"系终端设备之间的数据传输和交换，它不依赖于通过互联网的网络化，通过电缆和传统的电路就可以顺利进行。与自动化一样，这种通信并非新鲜事物，但如果没有它的普及，机器人流水线和计算机控制的制造中心就不可能存在。所谓"工业4.0"就是在"机器对机器（M2M）通信"上添加了由无线服务和标准协议所建立的互联网。[2]

在德国"工业4.0"中，借助于物联网，人、机器和资源如同在社交网络中进行的沟通协作，产品不仅能理解制造的细节以及自己将被如何使用，而且还能协助生产过程，回答诸如"我是什么时候被制造的""哪组参数应该被用来处理

---

[1] 目前"在全球范围内，数字信息的总量每五年会增长十倍"，见乌尔里希·森德勒主编：《工业4.0：即将来袭的第四次工业革命》，机械工业出版社2014年版，第49页。

[2] 乌尔里希·森德勒主编：《工业4.0：即将来袭的第四次工业革命》，机械工业出版社2014年版，第49页。

我""我应该被传送到哪儿"等问题。由于物联网的发展，人们可以实现终端之间的实时信息交换，从生产到最后的产品回收服务，都能对其进行实时监控。物联网的发展对于国民经济体系的智能化是关键性的，"万物可联、处处可联"使无数个孤立的"人工大脑"实时连接起来，互联网成为一个与人类大脑高度相似的进化系统。基于互联网海量的"大数据"和每时每刻与现实世界的信息交互，人工智能从此进入一个新的时代——互联网人工智能时代。德国"工业4.0"旨在于通过"智能工厂"创新的成功，全面开启工农业生产乃至整个国民经济体系的智能化过程。

与信息化不同，智能化的基本特征是在上述机器替代体力劳动的基础上，通过资本的智能化实现对各种体力劳动的大规模替代，这是资本替代脑力劳动的高级形态。由于工业部门在可控程度、标准化、创新窗口和劳动的可替代程度等诸方面，在国民经济各部门中是最高的，工业生产过程的智能化最容易进行。它的成功将最终打开机器人在越来越大的程度上"自主"从事工农业生产、仓储、流通和社会服务等领域多种体力劳动的大门，从而实现国民经济体系的智能化。[①]因此，德国"工业4.0"或工业互联网在资本的智能化过程中，处于纲举目张的地位。德国学者预测，到2030年，互联网和其他服务联网系统将使德国所有行业都实现智能化。[②] 但在笔者看来，即使在德国等发达国家，2030年的智能化仍将处于初级阶段，整个国民经济体系的智能化可能需要半个世纪左右的时间。因为按照前述三次工业革命的理论，历次工业革命都是百年周期，第三次工业革命浪潮有可能至少要持续到21世纪70年代才会落幕，但这并不意味着资本智能化的发展就此终结。

针对第三次工业革命下半段长达半个世纪之久的经济发展，提出资本的智能生产率理论和工业智能化理论已具可能。在整个第三次工业革命过程中，生产力的发展水平都是由"资本的信息－智能生产率"所决定的，但在其上半段即第五次技术革命浪潮中，芯片作为信息技术硬件的核心投入决定了"资本的信息生产率"，这个阶段可以称为"信息化时代"（流行的术语是"信息和远程通讯时代"）；而在第三次工业革命的下半段即第六次技术革命浪潮中，生产力的发展水平则主要是由资本的智能生产率所推动，可称之为"智能化时代"。

在第六次技术革命浪潮中，虽然能量密集的资本在目前国际竞争中仍发挥着

[①] 贾根良：《第三次工业革命重新定义"新型工业化道路"》，载《光明日报》2013年2月22日，第11版。

[②] 乌尔里希·森德勒主编：《工业4.0：即将来袭的第四次工业革命》前言，机械工业出版社2014年版。

重要作用，但随着资本智能化进程的展开，一国的国际竞争力将日益取决于"资本的智能生产率"。智能密集的资本正跨越国界，广泛地与劳动、物质和能量展开替代性竞争。机器人替代脑力劳动，进而实现对体力劳动的大规模替代，转基因作物部分地替代土地，智能材料等新材料替代传统材料，可再生能源替代传统能源，互联网创造的新型产业组织替代传统产业组织。简言之，工业化就是广义的机器替代人类器官并为之提供力量。在前两次工业革命时期，人类为替代体力劳动器官的机器提供的力量是自然能量，一国生产力的水平表现为"资本的能量生产率"，在今后约半个世纪的第六次技术革命浪潮中，人类为替代脑力劳动器官的机器提供的力量，则是对信息和大数据进行高效处理的人工智能系统。能量密集的资本是前两次工业革命国际竞争的战略制高点；智能密集的资本则是第六次技术浪潮国际竞争的战略制高点。

笔者针对第六次技术革命浪潮提出一个关键性概念——工业智能化即智能工业革命。从工业化的历史进程看，人们习以为常的工业化概念实际上只是工业化的特定类型，即资本替代体力劳动的工业化。但是，资本替代脑力劳动并进而大规模替代体力劳动难道不是工业化吗？信息化特别是工业智能化，无疑是工业化的新类型及高级阶段，是替代脑力劳动的工业化。在第六次技术革命浪潮中，信息化已经开始让位于以智能制造为核心的工业智能化。所谓工业智能化或智能工业化，就是开发人的智力资本，创造智能工具机（智能计算机、智能机器人等）、智能软件、智能材料和各种智能基础设施（智能电网和智能交通等），通过人体一体化的智能系统和基于互联网的分散式增强型控制，对所有传统产业和整个国民经济体系进行工业智能化改造的过程。其实质是人类通过发展自然科学的精神生产力对物质生产力进行的改造和控制。将来人们会发现，拥有丰富人力资源、自然资源和流水线生产，但尚未实现工业智能化的国家，其产品将因价格过高而在世界市场上失去立足之地；而资本的智能生产率上具有绝对竞争优势的国家，在国际贸易中将击败那些尚未实现工业智能化、在过时生产模式中挣扎的国家。

四、结语

本文提出资本的信息—智能生产率和工业智能化理论，目的就在于填补关于第三次工业革命性质的理论空白。从英国工业革命算起，传统工业化过程长达近两百年之久，经历了第一次和第二次工业革命两个阶段，与之比较，工业智能化仍处于幼年阶段。显而易见，本文上述理论还很不完善，有待于根据实践进一步发展。尽管如此，目前仍处于发轫时期的工业智能化，已经对尚未完成传统工业化的发展中国家特别是中国提出了严峻挑战。本文的研究对于我国经济发展战略的选择具有重要的理论和现实意义，择其简要讨论如下。

第一，我国经济发展战略的首要目标仍是工业化，特别是以智能制造为核心的工业智能化。由于中国 GDP 的快速提升以及产能严重过剩，一些学者和专家认为，中国的工业化已经完成，未来面临的主要任务是产业转型升级，大力发展服务经济，着力于城镇化和金融化（所谓的"金融深化"）。面对第三次工业革命的严峻挑战，这种观点显然是站不住脚的。第三次工业革命对制造业或者说传统工业产生了三种主要影响：（1）创造新的工业部门，如新一代计算机、机器人、3D 打印、软件工业、传感器制造业、新材料、新能源制造业，以及我们现在无法预测但将来有可能出现的新工业部门。工业化在相当长的时期内仍将继续向纵深发展。（2）服务业的工业化。服务业也不能幸免于工业智能化，服务业中的绝大部分工作将来都将由机器人所替代，如清洁、家政、销售、厨师、邮递、照顾老人等，服务业很难说是未来劳动力就业的根本出路。（3）传统工农业的工业智能化改造。正如佩雷丝指出的，"每次技术革命都使得整个生产体系得以现代化和更新，从而在每 50 年左右都使总的效率水平提高到一个新的高度，"[①] 智能工业革命更是如此。在工农业发展中的信息化和"互联网＋"，实质是对传统工农业生产过程的再工业化或工业智能化改造，目的在于激发其"潜在生产率的量子跃迁"。因此，坚定不移地推进工业智能化道路特别是高端装备制造业的智能化，是我国走新型工业化道路的关键选择。

第二，资本的智能生产率正在成为国家兴衰的决定性因素。中国经济在世界上曾处于领先地位，但当利用自然能量驱动的第一次工业革命兴起后，中国就迅速衰落了。西方列强先是用蒸汽动力推动的坚船利炮打败了腐败的清朝政府，日本帝国主义又凭借石油驱动的飞机坦克发动了灭绝中国的侵华战争。中国在鸦片战争后的百年屈辱史，不啻是一部以资本能量生产率为核心的生产力竞争败北的历史。自第一次工业革命开启资本替代劳动的工业化过程以来，劳动生产率就表现为资本的生产率并由其所决定，资本的能量生产率成为前两次工业革命时期国家兴衰的决定性因素。今天人类社会迎来了资本的智能生产率时代，资本的能量生产率在国际竞争中的作用，不仅日益由资本的智能生产率所决定，而且其曾经的支配地位正在让位于资本的智能生产率。后者不仅将决定一国国民收入水平的高低，而且也是一国军事工业和国防安全的决定性因素，如果在工业智能化上不

[①] 卡萝塔·佩雷丝，田方萌等译：《技术革命与金融资本》，中国人民大学出版社 2007 年版，第 14 页。

能取得国际竞争的绝对优势,中国的军事工业和国防安全就不能得到根本性的保障。受前两次工业革命落后的拖累,我国已经在第三次工业革命中失去先机,只有奋起直追,才能避免重蹈近代史被动挨打的覆辙。

第三,世界经济史表明,虽然技术创新是经济发展的驱动力,但技术创新导致了领先技术的供应国与领先技术的使用国之间贫富差距的拉大,因为供应国能不断获取创新收益。工业智能化是先进智能技术体系对传统产业改造的过程,后者的市场在中国这样的发展中大国主要是国内市场。中国要在先进智能技术体系上处于国际领先地位,需要通过保护国内高端产品市场,创造独立自主的核心技术,充分利用被智能化改造的国民经济具有广袤国内市场的大国优势,彻底改变我国"出口低端产品,进口高端产品"的传统对外经济发展方式。

第四,软件和互联网革命的推陈出新而非机器设备等硬件的创新,将成为第六技术革命高潮的核心推动力。我国已经颁布了以智能制造为核心、以建设制造业强国为战略目标的纲领性文件《中国制造2025》,提出制造业需要在十大装备制造业重点领域取得突破性发展。美国工业互联网、德国"工业4.0"计划着重以数据、软件工业和物联网重新定义制造业,发展"智能装备+智能软件+网络互联"三位一体的智能制造架构。与之相比,我国"重装备、轻软件"的局限性显得尤为突出。[1] 在前两次工业革命中,"工具机革命"和"动力革命"总是分别发生在每次工业革命中的前后两个匹配阶段,[2] 我国制造业强国战略应该高度重视作为第三次工业革命之"动力革命"的软件和互联网推陈出新。

第五,工业智能化道路为开发我国国际竞争的最大优势"人力资本"提供了前提条件。与要素禀赋理论和比较优势理论一样,在我国流行的"人口红利"说和比较优势发展战略也是一种静态理论。工业智能化时代依仗马克思所言作为精神生产力的"社会智慧"。我国科技人员数量已居世界首位,人数将来还会迅速增加,13亿中国人的人力资源优势在于其智力资本和科技创新潜在的巨大规模优势,而非从事劳动密集型产业的低廉人力成本,前者的开发以价值链高端生产和新兴产业为基础。由于接受发达国家产业转移时一度重数量轻质量,被锁入全球价值链低端,致使我国存在高层次人才就业困难、高等教育和科技资源浪费和人才大量外流的现象。只有抓住工业智能化道路的重大历史机遇,并创造国民经济各产业价值链高端的国内领先市场,我国人力资本所蕴含的巨大科技创新潜力才能喷薄而出。

---

[1] 黄阳华:《工业革命中生产组织方式变革的历史考察与展望——基于康德拉季耶夫长波的分析》,中国社会科学杂志社"互联网与社会科学"跨学科论坛会议论文,2015年9月。

[2] 贾根良:《第三次工业革命:世界经济史的长期视角》,载《学习与探索》2014年第9期。

第六，工业智能化道路将为我国"一带一路"对外经济发展战略的成功提供根本性保障。"走出去"战略绝不意味着外资走进来占据我国价值链高端，而我们则走出去与其他发展中国家争夺价值链中低端市场，否则将使我国丧失第三次工业革命的历史机遇，也会不利于东道国工业的转型升级。英国在第二次工业革命中落伍的重要原因，就在于其试图通过全球化战略，使第一次工业革命的产品占领全世界的各个角落，却严重忽视了开创第二次工业革命的国内领先市场，在国内经济结构走向金融化和贸易服务业的同时，其国内市场在相当大程度上也被美国和德国新兴产业的产品所占领。相反，德国成功地避免了"英国病"：在过去的20多年里，德国制造业在世界所占份额保持稳定，其原因就在于"德语区的工业尽可能地实现了自动化，而没有大规模外迁到工资和生活成本较低的国家去"。[①] 因此，必须抓住工业智能化的历史机遇，把创造第三次工业革命的国内领先市场作为"走出去"战略成功的基础。只有当我国在工业智能化道路上处于国际领先地位，并建立起全球高端价值链时，我们才有可能打破西方霸权主义的控制，通过技术转移为其他发展中国家经济的持续发展和转型升级，提供产业和市场的广阔空间，才有可能建立更加公平的国际经济新秩序。

---

① 乌尔里希·森德勒主编：《工业4.0：即将来袭的第四次工业革命》，机械工业出版社2014年版，第5页。

第十讲

关于资本积累的几个问题

高　峰

高峰，南开大学经济学院教授，主要从事马克思主义政治经济学的教学与研究工作，重点讲授《资本论》、"政治经济学""当代资本主义经济研究""现代西方马克思主义经济著作选读"等课程。先后培养了一批相关领域的硕士生与博士生，发表了一批学术专著与论文。代表性论著有：论文："马克思的资本有机构成理论与现实""论财富""论'生产方式'"；专著：《资本积累理论与现代资本主义》《发达资本主义经济中的垄断与竞争——垄断资本理论研究》《发达资本主义国家经济增长方式的演变》。

一、资本积累与资本主义经济

资本主义经济是以私人资本为主体的一种经济形态。资本应从两重意义上来理解。从物质形态来看，资本表现为生产资料和生产投入品，从社会形态来看，资本表现为人们之间的一种特殊的生产关系，即拥有资本的资本家与受其雇用的工人之间的剥削关系。西方主流经济学通常把资本理解为物质形态的东西，将其等同于生产工具和生产投入品；而马克思主义则认为资本是物和经济关系的结合体，它通常不能脱离开某种物质而存在，但却是资本主义剥削关系的体现。

资本积累是资本家把剩余价值的一部分再转化为投资，以扩大生产规模。有多种力量推动资本主义企业进行资本积累。首先，资本的本性在于追求利润，随着资本量的扩大，利润量必然增长。其次，扩大资本规模会从两方面对利润率产生积极作用。生产规模扩大产生规模经济，可降低生产成本；扩大资本投入又是采用新技术和提高劳动生产率的基本条件。最后，资本之间的竞争构成企业资本积累的外部强制力量。资本主义企业为了在市场竞争中求得生存与发展，就不得不进行资本积累。

资本主义企业在微观上的积累要求，形成了资本主义经济在宏观上的积累趋势。资本主义经济的发展主要是由资本积累推动的。这种说法包含两重意思：资本关系为资本主义经济发展提供了制度上的动力；实际资本积累为资本主义经济发展提供了物质技术基础。

现在有一种流行的观点，认为在现代条件下，知识已成为独立的生产要素，甚至"正在迅速成为唯一的生产要素，使资本和劳动力靠了边"。[①] 这种观点乍一看似乎有些道理，但经不起推敲。强调知识和知识积累在现代资本主义经济发展中的作用甚至是关键性作用没有错，问题在于不能把知识和资本、知识积累和资本积累割裂甚至对立起来。一方面，知识的生产已经成为资本的职能，成为资本的一种经济活动；另一方面，研究与开发活动也要以货币资本和物质资本为基础。在当今的资本主义社会，知识积累已成为资本积累的副产品。是资本的积累在推动知识的生产和积累，发挥着促进资本主义经济增长的巨大作用。

由于资本积累是资本主义经济发展的动力、基础和决定性的推动力量，两者必然具有较大的相关性：第一，从资本主义国家长时期来看，国民产出的增长同资本积累的增长大体同步；第二，从不同资本主义国家来看，各国在长时期内资本积累速度的差异，可以大体反映各国经济增长速度的差异（见表10-1）；第三，资本主义国家经济增长的波动主要是由资本积累的波动决定的。

表10-1　　　　　　主要发达国家的长期资本积累与经济增长

单位：%（年平均复合增长率）

		资本存量年均增长率	实际GDP年均增长率
日本	1880~1979（99年）	4.6	4.1
美国	1870~1979（109年）	3.5	3.5
德国	1870~1979（109年）	3.1	2.9
意大利	1890~1978（88年）	3.1	2.7

---

① 本文的大部分内容已发表过。详细分析请参阅附录中列出的相关论著。彼得·德鲁克：《后资本主义社会》，上海译文出版社1998年版，第22页。

续表

		资本存量年均增长率	实际GDP年均增长率
法国	1913~1978（65年）	2.6	2.6
英国	1870~1979（109年）	1.8	1.9

计算根据：A. 麦迪森：《资本主义发展的阶段》附录A表A6~表A8、附录D表D8~表D13，牛津大学出版社1982年英文版。日、意、法三国的时期长度略有不同，是由于书中提供数据的限制。资本存量指标为非住宅固定资本总存量，德、法两国为非住宅固定资本净存量。年平均复合增长率均按麦迪森提供的有关年份指数算出。

二、资本积累的内在矛盾

积累推动资本主义经济发展不只是一个量的增长过程，还必然包含某些性质和结构变化，从而构成资本主义经济的演变。而推动资本主义经济演变的力量就是资本积累过程中的内在矛盾。资本积累的矛盾是资本主义生产方式的基本矛盾（即社会化生产与资本主义占有形式的矛盾）在积累过程中的体现，具体表现在两个方面：一是资本主义生产与资本主义制度的矛盾；二是资本主义生产与资本主义市场的矛盾。

资本主义生产与资本主义制度之间的矛盾，是资本积累过程固有的基本矛盾之一。其实质是资本主义经济的物质内容和社会形式的动态性的对立统一，它随着积累的进程时而尖锐时而缓和。资本主义生产要在资本主义的制度框架内才能正常进行。资本主义经济制度是一个复杂的包含若干层次的制度系统。第一个层次是资本主义经济的根本制度，即资本主义私有制度和雇佣劳动制度；第二个层次是资本主义经济制度的实现形式；第三个层次是资本主义的宏观经济体制，资本主义社会中具体的再分配制度、财政制度、金融制度、国际货币制度等等大都属于这一类。谈论资本积累过程中资本主义生产与资本主义制度的矛盾，主要涉及上述资本主义经济制度的第二和第三层次。

日益发展的社会化生产力会在一定时期与现存的资本主义制度发生冲突，迫使资本主义经济不断调整，从而促进资本主义制度的演变，影响资本积累过程的长期波动，并使资本主义发展呈现出阶段性。

战后西方已有一些马克思主义经济学家对资本积累过程中的这种制度演变进行研究，试图做出理论上的解释，并且形成了不同学派。这种处于演变中的更具体的制度形式，美国的部分左派学者称之为"社会积累结构"，法国的"调节学派"称之为"调节方式"。它们与资本主义根本制度相比，处在一个较低的抽象层次上。

资本主义生产与资本主义市场的矛盾，是资本积累过程固有的另一个基本矛盾。这一矛盾根源于资本主义生产的商品生产性质，根源于资本主义制度与商品制度的不可分割。资本主义生产与资本主义市场的矛盾，实质上是剩余价值生产与剩余价值实现的矛盾。剩余价值生产与剩余价值实现之间存在矛盾的直接原因，是它们各自的制约条件不同。

积累过程的这两个基本矛盾并非互不相关。第一个矛盾的内在要求，是资本主义制度必须变革以适应生产的社会化趋势；第二个矛盾的内在要求，是资本主义市场必须扩大以保证资本主义产品中的资本价值和剩余价值得以实现。前一个矛盾的实质是制度调整问题，后一个矛盾的实质是价值实现问题。在积累过程中，这两个矛盾不仅同时起作用，而且存在一定关联。当这两个基本矛盾比较缓和时，由于有利的制度环境和市场条件，资本主义经济通常会有较快的积累和增长。一旦矛盾趋于紧张，制度变得不适应且实现问题尖锐化，资本主义经济的长期萧条就会发生。这时市场问题的尖锐化，可能部分地就是由于某些制度的不适应所造成的。因为制度对社会化生产力的阻碍可能表现在两个方面：一是直接对社会生产力发展形成束缚；二是通过压制社会消费力间接对社会生产力发展形成约束。因此，要摆脱长期萧条进入较快积累时期，就必须缓解实现困难和进行制度调整，而市场条件的改善可能正是某些制度调整的结果。由此可以看出二者的关联。正是资本积累过程中这两个基本矛盾的交织和运动，推动了资本主义经济的发展与演变。

关于资本积累过程基本矛盾的分析可归结为以下基本论点。第一，资本主义生产方式的基本矛盾决定了资本积累过程的基本矛盾。第二，资本积累过程的基本矛盾是资本主义经济发展与演变的直接推动力。积累推动社会化生产力发展到一定高度，既要求通过制度变革来突破制度约束，又要求通过扩大市场来摆脱市场约束；制度变革和市场开拓则反过来促进了积累和资本主义经济的发展。正是在这种矛盾运动中，资本主义实现了它的经济增长和演变。因此，我们提出一个"制度—市场"的二元假说，把它看做是资本积累过程演变的一种可能的理论解释。其含义是：任何长时期的积累缓慢与停滞，必然是资本主义的制度问题和市场问题空前尖锐化的时期；而长时期的资本迅速积累，则必须有资本主义制度的重大调整和世界市场的大规模开拓作为前提条件。资本主义经济的演变就是在这一矛盾运动中实现的。第三，与资本主义经济演变同时发生的世界市场的周期性扩大，不应简单看做是推动资本主义经济发展的外生因素，单纯归因为某些偶然事件；它在很大程度上是由资本主义制度调整推动的，因而对资本主义经济系统来说是内生的（或半内生的）。第四，这种解释与流行的两种西方左派理论有所不同。"垄断资本学派"在正确分析现代资本主义的垄断特征的同时，从资本生产的剩余不断增长而剩余的吸收日益困难这个中心命题出发，把市场和实现问题提到首位；但它完全忽视了资本主义制度变革的作用，而把资本主义经济从19世纪后期以来的几次长期迅速发展单纯归因于"划时代的发明"和"战争及其后果"等所谓"外部刺激"。这种解释显然缺乏说服力。另外，"社会积累结构学派"正确强调了制度对积累的影响，深入分析了资本主义制度结构的演变；但它没有把实现问题提到应有的高度，没有突出世界市场的结构性扩大是资本主义较快积累和增长的先决条件。这是其理论的一个重大缺陷。我们的"制度—市场"命题则试图弥合上述两种理论的不足，对资本积累过程和资本主义经济的发展与演变提出一个更完全的理论解释。

三、资本积累与技术进步

技术创新是资本积累的本质特征。积累过程中的这一本质特征是由资本积累的制度性质决定的。是资本主义企业为获取超额剩余价值和相对剩余价值的必然结果。

从工业革命开始，资本积累与技术进步总是相伴而行。技术进步是资本积累的物质技术基础，资本积累则是技术进步的社会制度基础。提高劳动生产率作为降低成本和加强竞争力的基本条件，是资本主义企业永恒的主题，采用新技术则是提高劳动生产率的主要手段。资本积累的利润动机和竞争压力构成技术进步的强大推动力，技术进步反过来又成为资本积累的强大杠杆。由于重大技术变革是非连续发生的，资本主义历史上的每次投资高潮和迅速积累时期，都得益于科学技术革命和新设备、新部门、新基础设施建设的推动。

马克思的资本积累理论以工艺创新（或称生产过程创新）的技术进步为前提。他正是从工艺创新和生产率增长这个技术假定出发推导出资本积累过程中一系列内在规律的，包括资本有机构成提高趋势和一般利润率的下降趋势规律。但技术进步实际包括工艺创新和产品创新两种类型。这就提出一个理论问题：由于产品创新的重要性日益上升，能否认为《资本论》是建立在不适当的技术假定基础上？引入产品创新是否可能颠覆马克思的资本积累理论？对于上述问题可从以下几个方面进行探究。

第一，工艺创新和产品创新作为技术创新的两种基本类型其区别是相对的。工艺创新在大多数情况下，同时就是机器设备、原材料、零部件和能源等资本品的产品创新。只有纯粹消费品的创新才是狭义的或严格意义上的产品创新。还有一些产品创新，兼具有资本品创新和消费品创新的两重性。同时应该指出，并不是只有消费品的创新才能产生新的产业部门和扩大社会分工，由资本品创新所引起的工艺创新同样起着这种作用。笼统地谈产品创新并把它与工艺创新截然对立起来，进而否定工艺创新也具有促进社会分工和创造新产业的作用，显然是不对的。

第二，消费品创新的市场效应必须以工艺创新的生产率效应为基础。资本主义发展到较高阶段由于市场问题趋于尖锐化，纯粹消费品创新的重要性在不断上升。狭义的产品创新（消费品创新）与工艺创新的直接动机确有不同：前者是为了创造新需求以扩大市场，后者是为了提高劳动生产率。但是，任何新消费品出现后如不能通过工艺创新迅速提高劳动生产率使其成本大幅度下降，就不可能在居民中普及而扩大市场。几乎所有新型消费品特别是高级消费品从出现到普及都经历了这样的过程。

第三，工艺创新的基本重要性还可从劳动生产增长率变化的历史记录中显示出来。20世纪与19世纪相比和第二次世界大战与战前相比，消费品创新相对于工艺创新的重要性在上升，但发达资本主义国家的劳动生产率增长并未表现出放慢的趋势（见表10-2、表10-3）。表中数据显示，各国不同时期的生产率增长虽然存在波动与差异，但总的看来，20世纪相对于19世纪，战后相对于战前，劳动生产率增长率是趋于提高的。这证明，消费品日益多样化和消费品创新日趋频繁，并未降低工艺创新和提高生产率在积累过程中的基本重要性。

表10-2　　　　　　美国经济不同时期的生产率变化（1989~1976）

单位：%（美国私人国内经济：年平均增长率）

	1889~1919年	1919~1948年	1948~1966年	1966~1976年
劳动生产率	1.6	1.9	3.0	1.9
资本生产率	0.5	1.6	0.4	0.3
资本/劳动比率	1.1	0.3	2.5	1.7

资料来源：J.W.肯德里克：《美国战后的生产率趋势，1949~1969》，哥伦比亚大学出版社1973年英文版，第41页；J.W.肯德里克、E.格罗斯曼：《美国的生产率——趋势和周期》，约翰·霍普金斯大学出版社1980年英文版，第34页。

表 10-3　主要发达国家不同时期劳动生产率（每工作小时 GDP）的变化

单位：%（年平均复合增长率）

时期	美国	法国	德国	荷兰	英国	日本
1820~1870	1.10	—	—	—	1.16	0.09
1870~1913	1.88	1.74	1.87	1.27	1.13	1.89
1913~1950	2.48	1.87	0.60	1.31	1.66	1.85
1950~1973	2.71	5.11	5.99	4.78	3.12	7.69
1973~1992	1.11	2.73	2.69	2.21	2.18	3.13

资料来源：A. 麦迪森：《世界经济二百年回顾》，改革出版社 1997 年版，第 19 页表 2-6。

总之，产品创新的引入不仅没有排斥反而包容了工艺创新的概念。既然工艺创新和生产率增长在资本积累过程中的普遍性和重要意义并未由于产品创新的引入而被否定，也就不能断言马克思资本积累理论的基础已经动摇。

四、资本积累的长期波动

资本积累从来就不是一个均衡平稳的发展过程，波动性是它的重要特征。

这一节主要讨论长期波动问题。长波是西方非主流经济学家长期研究的课题，也存在较多争论。我们首先回顾历史，看看主要资本主义国家在其发展过程中是否存在经济上的长期波动？如表 10-4、表 10-5 所示。

表 10-4　主要资本主义国家工业生产增长率的长期波动
（19 世纪中期到 20 世纪 70 年代）

	英国		美国		德国		法国		意大利	
第二次长波										
上升时期	1845~1873	3.0	1864~1873	6.2	1850~1872	4.3	1847~1872	1.7		
下降时期	1873~1890	1.7	1873~1895	4.7	1872~1890	2.9	1872~1890	1.3	1873~1890	0.9
第三次长波										
上升时期	1890~1913	2.0	1895~1913	5.3	1895~1913	4.1	1890~1913	2.5	1890~1913	3.0
	1920~1929	2.8	1920~1929	4.8	1920~1929		1920~1929	8.1	1920~1929	4.8
下降时期	1929~1948	2.1	1929~1948	3.1	1929~1948		1929~1948	-0.9	1929~1948	0.5
第四次长波										
上升时期	1948~1973	3.2	1948~1973	4.7	1948~1973	9.1	1948~1973	6.1	1948~1973	7.9

注：1948~1973 年为联邦德国数据。

资料来源：范·杜因：《经济长波与创新》，上海译文出版社 1993 年版，第 182 页表 9-7。

表 10-5　　　　主要资本主义国家总产出增长率的长期波动
（19 世纪中期到 20 世纪 70 年代）

	英国		美国		德国		法国		意大利	
第二次长波										
上升时期										
下降时期	1870s~1890s[a]	1.9	1870s~1890s[a]	4.2	1870s~1890s[a]	2.3	1870s~1890s[a]	0.8	1870s~1890s[a]	0.7
第三次长波										
上升时期	1890s~1913 1920~1929	1.8 1.9	1890s~1913 1920~1929	4.0 4.0	1890s~1913 1920~1929	3.2 4.9	1890s~1913 1920~1929	1.8 4.9	1890s~1913 1920~1929	2.2 3.0
下降时期	1929~1948	1.6	1929~1948	2.3	1929~1948	0.0	1929~1948	0.0	1929~1948	0.6
第四次长波										
上升时期	1948~1973	2.9	1948~1973	3.8	1948~1973	6.8	1948~1973	5.3	1948~1973	5.6

注：a：英国为 1873~1890 年，美国为 1873~1895 年，德国为 1872~1890 年，法国为 1872~1890 年，意大利为 1873~1890 年。

资料来源：范·杜因：《经济长波与创新》，上海译文出版社 1993 年版，第 183 页表 9-8。

从上述表中增长率变动的数据来看，资本主义经济活动中的长期波动是显著存在的。每次长波都包含一个资本较快积累的上升时期（即扩张长波）和一个积累相对缓慢的下降时期（即萧条长波）。按照多数学者的意见，可将资本主义发展史上的长波大致描述如下：第一次长波：从 1790~1848 年，1790~1815 年为上升时期，1815~1848 年为下降时期；第二次长波：从 1848~1896 年，1848~1873 年为上升时期，1873~1896 年为下降时期；第三次长波：从 1896~1948 年，1896~1929 年为上升时期，1929~1948 年为下降时期；第四次长波：从 1948 年开始，到 1973 年为上升时期。

长波形成的内在机制是什么？不同解释形成了三种影响较大的长波理论。一是熊彼特开创的技术创新的长波理论，强调重大技术创新的非连续性和蜂聚现象。重大技术创新群集出现带动投资高潮，技术革命潜力用尽后则导致投资衰落，由此推动经济发生长期波动。二是曼德尔构造的马克思主义的长波理论，认为利润率的上升和下降是导致经济长期波动的主要力量。他同时强调促使经济转入长波下降阶段的经济因素是内生的,但经济转入长波上升阶段必须依赖外生因素的推动。三是戴维·戈登等提出的"社会积累结构"理论,强调有利于资本积累的特定制度环境的形成和衰败在经济长期波动中的决定性作用。特定社会积累结构的形成和衰败则是内生的经济过程。与不同社会积累结构的更替相伴随的是相继的长波,并形成资本主义发展的不同阶段。这个学派也受到马克思主义传统的深刻影响。

三种长波理论所着眼的重点显然不同。技术创新理论主要强调技术变量,曼德尔的理论主要强调以利润率为中心的经济变量,"社会积累结构"学派主要强调制度变量。但这三种理论与其说是互相对立,不如说是互相补充。经济增长的直接推动力是投资。长波上升阶段迅速的经济增长一般都和较高的投资水平相联系,长波下降时期缓慢的经济增长则通常是投资水平低下的结果。因此,应把投资或资本积累率的变化置于长波分析的中心。而一当强调投资率变动的核心地位,就必须考虑影响投资率变动的多种因素。长波上升时期较高的资本积累率需要几个条件。第一,投资的动力。这来自上升的利润率趋势和由此产生的乐观的利润预期。利润率的上升趋势则是若干经济变量单独或共同作用的结果。第二,投资的领域。这来自技术革命和创新群集所形成的新兴生产部门和相关基础设施建设。它们构成大规模投资的物质载体。第三,投资的制度环境。这意味着制度结构的某些重大变化,要推动若干基本经济变量朝着促进利润率上升的方向发展,以保证投资者良好而稳定的利润预期和投资积极性。第四,投资的市场需求。这要求国内外市场的扩大,以满足巨额投资所生产的大量产品的实现条件。反过来看,长波下降阶段较低的投资率和资本积累率,则是由于投资动力、投资领域、有利的投资环境和市场需求的缺乏。由此可见,经济长波的内在机制并非取决于上述三种理论分别强调的某种单一因素,而是由社会经济生活中与投资直接相关的多种基本因素共同决定的。结论是:长波的内在机制应以积累率和利润率为中心,从技术、制度和市场三个主要方面来综合分析。

20世纪70年代以后的长期波动。第二次世界大战后20世纪50到60年代资本主义国家经历的经济迅速增长的黄金时期,通常被看做是第四次长波的上升阶段。但对此后资本主义经济的发展,人们的观点就不同了。许多左派学者认为,从70年代开始资本主义经济进入了一个长期持续的长波下降阶段,直到20世纪末,并延续到2008年的全球性金融危机。美国按每10年平均计算的实际GDP增长率,在经历了50~60年代的繁荣以后,确有下降的趋势,这在按20年平均计算的实际GDP零增长率的变动上表现得更为突出。但是,如果我们按照另外一种时期划分来观察美国的实际GDP及其他主要经济指标的长期变动,就会看到一种十分不同的变动轨迹(见表10-6)。

表10-6　美国战后不同时期实际GDP及其他若干主要经济指标的变动　　　单位：%

时期	实际GDP （年均复合增长率）	私人国内总投资 （年均复合增长率）	劳动生产率 （年均复合增长率）	失业率 （年均失业率）
1950~1973	4.2	5.7	2.8	4.8
1974~1983	2.3	1.4	1.2	7.5
1984~2007	3.3	4.5	2.1	5.7
2008~2014	1.0	0.3	1.5	7.9

计算根据：GDP变动率：*Gross Domestic Product Percent change from preceding period*，http://www.bea.gov/national/index.htm#gdp. 9/25/2015；投资率变动率：Table 1.1.1. *Percent Change From Preceding Period in Real Gross Domestic Product*，Bureau of Economic Analysis.（Last Revised on：August 28, 2014）；劳动生产率变动率：*Major Sector Productivity and Costs*；Labor Productivity（Nonfarm Business），Bureau of Labor Statistics. Generated on：September 3, 2014；失业率：*Labor Force Statistics from the Current Population Surve*：*Unemployment Rate*，Bureau of Labor Statistics. Generated on：September 3, 2014；《美国总统经济报告》（2015）统计附录。

表10-6的数据说明，在20世纪50~60年代的经济繁荣以后，美国经济并非一直趋缓，而是经历了一次新的长期波动。经过1973~1983年大约10年的增长率减速，从80年代中期开始了新的增长加速时期，直到2008年金融—经济危机爆发。80年代中期开始的这次经济增长加速能否看做是一次新的长波上升阶段呢？笔者倾向于肯定的答案。因为这个时期美国经济的几个主要指标都表现出显著的改善（在实际GDP增长率加快的同时，投资增长率提高了两倍多，劳动生产率增长率提高了75%，失业率则下降了1.8个百分点）。而这次长期波动的决定性因素仍在于资本积累率的波动。80年代中期开始美国资本积累率的重新提高是一系列技术、经济和制度演变的结果。

信息技术革命构成新的扩张长波的物质技术基础。信息技术以集成电路、计算机、软件、电信、互联网、移动通信等技术和产业为主要特征。它从几个方面推动了经济的加速增长。第一，它形成了旺盛的投资需求，为大规模投资和资本的更快积累提供了物质载体，直接促进了经济增长；第二，它促进了劳动生产率的提高，从而也加速了资本积累和经济增长；第三，它还提高了资本的生产率。从而促进了全要素生产率迅速提高，进而推动了投资和经济的较快增长。

利润率回升提供了扩张长波的直接动力。20世纪80年代中期开始的利润率回升有两个直接的决定因素。第一，国民收入中的利润份额扩大。利润份额取决于劳动生产率增长率和雇员实际工资增长率的对比。80年代中期开始在劳动生产率增长提高的同时，美国雇员的实际工资水平长期处于停滞或下降趋势［美国私人非农业经济中非监督雇员平均小时实际收入（按1982年美元计算）从1959年的6.69美元上升到1973年的8.55美元；而后趋于下降，到1995年为7.39美元；1999年也只达到7.86美元，仍未恢复到1973年的水平。[①]]。劳动生产率增长长期快于实际工资的增长，必然推高资本的利润份额（美国公司收入中的利润份额：1973年为18.0%，1997年上升到21.6%。[②]）。利润份额提高意味着工资份额降低，反映为劳动成本下降和资本利润上升。第二，日益提高的资本生产率。这意味着单位产品的资本耗费和资本成本下降，必然推高企业的利润率。上述决定利润率回升的两个直接因素，涉及马克思主义经济学的两个基本范畴：剩余价值率和资本有机构成。利润份额不过是剩余价值率的另一种近似的衡量方式；资本生产率则通常与资本技术构成呈反向变动，因为资本生产率的倒数即资本/产量比率的变动（在劳动生产率不变条件下）与资本/劳动比率的变动成正比。[③] 马克思把剩余价值率和资本有机构成这两个范畴看做是决定利润率的基本变量。在利润率低下的经济萧条时期，推动利润率回升以刺激投资和经济增长的基本手段，就是设法提高剩余价值率并同时抑制资本有机构成的过快增长，这正是美国经济在20世纪80~90年代所经历的事情。

利润率回升的深刻制度背景。劳资关系方面，从战后相对协调的劳资关系逐渐演变为相对紧张和对工人不利的劳资关系。大公司管理层开始对工人采取强势进攻策略。经济全球化以及美国政府新自由主义经济政策助长了资本策略的这种转变。公司经营环境发生变化，劳动市场供求形势因企业外迁而逆转，工会衰落和工人谈判力量被削弱，"弹性"工作制度广泛采用等，造成20世纪70年代后的工资挤压。市场结构方面，由于反托拉斯政策趋向缓和及市场管制日益放松，增强了小企业的竞争能力，提高了一般行业的市场竞争性。但在普通行业趋向竞争性市场结构的同时，高新技术部门却存在国际化的垄断性趋势。这种市场结构对美国经济的有利方面在于：垄断性的高科技企业可以依靠技术垄断、规模经济、控制小公司以及全球化的资源配置获取高额利润，在世界经济的关键部门保持技术优势和支配地位；而一般部门市场结构日趋竞争性则可暂时促进经济繁荣，创造较多就业机会，并通过进口廉价商品压低通胀率。金融制度方面，也逐步在向自由化方向演变。金融管制逐渐放松加剧了金融业的竞争，一定程度上提高了金融资源的配置效率。在金融自由化的推动下金融创新层出不穷，特别是风险资本的迅速发展适应并促进了信息技术的创新与投资。通过金融运作扩展债务经济，推动了消费需求的暂时繁荣；金融资产价格不断上升则通过财富效应进一

---

① 《美国总统经济报告：2001年》，中国财政经济出版社2003年版。
② R. Pollin: Anatomy of Clintonomics, *New Left Review*, May Jun 2000, P. 42.
③ 高峰：《资本积累理论与现代资本主义》（第2版）第二章第一节第四目"资本有机构成和资本/产量比率"，社会科学文献出版社2014年版，第51~53页。

步促进了居民的举债消费。

市场扩大改善了扩张长波的实现条件。而此次世界市场扩大主要得益于经济全球化。经济全球化虽然从资本主义形成早期就已开始,但20世纪70年代以后在量上和质上都发生了重要变化(见表10-7)。经济全球化的迅猛发展反映了国际经济关系的重大制度变革。企业跨国经营制度的空前发展,实现了生产资源的全球性配置。70年代初布雷顿森林体系崩溃开启了国际金融制度的浮动汇率制时代,进一步促进了货币的国际流动,外汇交易额开始了爆炸式增长。经济全球化所导致的世界市场扩大,对此次美国经济的扩张性长波至关重要。第一,为美国在信息技术革命中兴起的大公司和其他高新技术公司提供了有利的生产条件和广阔的国外市场。世界市场扩大也为美国的高新技术产业进行全球资源配置以降低成本提高利润创造了条件。第二,有利于美国国内维持较低的通货膨胀率。一大批劳动密集型低端制造业转移到发展中国家,其产品再以较低价格出口到美国,使美国在压低工人工资的同时不至于过度压低工人的生活水平。第三,强化了美元的金融霸权,使美国能够维持畸形和失衡的国际经济关系。美国通过不受黄金约束的美元发行大量进口所需产品,再借助发达的国际金融市场和金融工具吸收流入国外的美元,以平衡因大量进口而导致的国际收支逆差。这种国际交易模式使美国能够用美元换取他国大量的廉价商品,又可从国外获得巨额的低成本融资。

表10-7　　　　　　　　20世纪70年代后的经济全球化

商品(和劳务)的国际流动	美国出口和进口占GDP的比率,从20世纪初至70年代早期(除"一战"期间和"二战"后短时期),大体处于5%的水平;但自20世纪70年代初开始显著增长,到90年代中期已分别提高到大约11%和12%。对外贸易的主体也发生了变化,90年代中期美国跨国公司就进行了大约2/3的出口和大约40%的进口。
资本的国际流动	以资本流出占GDP的比例来衡量,除第一次世界大战期间的短暂上升外,从20世纪初直到70年代一直不到1%,而后则开始迅速提高,到90年代中期已接近5%;外国资本流入占美国GDP的比例,也从60年代前很少超过1%,提高到90年代中期的接近6%。
货币的国际流动	美国以货币基数计算的每日总外汇交易额所占百分比,从1977年的不到5%上升到1995年的50%以上;每日外汇交易额占年度GDP的百分比,在同期则从0.2%上升到3.4%。
银行的跨国信贷	跨国的银行贷款存量占世界GDP的比重,已从1972年的6%上升到1991年的37%。债券和股票的跨国交易量占各国GDP的百分比,美、日、德三国在1980年均不到10%;到1997年,日本已提高到80%,美国提高到160%,德国提高到200%。

资料来源:F. L. Pryor:Internationalization and globalization of the American economy, T. L. Brewer & G. Boyd eds.:Globalizing America:The USA in World Integration. (2000) pp. 3-5, pp. 8-9, pp. 12-14. B. Sutcliffe & A. Glyn:Still Underwhelmed:Indicators of Globalization and Their Misinterpretation, *Review of Radical Political Economics*, 1999, 31 (1), P. 127.

20世纪80年代中期开始的扩张长波转为萧条长波的必然性。2008年发生的金融—经济危机形成此次长波的转折点,开始了长波的下降阶段。这种转折的必然性,在于有利于扩张长波的各种因素逐渐向不利于积累的方向转化。

第一,信息技术革命对投资的推动作用趋于减弱。信息技术革命对投资的带动作用,在20世纪80年代特别是90年代最为强劲。但经过一段迅速的资本积累,随着计算机应用的普及和互联网基础设施的建设,信息技术的带动效应和投资需求趋于下降。特别要指出的是,信息技术革命对投资和经济增长的带动作用,远不如19世纪末20世纪初以电力和内燃机为基础的技术革命强大。罗伯特·戈登强调:第二次工业革命的伟大发明,在1870年后的半个世纪里,彻底改变了美国人的生活和工作条件,而这些发明的全部影响,甚至要到1970年才得以真正实现。[①] 第二次工业革命带动了整个社会生产和社会生活的庞大规模的基础设施建设,信息革命在这方面无法与之相比。

第二,扩张长波时期的深层矛盾逐渐显现。利润率回升和积累率加速及其制度演变中包含着一个深层次矛盾:它的基础是压低工人工资以提高利润率,而工人工资长期停滞必然限制居民的消费需求而不利于经济迅速增长。美国解决这个矛盾的办法是,通过金融化发展债务经济,以保持消费需求的暂时繁荣;金融资产(股票、房产等)价格上升则通过财富效应使居民敢于大规模举债。所以与金融化相伴而行的,必然是居民的储蓄率下降和债务的急剧增长(见表10-8)。这种缺乏实际收入增长做后盾而单纯由金融泡沫刺激起来的债务消费是极端虚弱的,一旦金融泡沫破灭,债务消费锐减,供给与需求的尖锐矛盾立即显现,金融—经济危机必然爆发,扩张长波转为萧条长波便成为不可避免的了。

表10-8　　　　　　　　　美国的债务经济

储蓄率	在20世纪90年代美国的所谓"新经济"繁荣时期,在当时股市异常飙升的刺激下,储蓄率从1992年的8.7%狂落到2000年第一季度的0.3%。
家庭债务	家庭借贷急剧上升,在1993~1999年期间,家庭债务占个人可支配收入的比例高达94.2%。
个人储蓄占可支配收入的百分比	2001年信息技术泡沫破灭以后,房地产泡沫开始膨胀,债务消费的狂热再起。美国个人储蓄占可支配收入的百分比从2002年的2.4%下降到2007年的0.4%。

---

① R. J. Gordon. (2012): Is U.S. Economic Growth Over? Faltering Innovation Confronts The Six Headwinds. Working Paper 18315, NBER. P. 8.

续表

非农业不动产抵押贷款和消费信贷	在 2000~2007 年的短短 8 年，非农业不动产抵押贷款债务余额猛增 116%，其中 1~4 口之家的房屋抵押贷款债务占到 3/4 以上；同时期消费信贷债务余额也增长了 47%。而这八年间，实际 GDP 的增长不过区区的 17%；雇员平均每周实际收入的增长更是微不足道的 2.1%。

资料来源：R. 布伦纳：《繁荣与泡沫》，载《新左派评论》2000 年 11~12 月号，第 26 页；R. 泼林：《克林顿经济学的剖析》，载《新左派评论》2000 年 5~6 月号，第 33 页；考斯达斯·拉帕维查斯：《金融化了的资本主义：危机和金融掠夺》，载《政治经济学评论》2009 年第 1 辑，第 33 页；计算根据：《美国总统经济报告》（2009 年），统计附录，第 374、376、284、340 页。

第三，经济全球化下的世界市场也在发生变化。美国制造业大规模向国外转移，开始确实为美国带来多重利益，但其不利后果也逐渐显现。首先，造成美国制造业的空心化，削弱了美国工业的国际竞争力；其次，随着新兴市场国家的工业化和向价值链的中高端攀升，美国高新技术产品的国外市场在相对缩小；最后，一批新兴市场国家的迅速发展，把大量工业产品提供到世界市场，使全球性的生产过剩更趋严重，美国等发达国家在世界市场上遭遇更严酷的竞争。世界市场上的这些变化必然恶化美国经济的实现条件，促使其转向低速积累的萧条长波。

五、资本积累的地域不平衡

资本主义的积累和增长在空间上也是非均衡的。这表现为地域上两种类型的发展不平衡：一种是发达国家之间的不平衡；另一种是发达国家与不发达国家（发展中国家）之间的不平衡。从 20 世纪的情况来看，前一种不平衡发展的总趋势是不同国家经济发展水平的趋同，后一种不平衡发展的总趋势则是两类国家经济发展水平的趋异。

发达资本主义国家之间的发展不平衡是资本主义的历史特征。在 17 世纪和 18 世纪荷兰曾是世界上最强大的国家，19 世纪早期英国迅速崛起并逐渐超过荷兰。19 世纪后期德国特别是美国开始迅猛发展，到 20 世纪 50 年代美国的经济规模和实力达到顶峰（见表 10-9）。

表 10-9　　20 世纪 50 年代初期美国的经济规模与实力

美国在发达国家中的地位	1952 年，美国占发达资本主义国家生产的近 60%、工人总数的 33% 和企业固定资产总额的 50%。
美国的人均生产总水平	1950 年设美国的人均生产总水平为 100，英国仅相当于 55，法国为 46，联邦德国为 37，意大利为 25。
美国制成品的生产规模	1950 年美国制成品的生产是联邦德国的 6 倍，日本的 30 倍。
美国的劳动生产率水平	美国制造业的劳动生产率约为英国的 8 倍，联邦德国的 4 倍，与日本的差距更大。
美国制成品的出口	1953 年美国出口的制成品为联邦德国的 5 倍，日本的 17 倍。

资料来源：P. 阿姆斯特朗等：《战后资本主义大繁荣的形成和破产》，中国社会科学出版社 1991 年版，第 187 页。

尽管美国在第二次世界大战后的强大似乎是不可动摇的，发展不平衡规律仍在继续发生作用。在黄金年代（1950~1973 年），美国的 GDP 增长显著落后于除英国外的所有主要发达国家；特别是德国和日本。美国与德、日等其他发达国家经济增长的巨大差距，其重要原因仍在于资本积累速度的不同（见表 10-10）。到 20 世纪 90 年代中期，美国在资本主义世界的经济优势已经削弱，日、德、英、法、意等国的经济实力有了巨大增长，它们与美国在人均 GDP 绝对水平上的差距大大缩小，有的国家甚至已经赶上美国。

表 10-10　　战后发达国家资本积累率的差距（1951~1981 年平均增长率）

	美国	其他发达国家平均	德国	日本
全部企业经济按不变价格计算的固定资本总存量的年均增长率	3.8%	5.2%	5.6%	8.6%
制造业固定资本总存量的年均增长率	3.3%	5.4%	6.1%	10.3%

资料来源：P. 阿姆斯特朗等：《战后资本主义大繁荣的形成和破产》，中国社会科学出版社 1991 年版，第 438~439 页表 A5 和表 A6。增长率按表中提供的绝对值算出。

资本主义不平衡发展的根本原因在于资本主义国家之间存在竞争关系。先进资本主义国家力图保持自身优势，后进资本主义国家则要奋力追赶，这成为国家之间发展不平衡的根本动力。技术创新和技术革命则构成不平衡发展的客观条件。新老发展程度不同的国家往往面临不同的技术背景。先进国家通常在科学技术上领先，但也为后进国家提供了现成的技术和技术机会，后进国家可以利用现有技术加速自身的资本积累，它们在国际竞争中通常具有成本和价格优势，并可能采用更有利于技术进步和经济增长的制度与政策。从经济上看，发达资本主义国家在不平衡发展中呈现出趋同和分化的循环模式，但其长期趋势是趋同的。

从整个世界体系着眼则是发达国家与不发达国家（发展中国家）之间的发展不平衡和分化。直到20世纪末，发达国家与不发达国家的经济差距一直趋于扩大，世界范围的不平等状况总体来说仍在继续恶化（见表10-11）。全球性两极分化和经济差距扩大的根源，就在于资本的本性和资本主义积累本身。资本主义世界的分化现象不过是资本主义国内的分化现象在全球规模上的重演。

表10-11　发达国家与不发达国家发展差距的扩大（1820~1998年）

		1820~1998年	1820年	1870年	1913年	1950年	1973年	1998年
人均GDP的年均增长率	A组	1.67%						
	B组	0.95%						
占世界人口比重	A组		17%					14%
	B组							
占世界GDP的份额	A组		29%					53%
	B组							
七大地区中最大的地区间差距（人均GDP）			3:1	5:1	9:1	15:1	13:1	19:1
A组人均GDP为B组人均GDP的倍数			2					7

注：麦迪森把世界划分为7大地区，概括为两组。A组为发达国家和地区，包括西欧、美国、加拿大、澳大利亚、新西兰和日本；B组为不发达国家和地区，包括亚洲（不含日本）、非洲、拉丁美洲、东欧与苏联。

计算根据：A.麦迪森：《世界经济千年史》，北京大学出版社2003年版，第117页表3-1b、32页表1-9a、32~33页表1-9c和表1-9d、32页表1-9b。百分比和倍数均按表中的绝对数算出。

资本积累的无限扩大趋势，使它在国内不断遇到绝对意义上或相对意义上的市场约束和资源约束，从而要到非资本主义世界去开拓市场，获取原料和进行投资。它们这样做仍然要以剥削和掠夺经济落后国家的民众为基础，导致这些国家的经济发展受到不同程度的阻滞，长期处于贫穷落后状态。造成这种结果的主要机制在于：第一，落后国家的大量经济剩余被发达国家的资本占有并通过利润的形式回流，使其发展经济所需的资本极度短缺；第二，外国资本通常与不发达国家的统治阶级相勾结，维持某些前资本主义的经济结构（例如封建的土地制度等），阻碍了工业化所需国内市场的形成；第三，外国资本极力加强对不发达国家的经济控制，打压当地民族资本的发展；第四，在外国资本扶植下不发达国家的有限资本大多流向外贸、金融、不动产等非工业部门，限制了生产性资本的积累；第五，发达国家竭力巩固不合理的国际分工，迫使不发达国家维持初级产品或低端工业品生产的畸形的产业结构。

资本主义世界经济体系由此分为两大部分：一部分是经济发达的富裕资本主义国家；另一部分是经济不发达的贫穷的前资本主义或半资本主义国家。"依附学派"把前者称为"中心"，把后者称为"外围"或"边缘"，它们紧密联系形成统一的世界资本主义经济体系。"中心"的经济构成世界资本主义经济的主体和主导，"外围"的经济则依附于"中心"并服务于"中心"发展的要求或需要。依附学派的理论具有一定价值，但他们提出的对策却不一定是成功的。从这样一个世界资本主义体系出发，曼德尔把世界范围的资本积累区分为两种类型，即发达国家的资本继续积累和不发达国家的资本原始积累。早期资本主义国家的原始积累不但未受到外力干扰，反而把掠夺其他国家作为自身积累的重要源泉。而在当代，不发达国家的原始积累却是在发达国家已经取得世界经济支配地位的情况下进行的，其过程受到不同程度的遏止，且被纳入并服务于发达国家资本积累的需要。世界范围的资本积累因此表现为发达国家的主导性积累与不发达国家的依附性积累的复杂联系。

虽然20世纪最后30年发达的富国和不发达的穷国之间的差距总的看在进一步扩大，但这个时期出现了一个重要的新现象：一部分东亚和东南亚的发展中国家和地区开始了高速度或较高速度的经济增长。这些国家和地区被麦迪森称为"复兴的亚洲"（见表10-12）。在20世纪全球经济总体分化和趋异的悲观图景中，东亚和东南亚经济体的复兴无疑是最大的亮点和最鼓舞人心的事件。它表明不发达国家成为主权国家后在振兴经济和追赶发达国家的努力中是可能有所作为的。特别是社会主义中国史无前例的长期稳定的高速发展和迅速崛起，更具有特殊的政治和经济意义，将对21世纪的世界经济政治格局产生难以估量的深远影响。

表10-12　　　　　　　　　　"复兴的亚洲"

单位：%（人均GDP年平均复合增长率）

	1950~1999年	1950~1973年	1973~1998年
复兴的亚洲		2.61	4.18
第一组（7个经济体）	4.4		
第二组（8个经济体）	2.2		
发达资本主义国家		3.72	1.98
美国	2.2		

续表

	1950~1999 年	1950~1973 年	1973~1998 年
西欧	2.9		
日本	4.9		
徘徊或衰落中的经济实体（168 个经济体）		2.94	-0.21

注：复兴的亚洲包括 15 个经济体。第一组：中国内地、中国香港、马来西亚、新加坡、韩国、中国台湾、泰国；第二组：孟加拉国、缅甸、印度、印度尼西亚、尼泊尔、巴基斯坦、菲律宾、斯里兰卡。

资料来源：A. 麦迪森：《世界经济千年史》，北京大学出版社 2003 年版，120 页表 3-5、第 133 页、134 页表 3-14。

六、资本积累的当代主要特征

在时间上和空间上的不平衡发展中，资本主义从 1820 年算起，也已经走过了将近两百个年头，经历了持续的演变过程。特别是在 20 世纪的最后二三十年，资本主义经济的变化尤为巨大，具有以下明显特征：第一，经济的信息化；第二，经济的服务业化；第三，经济的虚拟化；第四，经济的全球化。在这些特征后面，还可以观察到资本积累的深刻变化。这包括以下几个重要方面。

第一，从资本积累的来源看，企业积累资本的外部来源相对于内部来源的重要性提高了。资本主义企业用以积累和扩大营业的货币资本有三个主要来源：企业的未分配利润、金融机构的长短期贷款、在资本市场发行股票和债券。第一项称为内源融资，后两项称为外源融资。虽然当代资本积累的这三个来源都在扩大，但相对说来外源融资的作用显著增大。金融机构和资本市场有了巨大发展：银行业不断壮大和非银行金融机构大规模兴起；日益加强的国家经济职能也起了极其重要的作用，特别是欧洲大陆和日本等高速积累的国家，政府的作用更为显著。

第二，从资本积累的方式看，资本集中相对于资本积聚的作用日益增长。马克思把单个资本的增大概括为积聚和集中这样两种主要方式。资本集中的直接形式是企业之间的合并、兼并或收购，即企业并购。第二次世界大战后企业并购得到更加广泛而迅速的发展。美国在 20 世纪 60 年代、80 年代和世纪转折时期出现三次并购浪潮。资本集中已成为大资本大企业迅速成长的主要途径。

第三，从资本积累的结构看，金融业资本相对于非金融业资本占有主要地位。从 20 世纪 80 年代以来，资本主义国家中银行资本、证券资本、风险资本、投机资本等金融业资本急剧增长，货币、证券、外汇、金融衍生物等虚拟资产急剧膨胀，其增长速度大大超过 GDP 增长率，虚拟资产交易额与实际商品交易额相比已大得不成比例。虚拟资本的积累已大大超过实际资本的积累。但虚拟资产并非真实财富。古典资本主义时期虚拟资本周期性过度膨胀的现象也已有之，但实体经济始终是资本积累的主要领域。当代资本主义条件下情况发生了巨大变化。虚拟资本相对于实际资本的畸形过度积累，已构成现代资本主义国家的常态和突出特征。这同时表明，资本通过实体经济创造剩余相对于资本通过非实体经济再分配剩余的重要性在下降。金融业资本在虚拟经济领域的逐利活动实际上是再分配和占有实体经济中已创造出的物质财富。

第四，从资本积累的实现条件看，发达资本主义经济的外部市场相对于其内部市场的重要性在上升。第二次世界大战后资本主义经济的迅速积累和发展，由于发达国家的有效需求趋于相对饱和，在20世纪70年代后已形成全球性的生产过剩和积累过剩。发达资本主义国家所创造的价值和剩余价值，已越来越难以在其内部充分实现，而不得不更加依赖发展中国家现实的和潜在的市场。几百年来，资本主义经济的发展对外部市场的依赖从未达到现在这样高的程度。

以上特点表明，现代资本主义经济在20世纪80年代后已经发展到一个新的历史阶段。对这个新阶段左派学者有各种不同的概括，如国际垄断资本主义阶段、金融垄断资本主义阶段、新自由主义资本主义阶段等。我们倾向于把当代资本主义称为金融化全球化的垄断资本主义阶段。划分资本主义经济的历史发展阶段，应以和资本结构变化相联系的资本主义制度结构演变的主导特征为标准。当代资本主义经济作为金融化全球化的垄断资本主义，正是突出了这个阶段资本主义经济的主导性的制度特征。

第十一讲

发达国家市场经济模式多样性的政治经济学分析

刘凤义

刘凤义，南开大学经济学院教授，经济学博士，博士生导师，中国社会科学院兼职博士生导师。长期从事《资本论》《政治经济学》《高级政治经济学》等课程的教学和研究工作。研究领域和方向主要涉及政治经济学基本理论和方法论、政治经济学与制度经济学比较、劳动关系理论和资本主义多样性。2008年获得天津市青年教师基本功大赛一等奖第一名；2009年获得天津市高等教育优秀研究成果一等奖；2009年荣获天津市"五一劳动奖章"。"中国《资本论》研究会"理事、"中国经济规律研究会"常务理事、"中国经济发展研究会"常务理事。

一、为什么研究发达国家不同市场的经济模式

发达国家市场经济存在不同发展模式，这是不争的事实。为什么要运用马克思主义政治经济学研究发达国家不同市场经济模式呢？我们先看以下几个事实：

（一）英国脱欧公投

2016年6月4日，英国民众投票脱离欧盟。这是发达资本主义国家发展中的大事，可以说引起了西方世界的地震。对英国脱欧，社会各界评价不一。我们经济学可能更多会从英国脱欧成本收益的角度来讨论这件事。笔者认为从发达国家

市场经济模式的角度看，英国脱欧带有必然性，因为从历史上看，英国资本主义与欧洲大陆资本主义就不是一种模式。英国作为老牌资本主义国家，是亚当·斯密所说的"自由放任资本主义"的践行者；而欧洲大陆如德国、法国等则不同，它们是社会市场经济的倡导者，在这些国家更相信国家的作用。英国加入欧盟，在很多方面与德国、法国都是貌合神离。尤其是2008年金融危机后，德国、法国经济相对稳定，遭受危机比欧洲其他国家小得多，所以它们成为欧盟的主导者，这让曾经作为欧洲霸权地位的英国深感不适。英国人选择脱欧这一行为本身，一定程度上反映了英国人不甘落后、追求英国梦、重返大国地位的一种心声。民众要求脱欧，把首相卡梅伦也拖下了台。新上台的首相特雷莎·梅做的第一件事情就是要更新核威慑系统，不惧按下核按钮。这位"铁娘子"似乎已经为重回霸权国家地位准备了一个翅膀。

（二）欧洲五国主权债务危机

我们再来看第二个事实。2008年美国金融危机，就好比美国在世界范围扔了一颗经济原子弹，结果不仅美国自己遭受辐射，世界其他国家不同程度遭受损失。作为发达资本主义世界的欧洲，出现两重天：德国、北欧受影响不大，北欧诸国甚至被欧洲媒体称之为"危机的天堂"。而意大利、葡萄牙、西班牙、希腊等则出现主权债务危机，一些国家甚至要破产。为什么同是福利国家，会出现如此不同后果呢？实际上欧洲内部并非统一市场经济模式，危机严重的这几个国家属于"地中海模式"，它们与德国、法国、北欧等市场经济模式有很大差别。无视这种差别，就不好理解欧洲主权债务危机问题。

（三）中国社会主义市场经济发展中需要借鉴别国经验

第三个事实就是中国。1992年宣布建立社会主义市场经济体制以后，我们一直在寻找自己的"榜样国"。当然，这些榜样国只能从发达国家去寻找。其实，在一些人的心目中，我们的榜样国就是美国。回顾我们的一些改革方案，比如医疗改革、教育改革、住房改革等，一些人倡导的都是美国模式，也就是我们说的新自由主义模式。结果事实证明，我们的医疗改革、教育改革都存在很大问题。当然我们也借鉴其他市场模式的内容，比如我们的劳动合同法中的三方谈判制度，就是借鉴欧洲模式的做法。但德国模式与美国模式有些东西是不相容的，在现实中就表现为一些人反对劳动合同法，主张市场自由决定工资，其实这就是美国模式的影子在起作用。

这三个事实表明，在今天无论我们要观察和研究资本主义世界，还是观察和研究中国社会主义市场经济，都要从多样性的角度去分析。如果我们承认只有美国模式是标准的市场经济模式，那我们就没有必要谈中国特色社会主义的道路、理论和制度，自然也就没有社会主义市场经济模式。因此认识市场经济模式存在多样性，是我们探索中国特色社会主义道路的基本前提。

二、关于发达国家市场经济模式多样性研究的不同范式

研究市场经济模式多样性问题很重要，那么迄今的研究方法怎么样呢？早在20世纪70年代，西方兴起一门叫做"比较经济体制"的学科，就是专门比较资本主义市场经济和社会主义计划经济在资源配置上的区别。90年代，东欧剧变，苏联解体，中国提出建立社会主义市场经济，于是计划经济阵营几乎消失，这样两种体制之间的比较就没有意义了，于是在美国兴起了不同市场经济模式的比较研究。代表性的人物是彼得·霍尔（Peter A. Hall）和大卫·索斯凯斯（David Soskice），他们提出了"资本主义多样性"概念，并建立了自己的分析框架。他们首次提出"自由市场经济（liberal market economies，LMEs）和协调的市场经济（coordinated market economies，CMEs）分类方法。自由市场经济以美国为地表，还包括：英国、爱尔兰、加拿大、澳大利亚和新西兰。协调的市场经济以德国为代表，还包括：奥地利、日本、韩国、瑞典、挪威、芬兰、丹麦、比利时、荷兰和瑞士。

彼得·霍尔和大卫·索斯凯斯的分类标准是：公司治理结构、劳资关系、金融、社会保障、劳动力市场、职业培训与教育。他们这种研究方法影响很大，西方关于资本主义多样性研究的基本上建立在这个研究框架基础上的。但他们的研究方法是建立在政治学基础上的，不是经济学范式。下面本文从经济学角度看，对资本主义多样性研究方法可以概括为三种：新古典分析方法、演化—比较制度分析方法和西方马克思主义研究方法。

（一）新古典经济学方法

在新古典经济学方法论基础上，也曾产生了专门研究资本主义多样化的研究方法，20世纪70年代，在比较经济学中有一种方法，就是试图借助新古典经济

学方法来研究资本主义多样性问题，代表人物是埃冈·纽伯格、威廉·达菲等。1976年，埃冈·纽伯格、威廉·达菲等在《比较经济体制——从决策角度进行的比较》一书，从决策学的角度提出了一套分析不同国家经济体制的方法，简称为决策的"DIM"方法。在这本著作中，作者明确指出其方法论是新古典主义的，"总的来说，我们的著作把新古典学派的方法用于经济体制的研究。'新古典学派方法的精髓在于把决策当作分析的单元来强调'。"[①] 作者认识到最近些年，资本主义出现了多样化的经济模式，"资本主义已被细分为'竞争的'、'财政的'、'调节的'和福利的'资本主义'"[②] 他们试图把经济体制划分为三个相互联系的组成部分——决策（D）结构、信息（I）结构和动力（M）结构，进而研究不同体制下的经济模式问题，正是在这种理论框架的基础上，作者对美国、苏联、中国、法国、南斯拉夫、匈牙利、瑞典和日本各国的经济体制特征进行了分析。

应该说，埃冈·纽伯格等人的研究方法的确有很大的创新性，他们采用结构主义的研究方法，把市场机制的决策过程进行了结构划分，试图通过揭示结构之间的内在关系，来解释不同经济体制或同一经济体制下不同模式之间差异的原因，这种分析方法适合研究不同体制的差异性问题。正因为如此，这一研究方法在经济体制的比较研究中产生了很大影响，我国20世纪90年代兴起的比较经济体制研究中，很多学者都采用这一分析框架。

然而，这一方法论的局限性也是很明显的，突出体现在两方面：一是作者虽然采用结构主义分析方法，但他们解剖的主体仍然局限在市场机制本身，而对市场机制之外的经济环境等深层的"制度"性内容，并没有纳入分析框架。而现实中，运用"制度"的多样性来解释资本主义多样性恰恰是十分重要的工具。二是作者否定了财产制度对不同经济体制产生的重要影响，忽略了政治与经济的相互关系。在他们的研究方法中，没有经济制度与经济体制这样不同层次的结构和关系的划分，他们脱离开了经济制度研究体制问题，虽然他们承认在分析过程中试图借鉴马克思主义的"历史动力"方法，但由于他们认为"马克思的整个分析是以经济阶级之间的斗争为基础的，他的阶级定义又是以生产资料所有制为基础的。"[③] 他们认为阶级分析为方法不是一个理性的个人作为出发点，因此没有微

[①] 埃冈·纽伯格、威廉·达菲等：《比较经济体制——从决策角度进行的比较》，商务印书馆1984年版，第5~6页。

[②] 埃冈·纽伯格、威廉·达菲等：《比较经济体制——从决策角度进行的比较》，商务印书馆1984年版，第9页。

[③] 埃冈·纽伯格、威廉·达菲等：《比较经济体制——从决策角度进行的比较》，商务印书馆1984年版，第1页。

观基础。显然，这种方法对马克思主义方法论的排斥和错误的历史观，决定了他们无法在经济制度与经济体制、逻辑和历史的统一中研究多样化的资本主义，因此，其方法论的本质还是新古典主义的，只能停留在市场机制层面，不可能深入到生产关系层面。应该说，这一研究方法基本上没有发展前途。

（二）演化—比较制度研究方法

严格说来演化经济学和比较制度分析，是两种研究范式，但是从研究多样性角度看，它们可以被归结为一个范式，本文称之为"演化—比较制度研究方法"，代表性人物有霍奇逊、青木昌彦、阿夫纳·格雷夫等。[①] 其中，青木昌彦等人的研究方法和内容较为系统，1996年，青木昌彦和奥野正宽以日本国家为例，编写了《经济体制的比较制度分析》一书（修订版的中文版于2005年由中国发展出版社出版），本书的开篇作者指出："'比较制度分析'（comparative institutional analysis）是经济学的一个新领域，它是通过将经济体制看作各种制度的集合来分析市场经济体制的多样性和活力的。本书是这一领域里第一部进行系统论述的专著。"[②] 他们认为新古典经济学是关于市场经济体制的普适性模型，所以在新古典经济学的模型中，不存在制度分析的余地。当然，他们承认以科斯为代表的新制度主义者开始以交易费用为基础研究制度问题，但显然科斯等人关注的制度主要是企业组织问题，其内容属于市场经济体制范畴，其方法属于新古典主义的。而青木昌彦等人所关注的"制度"已不仅仅是企业组织这种正规制度，还包括文化、价值观等制度内容。格雷夫也是如此，他在《大裂变——中世纪贸易制度比较和西方兴起》一书中，通过制度比较分析，研究资本主义起源的多样性问题。他认为制度存在多样性和互补性，同时制度又约束人的行为。如何理解制度与人的关系，他和青木昌彦都采取了博弈论的分析方法。格雷夫认为，建立在理性经济人假设基础上的博弈论研究方法，构成了制度多样性研究的微观基础。

但青木昌彦同意格雷夫的认识，博弈论在研究制度多样性上存在局限性："与此同时，我们必须意识到，博弈论分析作为系统研究制度的理论工具本身尚不完善。……即使面对相同的技术知识和被相同的市场所联结，制度安排也会因国家而异。因此，为了理解特定制度安排在某特定国家演化生成的原因，单单囿

[①] 据笔者所知，青木昌彦并没有声称自己是演化经济学家，但他的制度分析方法的确借鉴了演化经济学的方法论。青木昌彦和阿夫纳·格雷夫是公认的从事比较制度分析的经济学家。

[②] 青木昌彦、奥野正宽，魏加宁等译，林家彬校译：《经济体制的比较制度分析》（修订版），中国发展出版社2005年版，第1页。

于博弈论框架本身是不够的,我们必须依赖比较和历史的知识(Greif,1999)。也就是说,制度分析在本质上是比较性的,因而被称为比较制度分析(comparative institutional analysis,简称 CIA)"。① 格雷夫也指出:在他的这部代表作的分析方法"是用博弈论的均衡分析来研究制度,他有时被称为'作为均衡的制度'分析方法,相关的制度被称为自我实施的制度。……制度不是博弈均衡,博弈不是制度分析的基本单元,而且博弈论也不能给我们提供一种制度理论。"② 可见,格雷夫也认识到用博弈论分析方法研究制度和多样性存在问题。

应该说,在研究资本主义多样性问题上,演化经济学的方法显然优于新古典主义方法,因为这一方法把制度作为研究核心,强调制度结构的多样性,这本身就包含着对资本主义多样性研究的方法。正如霍奇逊指出的:"经济分析再也不能对现代资本主义巨大多样性的持久存在漠然视之了。"③ 尽管在分析框架上还没有形成统一,但他们建立的一套概念和研究方法对我们研究资本主义多样化问题有很大的启发性,比如他们把经济看作一个系统和结构而不是一架机器;他们反对把人看作"经济人",而是试图运用"制度人"概念,但是当他们使用博弈论方法时,问题又回到了原点,"经济人"行为又成为研究的出发点。

"经济人"假设作为研究制度多样性出发点,最大问题在于"经济人"是一个抽象的范畴,经济人背后的利益关系究竟是什么?只能用"利益最大化"这个抽象的说法,对多样性解释缺乏说服力。

(三)西方马克思主义经济学研究方法

马克思主义经济学经典作家没有直接研究资本主义经济多样性问题,但他们的一些研究方法提供启发,比如马克思曾经指出:"资产阶级社会是最发达的和最多样性的历史的生产组织。"④ 资本主义经济在遵循共同发展规律的同时,"并不妨碍相同的经济基础——按主要条件来说相同——可以有无数不同的经验事实,自然条件,种族关系,各种从外部发生作用的历史影响等,而在现象上显示出无穷无尽的变异和程度差异,这些变异和程度差别只有通过对这些经验所提供

---

① 青木昌彦,周黎安译:《比较制度分析》,上海远东出版社 2001 年版,第 3~4 页。
② 阿夫纳·格雷夫,郑江淮等译:《大裂变——中世纪贸易制度比较和西方的兴起》,中信出版社 2008 年版,第 13 页。
③ 杰弗里·M·霍奇逊,贾根良等译:《制度与演化经济学现代文选:关键性概念》,高等教育出版社 2005 年版,第 203 页。
④ 《马克思恩格斯选集》第 2 卷,人民出版社 1995 年版,第 23 页。

的事实进行分析才可以理解。"① 马克思在《资本论》中，科学揭示了资本主义生产关系特征及其运动规律，但他明确指出，他所阐述的规律，是以英国为典型模式。英国模式预示着德国后发资本主义国家的未来，但并不意味着他们要走相同的道路。马克思在评价美国资本主义时曾指出："有些国家，例如北美的发展是在已经发达的历史时代起步的，在那里这种发展异常迅速。……可见，这些国家在开始发展的时候就拥有老的国家的最进步的个人，因而也就拥有与这些个人相适应的、在老的国家里还没有能够实行的最发达的交往形式。"② 这段话表明，马克思在研究资本主义经济运动规律过程中，非常注意资本主义多样性差别。

恩格斯也曾经指出："人们在生产和交换时所处的条件，各个国家各不相同，而在每一个国家里，各个时代又各不相同。因此，政治经济学不可能对一切国家和一切历史时代都是一样的。"③ 列宁在研究资本主义土地制度时，将其典型形式概括为"美国式道路"和"普鲁士道路"。列宁在对垄断资本主义研究中，结合不同国家的生产和资本集中程度、垄断组织的主要形式、金融资本的发展规模、资本主义经济关系的发展程度，把主要资本主义国家概括为不同模式：美国是"托拉斯"资本主义，因为美国企业的生产和资本集中程度最高，国民经济主要控制在少数托拉斯组织中。德国是"卡特尔"资本主义，因为卡特尔组织形式最早产生于德国，在德国最为发达。法国是"高利贷"资本主义，普法战争后，法国工业走向衰落，垄断资本家把大量资本投向信贷，进行资本输出，获得高额垄断利润。英国在向垄断资本主义过渡阶段，与美国、德国相比有些衰落，垄断组织也不发达，但依靠庞大的殖民体系，仍然属于最发达资本主义国家行列，因此，其制度特征带有明显的"殖民"国家色彩。通过对垄断资本主义特征分析和不同国家不同模式的分析，列宁认识到俄国由于工业生产落后，在经济关系中仍然存在大量封建残余，贵族地主在上层建筑中有重要地位。列宁提出了俄国是帝国主义链条上最薄弱的环节，社会主义能够首先在一国胜利的理论。

当代西方马克思主义经济学学派中，以塞缪尔·鲍尔斯、大卫·科茨为代表的"积累的社会结构学派"（SSA）理论。鲍尔斯在他撰写的教材《理解资本主义：竞争、统制与变革》一书中，以美国为例，提出了分析资本主义模式发展变化的分析框架，即资本与资本关系、资本与劳动关系、劳动与劳动关系、政府与

---

① 《资本论》第3卷，人民出版社2004年版，第892页。
② 《马克思恩格斯选集》第1卷，人民出版社1995年版，第125页。
③ 《马克思恩格斯选集》第3卷，人民出版社1995年版，第489页。

经济的关系。① 之后，大卫·科茨（2003）等人以此为基础，建立了分析资本主义多样性的分析框架，他认为资本主义社会中最基本的矛盾是劳动与资本的矛盾，其他的矛盾包括劳动与劳动的矛盾，资本与资本的矛盾，而一个新的制度结构的出现反映了资本主义矛盾的暂时稳定，劳动与资本的矛盾为新的制度结构的出现提供了基础。而实现劳资矛盾稳定的途径有两种：一种是劳动相较资本比较强大；另一种是资本相较劳动更强大，在实现劳资关系稳定的过程中，政府的作用不可忽视，从而导出两种不同类型的制度结构——自由主义的制度结构（LIS）与调节的制度结构（RIS）。这两种制度结构在以下四个方面表现出不同的特点：一是政府在经济中的作用；二是劳动与资本的关系；三是资本与资本的关系；四是意识形态。该理论宣称可以作为分析当代资本主义多样性问题方法。SSA 理论被用于对多个资本主义国家或地区的发展研究，包括美国、墨西哥、南非、阿拉伯国家中的埃及、苏丹等资本主义不同发展模式。② Zhongjin Li，Hao Qi（2014）受到 SSA 理论与劳动过程理论的启发，重点分析了中国 SSA 中的劳动制度，构建了一个超时工作、劳动过程与工资差距之间关系的分析框架，提出了中国工人维持劳动力再生产与低工资间的矛盾，介绍了工人在工作场所的从属地位与工资差距间的双向决定关系，并得出维持当前劳动制度稳定与资本积累需要满足的条件，从劳动力再生产的角度来说，要有充足的农村支持与持续的资本积累；从劳动过程的角度来说，需要工人对开发自身劳动能力的宽容；从国家干预的角度而言，需要政府保持亲资本的状态。③

意大利锡耶纳大学政治经济学系（University of Siena, Dipartimento di Economia Politica）教授埃内斯托·斯克勒潘蒂（Ernesto Screpanti），从马克思主义经济学的基本原理出发，结合制度多样性原则假设，提出将财产权分配剩余价值的功能与治理结构调节投资活动的功能相分离的资本主义理论。斯克勒潘蒂提出财产权制度（property rights regimes）和积累治理结构（accumulation governance structures）两个概念，认为资本主义制度形式（institutional form）可以按照三个维度来定义：（1）其中占主导地位的财产权制度；（2）其中占主导地位的积累治理结构；（3）二者的结合方式。据此，他认为资本主义形式因而可细分为三种

---

① 塞缪尔·鲍尔斯等，孟捷、赵准、徐华主译：《理解资本主义：竞争、统制与变革》，中国人民大学出版社 2010 年版，第 143 页。

② Terrence Mcdonough, Michael Reich, David Kotz. Contemporary Capitalism and Its Crises—Aocial Structure of Accumulation Theory for the 21st Century. Cambridge University Press, 2010.

③ Zhongjin Li, Hao Qi. Labor Process and the Social Structure of Accumulation in China. Review of Radical Political Economicis, March, 2015.

财产权制度：集中的私人财产权、分散的私人财产权和国家财产权；以及四种积累治理结构：商品市场、公司市场、外部科层和内部科层（见表11-1）。

表11-1　　　　　　　　　　　资本主义制度形式

积累治理结构 \ 财产权制度	集中的私人产权	分散的私人产权	国家产权
商品市场	产业革命 古典资本主义		南斯拉夫
公司市场		英国、美国 市场导向的公司资本主义	
外部科层		德国、日本 银行导向的公司资本主义	苏联
内部科层	所有类型	所有类型	所有类型

资本主义不同的历史形式实际上是各种财产权制度与积累治理结构不同组合的结果。其理想模型有：古典资本主义、市场导向的公司资本主义和银行导向的公司资本主义。三者可视为资本主义演进的不同阶段，并呈现向自治资本主义发展的历史趋势。[①] 斯克勒潘蒂的研究颇具启发性，但作者的研究过程仍然是以制度差异性作为研究的起点，制度差异的微观基础是什么，没有进入作者的视野。

（四）关于当代资本主义多样性研究方法的局限性

综上，新古典经济学研究方法脱离开制度和历史，仅仅运用经济人假设展开研究，基本无法研究多样性问题。演化—比较制度分析方法，有一定进步性，运用博弈论的分析工具，试图把制度、历史和文化等纳入分析框架，这种对多样性研究的思路是对的，但分析工具是有问题的。如果运用博弈论作为分析工具，就必然对人的选择行为有严格假设，或者要通过多重博弈和复杂模型来分析。这不仅需要博弈论的发展，还需要实验经济学对人的心理研究的理论支撑，目前还很难成为一个成熟的方法。而SSA理论建立在马克思主义经济学基础上的分析框架，有一定的科学性，笔者在2007年提出的分析框架，是基于马克思主义唯物史观和制度分析方法相结合提出来的，与SSA理论提出分析框架有些地方不谋而

[①] 埃内斯托·斯克勒潘蒂，谢富胜译：《资本主义形式与资本主义的本质》，载《中国社会科学内部文稿》。

合，从制度结构的角度研究多样性问题。笔者研究多样性问题，构建的框架基本上是"生产力—所有制—劳资关系—政府作用—政党与意识形态"研究路径①。这种研究路径与西方制度主义者和SSA学派有相似之处，最后把资本主义多样性还是归结为政府与市场的关系、劳资关系、企业产权和治理模式几个主要方面。这种研究似乎是公认的分析框架，但是，从笔者研究经历来看，这种研究方法仍然过于宏观，以制度为分析单位，缺乏马克思主义经济学的微观基础。因此，缺乏揭示资本主义多样性发展的"内在规律"的分析框架。中国人民大学卢荻教授曾经启发笔者，可以考虑从"资本积累模式"角度研究多样性，他说的很有道理，从马克思主义经济学角度看，资本主义不同发展模式，本质上就是资本积累模式不同。但是接下来仍然是绕不过去的问题：我们研究的起点在哪里？现在，本文提出最新研究思路，即从劳动力商品入手研究资本主义多样性问题，尝试建立研究资本主义经济多样性的微观基础。

三、马克思主义政治经济学关于发达国家市场经济模式多样性的研究方法

论及运用马克思主义方法论研究资本主义多样性问题，一些人会觉得牵强附会，因为长期以来，人们一直有一种认识，就是认为马克思经济学是研究资本主义经济制度整体特征和运动规律的，这显然是研究资本主义统一性问题而不是多样性问题。马克思在《资本论》序言中也曾明确指出"本书的最终目的就是揭示现代社会的经济运动规律，"而这种规律适合于资本主义生产关系本身，所以，"工业较发达的国家向工业较不发达的国家所显示的，只是后者未来的景象"。"我在本书研究的，是资本主义生产方式以及和它相适应的生产关系和交换关系。到目前为止，这种生产方式的典型地点是英国。因此，我在理论阐述上主要用英国作为例证。但是，如果德国读者看到英国工农业工人所处的境况而伪善地耸耸肩，或者以德国的情况远不是那样坏而乐观地自我安慰，那我就要大声地对他说：这正是说的阁下的事情！"② 马克思在这里也表明他的研究任务是揭示资本主义经济运动的一般规律。所以，著名演化经济学家霍奇逊指出："虽然卡尔·马克思（Karl Marx）和弗里德里希·哈耶克（Friedrich Hayek）对于我们理解资

---

① 刘凤义、沈文玮：《当代资本主义多样性的政治经济学分析》，载《教学与研究》2009年第2期。
② 马克思：《资本论》第1卷，人民出版社2004年版，第8页。

本主义制度怎样运转做出了巨大的贡献，但是，他们都坚持一种单一的和纯粹的资本主义的观点。"① 霍奇逊的观点或许很有代表性。

应该说这种观点表面看上去不无道理，马克思的《资本论》巨著要揭示的的确是资本主义经济运动的一般规律，在这个意义上，马克思经济学是研究资本主义统一性而不是多样性特征的。但是我们知道，辩证法认为：矛盾的普遍性存在于特殊性之中，没有脱离开特殊性的普遍性。如果说资本主义统一性特征就是矛盾的普遍性，那么资本主义的多样性就是矛盾特殊性的表现，研究资本主义统一性特征，必然是从考察资本主义的特殊性作为起点。马克思研究资本主义制度的运动规律，就是以英国为例进行的。所以，对资本主义制度的研究必须在多样性统一中进行。马克思在《政治经济学批判导言》中关于方法论的论述中提及了这种"多样性统一"的研究思路。马克思指出经济学的研究道路有两种：第一条道路是在它产生时期的历史上走过的道路。从具体找到抽象的一般关系。例如：从人口、民族、国家开始，抽象出分工、货币、价值等概念，然后建立相应的经济学体系，马克思认为这样的研究方法只走了一半的路。另一条道路是从具体出发，从具体到抽象，再从抽象上升到具体，他认为这是正确的道路。马克思在对"具体"概念的阐释中指出："具体之所以具体，因为它是许多规定的综合，因而是多样性的统一。因此它在思维中表现为综合的过程，表现为结果，而不是表现为起点，虽然它是现实中的起点，因而也是直观和表象的起点。"并指出"在第一条道路上，完整的表象蒸发为抽象的规定；在第二条道路上，抽象的规定在思维的行程中导致具体的再现。"② 显然，马克思这里指的"具体"有两种含义：一种是指没有抽象的、现实中的具体，这种"具体"是认识的起点；另一种具体则是在对现实具体进行思维抽象加工后，确定了许多规定性的具体。比如，美国资本主义、德国资本主义等具体经济实体，是我们要研究的具体实体，即研究的起点。我们对这些具体实体经过抽象思维的加工，抽象出一般特征，比如都是市场经济体制、都存在资本雇佣劳动，生产都以追求剩余价值为目的等。但马克思认为经济学研究方法还不是到此为止，而古典经济学家的抽象法恰恰就此而结束。马克思认为得出这些抽象的原则或规律，研究问题的道路只是走了一半。接下来，还必须从思维的抽象上升到具体，但这个具体已经不同于作为研究起点的、杂乱无章的现实具体，而是有着各种规定的具体。按照上面的例子，当我们从资本主义的一般特征再上升到具体时，就会对美国资本主义制度和德国资本主

---

① [英] 杰弗里·M·霍奇逊，贾根良等译：《制度与演化经济学现代文选：关键性概念》，高等教育出版社 2005 年版，第 181 页。
② 《马克思恩格斯选集》第 2 卷，人民出版社 1995 年版，第 18 页。

义制度有了更为深入的认识,我们会发现由于受经济、政治、文化等各种具体因素的约束和影响,每个资本主义国家的资本主义经济制度,已经有了更为具体的内在规定性,比如美国资本主义表现为"自由资本主义模式",而德国资本主义则是"社会市场经济模式",等等。当我们的研究回到这一有着许多具体规定性的综合的时候,我们看到的资本主义就是马克思所说的"多样性的统一"的资本主义了。马克思在《资本论》中虽然没有直接研究资本主义的多样性问题,但我们从马克思的"多样性的统一"这一研究方法中,完全可以去探索研究当代资本主义多样性的科学方法,正如马克思指出的,揭示出资本主义经济运动的一般规律,"这并不妨碍相同的经济基础——按主要条件来说相同——可以由于无数不同的经验事实,自然条件,种族关系,各种从外部发生作用的历史影响等,而在现象上显示出无穷无尽的变异和程度差别,这些变异和程度差别只有通过对这些经验所提供的事实进行分析才可以理解。"① 我们研究资本主义的多样性问题,就是探讨资本主义经济制度在不同国家具体实现形式上的差异性问题。

马克思在评价美国资本主义时曾指出:"有些国家,例如北美的发展是在已经发达的历史时代起步的,在那里这种发展异常迅速。……可见,这些国家在开始发展的时候就拥有老的国家的最进步的个人,因而也就拥有与这些个人相适应的、在老的国家里还没有能够实行的最发达的交往形式。"② 这段话表明,马克思在研究资本主义经济运动规律过程中,非常注意资本主义多样性差别。

恩格斯在关于政治经济学研究对象阐述时,更是有明确的方法论也曾经指出:"人们在生产和交换时所处的条件,各个国家各不相同,而在每一个国家里,各个时代又各不相同。因此,政治经济学不可能对一切国家和一切历史时代都是一样的。……谁要想把火地岛的政治经济学和现代英国的政治经济学置于同一规律之下,那么除了最陈腐的老生常谈以外,他显然不能揭示出任何东西。因此,政治经济学本质上是一门历史的科学。它所涉及的是历史性的即经常变化的材料;它首先研究生产和交换的每个个别发展阶段的特殊规律,而且只有在完成这种研究以后,它才能确立为数不多的、适用于生产一般和交换一般的、完全普遍的规律。"③

今天我们对当代资本主义多样性的研究,在方法论上就是要坚持马克思主义的方法论的内核,即唯物史观和唯物辩证法。正如列宁指出的,马克思的《资本论》不仅是历史唯物主义的运用,还是对历史唯物主义的论证和证明,所以"马

---

① 马克思:《资本论》第3卷,人民出版社2004年版,第892页。
② 《马克思恩格斯选集》第1卷,人民出版社1995年版,第125页。
③ 《马克思恩格斯选集》第3卷,人民出版社1995年版,第489~490页。

克思的理论是在研究和说明某些国家的经济制度的演进；至于把这种理论'应用'到俄国来，只能是利用已创造出来的唯物主义方法和理论政治经济学方法，来研究俄国生产关系及其演进情形。"① 对当代资本主义国家的研究，也要坚持这一方法。但同时，我们还不能仅仅停留在马克思唯物史观这一框架上，而必须与时俱进地把马克思主义方法论具体化、创新化，这样才能保持马克思主义的解释力和生命力。否则，就可能窒息甚至扼杀这种方法论本身，这一点，我们有过很多教训。

从研究资本主义多样性问题的角度看，我们可以把马克思主义唯物史观和唯物辩证法的方法论具体化为系统观的方法。这里所说的系统观的方法，就是在唯物史观的基础上，把经济有机体看作一个系统进行结构解剖，划分出不同层次，并运用联系的、辩证的、动态的观点分析结构内部各要素之间的相互关系。马克思主义唯物史观和唯物辩证法之所以能够具体化为系统的方法，是因为其方法论自身具有系统观的特征。马克思在《资本论》第1卷第二版"跋"中曾明确指出了他的辩证法是不同于黑格尔辩证法的系统观，在马克思看来，以前经济学家不懂得系统发展观点，所以，他们把经济规律等同于物理定律或化学定律，是一种典型的机械论观点。而马克思则不同，他把社会看作生物有机体，"由于各种有机体的整个结构不同，它们的各个器官有差别，以及器官借以发生作用的条件不一样等等，同一现象却受完全不同的规律支配。"② 应该说，马克思并不是第一个试图用系统观研究资本主义制度的经济学家，但却是第一个在唯物史观基础上运用系统观的经济学家。亚当·斯密就曾试图用系统方法分析资本主义社会，他曾力图把资本主义生产关系的各要素作为一个系统的有机构成部分去分析它的结构，但由于他没有科学的历史观，所以无法真正把握这一系统中各要素的地位和功能。马克思则在唯物史观的基础上，成功运用系统原则，不仅把资本主义制度这一有机整体在生产力—生产关系（经济基础）—上层建筑框架中制度结构进行了层层解剖，而且科学揭示了这一制度结构内部各要素之间的辩证关系。正如一般系统论创始人贝塔朗菲所指出的："系统论是和马克思的光辉名字联系在一起的"。美国学者 D. 麦奎因和安贝吉在《马克思和现代系统论》一文中，也认为马克思是"一位早期系统论者"，"他的理论工作的主要部分都可以看做是富有成果的现代系统方法研究的先声。"③ 霍奇逊也承认：马克思"作为一名经济

---

① 《列宁全集》第1卷，人民出版社1984年版，第232页。
② 马克思：《资本论》第1卷，人民出版社2004年版，第21页。
③ 麦奎因、安贝吉：《马克思和现代系统论》，载《哲学研究》1980年第2期。

学家,他的著作所反映的系统思想却达到了其他经济学家很少达到的水平。"[1]霍奇逊是最早主张用系统论方法对资本主义多样性进行研究的演化经济学家,他承认演化经济学的方法受到了马克思的启发,但由于霍奇逊不赞成马克思的唯物史观,所以,他在演化经济学中所提出的系统结构,是一个以习俗、惯例等为核心概念的制度系统,把经济关系与文化关系混为一谈,与马克思的系统结构存在本质区别,这也正是我们批判演化经济学分析框架局限性的根本原因所在[2]。

在我国经济学界,一些著名马克思主义经济学家也提出过运用马克思主义系统观方法研究现代社会的经济问题。中国人民大学的胡钧先生1991年在中国《资本论》研究会第五次会议上,就明确提出要把马克思主义的唯物辩证法具体化为系统观和发展观来研究中国社会主义市场经济问题,他在1999年出版的、获得国家图书奖的《中国社会主义市场经济研究》一书中,就成功运用了马克思主义系统发展观的方法研究了公有制与市场经济兼容问题。[3] 复旦大学的张薰华先生,也很早就主张运用系统方法来理解马克思的唯物辩证法,他把马克思的唯物史观和唯物辩证法所包含的系统思想用圈层的方式形象地描述出来,他认为生产力是经济系统的内圈,代表生产的物质内容,生产关系和上层建筑分别是中圈和外圈,它们是生产的社会形式,三个圈层的内在联系形成社会发展规律。20世纪90年代以后,随着经济社会发展的需要,张先生又与时俱进地对这个圈层进行了发展,从原来的三个圈层发展为六个圈层。内圈的物质内容发展为"源泉和生产力"两个圈层;中圈的生产关系圈层发展为"商品所有制(市场经济)"和"要素所有制(私有或公有)"两个圈层;上层建筑圈层划分为"政治法律制度"和"意识形态"两个圈层。[4] 胡先生和张先生对马克思主义方法论的创新性开掘,显然对我们有重要的启发性。比如在张先生的六圈层系统中,我们可以很容易看出马克思主义经济学的唯物史观的分析框架完全可以容纳新古典经济学、新制度经济学、演化经济学等西方经济学的各种流派所研究的内容,比如在市场经济层面,我们可以找到新古典经济学所予阐释的内容;在要素所有制和政治法律制度的交叉层面,我们可以看到新制度经济学的研究领域;在这两个层面的延伸,与意识形态层面的结合处,我们可以找到演化经济学的关键性概念和核心范畴。这表明,马克思主义经济学的研究框架具有包容性、开放性和创新性的

---

[1] 霍奇逊:《现代制度主义经济学宣言》,北京大学出版社1993年版,第19页。
[2] 演化经济学对制度结构的这种划分方法,也遭到了新古典经济学家的批判,他们认为演化经济学没有自己的理论体系。
[3] 胡钧:《中国社会主义市场经济研究》,山东人民出版社1999年版。
[4] 张薰华:《科学的理论与科学的方法》,载《海派经济学》2006年第14期。

特征。

　　本文在借鉴前人的基础上，依据唯物史观，把整个经济有机体也看作是由生产力—生产关系（经济基础）—上层建筑构成系统，其中生产力是生产的物质内容，生产关系则是核心，而生产关系又可以分为三个层面：经济制度层面、经济体制层面和经济运行层面。经济制度层面决定生产关系的性质，主要包括所有制关系和与之相适应的分配关系，处于生产关系的最深层面；而经济体制层面则是经济制度的实现形式，它包括经济运行的各类载体以及与之相适应的各种制度安排，如企业制度、市场制度等，处于生产关系的中间层面；经济运行则是经济体制的具体实现形式，市场机制是市场经济体制运行的基本机制，它通过价格、供求、竞争等子机制的相互作用，对资源进行合理配置，它处于经济系统的最表层。生产关系的不同层面与上层建筑结合，形成不同制度安排，比如生产资料所有制与法律相结合，形成产权关系；市场机制与法律、文化结合，形成市场秩序，等等。可见，资本主义是由复杂的制度结构组成的，这些制度既有正规制度，也有非正规制度，它们互相交错，镶嵌在一起，形成一个多层次、多维度、立体式的复杂制度结构构成的系统，制度的多样性决定了资本主义的多样性。

　　当然，这并不是说生产力、生产关系和上层建筑三个子系统在经济有机体中的地位和作用是相同的，如果是这样理解，我们就丢掉了马克思主义唯物史观的精华。那么，我们既要承认经济有机体中不同系统、不同层面的关系所处的地位和作用不一样，又要强调各个系统和层面之间的内在统一性和联系性，在方法上如何实现呢？我们通过遵循系统论中的两个分析原则可以处理好这种关系，这两个原则就是支配性原则和不纯粹原则。[①] 所谓"支配性原则"就是指，在系统内部总有一两个要素支配这个系统的性质和规律，使这一系统与其他系统从本质上区别开来。比如对经济制度的分析，必须找出具有支配地位的经济结构和经济关系，正如马克思所说的："在一切社会形式中都有一种一定的生产决定其他一切生产的地位和影响，因而它的关系也决定其他一切关系的地位和影响，这是一种普照的光，它掩盖了一切其他色彩，改变着它们的特点。这是一种特殊的以太，它决定着它里面显露出来的一切存在的比重。"[②] 这一原则应用于对我国市场经济的分析，很容易判断出我们的市场经济的制度性质是社会主义的，因为我们是公有制为主体，"公有制"性质具有支配性作用。这一原则应用于美国、德国市场经济的分析，我们也能够抓住它们的制度性质特征，即它们都是资本主义性质

[①] 本文这里借用了霍奇逊的提法。参见霍奇逊：《现代制度主义经济学宣言》，商务印书馆1993年版，第十一章第二节内容。

[②] 《马克思恩格斯选集》第2卷，人民出版社1995年版，第24页。

的制度。但仅仅停留于此还不够,因为同样是资本主义市场经济,在具体制度特征上美国是典型的"自由资本主义模式",而德国则被称为"社会市场经济模式"。要对这些区别做进一步分析,就必须引入系统论中的另一个重要原则,即"不纯粹原则"。所谓"不纯粹原则"是指就任何一个系统本身来说,其构成要素是多方面的,因而内部结构比较复杂,这样,对系统的分析就必须在多种因素相互联系中进行,而不是在既定条件下寻求单一原因。这一原则应用与我国初级阶段的基本经济制度分析,很容易理解"多种所有制经济共同发展"这一制度规定,这是"不纯粹性原则"的具体体现;对资本主义多样化研究,坚持这一原则就可以进一步认识同是资本主义制度,为什么在经济模式上存在差异性,这是因为不同资本主义国家的具体制度安排要受这个国家的生产资料所有制结构及实现形式的特点,上层建筑中政治、文化、意识形态等诸多制度的相互作用和影响,在这个过程中,既有制度的"遗传",也有制度的变异和创新,其结果是多样化市场经济模式的形成。

四、美国模式与欧洲模式的比较

(一)美国:自由资本主义模式

提起自由市场经济模式,人们通常会想到美国。美国之所以被作为自由市场经济的代表,有其特殊的生存土壤。正如马克思曾指出的:"有些国家,例如北美的发展是在已经发达的历史时代起步的,在那里这种发展异常迅速。……可见,这些国家在开始发展的时候就拥有老的国家的最进步的个人,因而也就拥有与这些个人相适应的、在老的国家里还没有能够实行的最发达的交往形式。"[1] 所以,维尔纳·桑巴特指出:"美利坚合众国是资本主义的乐土。资本主义要完整且纯粹地得到发展,所需要的一切条件都最先在这里得到满足。除此之外,其他任何国家和民族都没有赋予资本主义这样的条件,允许它发展至其最高阶段。""资本主义之外的任何一种谋生方式在美国都好像是不为人所知的,而欧洲国家所不曾有的一种纯粹的经济理性主义满足了这种攫取利润的欲望。"[2] 美国资本

---

[1] 《马克思恩格斯选集》第1卷,人民出版社1995年版,第125页。
[2] [德]维尔纳·桑巴特,王明璐译:《为什么美国没有社会主义》,上海人民出版社2013年版,第5、7页。

主义的突出特征可以概括为以下特点：

1. 强大的私有制经济

与其他发达国家相比，美国资本主义所有制的私有化程度最高，这也是美国市场经济模式被称为自由资本主义的经济基础之所在。美国独立战争的口号就是要求承认"生活、自由和个人财产是不可剥夺的权利"。在殖民时期形成的财产权利，虽有变化，但美国革命没有改变其基本的核心。美国的财产制度对新兴资产阶级来说无疑有重要的激励作用，使他们的资本获得了高度安全感。在美国"联邦政府一级以上几乎没有任何公有资产，除了邮政服务，它是世界上最大的雇主。在州政府一级，有一些公有资产，比如发电厂和配电器，以及一些教育和医疗保健机构。更多的公有资产在地方和市一级，包括交通、能源、医疗保健、教育和水务。"① 从20世纪50年代到80年代，美国政府及公营企业在国民生产总值中所占的比例仅为1.5%左右，雇员占全部就业人员的比例仅为9.7%~16%。相比于其他发达国家，当今的美国在电力、石油、煤气、煤炭、航空、钢铁、造船等重要工业部门，国有化程度也都是最低的。② 相比之下，美国私人垄断资本的力量相当强大，资本的社会化程度也非常高，其中跨国公司的实力最具代表性，1999年，美国7个巨型公司各自拥有3000亿美元的资产，富可敌国。2005年美国《财富》杂志上全球500强企业排行榜中，前100强的企业里美国独占了35家；排在前5名的大企业中，除了英国壳牌石油公司名列第2之外，都是美国跨国公司。美国强大的私人垄断资本必须靠相应的自由企业制度来维护。

2. 自由的企业制度

自由企业制度是私人财产制度的重要体现。众所周知，19世纪末20世纪初，美国就曾以"托拉斯资本主义"而著称，表明美国经济已进入了垄断阶段。在经济全球化的今天，美国更是跨国公司实力最强的大资本主义国家，在国际经济组织和区域经济集团里，美国也是居于领导者的地位。在这个意义上，美国的企业是世界上实力最强的垄断组织。这里所说的美国自由企业制度，是从美国企业的建立、企业内部关系和企业之间关系在市场中受规则约束的情况而言的。美国自由的企业制度突出体现在以下方面：

（1）企业的建立遵循自由主义原则。在美国，企业遵循的基本法律是各州的

---

① ［德］魏伯乐等主编：《私有化的局限》，上海三联书店、上海人民出版社2006年版，第308~309页。
② ［美］斯蒂格利茨：《政府为什么干预经济》，中国物资出版社1998年版，第35页。

法律，而各州之间的法律又有明显的差异，一家企业无论在哪里经营，它可以选择一个州来组建公司，这样各州之间存在竞争，这种竞争实际上是比谁的管制更宽松。而各州在宪法允许的范围内，尽量对抗联邦政府的干预。如果哪一个州的管制严格，企业就会选择其他的州落户。"也就是说，州与州之间的竞争使它们倾向于保护管理者的利益。因为是管理者来决定公司在哪个州组建，于是各州在法律上迎合他们，以吸引公司开设在本州。"①

（2）股东至上且来去自由。美国自由企业制度理念，表现在股东至上而且来去自由，美国的资本市场发达，企业所有者的地位变化迅速，来去自由。"根据纽约证券交易所提供的数据，1990 年持有股票（包括共同基金股）的个人有 5144 万人。个人股东持有美国股票的 29%——其中 19% 在公众手中，10% 在公司创始人手中。""机构投资者——主要是养老基金、共同基金、保险公司等——持有另外大部分股票，1990 年持有普通股的 53.3%。"② 可见，美国近 1/4 的公民持有股票，另外，大量股票在投资机构手中。无论是个人股东还是机构投资者，对公司治理普遍不感兴趣。他们选择买哪个公司的股票，完全出于一种利润动机，只要公司股票价格不令人满意，他们就会"用脚投票"。罗纳多·多尔把美国这种资本主义称为"股票资本主义"。美国公司为了迎合股东，必须坚持股东利益至上的原则，在利益分配上坚持股东第一。所以，"自从 80 年代以来，美国人工资在总的增值中的份额一直处于下降趋势，甚至可以说这种趋势早在 70 年代初就开始了……新兴经济国家关于股本收益率竞争带来的压力迫使美国工业提高收益率，它们将产值中的越来越大的一部分留给资本的拥有者。"③ 一些批评家提出，美国企业家普遍存在"短视综合征"，他们只关心短期内的利益，股票价格，不关注企业的长远发展和创新。

（3）公司管理者强调个人主义。美国的公司是由他们的总裁来运营的，相比于团队化而言，美国公司的领导更突出个人主义。美国公司内部是典型的资本雇佣劳动关系，劳动力通过市场与企业签订契约，受劳动力市场的约束。在绝大多数情况下，公司管理者的地位远远高于其他人，它与其他管理者之间的关系，主要取决于个人人格魅力。许多总裁为了防止自己受指责，尽量使董事会成员团队

---

① [英]乔纳森·查卡姆，郑江淮、李颜鹏等译校：《公司常青：英美法日的公司治理的比较》，中国人民大学出版社 2006 年版，第 175 页。

② [英]乔纳森·查卡姆，郑江淮、李颜鹏等译校：《公司常青：英美法日的公司治理的比较》，中国人民大学出版社 2006 年版，第 184 页。

③ [英]罗纳多·多尔，李岩、李晓桦译，郑秉文校：《股票资本主义：福利资本主义——美英模式 VS 日德模式》，社会科学文献出版社 2002 年版，第 8~9 页。

化。然而,从个人化到团队化这一范围内,总裁的位置绝对处于个人化的那一端。在美国"多于四分之三的公司里,董事长就是总裁。这一现象在大公司中更为普遍。例如,在制造业中,营业收入在 30 亿美元以上的公司中,有 92% 的公司的董事长就是总裁。但营业收入在 1 亿美元以下的公司中,只有三分之二的公司是这一情况。这种职位的结合——公司首脑和董事会的首脑——加强了总裁在董事会中的权力。"美国公司总裁的这种权力至上与其高收入是相辅相成的。"日本总裁的收入是本国基本工资的 17 倍,英国总裁的收入是本国基本工资的 35 倍,而美国的总裁的收入是本国基本工资的 109 倍。"[①] 美国公司的管理者市场化选择程度非常高,这种自由竞争的总裁市场,抬高了管理者的身价。毕竟,优秀的管理人才是稀缺的,公司设法在市场竞争中留住人才。所以,美国总裁市场并不稳定,一个总裁可能突然地、公开地离开公司,这对公司无疑是重大损失。管理者的流动性强,也加剧了美国企业以利润为目标的短期行为。

(4) 企业之间竞争性市场关系。因为美国信奉自由市场经济,所以企业之间通过市场竞争,优胜劣汰被视为是自由原则的体现。由于其发达的资本市场,企业之间往往通过股票方式实现兼并、收购,实现资本集中,而不像日本、德国企业那样,企业之间形成伙伴关系。对美国企业发展史上的兼并浪潮,理论界概括不完全一致。英国经济学家斯科特·拉什和约翰·厄里在他们著的《组织化资本主义的终结》一书中分析指出的:"在考虑特定行业的发展时,将现代美国工业的历史分成四个阶段,同时也是资本集中的四个连续阶段是有用的。第一阶段始于 19 世纪 80 年代,大都是水平一体化;第二阶段,又分为非生产性的合并,以及随之而来的 19 世纪 90 年代到 20 世纪 20 年代成功的垂直一体化;第三阶段,从 20 世纪 20 年代开始的多样化和多部门企业的产生;第四阶段,20 世纪 60 年代联合大企业的形成,工业资本实际具有金融资本的作用。"[②] 作者实际上指出,进入 20 世纪 60 年代以来,资本市场在企业兼并中起主导作用。80 年代以来,美国企业并购更是如火如荼,统计资料显示,自 1992 年以来,80 年代末落入低潮的美国企业并购活动重新活跃起来,并且进行得如火如荼。1992 年公开宣布的美国企业并购交易为 2574 件,交易金额 967 亿美元。1995 年,企业并购交易增加为 3512 件,交易金额激增为 5190 亿美元。到了 1996 年,企业并购交易猛升为 10000 余件,交易资金则突破了 6600 亿美元。当然,兼并有敌意兼并,也有

---

① [英] 乔纳森·查卡姆,郑江淮、李颜鹏等译校:《公司常青:英美法日的公司治理的比较》,中国人民大学出版社 2006 年版,第 163~164 页。
② [英] 斯科特·拉什和约翰·厄里:《组织化资本主义的终结》,江苏人民出版社 2001 年版,第 94~95 页。

友好兼并，80年代兴起的这次兼并浪潮中，敌意兼并的实例占据了相当突出的位置；而90年代的兼并中友好兼并占主流。① 但不管兼并动机如何，通过美国企业的兼并浪潮，一定程度上体现出美国企业制度的自由性。

当然，需要指出的是，并购显然是一种资本集中行为，资本集中也必然使企业走向垄断，那么，美国是如何来处理自由企业制度与垄断之间的关系的呢？这就要通过美国政府行为来解释。

3. 最小范围的政府干预

与其他发达资本主义国家相比，美国政府对市场干预的特点突出体现在两个方面：范围最小化；方式间接性。纵观美国市场经济的发展历史，可以看出来，美国市场经济经历了市场经济自由市场经济、垄断市场经济和政府干预的市场经济发展阶段，它不像德国在市场经济发展的第一阶段就有明显的干预色彩。美国政府政策理念在根本上信奉"放任自流"的政策取向，所以，迄今为止，美国依然基本上是依靠市场机制来分配资源的。其为了维护市场机制的自主运行，政府行为重点在维护自由企业制度和自由竞争规则。由于科学技术进步推动的生产力的发展，美国资本主义进入到资本高度集中的阶段。资本的这种高度集中对自由竞争的市场机制和自由企业制度必然形成威胁，因此，美国政府在这方面有所表现。1890年通过的《谢尔曼反托拉斯法》，旨在恢复企业自由竞争，以打破垄断。1906年，美国通过法案，确保食品和药品都被贴上标签，且肉类在出售前得到检验；截至20世纪90年代，国会已经成立100多个联邦法规监管机构，领域从贸易到通信、从核能到产品安全、从药品监督到就业机会等。这些机构都设立独立委员会，相对独立于政府，旨在监督企业运行，保护消费者和小企业群体。美国对市场自由竞争规则的保证主要是通过立法形式完成的。基本分三类：第一类是调整企业之间关系的法律，如反对垄断的谢尔曼法案、克莱顿法案、联邦贸易委员会法案等；第二类是调整企业内部雇主与雇员之间关系的法律，如劳资关系法、最低工资法、限制雇用童工法等；第三类是保证公共利益的法律，如环境保护法、消费者安全法等。

美国政府干预市场的间接性主要体现在政策手段的间接性。和其他发达资本主义市场经济国家相比，美国政府在市场经济中的角色更倾向于充当"裁判"，而不是市场主体。其对经济实行宏观调控的主要特点表现在：在生产领域，倾向于不用任何计划来约束垄断资本的手脚，他们尽量避免经济的国有化和计划化；

---

① 胡国成：《论当前美国企业兼并潮》，载《美国研究》1998年第1期。

在分配领域，虽然也通过税收对收入进行调节，但充分注意不伤害企业家的积极性；虽然也发展社会福利事业，并且不断扩大其范围，但不像西欧一些福利国家那样无所不包，很多内容还是利用市场机制来调节的。政府通过立法对国民经济的某些部门和某些经济活动进行管理，以消除垄断资本发展过程中所造成的封锁市场、排斥竞争、垄断价格、坑害消费者、污染环境、扰乱正常经济秩序、损害公众利益的不良行为的后果。同时，政府还制定许多政策，创造正常的经济环境，克服在自发经济机制下所造成的部门间、行业间、地区间的发展不平衡，以利于经济健康发展。

一些人认为，第二次世界大战以后，美国经济发展逐渐进入了"混合经济"阶段，政府的调控作用明显增强。最主要的证据就是美国政府支出不断增加，20世纪60年代以后，赤字财政成为美国政府经济行为的重要特征。本文认为，政府财政支出的增长与否虽然与政府干预经济程度有一定的联系，但它并不能反映政府干预经济的特点。美国曾经巨大的财政支出并不是直接用于经济领域，相反，很多用于军事、教育、科学技术等领域。美国采取赤字财政还是非赤字财政，完全取决于经济运行状况和执政党的发展理念。所以，财政政策或货币政策本身，只能说明政府参与经济的程度，但并不能说明美国政府干预经济的"特征"。

（二）德国社会市场经济模式

德国社会市场经济与美国自由市场经济有着明显的差异，但与日本市场经济有相似之处，即都有较强的政府干预，所以，一些研究者把德国和日本经济模式统称为"莱茵模式"。德国模式被称为"社会市场经济模式"，它的突出特征是市场经济体制的"社会性"。

1. 强调市场经济的社会性

日本在资本主义模式的形成过程中，基本理论深受来自美国的新古典综合派的影响。德国的自由主义者也信奉个人主义和经济自由，但与美国自由主义者（如弗里德曼）、奥地利学派的自由主义者（如哈耶克、米塞斯）不同的是，他们对市场经济的理解深深地打着德国的烙印，德国的"社会市场经济的起源是有明显的'社会主义时代精神'相伴随的，了解这一点对于理解德意志联邦共和国社会市场经济的起源是重要的。"[①] 德国社会市场经济模式的构想者的着眼点在

---

① ［德］克劳斯·格林，冯文光、裴邑红译：《联邦德国的社会市场经济构想·发展·问题》，中央编译出版社1994年版，第8页。

于"把市场自由原则和社会公平原则结合起来"。他们在强调个人自由的同时,认为这种自由是"有社会责任的"和"有社会义务的",批判那种极端利己主义的个人主义价值观,强调经济社会秩序对个人自由和经济自由的约束。在"社会市场经济"模式的创始人米勒—阿尔马克和路德维希·艾哈德看来,"社会市场经济构想的基本原则应该是:社会市场经济中的'社会'首先应该在于通过经济增长和增加全体德国人民的福利来消除社会紧张关系。要靠发展经济来获得福利,而发展经济要靠竞争来实现,竞争则要靠正常的市场秩序。"①

正因为德国自由主义者强调秩序,所以他们不反对国家干预职能,以至于西方主流经济学的新自由主义者认为德国自由主义者坚持的不是真正的自由主义,而是"虚假的自由主义",在哈耶克看来,在经济上主张市场经济,同时又主张政府干预,最终会导致对个人自由和经济自由的否定。② 正是在这个意义上,同样的凯恩斯主义,在美国和德国的表现截然不同:在美国,主张还是反对国家干预,历来是凯恩斯主义和新自由主义的分水岭。"但是这个一般原则不适用于德国,因为在这个问题上弗赖堡学派与凯恩斯主义者和德国民主社会主义者有类似的观点。对此,布鲁姆曾经说过:'奥尔多自由主义和自由社会主义在要求强大的国家问题上也是一致的。'"③ 所以,在德国,没有界线清晰的、绝对的新自由主义者和凯恩斯主义者,比如奥尔多自由主义者既是自由主义观点的坚持者,同时又是国家干预主义的支持者;民主的社会主义者既信奉马克思主义的一些纲领,也坚持凯恩斯主义的一些观点。

2. 银行代理投票权:德国垄断资本的特殊运行方式

在德国,以"卡特尔"著称的私人垄断资本在现代社会又有了新的实现形式,那就是垄断资本与银行资本之间形成特殊的关系。这种关系有些表现与日本相似,比如,在融资上,银行与企业之间往往是长期的稳定关系,因此属于一种"关系型融资",而不是"交易型融资";再比如,银行往往是企业重要股东,在公司治理中发挥重要作用;还有私人股东在德国也不是主要股东,德国公众对股票也不热衷,股票市场的融资方式只是配角作用,同时,由于资本市场的这种地位,企业并购、尤其是恶意并购很少见,等等。但在职能上,德国银行比日本银行职能更为广泛,所以,德国银行被称之为"全能银行"。

---

① [德]克劳斯·格林,冯文光、裴邑红译:《联邦德国的社会市场经济构想·发展·问题》,中央编译出版社1994年版,第4页。
② [奥]哈耶克:《个人主义与经济秩序》,北京经济学院出版社1989年版,第5页。
③ 沈越:《德国社会市场经济评析》,中国劳动社会保障出版社2002年版,第93页。

德国银行控制企业的独特之处不是体现在融资和持股上,而是代理普通股东的投票权上。在德国,普通股东可以通过授权,让银行代理投票。有研究者指出:德国银行控制企业与自己直接持有该企业的股票数量之间没有必然联系,因为银行可以通过存托股票投票权制度,有效地控制大量其他所有者的股份,而这一投票权远远超过其自身所拥有的股份的投票权。根据垄断委员会在1978年发布的报告,银行掌握了100家最大公司36%的投票权。而且,如果将银行自己所拥有的股份也加进去的话,那么它们就拥有10家最大的公司50%的投票权。也就是说,银行在股东大会的投票表决中处于支配地位。① 正因为银行有这种代理投票权的优势,所以,他们在公司中的势力是非常强大的,在监督委员会和管理委员会中,他们都有自己委派的董事会成员。

3. 企业内部的共同决策制度

德国模式的特殊性不仅体现在垄断资本本身,而且还体现在垄断资本与雇用劳动之间的经济关系上。德国企业内部的经济关系既不像美国企业内的自由雇佣关系,也不像日本企业内的终身雇用制度,而是共同决策制度。共同决策制度就是企业内的所有者、管理者、工会代表、工人代表共同参与企业的重大决策的一种制度,这些参与权实际上涉及包括社会福利、人事和其他经济活动等一切企业事务。德国《企业法》规定,凡雇用5名以上成年职工的私人企业都要通过直接选举产生企业职工委员会(简称职委会),职委会代表雇员的利益与雇主打交道。为了体现雇员利益,德国公司的治理结构采用"双层董事会"制度,这是共同决策的一种机制。

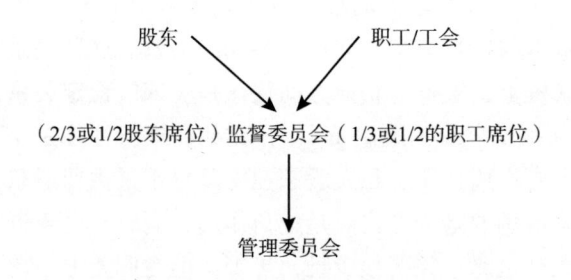

```
        股东              职工/工会
          \                /
           \              /
            ↘            ↙
(2/3或1/2股东席位)监督委员会(1/3或1/2的职工席位)
                   │
                   ↓
               管理委员会
```

监督委员会是最高的权力机构,其成员由股东代表和雇员代表共同组成。在监督委员会的基础上,还要选出管理委员会。德国法律将管理委员会视为一个集

---

① [英]乔纳森·查卡姆,郑江淮、李鹏飞等译校:《公司常青:英美法日德公司治理比较》,中国人民大学出版社2006年版,第39页。

第十一讲 发达国家市场经济模式多样性的政治经济学分析

体权力机构，相对于日本的董事会而言，它是一个真正的决策主体；相对于英美董事会而言，它不是总裁的附属物，而是有实际职能和权力。监督委员会和管理委员会共同构成了公司中相当于董事会的机构，所以称为"双层董事会体制"。监督委员会中职工代表的力量是不容忽视的，法律赋予他们的权力往往能被运用的淋漓尽致，所以，如果股东代表忽视这股力量，职工代表可以使监督委员会变得没有效率。

与企业内的共同决策相适应，德国企业之间和阶级之间，往往通过社会范围内的集体谈判和合作来解决利益冲突问题，这与日本企业之间、产业之间的关系在社会领域内通过"财界"单方力量来协调明显不同。在德国，工人和雇主的利益被组织在庞大的、产业范围的联合会中，即工会联合会和雇主联合会，各方利益的得失显然是双方力量较量的结果。正是在这个意义上，多尔指出，"在德国，阶级仍然很重要。"[①] 德国模式是以合作竞争为基础的，利益集团之间的谈判是一种集体谈判且合作化的双赢模型，因为"在经济领域，德国人从来都不迷信这么一种观点，即自由竞争会使经济效率得到提高。"[②]

德国企业的共同决策制度与日本企业内部晋升和职工参与制也有着明显的不同。尽管日本企业经营者2/3来自内部职员晋升，形式上与德国企业内部职工参与制类似，对此，奥村宏曾指出二者显然是不同的，日本企业内部晋升的经营者是由经理决定的，而不是由职工选举产生的，"职工出身的人成为经营者与职工的代表成为经营者是两个完全不同的概念。如果是职工的代表成为经营者的话，那么就应该通过职工的选举来选出董事，在日本可以说是根本没有那样的公司的。……因此，可以说在德国至少有半数的监事是职工的代表。而在日本当然没有这种制度的了，不管是董事还是监事都是要有股东大会选出来作为资本所有者的代表。在西德实施共同决定的时候，在日本也出现了职工参与经营管理的问题，也曾经有一些工会提出过类似的主张，但是由于经营者方面强烈的反对，所以没有能够得以实现。"[③] 此外，德国公司内管理者与工人之间的关系还有一个重要区别是：德国公司内部是依据法律框架来实施共同治理；而日本公司内部经营者与雇员之间的关系更多是一种习惯和传统使然。

---

① [美]罗纳德·多尔：《股票资本主义：福利资本主义——英美模式VS日德模式》，社会科学文献出版社2002年版，第193页。

② [英]乔纳森·查卡姆，郑江淮、李鹏飞等译校：《公司常青：英美法日德公司治理比较》，中国人民大学出版社2006年版，第7页。

③ [日]奥村宏，张承耀译：《股份制向何处去——法人资本主义的命运》，中国计划出版社1996年版，第48页。

4. 社会范围内的集体谈判与合作

前面曾分析过,在日本,企业之间、产业之间的关系是通过"财界"单方力量来协调的。德国则不同,在德国,工人和雇主的利益被组织在庞大的、产业范围的联合会中——工会联合会和雇主联合会,各方利益的得失显然是双方力量较量的结果。正是在这个意义上,多尔指出,"在德国,阶级仍然很重要。"① 按照制度主义研究方法,利益集团被假设为"经济人",两个利益集团之间谈判结果就是在追求利益最大化过程中,讨价还价中形成的均衡价格。比如奥尔森的"集体行动的逻辑"中的压力集团的斗争,以及"搭便车"现象出现,都是个人主义方法论的产物。然而,德国模式与个人主义方法论所描述的模型之间存在一个重要区别:德国模式是以合作竞争为基础的,利益集团之间的谈判是一种集体谈判且合作化的双赢模型。"如果存在这么一个范围,以'对抗'作为一端,而'合作'作为另一端,那么我们就可以很自信地将德国人的态度和行为放在比英国人或美国人更能接近'合作'的那一端。在经济领域,德国人从来都不迷信这么一种观点,即自由竞争会使经济效率得到提高。"②

下面简单描述这一模型:

德国集体谈判是建立在法律框架基础上的。1948 年颁布的《劳资契约法》(简称 TVG),在法律上承认工会和雇主联合会是工资合同谈判伙伴。在德国实行劳资自治原则:工会和雇主联合会有权在国家不干预的情况下,就劳动、工资、福利等问题对等谈判,自行决定,互相签订劳资协定。劳资协定大致可以分成三类:一类是工资或薪金协议,它规定工人与职员的报酬水平,它们通常在短时间内修订并签订一次;第二类是劳资框架协议,它规定如工作时间、休假天数、解雇通知期限、加班费以及其他一般问题,通常几年修订一次;第三类是以特殊规定作为内容的专门的劳资协定,如有关企业职工培训计划、附加的养老金、员工生产安全保护等。国家虽然以其立法权规定了一般劳资谈判的框架条件,但是它不确定一个工人或职员在某一个工业部门中的工资数额。具体工资数额以及其他事项,如该工人的休假天数等许多其他问题,都由劳资伙伴,即工会和雇主联合会自行决定。但是他们在谈判时必须注意符合《基本法》和其他法律规定,例如法律规定的每周平均最长的工作时间为 48 小时,实际上几乎所有的

---

① [美]罗纳德·多尔:《股票资本主义:福利资本主义——英美模式 VS 日德模式》,社会科学文献出版社 2002 年版,第 193 页。
② [英]乔纳森·查卡姆,郑江淮、李鹏飞等译校:《公司常青:英美法日德公司治理比较》,中国人民大学出版社 2006 年版,第 7 页。

雇员按劳资协定规定的工作时间每周少于40小时,部分地区只有35小时。合同对于工资和工作条件的规定是最低限度的,雇主可以提供更好的工作条件和更高工资,但不能比规定还低。但是,法律允许合同的常规条款中"向下"的偏差。它要求所谓的"开放性条款",明确地提到偏差在一定条件下是允许的。

在德国,罢工必须由一个有权签订集体合同的组织来领导。法律对涉及现有的合同的解释权引起的冲突和由于新合同的条款引起的冲突做了区别,前者必须通过和平方式解决,罢工只有在调解失败后,而且要理由合适,并且与引起利益冲突的问题相比,罢工更为值得,罢工才被认为是合法的。因为一个显而易见的事实是,罢工会造成经济损失。对雇主来说,罢工意味着经济效益的损失;对雇员来说,罢工者与被暂时解雇者不能从失业保险金中领取失业金。工会会员的工资损失由工会罢工基金补偿,非工会会员则一无所得,他们在劳资斗争期间只能依靠积蓄或申请社会救济金。正因为如此,在德国,罢工作为劳资斗争的最后手段,同其他国家相比发生得较少,原因是德国有具体的劳资契约,有与法律相联系的和平义务,劳资双方都有自己的组织以及他们的责任感,合作中解决冲突,往往成为他们的主要谈判结果。① 总之,德国模式谈判遵循两个原则:一是兼顾双方利益的原则,即尽量实现人们在社会和经济方面的"平等权利";二是严格按法律程序办事。德国在劳资关系方面已经形成了一套比较完备的法律体系,对于劳资关系的各方面均作了比较详细明确的规定,同时由于这些法律都是事先劳资双方谈判的产物,所以能够共同遵循。德国模式的谈判基本特征是集体谈判且以合作和双赢为主线。这与追求个人主义自由的美国模式的谈判方式是明显不同的。

5. 德国政府"社会国家"职能

在德国的社会市场经济模式中,有着特殊的社会内容,这一内容是为了确认个人自由与社会公正的基本价值观的综合。在德国,人们自19世纪以来就有"社会国家"这一词,后来,它作为"民主的、社会的联邦制国家"在德意志共和国的基本法中得到了合法的承认。社会国家是为了突出国家的社会责任,其目标是实现个人自由与社会秩序的有机结合。"社会国家原则要求以人类的尊严和社会公平为标准来评价经济关系和有经济决定的关系。如果放任不管,即使是最有效率的市场体制,也会导致极大的不公平。"② 但正如德国的经济学家们指出的:"'社会市场经济'的理论家们没有'从理论上精确的在市场和等级制的国

---

① 陈凌:《德国劳动力市场与就业政策研究》,中国劳动社会保障出版社2000年版,第168页。
② [德]克劳斯·格林,冯文光、裘邑红译:《联邦德国的社会市场经济构想·发展·问题》,中央编译出版社1994年版,第90页。

家官僚机构之间划分不同的任务范围。'也许他们看到了一种如此精确的划分将会带来的教条和僵化的危险性。"① "社会国家原则应该对国家在社会市场经济的范围内的特殊社会任务作一个一般的实质性的指示和说明。然而,在基本法中,几乎没有一个基本的宪法原则得到如此少的具体说明和解释。"② 当然,这不意味着德国政府在社会市场经济中的独特作用无法体现。在实践中,社会国家作用是通过两类不同性质的政策制定和实施来表现的:经济政策和社会政策。

国家经济政策分为两大体系:市场制度政策和过程干预政策。通过市场制度政策可以制定预期的经济规则,其任务是创造、运用和在经济生活中贯彻有法律约束效力的长期规则体系,主要是确立一个运作良好的法律框架。(1) 市场制度政策的构架领域有经济过程的规划和协调、财产制度、国家财政和企业制度、市场制度、金融宪法和货币制度以及日益重要的对外经济制度等,社会福利制度是其中非常重要的内容。市场制度政策的行为主体是立法会议。(2) 过程干预政策是干预经济的具体方法或手段。过程干预的出发点既可以是个别商品或者要素市场,也可以是行业,例如采矿业、农业等,也可以是整个国民经济,例如价格水平、收入分配等。过程干预的行为主体是行政机构,如政府、职能部门、中央银行、卡特尔局等。

社会政策主要包括雇员保护法、社会保障、劳动市场政策、雇员共决权、住房政策、家庭政策、财产政策和针对中间阶层和边缘群体的政策。就业政策和收入政策的措施是社会政策的重要基础,尽管这两项政策本身属于经济政策。在德国经济中,国家不仅采取增长政策的手段,而且在一定形势下还采取了特殊的就业政策措施来创造就业机会,并且取得了成就。尤其是在就业政策中的劳动市场政策,包括职业介绍措施、工作与职业咨询措施、促进职业变动与培训的措施和获得与维护就业机会的措施。多年来,德国一直把职业培训看做国家的优先目标,职业培训要普及到最大多数人,蓝领和白领工人拥有共同的技能和经验背景。在德国,提高白领和蓝领工人的技能被认为是公共政策的中心目标,所以,德国只有20%的就业人口没有任何职业培训毕业证书;德国的职业培训突出技工培训,德国的培训制度明显地要比美国更为平等。如果说美国的精英受的教育有时比德国精英好一些,受过中等水平教育的人就比德国差多了。这种职业培训不仅作为一种政府政策,而且得得到了联邦政府的财政补贴。③ 所以,戴维·柯

---

① [德] 迪特尔·格罗塞尔,宴小宝译:《德意志联邦共和国经济政策及实践》,上海翻译出版公司1992年版,第19页。

② [德] 克劳斯·格林,冯文光、裴邑红译:《联邦德国的社会市场经济构想·发展·问题》,中央编译出版社1994年版,第90页。

③ [美] 罗纳德·多尔:《资本主义反对资本主义》,社科文献出版社2002年版,第97页。

茨对德国政府独特所用作了如下精辟概括:"关于德国政府的经济角色和贡献有两种有特色的形式,一种强调像德国这样的晚期工业化国家从一开始就依赖一个比英国,甚至美国(在贸易保护主义、国家对投资的重点管理、发展教育、研究与开发以及可能的福利保护方面)更积极的政策,并在这一过程中,不断巩固积极产业政策的政府传统和在管理与雇用阶层培养一套相关态度,这样的政策和态度在美国和英国都是没有的。另一种认为,近年来西德的成功拥有先天的和特别的战后遗产:在社会市场经济表面下政府的积极参与以及协商和各阶级合作主义的意愿(甚至是狂热追求)(也就是一种要把福利待遇、工人权利和工会写入法律的意愿)。"①

(三)瑞典福利市场经济模式

提起"福利国家",人们通常会想到英国和北欧诸国,他们的共同特征是有着比较健全的社会福利制度。但在我们的研究中,英国和瑞典被看做不同模式。这是因为从生产关系的具体实现形式看,英国更接近美国模式,所以,有些学者把英美模式统称为"盎格鲁—撒克逊模式"。也有人认为瑞典模式与德国模式相近,对此有学者指出:"瑞典的发展模式并不像有人可能认为的那样与普鲁士模式相近,在许多方面倒是介于普鲁士/德国和英国模式之间的混合形式。"②

瑞典模式经历了三个关键性的发展阶段:第一阶段是20世纪30年代到60年代末的"福利社会主义"阶段。以"社会改良"为口号的社会民主党在1932年获得执政地位后,开始推行社会福利制度,他们的基本纲领是消除阶级差别和一切社会经济不平等现象。1938年瑞典总工会和雇主协会在萨尔舍巴登签订了劳资双方如何通过和平手段达成工资协议,它奠定了瑞典模式的基础。第二阶段是"职能社会主义"阶段。1969年瑞典社会民主党理论家卡尔松提出了"功能社会主义",把福利社会主义改造为职能社会主义,其思路是:不剥夺资本家的所有权,只使资本家所有权的若干职能社会化,把所有权的许多职能如占有、使用、出租、赠与、决策、协调、收益等分离,国家通过政策、立法对某些所有权职能实行有利于社会利益的限制,或把他们分给不同的主体,这样既保证了对私人资本的激励,又限制私有资本滥用权力对社会造成的危害。第三阶段是"基金社会主义阶段"。该构想的主要内容是从大股份公司、银行和其他金融机构的超

---

① [英]戴维·柯茨,耿休林、宗兆昌译:《资本主义的模式》,江苏人民出版社2001年版,第81~82页。
② [英]斯科特·拉什、约翰·厄里,征庚圣、袁志田译:《组织化资本主义的终结》,江苏人民出版社2001年版,第48页。

额利润中拿出20%作为基金资金，用于在股票市场中购买瑞典企业股份，投资收益用于补贴国家养老金系统，作为雇员集体福利设备。①

对于瑞典模式的特征，理论界看法不一，对资本主义模式颇有研究的英国经济学家戴维·柯茨指出："瑞典模式一直是（现在仍然是）较有影响的模式，并受到了欧洲中左派的推崇，但也受到了主流经济学家传统认识的极大挑战。"②他认为瑞典模式有两个支柱性理念：一个是充分就业；另一个是平等（equality）。二者被认为是瑞典模式的"两翼"。充分就业理念是以积极地劳动力市场政策和团结工资政策（the wage policy of solidarity）为具体政策实施的；而平等理念则是通过普遍的福利制度，如运用转移支付手段、提供免费公共服务等来实现。③瑞典一位经济学家也指出："特殊的瑞典'模式'是在20世纪30年代提出的，50年代和60年代达到顶峰。对这个模式人们从各个方面进行了无休无止的讨论和探讨，人们对模式的特征、长处和短处持有许多不同的观点，批评家们也多如牛毛。"在他看来，"瑞典模式的核心实际是社会民主党与私人资本之间的一种'历史性妥协'。同社会主义国家不同的是，社会民主党允许私人企业发展并保留私有制；但同其他资本主义国家所不同的是，瑞典建立了庞大的公共部门，大大拉平了贫富差距。此外还建立了强大的工会组织，推行了积极的劳动市场政策。"④ 我们从这位经济学家的概括中可以体会到瑞典模式与美国自由市场经济模式明显不同，与德国社会市场经济模式也有很大差异，如果说德国模式突出市场经济的"社会性"内容，那么瑞典模式则更突出市场经济中的社会主义因素。正如戴维·柯茨指出的："显而易见，瑞典模式保持着社会主义理念，某些方面超越了资本主义市场经济的局限性。经验告诉我们，自由市场经济力量既无法保证充分就业，也无法保证公平，而这些理念却意味着对私人资本追求利润最大化原则的挑战。"⑤

1. 庞大的公共部门

瑞典模式的一个重要特征是庞大的公共部门。当然，公共部门的庞大并不意

---

① 张仁德等著：《新比较经济学研究》，人民出版社2002年版，第263~264页。
② [英]戴维·柯茨，耿休林、宗兆昌译：《资本主义的模式》，江苏人民出版社2001年版，第111页。
③ David Coates, Model of Capitalism: Debating Strengths and weaknsses. Volume II. 2002. Pulished by Edward Elgar Published limited. pp. 398–399.
④ [瑞典]克拉斯·埃克隆德，刘国来译：《现代市场经济理论与实践》，北京经济学院出版社1995年版，第97页。
⑤ David Coates, Model of Capitalism: Debating Strengths and weaknsses. Volume II. 2002. Pulished by Edward Elgar Published limited. P. 402.

味着在所有制上是以公有制为主体。相反,瑞典私有制经济十分强大,在瑞典,国家掌握有5%的工业企业,国有经济支配着基础设施的要害部门,但绝大部分的企业是归私人和合作社所有,私人企业在生产领域当中占90%,比奥地利(70%)、英国、法国、意大利(80%~85%)都高。20世纪60~70年代,瑞典公共部门的发展比几乎所有其他西方国家都迅速,公共事业没有受到竞争挑战。在以最低廉的价格生产消费那些公民所需要的商品方面,经理和雇员的压力都很小。服务行业的一系列部门也受到政府调节的保护,比如金融部门,货币调节保护了它不受国外竞争的冲击;在商业领域,建立了营业控制制度,与此同时几个大的连锁集团控制了该行业;农业、建筑业也受到国家保护,政府给予大量的补贴。

在瑞典,庞大的公共部门的意义不在于要利用公有制形式赚取利润,因为在瑞典,公共部门的生产率也往往低于私营经济部门。瑞典建立强大的公共部门主要解决三个方面的问题:就业问题、社会福利问题和收入差距问题。在瑞典,私人经济部门必须是高效率的,否则就被强制淘汰。而高效率的私有制经济要求劳动力的配置是最优配置,这与充分就业的目标可能发生冲突。为了保证充分就业,瑞典实施的战略是依靠高效率的私营经济部门支撑强大的公共经济部门,私营经济部门解决效率问题,公共经济部门解决就业问题。1960~1980年间,瑞典公共部门的就业人数增加了3倍多,占劳动力总数的1/3,这在发达国家是绝无仅有的。庞大的公共部门与瑞典的完善的社会福利制度又是相辅相成的,因为完善的社会福利系统需要众多的人在这一领域内工作,这客观上又为社会提供了就业机会。比如,据1989年统计,在总共800多万人口的瑞典,仅在医疗保健系统中就业的者就达到46万人,占全国就业人数的10%。[①] 要维持这样一种高福利制度,必须依靠高额税收作保障,瑞典的税率之高举世闻名,20世纪60年代初,瑞典税收占国民生产总值的比例与经合组织基本持平,但到了70年代末,则远远高出其他国家。高税率反过来又显示出瑞典收入差距很小,据1972年官方的统计,收入最高的10%的人和收入最低的60%的人的税收后收入的绝对平均差距是3倍(即1:3)。所以,有人说,瑞典是西欧国家通过收入再分配后的一个最平等的国家。政府把税收收入转移到整个社会事业,用于公共部门投资、教育、失业保险、医疗保险等。这样,瑞典政府支出比例非常高,1982年,瑞典政府支出占GNP的近70%;而同期的德国政府支出占GNP的52%,美国政府支出占GNP的37%;日本政府支出仅占GNP的33%左右。[②] 从1983~1999年,

---

[①] 徐崇温:《当代资本主义新变化》,重庆出版社2004年版,第441页。
[②] [美]斯蒂格利茨:《政府为什么干预经济》,中国物资出版社1998年版,第39页。

每年政府总支出有所下降,但平均水平占 GDP 的比重也在 55% 以上,在发达国家属于最高的。

2. 完善的福利政策

瑞典社会福利制度是由汉森 1925 年接替布兰特出任瑞典社会民主党主席后,用建立"人民之家""福利社会主义"去取代传统的社会主义政策逐渐发展起来的。瑞典的福利政策不同于美国模式,因为美国福利制度以市场化运作方式为主形式;瑞典福利模式也不同于德国,德国模式中保险、养老金是雇主和职工共同分担的。瑞典模式中福利主要是以国家为责任主体,在这点上与英国很相似。这种典型的以生产,而不是以保险为基础的福利政策是通过劳动力市场政策、住房政策、教育支出体现的。瑞典建立了一整套的全民社会福利制度,社会福利深入到每个人的日常生活的纵横各个方面。在纵的方面,实现了从婴儿津贴到养老金的系统化的福利;在横的方面,每一项福利都具体周到,并随时发展,从产婴的补贴到养老金乃至孤寡家庭补助、教育津贴、培训津贴等,应有尽有。政府在社会福利上的开支占国民收入的比重,1975 年占 24.8%,高于法国、意大利和英国。在所有社会福利和其他设施方面,瑞典最突出的项目有养老金制度、医疗保险和失业保险,种类繁多,规定细致,条件优厚。在养老金制度上,瑞典包括两个部分:一部分是基本退休金,凡年过 65 周岁的瑞典公民不论退休前的工作职务和收入水平都可领取;另一部分是补充退休金,根据退休者过去在技能教育劳动收入差别领取。医疗保险由国家和雇主共同提供,不论居住地和经济状况,都有获得医疗保险的平等权利。在国民健康方面开支大,瑞典超过了西德、法国、荷兰、英国、美国,在几乎所有要素上都优于其他福利国家。

瑞典的福利规定是很详细的,有父母津贴、儿童福利,儿童从出生到 8 岁可以得到儿童津贴,每年 3000 克朗(等于 500 美元)。八岁以后继续求学者可以领取助学金到 20 岁。中小学教育是完全免费,所有中、小学生可以获得午餐、课本、文具,纸张等。大学预科、补习学校、假期学校的学生每月可以得到学习赠款、交通补助以及住宿补助等等。高等学校的学生可以取得赠款和无息贷款(偿还期为 20 年),如果贷款人参加了社会保险,在失业、生病、残疾或遇到其他意外情况,可以推迟或免予偿还。高等学校还实行奖学金制度。这对瑞典的经济、社会、政治产生了深刻的影响。就连人们对福利的概念也逐渐发生了变化,从前人们衡量福利的最高标准是消费水平,现在则是从以下很多方面来衡量福利:(1)医疗保健、福利、长寿;(2)就业条件和劳动条件;(3)生活水平;(4)受教育的机会和文教水平;(5)生命财产的安全和犯罪状况;(6)家庭关系和社会关系;

(7) 文化娱乐活动；(8) 对政治生活的参与和关心；(9) 住房和地方所提供的各种服务等。

这一套福利制度是逐步发展起来的，这是瑞典社会民主党长期执行的政策，瑞典社会民主党的党纲主张"民主社会主义""在自由、平等的基础上建立人民间的伙伴关系"。在瑞典，福利制度已成为它的社会基础，即使在资产阶级政党执政期间，福利措施也没有减少。福利制度的建立和发展是人民群众为争取社会平等而长期斗争的结果。

3. 积极的劳动市场政策与团结工资政策（The Wage Policy of Solidarity）

前文曾指出，在瑞典市场经济模式中，充分就业和平等是两大支柱理念。为达到这些目标，政府制定积极的劳动市场政策，这是瑞典模式的重要特征之一。在这一政策中，政府对雇员的就业承担重要责任，而不是将其推给雇员或工会组织独立承担。

劳动市场政策最重要的任务是促进求职人员在最短时间内找到合适的工作机会，提高失业人员的技能促进他们再就业，帮助弱势群体寻找工作。在瑞典，实施劳动市场政策的机构是国家劳动市场管理署（National Labor Market Ministration，AMV），其目的在于促进劳动力需求和供给的匹配，基本任务有包括保证空余职位很快由合适的求职者填补，寻找工作的人员能很快地找到合适的工作；提高个人技能和能力以保证寻职者能得到合适的工作；刺激劳动力需求；防止冗余和排斥现象，保证失业人员能重新得到工作等。AMV 分为中央政府、地区、地方三级，在中央由国家劳动市场委员会（National Labor Market Board，AMS）执行，在地区由 20 个劳动委员会（Country Labor Board）执行，在地方由公共就业服务机构（Public Employment Service office）和工作生涯服务机构（Working Life Services）执行。为了保证就业质量，劳动政策市场建立相关的质量监控体系。劳动市场政策的质量监管主要由失业保险委员会、商业发展署、国家教育署、学校发展署、高等教育署、劳动市场政策评价机构等组成。此外还有两个非政府机构：劳动者联合会和雇主联合会在监督劳动市场政策。

瑞典推行的积极劳动市场政策（Active Labor Market Programs）是指那些以工作而不是以利益为导向的项目，它主要面向 20 岁以上面临失业危险或正通过公共就业服务系统找寻工作的人群。这些项目可分成面向劳动力需求方和面向劳动力供给方两类，此外还有一些综合项目同时兼顾需求和供给两个方面。面向供给方的项目旨在针对市场需求，政府从劳动者供给的角度对劳动者进行各种培训，以促进失业者尽快就业；这其中，还有专门面向年轻人的项目，目的是防止20岁以下年轻人的长期失业情况。面向需求方的项目是政府从劳动力市场的需求的角度帮助失业者提供信息，甚至包括向雇主提供资助让他们雇用失业者，在企业起步阶段为他们提供帮助以增加就业，等等。[①] 瑞典政府通过培训、给企业补贴等办法实施的就业政策，促进了就业水平，这方面的费用占到瑞典 GDP 的 2%～3% 的水平。

积极劳动力市场政策与团级工资政策是相辅相成的。所谓的团结工资政策，其主旨就是消灭工资差别，实现同工同酬。这种工资理念被称之为 RM 模式（Rehn-meidner Model），这一模式最早由 Gosta Rehn 和 Rudolf Meidner 在20世纪40年代提出，它成了瑞典社会民主党在50年代中期到70年代中期坚持的工资模式，"该模式的基本思想是，在各产业和部门中实现'同工同酬'，这可能……不仅仅促进工人运动的平等主义信念，而且还通过强迫效率不好的厂商进行合理改革或关闭，以及帮助提高极富绩效的公司规模，从而确保经济的动态现代化。"[②] 显然，RM 模式的中心目标在于强迫的生产率的厂商和产业进行升级或退出市场，与此同时，通过积极的劳动力市场规划，将那些失业者安排到高生产率的公司里就业。团结工资制度中，非常强调利润分享制，利润分配不是向着有利于资本所有者，而是雇佣劳动者的方向发展。这样，RM 模型中工资的性质被看做是与工作性质而不是雇主赢利能力和水平相挂钩。换句话说，工资水平不取决于企业赢利能力，而是取决于工作的性质，在这种工资制度中，低工资者受到保护，高赢利企业的所有者收入通过利润分享和高税收制度而被降低。所以，整个社会的收入差距比较小。这样，瑞典团结工资制度就与高福利供给制度有机结合在一起。在微观层面上，公司通过技术培训，迫使低生产率和高劳动强度的部门生产率提高效率和降低劳动强度，促进企业、产业现代化；在宏观层面上，通过团结工资制度和高税收制度，增加福利供给。有人把这一模式概括为"成功的私人资本积累和慷慨的社会福利供给的有机结合"，它充分反映了瑞典模式的独特性质。

简短结论：尽管发达资本主义国家出现多样化的经济发展模式已成为不争的事实，然而，20世纪80年代以来，受经济全球化的影响，不同模式都不同程度地遇到了挑战，对此，有人认为经济全球化使美国模式终将成为资本主义的标准

---

① 刘钧燕；《支持劳动力市场转型：瑞典的经验》，载《北京大学中国教育财政研究所简报》2005年第2期。
② [英]戴维·柯茨，耿休林、宗兆昌译：《资本主义的模式》，江苏人民出版社2001年版，第112页。

模式；也有人持反对态度，认为近些年来美国模式中强调工人持股、重视利益相关者之间的利益，反映了美国模式正在向德、日模式靠拢。

我们认为，从经济运行的层面看，不同时期不同模式之间相互借鉴，甚至采取相同的管理手段和政策取向是完全有可能的。比如为了提高国际竞争力，德国模式和瑞典模式在政策取向和管理方法上倾向自由主义，缩小财政支出，刺激私有经济发展等。同样，美国在企业制度和管理方面，越来越重视劳动者的权利，增加雇员参与机会，强调竞争中的合作；日本模式则学习美国模式中高效的风险投资机制、发达的金融市场，等等。但我们认为这些变化并不意味着模式本身的改变，因为经济模式的改变，归根到底是模式内核的改变，而不是具体政策和管理方法上的变化。

资本主义不同经济模式是生产关系与具体国情相结合的产物，每一种模式都有其合理的内核，它们体现了资本主义生产关系在具体实现形式上的多样性。经济全球化并没有消除发达国家之间的矛盾，而是使矛盾有了新形式，要在新的矛盾中竞争与合作，各种模式之间不可能相互复制，而是在保持自己优势的同时，相互借鉴、扬长避短。因此，模式变化的总体趋势是坚持自身合理内核的基础上，追求经济绩效和社会绩效的兼容。

资本主义经济模式的调整是资本主义生产关系自我扬弃的过程，是为了适应新科技革命引起的生产力发展的内在要求而出现的。生产力发展水平是衡量经济模式先进与否的根本标准，能够促进生产力迅速发展的经济模式无疑是先进的模式。从这个意义上说，美国模式具有先进性。然而生产力的发展不能脱离开生产关系，在某些阶段或时期，生产关系的作用甚至是决定性的。和谐的社会生产关系是促进生产力持续发展的动力源泉。正如联合国开发计划署《2002年人类发展报告》中强调指出的：人民是国家的真正财富。不论是作为个体，或者与他人形成集体力量，人民既是经济社会进步的受益者，也是经济社会进步的动力。因此，促进人类社会进步就是要强调投资与教育和卫生保健，以及促进平等的经济增长。它们通过增强人们的生产性能力而调动了个体的积极性。[①]

2008年美国模式引发世界金融—经济危机，至今世界经济依然低迷。与此形成鲜明对比的是，中国经济始终坚持中国特色社会主义道路、中国特色社会主义理论体系和中国特色社会主义制度，取得了举世瞩目的伟大成就。面对我国经济发展进入新常态，我们党提出治国理政新理念、新思想和新战略，中国模式必将走向新的辉煌。

---

① 联合国开发计划署：《2002年人权发展报告》，中国财政出版社2002年版，第43页。

第十二讲

本轮财税体制改革进程评估

高培勇　汪德华

高培勇，中国社会科学院研究生院教授，经济学博士，中国社会科学院学部委员，现任中国社会科学院财经战略研究院院长，中国社会科学院研究生院教授委员会经济学部执行委员，1997年入选全国"百千万人才工程计划"、北京市"跨世纪优秀理论人才百人工程计划"，1998年入选教育部"跨世纪优秀人才培养计划"，获颁国务院政府特殊津贴，2014年入选文化名家暨"四个一批"人才工程兼任国务院学位委员会应用经济学学科评议组成员、中国财政学会副会长、中国审计学会副会长、中国国际税收研究会副会长等。

一、引言

本文所称之"本轮财税体制改革"，专指自2013年11月12日中共十八届三中全会通过《中共中央关于全面深化改革若干重大问题的决定》（以下简称《决定》）以来推进的中国财税体制改革。

关于本文的主题，有必要作如下几点特别说明：

第一，全面而系统的评估本轮财税体制改革，并非本文的任务。鉴于改革尚在持续，能够且应当进入本文评估视野的，仅在于其"阶段性成果"——已推出的改革举措及其实际效应与设定的改革目标之间的关系。

第二，从2013年11月12日中共十八届三中全会通过《中共中央关于全面深化改革若干重大问题的决定》（以下简称《决定》）算起，迄今本轮财税体制改革已持续3年。即便以2014年6月30日中共中央政治局审议通过的《深化财税体制改革总体方案》（以下简称《总体方案》）为标志，围绕它的实质性操作也已两年有余。注意到本轮财税体制改革事实上已经进入倒计时——按照《决定》和《总体方案》的要求，2016年基本完成改革重点工作和任务，2020年基本建立现代财政制度，同时注意到本轮财税体制改革也在事实上扮演了全面深化改革的"探雷器"或"先行军"角色，在总结、梳理过去3年来本轮财税体制改革轨迹的基础上，对其取得的阶段性成果做出恰当的评估，从而调整、规划好下一阶段改革的后续安排，确保改革目标的最终实现，其意义自不待言。

第三，本文所进行的评估，有两个参照系。其一，中共十八届三中全会《决定》关于深化财税体制改革的总体部署。其二，中共中央政治局审议通过的《总体方案》。前者界定了推进现代财政制度建设的基本目标，后者明确了实施财税体制改革的具体任务。

第四，本文所做的工作，是在第三方评估的名义下进行的。这里所说的第三方，意在强调评估的独立性和科学性。这意味着，独立于形态各异的既得利益，始终站在关乎党和国家事业发展全局的立场上，客观、冷静、不受干扰地做出分析和判断。并且，秉承学术思维，始终以科学的理论和方法为依据，坚持以数据和事实说话，为党和国家的相关决策提供学理支撑和方法论支持，是本文始终坚守并一以贯之的信念。

本文的基本结构是，根据《决定》和《总体方案》，明确界定现代财政制度应具备的基本特征；以此作为评估的基本标准，深入到财税体制的各个子领域，依次评估本轮财税体制改革所涵盖的三方面内容——预算管理制度改革、税收制度改革和财政体制改革；综合三个方面的改革内容，对作为一个整体的财税体制改革及其同其他领域改革的关系作综合评估。以此为基础，提出进一步推进财税体制改革的针对性建议。

二、评估标准的界定：现代财政制度的基本特征

评估，自然要从标准的界定入手。这个标准，自然是预先设定的改革目标。如果把标准换称为标尺，对于本轮财税体制改革的进展状况，是要以改革目标作为标尺来测度的。

从历史上看，无论古今中外，基于不同背景、在不同时期或不同阶段而进行的财税体制改革，其目标多有所不同甚至大不相同。有别于以往中国历史上的历轮财税体制改革，本轮财税体制改革所设定的目标究竟是什么？

(一) 理念、思想和战略大不相同于以往的改革

不妨从《决定》有关财税体制改革目标的阐述说起："财政是国家治理的基础和重要支柱,科学的财税体制是优化资源配置、维护市场统一、促进社会公平、实现国家长治久安的制度保障。必须完善立法、明确事权、改革税制、稳定税负、透明预算、提高效率,建立现代财政制度,发挥中央和地方两个积极性"(中共中央,2013)。

上述这一段话,至少揭示了本轮财税体制改革大不相同于以往财税体制改革的三个重要方面和突出特点:

1. 从国家治理全局高度布局的财税体制改革

以往的财税体制改革,多是在财政是一个经济范畴、财税体制是经济体制的一个组成部分的认识基础上布局的。本轮财税体制改革,则是在将财政作为一个国家治理范畴、财税体制作为国家治理体系的一个组成部分的认识基础上布局的。由经济范畴到国家治理范畴、由经济体制的一个组成部分到国家治理体系的一个组成部分,这一十分重要而深刻的变化意味着,财税体制改革已经被提升至国家治理全局的高度加以定位。将财税体制改革融入全面深化改革进程,在经济、政治、文化、社会、生态文明等各个领域改革的联动中,推进国家治理体系和治理能力的现代化,是本轮财税体制改革应当也必须追求的目标。

2. 从发挥基础性和支撑性作用高度布局的财税体制改革

以往的财税体制改革,多是基于财政和财税体制在经济领域的功能定位——优化资源配置、调节收入分配和促进经济稳定——来布局的。本轮财税体制改革,则在分别赋予了财政和财税体制"国家治理的基础和重要支柱"以及"优化资源配置、维护市场统一、促进社会公平、实现国家长治久安的制度保障"的全新功能定位基础上布局的。脱出经济领域的局限而伸展至国家治理的层面发挥作用,这一十分重要而深刻的变化意味着,财税体制改革已经第一次从根本上被摆正了位置。站在国家治理的总体角度,将财税体制改革作为国家治理的基础性和支撑性要素加以打造,在推进国家治理现代化的进程中发挥其基础性和支撑性作用,是本轮财税体制改革应当也必须追求的目标。

3. 从全面认知现代财政文明高度布局的财税体制改革

以往的财税体制改革,多立足于财税体制的属性特征,以建立适应社会主义

市场经济体制的财税体制基本框架为出发点和归宿。本轮财税体制改革,则立足于现代国家财政的一般制度形态,以建立匹配现代国家治理的现代财政制度为出发点和归宿。在关注属性特征的基础上进一步强化其时代特征,破天荒的以"建立现代财政制度"作为改革的目标标识,这一十分重要而深刻的变化意味着,财税体制改革已经第一次被放在了同现代财政文明无缝对接的平台上。根据人类历史发展的规律,按照现代财政制度的要求布局财税体制改革,从而实现财税体制的现代化,是本轮财税体制改革应当也必须追求的目标。

(二)扭住现代财政制度建设这个牛鼻子

其实,从国家治理全局高度布局也好,从发挥基础性和支撑性作用高度布局也好,从全面认知现代财政文明高度布局也罢,本轮财税体制改革大不相同于以往的理念、思想和战略,都可凝结并落脚于"建立现代财政制度"这一大不相同于以往的改革目标。围绕本轮财税体制改革的这些新理念、新思想和新战略,标志着中国财税体制改革进入了一个新的历史阶段。

认识到本轮财税体制改革大不相同于以往任何一轮财税体制改革非常重要,它提醒我们,面对财税体制改革的阶段性变化,应当也必须以大不相同于以往的新理念、新思想和新战略,将本轮财税体制改革的评估落实到现代财政制度建设进展状况的分析和判断上。

这意味着,告别传统意义上的财税体制改革套路,紧紧扭住现代财政制度建设这个牛鼻子,清晰归结现代财政制度的基本特征并由此深入到现代财政制度的各个组成部分——在财税体制各子领域的具体表现,可能是界定本轮财税体制改革评估标准的不二选择。

(三)现代财政制度的基本特征

问题是该如何理解并把握现代财政制度的基本特征?

由上述的讨论可以看到,现代财政制度是在全面深化改革背景下、立足于完善和发展中国特色社会主义制度,推进国家治理体系和治理能力现代化总目标而形成的概念。匹配国家治理现代化的进程,打造现代国家财政的一般制度形态,系现代财政制度建设的应有之义。这即是说,现代财政制度的主要立足点是落在财税体制的时代特征上的。它意在强调,只有跟上人类文明发展进程的现代财税体制而非具有其他别的什么方面特点的财税体制,才是可以与国家治理现代化相匹配的。一个合乎逻辑的判断便是，现代财政制度的基本特征，须从现代国家治理与现代财政制度相辅相成、彼此依存的关系中理解和把握。

正如当年定位于建立现代企业制度目标的国有企业制度改革需要以现代化的企业制度作为参照系一样，在新的历史起点上，作为现代财政制度建设的参照系，当然是当今世界范围内具有现代意义的财政制度一般形态。其中，既有典型市场经济体制国家的成功做法，也有体制转轨国家的经验教训，更包括中国自身财政改革与发展过程中特别是围绕公共财政体制建设所积累下的深刻体会。

正是基于如此的认识，《总体方案》对于现代财政制度做出了如下描述："建立统一完整、法制规范、公开透明、运行高效，有利于优化资源配置、维护市场统一、促进社会公平、实现国家长治久安的可持续的现代财政制度"（楼继伟，2014）。

这是一个非常重要的关于现代财政制度基本特征的理论概括。以此为基础，作为本轮财税体制改革的评估标准也好，作为现代财政制度的建设标准也罢，均可以也应当从如下四个方面入手：是否有利于"优化资源配置"？是否有利于"维护市场统一"？是否有利于"促进社会公平"？是否有利于"实现国家长治久安"？

进一步看，本轮财税体制改革涵盖了三个方面的改革内容——预算管理制度改革、税收制度改革和财政体制改革，它们分别构成财税体制的不同子领域。作为一个整体的现代财政制度的基本特征，自然要落实到财税体制的子领域，并通过各个子领域的具体特征表现出来。如果把现代财政制度的基本特征称之为目标导向，那么，其在不同子领域的具体特征则可以在目标导向和问题导向相统一的基础上加以归结。

（四）重点关注三个方面内容

有鉴于此，结合《决定》和《总体方案》部署的改革任务以及我们对现代财政制度建设目标的理解，本文对于本轮财税体制改革进展状况的评估，将重点关注如下三个方面内容：

1. 改革框架是否立起来了

主要是看《决定》和《总体方案》所部署的各项财税改革任务，是否按照既定时间表推进，相关制度文件是否已出台，各项改革任务之间是否相互协调，相互支撑，各领域的现代财政制度基本框架是否初步立起来了。

2. 具体改革方案的设计是否符合建设现代财政制度的方向

主要是看各项具体改革方案的设计，改革方案的出台方式，是否体现出上述现代财政制度应具备的若干基本特征。

3. 财税体制改革对整体改革的支撑作用发挥得如何

主要是看已出台的各项改革政策，是否能有效落地，是否能有效促进了国家治理现代化，对于其他领域的改革能否发挥支撑作用，能否服务于党中央和国务院确立的当前重大战略任务。

三、预算管理制度改革：进展与问题

（一）改革目标：建立"全面规范、公开透明"的现代预算管理制度

作为现代财政制度的一个重要组成部分，预算管理制度的改革当然要指向现代预算制度。以现代预算制度为镜鉴，可以发现，现行预算管理制度所存在的主要问题，就是"不公开、不透明，不适应国家治理现代化的要求"。在目标导向和问题导向相统一的基础上，《决定》和《总体方案》为预算管理制度改革设定的目标是：建立"全面规范、公开透明"的现代预算管理制度。

这一目标至少包括如下四层含义：其一，将政府收支行为及其机制纳入法治轨道，从财政上将权力关进制度笼子，建设法治国家；其二，将政府的所有经济活动全面纳入到人大、社会监督的视野之中，实现对行政权力的授权问责功能（OECD，2004；高培勇，2014）；其三，注重提升财政资金绩效，包括财政资金的配置效率和管理效率；其四，控制国家财政风险，避免财政风险延伸出金融风险、社会治理风险，实现国家长治久安。

（二）改革进展：初步搭建了现代预算管理制度基本框架

围绕现代预算管理制度建设，纳入本轮改革的内容共有七项：改进年度预算控制方式、完善政府预算体系、建立透明预算制度、加强预算执行管理、完善转移支付制度、规范地方债务管理和规范税收优惠政策。

相对而言，预算管理制度改革动手最早、力度最大，是本轮财税体制改革推

进最快、成效最为显著的领域。其中，最重要的进展是2015年正式实施了新修订的《预算法》。据此草拟的新《预算法实施条例》，正在公开征求意见。与新《预算法》相配套，国务院相继公布了《关于加强地方政府性债务管理的意见》《关于深化预算管理制度改革的决定》《关于批转财政部权责发生制政府综合财务报告制度改革方案的通知》《关于改革和完善中央对地方转移支付制度的意见》《关于实行中期财政规划管理的意见》等文件。中办转发了《关于改进审计查出突出问题整改情况向全国人大常委会报告机制的意见》。根据这些改革任务，财政部也出台了相关文件。

具体说来，可归结为如下几个方面的进展：

1. 现代预算管理制度的若干基本理念得以确立

明确了制定预算法的目的在于规范政府收支行为，强化预算约束；明确了政府的全部收入与支出都须纳入预算管理，接受监督；明确了政府的全部收入与支出都须规范透明；明确了经人民代表大会批准的预算，非经法定程序，不得调整，等等。

2. 以四本预算构建的全口径政府预算体系得以建立，预决算公开透明取得一定成效

建立了定位清晰、分工明确，以四本预算为主体的政府预算体系，并明确了相互间的联通机制；16项政府性基金已纳入一般公共预算管理，国有资本经营预算调入一般公共预算的力度逐步加大；预决算公开要求进一步细化，公开力度进一步加大；新《预算法》进一步明确、细化了人民代表大会及其常委会在预算编制、审查和批准、执行以及调整等方面的程序和权限，加大了人大监督力度。

3. 多项具体制度改革有序推进

建立跨年度预算平衡机制，财政部已着手研究编制2016~2018年全国财政规划，并在水利投资运营、义务教育等5个领域开展3年滚动规划试点；权责发生制政府综合财务报告制度相关细则已公布，2016年进入试点编制阶段；加大一般性转移支付比重，特别是增加对革命老区、民族地区、边疆地区、贫困地区的转移支付；修订公布了新的专项转移支付管理办法，注重从源头抓起，明确了专项转移支付项目设立、调整和退出等规定，并已出台规定强化对专项转移支付的绩效管理；建立审计查出突出问题整改情况向全国人大常委会报告机制，2015年年末已首次进行报告审议；清理规范重点支出同财政收支增幅或生产总值挂钩

事项等，已建立相关制度。这些改革举措，均是针对中国预算管理制度中存在的现实问题，遵循现代预算管理制度的一般要求进行顶层设计，且已实质推进并取得一定的成效。

4. 地方政府债务管理体系及风险预警制度得以建立

新《预算法》及相关配套文件均规定，地方政府可以举债，但必须采取政府债券方式。要求剥离融资平台公司的政府融资职能，正在抓紧出台相关政策推动其市场化转型。地方政府债券分为一般债券、专项债券两类。同时对地方政府年度发债限额、审批程序、资金用途、预算管理、风险管理做出了明确规定。2015年顺利发行新增地方政府债券6000亿元，置换发行3.2万亿元；2016年，全国人大批准新增地方政府限额11800亿元，置换发行5万亿元。建立健全债务风险预警和应急处置机制，综合运用债务率、偿债率、逾期率等指标，组织评估了截至2014年年末各地级政府债务风险情况，督促高风险地区多渠道筹集资金化解债务风险。改革夯实了地方政府债务规范管理的工作基础，减少了地方政府债务利息负担，在一定程度上防范和化解了地方政府债务风险。

5. 推出税收优惠政策规范方案，但中途搁浅

清理规范税收优惠方案曾于2014年年底推出，但受稳增长压力较大等因素的制约，出台不久即被叫停。《国务院关于税收等优惠政策相关事项的通知》明确规定，税收优惠政策相关清理规范工作暂缓进行。

（三）问题分析：尚在起步阶段的"在建"工程

以现代预算制度的原则反观迄今的改革进程，可以发现，在此领域，尚有若干"老大难"问题需要解决，也面临财政管理基础薄弱的硬约束，更有沿袭已久的既得利益格局亟待攻破。对照《决定》和《总体方案》提出的各项改革任务，应当承认，迄今的预算管理制度改革尚在起步阶段，在很大程度上尚属"在建"工程。

1. 四本预算的统筹综合尚不到位，新《预算法》未能彻底攻破"土围子"

全面性、一致性，是现代政府预算应遵循的基本原则，要求将所有政府收支按照"统一"的标准纳入预算管理（OECD，2004）。按照这一原则，新《预算

法》明确了四本预算各自的编制要求,提出加大统筹力度,建立有机衔接的预算管理体系。但一旦从原则层面深入到操作环节,则会发现,四本预算之间的有机衔接远未实现;四本预算未能综合成一本预算,且管理标准各异。

比如,在"规范政府收支行为,强化预算约束"的旗帜下,新《预算法》虽明确了"预算包括一般公共预算、政府性基金预算、国有资本预算、社会保险基金预算",但具体到预算收支范围,一般公共预算可以细化到类款项目,其他三本预算则大而化之,以"政府性基金预算、国有资本经营预算和社会保险基金预算的收支范围,按照法律、行政法规和国务院的相关规定执行"等相当模糊的语言,草草收尾。这显然是在延续以往照顾既得利益的"区别对待"管理套路,也为非一般公共预算延续以往的非规范化操作保留下了空间。

再如,部分政府性基金虽已纳入一般公共预算,但分属于各个政府职能部门、单独管理的资金依然是大头儿。按照要求,国有资本经营收益的30%应上缴到一般公共预算,主要用于社会保障和民生类支出。但目前纳入国有资本经营预算的国有资本经营收益仅有10%左右,国有资本经营预算也仅有极少部分用于社会保障和民生类支出,其余大部分系体内循环。按2014年数据测算,真正被统筹用于一般公共预算或社会保险基金预算的支出数,占全部国有资本经营支出的比重仅为12.1%。

又如,四本预算之间未实现有机衔接且缺乏四本合一本综合预算,障碍财政资金的配置效率仅是其负面影响的表现之一,除此之外,更重要的是障碍了宏观调控的政策效果。在当前经济下行压力日趋严峻、亟待实施精准调控的形势下,按如此格局操作,不仅难以准确评估我国财政收支实际状况,也使精确制定财政政策、把握财政政策的松紧与力度存在相当困难。一个突出的例子,当前人们所说的"财政赤字",只是一般公共预算的收支差额,并不涉及其他三本预算的收入和支出。因而,在我国,迄今并未有一个覆盖全部政府收支的"财政赤字"概念。

2. 公开透明还需强化顶层设计

预算公开透明是现代预算管理的基本原则,也是本轮财税体制改革的重要理念与要求,更是促进改革落地、完善国家治理的基础性制度安排。需要注意的是,公开不等于透明,预算透明是更高一层级的要求。从当前现状来看,预算公开尚不充分,公开的部分离透明预算尚有距离。

预算公开不充分的主要表现有,虽然新《预算法》明确了公开的标准,但部分政府收支并未达到这一要求,或者遵守的标准并不一致。更为重要的是,地方政府缺乏主动公开的意识，往往是仅仅满足于法律的最低要求。同时，法律要求本身存在漏洞，并不能有助于实现透明预算。例如，预算公开仅满足于资金信息，未要求公布与财政支出相关的若干基础信息，如人员、项目等；预算公开要求仅适用于2015年之后，未对过去的预算和决算安排有回溯公开的要求。由此，无法满足社会各界监督问责政府及各部门的需求。

3. 表外信息有待丰富

预算报告应当充分体现政府的经济活动。发达国家的预算报告中，均有若干附录以表外信息的方式，披露在正式预算表格中难以包含的内容。我国的预算报告，除若干预算表格之外，仅有部分对表格进行解释的说明，缺乏表外信息（王秀芝，2015）。从我国的现状看，至少急需发展两类表外信息：

其一，债务与资本性支出预算。中国政府与市场边界不清的主要表现是各类资本性支出，报告基础设施建设支出与各类产业支持支出。与其他国家比较，中国财政的特殊之处也是资本性支出规模庞大，2012年依然高达39%，远高于OECD国家的10%左右（Wang Dehua，2015）。但是，在预算管理上未给予特殊关注。地方政府债务风险广受关注。在我国基础设施建设尚处于高峰期的国情下，允许地方政府举债融资非常有必要。控制地方政府债务规模和风险，必须要和控制基础设施建设类资本支出的规模和风险结合起来。按现有制度规定，地方政府债务分为一般债和专项债，分别纳入一般公共预算和政府性基金预算。从长远看，这种制度安排既将政府债务割裂开来，又不将其与债务资金的使用相结合，不利于从整体上分析、控制资本性支出和举债融资的规模、结构。

其二，税式支出预算。我国现实的税收优惠几乎涉及所有税种，产业税收优惠政策以及区域税收优惠政策繁多，其对应资金量较大，且管理部门化。高培勇、毛捷（2013）的研究表明，2007年中国仅两类间接税（增值税和营业税）的税收优惠总规模，窄口径均超过2.2万亿元。这一状况出现的原因，除前期控制不严之外，也与缺乏一个统一的制度来管理税收优惠有关。从国际上看，很多国家均推出税式支出预算管理制度，用于管理税收优惠政策。税式支出预算应作为预算报告的表外信息向人大和社会公布，这一方面我国应向发达国家学习。

4. 地方债管理制度设计尚需优化

按照新《预算法》规定，由全国人大确定地方债总额度，仅省级政府有公开发行地方债券的资格。这相当于将原来省、市、县均有的通过地方融资平台举债决策的权力，集中到几十家省级单位。地方债管理制度还有若干环节亟待优化。

其一是发债额度的合理确定与分配,如何平衡风险控制与满足地方实际需求。额度过高,地方政府举债过多,加大债务风险;额度过低,满足不了地方政府的资金需求,影响经济发展和民生改善。额度按照何种规则分配到省级政府,省级政府又按照何种规则将债务资金分配到地市县级政府,将直接会引导各级政府的行为。因此,如何科学测算地方债的总额度,如何设立额度分配规则以激励约束地方政府,是地方债制度有效运行的第一重大挑战。

其二是发债权集中到省级政府,是由分散决策转向集中决策,固然有便于控制风险、加强规范管理的优点,但也可能存在管理链条过长、债务资金配置低效、不符合地方实际等问题。省级人大和政府如何担负起相应管理责任,在新《预算法》的法律框架下,如何创新制度安排,既能有效控制风险,又能有效满足下级政府的资金需求,是一个有待地方积极探索的挑战(汪德华,2015a)。

其三是地方债的长期发展前景未明确,社会预期混乱。各地地方债是一直滚动运行下去,还是在一定时期内全部偿还?是最终转化为中央政府债务,还是由各地自我消化?有关地方债的长期制度安排未明确,导致社会预期混乱。

其四是地方融资平台的清理规范尚不到位;一些新型的类财政债务资金,如国开行、农发行的开发性金融,特别是专项建设基金,其性质如何界定?对于政府债务的长期影响如何?这些问题都急需评估。

5. 预算和财政管理基础尚有待夯实

若干新推出的预算管理制度改革措施,需要良好的预算和财政管理基础与之配套,难以单兵推进,否则易出现改革理念先进而实质效果不佳问题。如政府综合财务报告,需要以权责发生制的政府会计替代预算会计为支撑。从多地调研来看,预算基础数据不全面,很多信息没有反映出来,当前的改革仅是调账,而非系统性的改革。再如中期预算制度、预算绩效管理、清理规范重点支出同财政收支增幅或生产总值挂钩事项等领域,同样存在相关管理基础薄弱,政府治理模式不相适应等问题。

四、税收制度改革:进展与问题

(一)改革目标:建立"公平统一、调节有力"的现代税收制度

与前同理,作为现代财政制度的一个重要组成部分,税收制度的改革当

然要以现代税收制度为目标指向。以现代税收制度为镜鉴，立足于当前中国所处的发展阶段和面临的主要矛盾，可以确认，现行税收制度最需要、最迫切解决的核心问题，就是"不健全、不完善，不利于促进社会公平"。正是基于这一判断，在目标导向和问题导向相统一的基础上，《决定》和《总体方案》为税收制度改革设定的目标是：建立"公平统一、调节有力"的现代税收制度。

这一目标至少包括如下四层含义：其一，对接现代税收文明，在以往相对重视税收效率的基础上，注重公平与效率之间的平衡，将税收负担分配的公平、公正纳入税制建设视野；其二，对接现代税制结构，在以往相对重视税收总量的基础上，注重税制结构优化，将优化税收结构作为税制改革的主要目标；其三，对接现代税收治理，在以往相对重视税收中性的基础上，注重中性和非中性的统一，将加强税收的调节作用摆在税制建设的突出位置；其四，立足当前中国收入、财产分布不均问题的现实，税制改革亟待以促进社会公平正义的行动（高培勇，2015a），实现国家良治。

（二）改革进展：间接税改革相对顺利，直接税改革相当缓慢

围绕现代税收制度建设，纳入本轮改革的内容可归结为"六税一法"：即启动六个税种的改革，包括属于间接税的增值税、消费税、资源税、环境税，属于直接税的个人所得税、房地产税等。同时，配合相关改革，修订《税收征管法》。

迄今为止，已经取得的进展有：

1. 营改增全面推开

自2012年启动的营改增试点，到2016年5月1日起全国范围内全面推开，建筑业、房地产业、金融业、生活服务业等全部营业税纳税人均纳入试点范围，由缴纳营业税改为缴纳增值税，营业税正式退出历史舞台。营改增的全面推开，标志着1994年税改遗留下来的增值税"扩围"和"转型"两大改革任务均已完成，有利于减少市场扭曲，促进服务业发展。与国际主流接轨且有中国特色的现代增值税制度，已渐入定型阶段。这是迄今为止最大规模的税制改革行动。

2. 资源税改革顺利推进

2014年，全国实现煤炭资源税从价计征改革，并调整了原油、天然气资源

税适用税率。《财政部、国家税务总局关于全面推进资源税改革的通知》明确规定,自 2016 年 7 月 1 日起,全面推进扩大资源税征收范围、清费立税、从价计征改革。改革要求在河北省启动水资源税试点;各地根据实际情况逐步将森林、草场、滩涂等资源纳入资源税范围;实施矿产资源税从价计征改革;同步全面清理涉及矿产资源的收费基金,理顺资源税费关系。[①] 资源税改革将有效发挥税收杠杆调节作用,促进资源行业持续健康发展,推动经济结构调整和发展方式转变。

3. 消费税征收范围逐步拓展

2015 年,电池、涂料被列入消费税征收范围;其后三次提高燃油消费税税负,引起了社会的广泛争议(汪德华,2015b)。

4. 税收征管体制机制改革已经启动

《税收征管法》修订稿正在公开征求社会意见,中办国办印发的《深化国税、地税征管体制改革方案》已正式向社会公布,明确了国税、地税合作不合并的改革方向,要求理顺征管职责划分,创新纳税服务机制,转变征收管理方式。

总体来看,《决定》和《总体方案》部署的"六税一法"改革任务,营改增、资源税改革任务接近完成;消费税改革部分启动,但主要改革任务方案尚未出台;税收征管体制改革已启动,但法律修订工作尚未结束;环境税、个人所得税、房地产税三个税种尚处于改革方案制定阶段。

(三)问题分析:"跛脚"式推进状态下的"卡脖子"工程

本轮税制改革相对于以往历轮税制改革的最重要变化,是以"稳定税负"为前提"逐步增加直接税比重"。这意味着,它的推进路线是通过"此减彼增"——减少间接税比重、增加直接税比重,实现税制结构的优化。若将间接税和直接税分别视作本轮税制改革行动的两翼,可以非常清晰地发现,迄今为止,在为期三年的税制改革进程中,两翼的行动规模和频率颇不均衡。间接税一翼的营改增、资源税改革已陆续启动,但直接税一翼的个人所得税、房地产税改革则基本未有实质进展。

两翼改革行动的"跛脚"状态,不仅直接阻碍着本轮税制改革的推进进程和

---

① http://szs.mof.gov.cn/zhengwuxinxi/zhengcefabu/201605/t20160510_1984605.html.

目标实现，而且肯定难以持续下去，从而形成"卡脖子"工程。细究起来，这种境况的形成，同中国的税情、国情特点密切相关。

1. 认识上的盲区

由于历史以及其他方面的原因，在当前的中国，不少人往往只知有直接税、鲜知有间接税。即便在所谓社会精英层，与此相关的例子也比比皆是。比如，曾有政协委员将馒头售价中含有13%的增值税当做重要发现而发出质疑之声，更曾有人大代表多年来一再将提高个人所得税的所谓"起征点"当做几乎唯一的涉税议题而提交"两会"。再如，作为迄今本轮税制改革中动作最大、涉及现实中国第一和第三大税种的"营改增"，对于经济社会发展和国家治理现代化建设的意义显然不容小觑。但它所引致的关注度，不仅远远低于现实中的个人所得税所谓"起征点"，而且远远低于尚在议论中的房地产税。

2. 理念上的误区

同样是由于历史以及其他方面的原因，在很多人眼中，甚至包括部分官员和学者，常常把间接税比重高当做中国税收制度的优越性一味推崇。正是在这样的理念误区中，不仅以往税制改革的顺利推进被解释为间接税比重高的结果，前些年税收收入的高速甚至超高速增长被归结为间接税比重高的好处，就连中国税收收入的稳定性和可靠性，也被同间接税比重高挂上了钩。间接税既然被"高看"到如此地步，直接税的优点自然难以进入视野。即便勉强进入了，也难以被摆上相应位置，更难以与间接税比肩而行。

3. 税制安排上的惯性

对于纳税人而言，直接税的征收形同"割肉"，间接税的运作常在不知不觉之中，这几乎是人所共知的有关直接税和间接税特性差异的基本常识。不过，除此之外，在当下的中国，还有一种特殊的税制安排发挥着特殊作用。有别于世界通行的间接税税制格局，中国现行的间接税"隐身"于价格背后，税与价混同在一起。税收与价格既不实行分列，对于间接税的感知便在相当程度上体现为对于商品和服务价格水平的反应。这虽然是从计划经济年代沿袭下来的税制安排，并非是始自1994年的现行税制的新做法，但作为一个必然结果，人们对于直接税的变动异常敏感、而对间接税的增减麻木不仁，也属不言而喻之事。

4. 税收征管上的软肋

也是由于历史以及其他方面的原因，中国的税收征管格局一直可用"间接 +

截流"加以概括。所谓"间接",即是指它基本上只适于征收间接税,而不能适于征收直接税。所谓"截流",即是指它基本上只能征以现金流为前提的税,而不能征存量环节的税。税收征管格局既然存在如此"软肋",它显然难以适应征收建立在综合制基础上的个人所得税的需要,更谈不到适应征收以存量为基础的房地产税的需要。作为一种自然反应,遇难题而绕道走、因底气不足而不轻易"接盘",也就不足为奇。

除此之外,部门利益导致彼此之间信息难以共享,也直接制约了征管能力提升。如"金税工程"已开展三期,但国地税之间的征税信息共享依然存在技术难题。在本轮《税收征管法》修订过程中,税收征管政府部门间信息共享的条款遭到了多部门的抵制,即是一个突出的例子。

5. 生不逢时的境遇

天时地利人和,当然是做事成功的必备条件。本轮税制改革的启动恰与经济的持续下行相遇,这也给本来不易的直接税改革徒增了困难。经济的下行,自然带来的是财政收入增速下滑和财政支出增速上扬。反映在财政收支平衡上,就是方方面面吃紧,财政处于紧运行状态。不仅如此,越是经济下行,越是财政困难,就越是需要社会稳定。故而,在此背景下,出于缓解财政收支压力和维护社会稳定的需要,举凡有可能进一步增大减收压力、有可能引致人心浮动的举措,便可能被缓行或暂时搁置。

6. "减税之上"的舆论

关于税制改革的宣传基调过于强调减税的政策效果,相对忽视了通过完善税收结构,发挥调节功能以及促进结构性改革方面的效果。由于宣传基调的误区,导致在当前的舆论环境之中,"减税至上"似乎成了衡量所有税种改革的标准。这种舆论环境从多方面制约了税制改革的进程。不仅一些符合《决定》和《总体方案》的改革方向、符合五大发展理念的税制改革遭到了社会各界强烈批评,而且具有增税效果的税制改革难以出台。比如三次调增燃油消费税,虽有助于绿色发展,但社会批评意见很强烈。再如增值税,本应尽可能保持单一主体税率,保持中性,但为了满足所有行业均减税的目标,营改增增加了两档主体税率,且为部分行业一再"打补丁"。又如个人所得税、房地产税改革一再"胎死腹中",迟迟难以启动。

五、财政体制改革：进展与问题

（一）改革目标：发挥中央和地方两个积极性

作为国家治理层面所需处理的基本关系之一，中央和地方关系的调整当然要同国家治理现代化的总目标相一致。作为现代财政制度的一个重要组成部分，财政体制的改革当然要指向国家治理现代化背景下的中央与地方关系新格局。针对现行财政体制所存在的中央和地方关系"不清晰、不合理"的突出问题和主要矛盾，《决定》和《总体方案》以有利于发挥中央和地方两个积极性为目标，勾画了财政体制改革的蓝图。

这一目标至少包括如下几层含义：其一，从国家治理现代化的总目标出发，财政体制改革必须"坚持调动各方面积极性"（习近平，2016），处理好条块之间的关系。其二，立足于发挥中央和地方两个积极性，在当前的中国，尤其要重视发挥地方的积极性。因而，财政体制的设计应高度重视财权划分、事权划分、财力划分、支出责任划分对地方政府激励的影响。其三，处理好中央和地方之间关系的前提，在于厘清政府与市场之间的关系。为此，财政体制的改革和调整，应当注重形成地方政府与中央部门间的纵向制衡机制。通过两者间的纵向制衡，共同维护统一市场的正常运转。

（二）改革进展：推进相对滞后，成效尚待观察

围绕中央和地方政府之间的财政关系，本轮改革所涉及的内容被归结为两个方面：一是进一步理顺中央和地方收入划分；二是在逐步理顺各级政府事权关系的基础上，建立事权和支出责任相适应的制度。

这是本轮财税体制改革中推进相对滞后且成效尚待观察的领域。迄今为止，可以提及的实际进展可归结为如下两项：

1. 公布了《全面推行营改增试点后调整中央与地方增值税收入划分过渡方案》

2012年营改增试点以来，对于原缴纳营业税企业试点后缴纳的增值税，一

直采取的是100%归地方所有的过渡办法。由此形成的同一税种采取两种办法划分中央地方收入局面,既难以持续,又干扰企业的正常经营。为此,继2015年预算报告提出"结合营改增、消费税等税制改革,研究调整中央与地方收入划分"(财政部,2015)之后,2016年预算报告又一次将"结合税制改革进展,抓紧制订调整中央和地方收入划分过渡方案"写入报告(财政部,2016)。

2016年5月1日,此项改革终于落地。《国务院关于印发全面推开营改增试点后调整中央与地方增值税收入划分过渡方案的通知》明确规定,自2016年5月1日起,作为未来2~3年内的过渡方案,以2014年为基数,采取增值税增量五五分成的方式重新划分中央和地方收入。① 这对于弥补营改增后的地方财力亏空,在过渡意义上兼顾中央和地方利益,显然是比较有利的一项举措。

2. 发布了《关于推进中央与地方财政事权和支出责任划分改革的指导意见》

自2014年起,几乎每一年的预算报告都载有中央与地方事权和支出责任划分改革的内容,而且操用的表述一年比一年强烈。如2014年的提法是"抓紧研究调整中央与地方的事权和支出责任"(财政部,2014),2015年的提法是"研究提出合理划分中央与地方事权和支出责任的指导意见"(财政部,2015)。2016年的提法则是"研究推进中央与地方事权和支出责任划分改革"(财政部,2016)。

2016年8月,在社会各界的高度关注下,以《关于推进中央与地方财政事权和支出责任划分改革的指导意见》为标志,在将事权与支出责任聚焦于财政事权和支出责任的条件下,这项改革算是有了一些进展。根据这一指导意见,到2020年,要基本完成主要领域改革,逐步规范化、法律化,形成中央与地方财政事权和支出责任划分的清晰框架。② 除此之外,它也进一步细化了十八届三中全会关于事权和支出责任划分的原则和要求,提出改革主要聚焦于各级政府运用财政资金提供基本公共服务的"财政事权",明确并具体说明了强中央、保地方、减共管的改革思路。③

(三)问题分析:具体方向尚待明晰下的"拖泥带水"工程

可以看到,在本轮财税体制改革中,至少相对而言,以央地财政关系调整为

---

① http://www.gov.cn/zhengce/content/2016-04/30/content_5069490.htm.
② http://www.gov.cn/zhengce/content/2016-08/24/content_5101963.htm.
③ http://www.mof.gov.cn/zhengwuxinxi/caizhengxinwen/201608/t20160826_2403506.htm.

核心内容的财政体制改革相对滞后,是躲不开、绕不过的基本事实。对于它的成因,是需要认真对待、深刻分析的。

1. 围绕此议题的改革内容设计尚不够翔实、具体

仔细地体味一下《决定》和《总体方案》的相关表述,便可以看到,涉及预算领域的改革内容也好,涉及税制领域的改革内容也罢,既包括有顶层设计和总体规划,也包括有实施路径和具体举措。有些内容,甚至细化到了所涉及预决算的编制方法和所涉及税种的构成要素层面。然而,涉及财政体制领域的改革内容,就远不如这般翔实。就央地财政关系调整的两个主要方面而言,无论是"进一步理顺中央和地方收入划分"还是"合理划分各级政府间事权与支出责任",其内容都是相对抽象而笼统的,基本停留于顶层设计和总体规划层面。至于具体该如何去做,比如,究竟哪些税种划为中央税或中央分成比例多一些?究竟哪些税种划为地方税或地方分成比例多一些?究竟哪些公共服务项目属于区域性质、该明确为地方事权?究竟哪些公共服务项目属于跨区域性质、该明确为中央和地方共同事权?等等,则没有进一步提及。

显而易见,无论从哪个方面讲,这些内容绝对不属于可有可无之类。

2. 财政体制改革的具体方向尚未明晰

本轮财政体制改革的目标虽然定位于"有利于发挥中央和地方两个积极性",但究竟怎样"发挥两个积极性"、以怎样的思路"发挥两个积极性",迄今并未有明晰的说法。在很大程度上,"发挥两个积极性"还停留于口号或标签状态。

一个立刻可以举出的例子,改革内容是建立事权与支出责任相适应的制度,保持现有中央和地方财力格局总体稳定、进一步理顺中央地方收入划分。为此,财政部、中编办虽组织开展了事权和支出责任划分的研究,但迄今并未公布相关内容。最终作为改革成果拿出的有关事权与支出责任划分的方案,又将"事权与支出责任划分"缩水为"财政事权和支出责任划分"。因而,实质是一个"缩水版"。又如,学术界和相关部门也曾提出过如何进一步理顺中央和地方收入划分的思路,但《国务院关于印发全面推开营改增试点后调整中央与地方增值税收入划分过渡方案的通知》所拿出的仅仅是未来2~3年内的过渡方案。至于2~3年过渡期结束之后的走向,则并无明确交代。因而,也可说是一个"非定型版"。

应当看到,"发挥两个积极性"目标的形成,显然出自于地方积极性尚不够充分、亟待调动的现实判断。问题在于,地方积极性的调动发挥须以相对稳定的央地财政关系为前提。将地方积极性和央地财政关系格局两个方面的变化轨迹联

系起来,我们可以清楚地看到,以往地方发展经济的积极性,在很大程度上源于央地财政关系格局的合理调整和相对稳定。倘若没有旨在调动地方积极性的央地财政关系合理调整的推动,倘若离开了有利于发挥地方积极性的相对稳定的央地财政关系格局,且不说地方积极性的有效调动难以想象,中国经济的规模和质量也绝对达不到今天这样的程度。

因而,必须在坚持"发挥两个积极性"目标的基础上,尽快明晰财政体制改革的具体方向。并且,按照统一部署给地方及时交底,让地方及早服下围绕央地财政关系调整的定心丸。只有这样,"发挥两个积极性"才可能真正落到实处,当前亟待推进的一系列稳增长政策措施才可能精准有效。

3. 围绕改革的具体操作方案尚未在中央和地方之间达成广泛共识

进一步看,具体方向的不明朗,其原因并非在于有关各方没有或尚未有相应的方案提出,而在于有关财政体制改革的方案难以在中央与地方之间达成共识。从历史上看,在1994年之前,中国的央地财政关系格局尽管几经变化,十分复杂,但总体上都是以"分钱制"为基础的。无论是早期的"总额分成""收入分类分成",还是后来的"大包干",所"分"或所"包"的,实质都是"钱"——财政收入。只是在1994年之后,方才有了根本性的改变——由"分钱"转向"分税"。如果说1994年以来,中央与地方之间具有共识基础的方向是"分税制",那么在今天的中国,不仅在表述上"分税制"几乎难觅踪影,相当多的内容处于忽明忽暗、半明半暗的状态,而且在实质层面"分税制"已被"分钱制"所取代。因而,下一步以一个怎样的旗帜标识财政体制改革的方向并据此制订一个可以达成共识的方案,是难点,也是重点所在(高培勇,2015b)。

这一判断的引申意义在于,围绕央地财政关系调整的具体操作方案,理应取得地方政府的广泛认同和积极配合,在中央和地方的有效互动中最终形成。否则,即便勉强拿出了方案,也难以扎实推进。或者,即便勉强实施了,也难免再次走样。

六、作为一个整体的财税体制改革:亟待协调推进

在分别评估了预算管理制度改革、税收制度改革和财政体制改革的进展状况之后,回过头来将三个方面的改革内容拼接在一起,立刻可以发现,事实上,它们是按照一张顶层设计图纸平行推进的密切相关的统一体。因而,接下来,还需

要对作为一个整体的财税体制改革进展状况作综合评估。

（一）三个方面的改革进展不够均衡

在 2015 年发布的预算报告中，财税管理部门曾对本轮财税体制改革的进展状况做过如下总结："财税体制改革取得重大进展。一是预算管理制度改革取得'实质性进展'。二是税制改革'有序推进'。三是围绕建立事权和支出责任相适应的制度，系统梳理了成熟市场经济国家事权和支出责任划分情况，调研分析国防、公共安全、食品药品监管等领域的事权和支出责任划分，财政体制改革研究取得'阶段性成果'"（财政部，2015）。

这的确是一个符合实际的自身总结。有别于预算管理制度改革、税收制度改革在改革实施层面取得的实际进展，旨在调整中央与地方财政关系的财政体制改革，不仅尚处于"研究"层面。而且，取得的也是"阶段性"成果。

即便是站在今天的时点上，将 2016 年 5 月和 8 月先后推出的《全面推行营改增试点后调整中央与地方增值税收入划分过渡方案》和《关于推进中央与地方财政事权和支出责任划分改革的指导意见》一并纳入视野，如前所述，鉴于前一个方案系"非定型版"，后一个指导意见系"缩水版"，仍可以认定，迄今为止，三个方面的财税体制改革推进状态，是非均衡的。着眼于调整央地财政关系的财政体制改革相对滞后，绝对是一个不容回避的基本事实。

认识到本轮财税体制改革的三个方面内容不是简单的并列关系，而是有机联系、相互贯通的统一体，还可以认定，任何一方面的改革若不能与其他两个方面步调一致，形成合力，则不仅会障碍改革的总体效应，而且难免拖曳整体改革进程，甚至陷整体改革于"跛脚"状态。

（二）十分明显的"瓶颈"效应

事实上，财政体制改革的相对滞后已经对本轮财税体制改革的整体进程以及宏观经济政策的有效运行产生了十分明显的"瓶颈"效应。

比如，作为税制改革中的一条主线索，"营改增"直接牵涉到地方主体财源结构的重大变化。这种变化，当然要以央地财政关系的同步调整为前提。这种调整，也当然要建立在体制性安排而非权宜之计的基础之上。恰是由于包括财政体制改革相对滞后在内的诸种因素的掣肘，"营改增"的全面推进才不得不曾放慢脚步。后来，虽在各方力量的强力推动下破茧而出，也不得不以一个"非定型版"的收入划分方案与之相伴。

又如,作为预算改革的一个基本目标,全面规范和公开透明直接牵涉到以政府性基金预算为代表的非一般公共预算格局的重大变化。这种变化,当然要牵动中央财政和地方财政格局,尤其是中央和地方财政之间关系格局的调整。这种调整,当然属于重大利益分配,也当然要建立在体制性安排而非权宜之计的基础之上。恰是由于包括财政体制改革相对滞后在内的诸种因素的掣肘,非一般公共预算的规范和透明进程才不得不在一定程度上打了折扣。在新修订的《预算法》公布实施将近两年之后,作为其配套文件的新《预算法实施条例》仍驻足于征求意见阶段。

还如,在国内外经济形势复杂多变、经济下行压力日渐加大的背景下,加快实施有利于稳增长的政策措施、促进经济持续健康发展无疑是当下中国的当务之急。历史的经验告诉我们,中国经济之所以能在过去三十多年中走出一条持续高速增长的轨迹,在很大程度上依赖于地方之间你追我赶、竞相迸发的竞争力。在经济发展步入新常态的现实背景下,保持经济的中高速增长,仍然离不开地方的积极性。地方的积极性,当然要建立在相对稳定而非变化莫测的央地财政关系基础之上。恰是由于包括财政体制改革相对滞后在内的诸种因素的掣肘,未能让地方及早服下围绕央地财政关系调整的定心丸,一系列围绕稳增长的政策措施才难以真正落地,一整套宏观经济政策的实施过程也才会不那么精准有效。

(三)不容回避的"拖后腿"效应

毋庸赘言,本轮财税体制改革的推进状态和实际效应不仅取决于税制改革或预算管理制度改革,而且取决于包括税制改革、预算管理制度改革和财政体制改革等三个方面内容在内的整体改革,尤其取决于作为中央与地方关系中最基本、最基础的层面——财政分配关系——的改革。倘若财政体制改革相对滞后的局面得不到及时扭转,本应发挥的"牛鼻子"效应便会异化为"拖后腿"效应。而且,其所涉及的,将不仅是本轮财税体制改革,更值得警惕的是,它还会由此扩展至以国家治理现代化为总目标的全面深化改革。

站在当前中国发展和改革的全局立场上,可以进一步断定,不仅稳增长,而且调结构,不仅促改革,而且防风险,以及包括保就业、惠民生等在内的其他一系列发展和改革目标的实现,都要依赖于中央和地方两个积极性,都要建立在发挥中央和地方两个积极性的基础上。

因此,如果说迄今的财税体制改革推进过程中事实上存在着"短板",那么,财政体制改革便是一块最亟待多用力补齐的"短板"。这意味着,按照《决定》和《总体方案》的要求,把旨在发挥中央和地方两个积极性的央地财政关系调整落实到位,已经箭在弦上,刻不容缓。

七、全面深化改革框架下的财税体制改革:基础和支撑作用尚需进一步到位

(一)全面深化改革的重点工程和基础工程

本轮财税体制改革的进展状况,并非仅仅体现为有效落实《决定》和《总体方案》部署的各项直接改革任务上。除此之外,还应将其纳入全面深化改革的进程,从财税体制改革与全面深化改革的联系中进行更高层次、更广范围的评估。

前面曾经提到,本轮财税体制改革是在财政第一次从根本上被摆正在国家治理体系中的位置之后,作为全面深化改革的重点工程和基础工程来部署的。财税体制改革之所以成为重点工程和基础工程,无非是因为,全面深化改革系经济、政治、文化、社会、生态文明和党的建设等各个领域改革的联动。在其中,作为国家治理的基础和重要支柱,财税体制安排体现并承载着政府与市场、政府与社会、中央与地方等方面的基本关系,深刻影响着经济、政治、文化、社会、生态文明和党的建设等领域的体制格局。因而,在国家治理的总棋局中,它是一个具有"牵一发而动全身"之效的要素。

这就意味着,本轮财税体制改革应当也必须担负起对于推进全面深化改革的基础性和支撑性作用。

(二)一份清单:积极支持其他领域改革

如下可能是一份财税体制改革支持、推动其他领域改革的大致清单:

1. 支持司法、教育、科技等领域改革

在司法领域,积极支持司法体制改革,率先进行事权和支出责任适度向上集中的改革,建立政法系统经费保障机制,推动实施法官薪酬制度改革。在教育、科技领域,《国务院关于进一步完善城乡义务教育、经费保障机制的通知》进一

步完善了城乡义务教育经费保障机制,启动义务教育转移支付改革;职业教育实施以改革和绩效为导向的生均拨款制度;中央财政大力推进科技计划(专项、基金等)管理改革,以提高科技财政资金的绩效;推动实施省以下环保监测机构的垂直管理。

2. 支持供给侧结构性改革

为积极推动供给侧结构性改革,在"去产能、去库存、去杠杆、降成本、补短板"的旗帜下,2016年中央财政特别拿出1000亿元奖补资金,重点用于职工分流安置。

3. 支持"三农"领域改革

例如,为积极推动农村经济体制改革,2015年,财政部和农业部联合发布了《关于调整完善农业三项补贴政策的指导意见》,将农业"三项补贴"合并为农业支持保护补贴,政策目标调整为支持耕地地力保护和粮食适度规模经营,并于2016年全面推开。再如,为推动实施"脱贫攻坚"战略,大幅度增加扶贫攻坚财政资金投入,以领导班子强、工作基础好、脱贫攻坚任务重为标准选择1/3以上的贫困县开展试点,统筹整合使用各级财政用于农业生产发展和农村基础设施建设等方面的资金。①

4. 推进政府投资体制改革

为了提高财政投资资金效率,拓展社会资本和民间投资范围,大力推广基础设施建设等领域的政府与社会资本合作(PPP)模式,已出台包括操作指南等在内的多项文件,构成了较为完备、具有可操作性的政策支持体系,PPP推广示范项目也取得一定程度的进展。为充分发挥政府投资在推动重点产业发展等领域的杠杆作用,积极探索财政资金注资设立政府投资基金支持产业的模式改革,出台了《政府投资基金暂行管理办法》等多项文件,要求坚持市场化运作、专业化管理,以实现基金良性运营。

(三)存在问题:经验不足、力不从心,规律尚待把握

应当指出,在过去30多年的改革历程中,尽管不乏以财税体制改革为经济

---

① http://www.mof.gov.cn/zhengwuxinxi/zhengcefabu/201604/t20160425_1963571.htm.

体制改革"铺路搭桥"的先例，但摆脱经济体制改革的视野局限而上升至国家治理层面，将财税体制改革作为全面深化改革的基础性和支撑性要素加以布局和推进，还属从未有过的第一次尝试。与此相关的经验不足，规律尚待把握，操作中难免疏漏，自是常情。面对各种惯性思维和既得利益的掣肘而力不从心，不得不在推进中做妥协性安排，走些弯路，亦是不言而喻之事。

就此而言，迄今为止，至少有如下几个代表性事例是值得关注的：

1. 缩水版的事权与支出责任划分改革方案

中央与地方的关系无疑是国家治理层面的基本关系之一，本轮财政体制改革显然要为这一基本关系的处理发挥基础性和支撑性作用，而不应也不能将视野局限于财政体制本身。然而，即便在《决定》和《总体方案》中一直的提法都是中央与地方事权和支出责任划分的改革，即便财税管理部门始终锁定的都是研究提出合理划分中央与地方事权和支出责任的指导意见，但最终形成的则是一个缩水版——事权与支出责任前面被加上了限制词，从而中央与地方事权和支出责任划分的改革演化为中央和地方财政事权和支出责任划分的改革。

2. 进展缓慢的社会保障领域改革

作为国家治理体系现代化的重要内容，社会保障体系的制度设计，深度影响预算管理制度、中央和地方政府之间的财政关系、财政风险乃至税收制度的设计。因而，社会保障体系的改革自然要成为财税体制改革的主要关注点。然而，尽管《决定》做出了"建立更加公平可持续的社会保障制度"的改革部署，但社会保障领域的改革进展仍十分缓慢。不仅养老保障领域的改革方案尚在讨论之中，医疗保险以及医疗卫生体制改革未见标志性改革举措出台，而且，其他社会保险以及城乡低保领域的改革也未有启动迹象。这一突出的矛盾现象说明，社会保障领域改革应当也必须与财税体制改革实现同步，财税体制改革应当也必须支撑社会保障制度的改革。

3. 部门之间围绕改革方案协调上的困扰

如由于相关政府部门未能充分、及时协调，在大力推进PPP模式方面，各自制定政策，各自出台标准；由于相关政府部门之间的协商不到位，新《预算法实施条例》迄今迟迟不能出台；由于相关政府部门协调不足，2015年地方债券大量发行初期举步维艰，一些地方政府债务实质上已发生逾期；改革方案中提出的地方债券投资主体多元化至今未能落地；在《税收征管法》修订过程中，作为必要条件的政府部门之间信息共享至今难以落实，如此等等。

4. 部分财税体制改革举措的时有反复

中共十八届三中全会以来，在有关财税体制改革的方案密集、大量出台的同时，其中的部分方案却风云变幻，几番出现被中途搁置或被暂缓实施的现象。比如，作为预算管理制度改革的重头戏之一，旨在清理税收优惠政策的《国务院关于清理规范税收等优惠政策的通知》，在宏观经济下行压力日趋严峻的情势下，出台仅仅4个月便被宣布暂停执行。取而代之的，是《国务院关于规范税收等优惠政策的通知》。相对于老文件，至少在名称上，新文件删掉了"清理"二字。再如，对于电子商务的进口税收政策，出台不久，即发现执行困难，基础尚不具备，不得不宣布暂缓实施1年。还如，在全面推行营改增试点过程中，由于改革方案出台的时间过于紧张，部分事项难免考虑不周，有关"营改增"的实施方案多次事后"打补丁"。

5. 缺乏专家、社会参与的改革方案设计过程

在中共十八届三中全会所确定的改革蓝图中，财税领域的改革任务可以说是最为繁重，涉及面最广，也最需要先行一步。相对于其他部门，财税管理部门虽在短期内密集出台了一系列范围广泛、影响深远的改革方案，相关内容多达几百项，但是，或许是由于时间紧、任务重，这些改革方案的设计和制定，事实上基本由财税管理部门自身主导，未能如以往历轮改革那样有效落实专家、社会的广泛参与，综合协调性不足。比如，多项改革方案的出台，主要是基于财税管理部门内部的讨论和设计，外部专家普遍反映参与度不足；改革方案也未能充分进行社会协商。迄今外部专家的参与，基本上是在不了解具体方案设计过程的基础上，受邀做事后解释性或宣传性工作。外部专家以专业知识服务于深化改革的作用尚未得到充分发挥，更多体现为"花瓶"角色；加上不注重社会协商，一些改革方案的设计也或多或少存在考虑不周之处，事后不断"打补丁"也就在所难免。

如此现象的反复出现，一方面，影响改革举措自身落地的权威性，甚至可能导致越来越多的事后改革博弈，另一方面，也会障碍财税体制改革与全面深化改革之间的彼此互动，在一定程度上，使得财政在国家治理体系中的基础性和支撑性作用停留于字面。

八、主要政策建议

评估改革进展状况的根本目的，在于"及时研究解决改革推进中的矛盾和问题，以钉钉子精神抓好改革落实"（习近平，2016）。认识到完成本轮财税体制改革任务的时间表指向2020年，按照建立现代财政制度的改革目标，以倒计时思维前瞻未来四年的改革之路，如下六个方面的工作当在抓紧抓好之列。

（一）夯实基础，完善设计，进一步推进预算管理制度改革

1. 推进"四本合两本，两本加综合"改革，完善全口径预算管理体系

从强化所有政府收支全口径预算控制的目标出发，应在现有四本预算的基础上简化合并，研究编制全口径综合预算。具体思路是推进"四本合两本，两本加综合"的预算体系简化合并改革，同时提高预算的前瞻性、科学性和精细化程度，提升财政管理水平。

首先是按照《决定》要求，所有上缴国有资本收益均纳入一般公共预算，逐步取消国有资本经营预算；

其次是加快改革各类政府性基金，按其性质区别处理。一些政府性基金收入具有消费税性质，可将其改为消费税的征收子目；一些政府性基金有征收期限，到期其承担任务已完成，可顺势取消；一些政府性基金适合改为专项收入形式，可纳入一般公共预算；一些政府性基金主要是资金预算管理任务，未来可采用表外信息的形式，作为预算报告的补充信息。在此基础上，将所有政府性基金逐步转列一般公共预算，直至彻底取消政府性基金预算。

再次是遵循国际经验，以规范、透明为前提，保留社会保险基金预算，合理界定社会保障管理部门和财税管理部门职能。

最后是单独编制全口径综合预算，扣除一般公共预算和社会保险基金预算中的重复项，整体、全面反映政府收支的信息。最终形成一般公共预算和社会保险基金预算两本预算，加上综合预算的"两本加综合"的预算管理体系，经人大批准产生法定效力。

2. 统一财政名词并启动预算信息披露标准化工程

预决算的公开透明是新《预算法》高度强调的理念。在现有法律框架要求

下，尚需要有诸多配套性改革，以实质推进预算透明工作。

首先是要统一财政名词。财政名词的模糊对于增强财政透明度，对于政府政策和预算安排的讨论以及公共收支的管理都非常不利，应当尽快明晰。这方面，我国可以借鉴美国20世纪60年代的经验。在当时的美国，议员们在辩论政府预算安排时，常发现甲讲的政府收入和乙讲的政府收入并不是一回事。后来约翰逊总统下令成立专门的委员会，讨论预算概念问题，界定什么是政府收入等。在国际组织中都非常强调政府的统计应该有一个国际的标准，以增加可比性，我国自然更应当强调统一的国内标准。应当说，这种概念的明晰对于推进全口径预算管理，对于提高财政透明度、提高政府预算绩效等，都是一项十分重要的基础工作。

为此，应由中央政府组织成立一个专门委员会，统一财政名词并予以明确的释义，并要求所有级次地方政府统一适用。

其次是建立一个预决算公开平台，启动预决算信息披露标准化工程。在现行《预算法》法律要求的基础上，应当进一步细化专门出台文件，明确预决算公开透明的强制标准，特别是除财政资金信息之外的辅助性基础信息。同时，应结合政府信息公开平台，统一各级政府的预决算公开平台，建立统一链接，方便查找比对。

再次是建立逐步回溯公开的机制。可降低预决算公开的标准，要求各级地方政府至少公开2000年以来的预决算信息。

最后是重视预决算公开信息的利用，提升预算透明度。政府部门应主动将预决算报告通俗化，对易混淆之处给予专门解释；组织专场研讨会或其他活动，引导公众关注和探讨预决算报告。应鼓励研究机构和社会组织专门研究预决算信息。最终期望通过预决算公开促进预决算透明，以预决算透明提高社会公众对公共资金的监督，以监督提升公共资金的绩效。

3. 建立债务与资本支出预算以及税式支出预算制度，丰富表外信息

预算报告理应全面反映政府收支以及相关经济活动，但由于现代政府经济活动的复杂性，一些重要的信息难以在正式的预算报告中得以体现，为此需要以表外信息予以补充。基于中国的现实情况，当前需要以表外形式补充建立债务与资本支出预算制度和税式支出预算制度，丰富预算报告的表外信息，提高公共资金使用效率，防范政府债务风险。

首先是应研究制定单独编制资本支出和债务预算制度，将所有政府债务和资本性支出综合起来，编制在一本预算中，以便于从整体上控制各级政府的资本性

支出和对应政府债务的规模和结构，分析其必要性、效益和风险。资本支出和债务预算制度与现有或改革后的全口径预算体系独立，作为正式预算报告的附录。

其次是成立专家组，以重点税种起步，学习典型市场经济国家的做法，构建税式支出制度，使税收优惠的作用及其丧失的税收收入显性化，纳入预算管理程序。所谓税式支出制度，就是测算每项税收优惠政策所导致的税收损失，编列按税种和按政策目标的预算，一般作为正式预算报告的附录。构建税式支出制度，有助于将税收优惠政策的成本和效益公开透明，有助于从制度上规范管理税收优惠政策。

4. 夯实预算与财政管理基础，强化社会监督和外部监督，平衡控制与绩效导向

从预算管理制度改革的国际经验看，预算的控制导向与绩效导向之间的冲突一直是主要矛盾。以精细控制为主导的预算有助于减少漏洞、抑制浪费、避免腐败，但由于预算的年度性原则，一般要提前一年确定支出的具体内容，这与发展迅速的中国现实国情有些不相适应，在一定程度上会影响财政支出的绩效。解决预算的控制导向与绩效导向之间的冲突，可选择的基本思路是简政放权，强化监管，进而以自我控制替代外部强加的程序性控制。具体说来，就是强化社会监督和外部监督，淡化内部过程控制，适度从强调控制走向强调绩效。

其一要夯实预算与财政管理基础，如政府财务准则的制定、政府资产与负债的准确记录、预算绩效管理基础等，使现代预算理念能够落地生根。

其二是增加人大预算工作委员会、国家审计机关的人员编制，强化人大监督、审计监督力量。通过加大外部监督力度，可以促使财政资金使用部门强化自我控制。

其三是做好预决算的公开透明工作，鼓励社会监督。公开透明是最好的防腐剂。相对于制度性的人大监督、审计监督，社会监督更为分散，可动员的力量更为广泛，更易找出难以觉察的支出漏洞。

其四是按《预算法》要求，推行预算绩效管理，将加强预算管理的着眼点落实在绩效的提升上。

其五是在合理制定标准的基础上，淡化内部过程控制。避免形式化严重、与现实变化不相适应的若干不合理制度规定，影响财政支出实际绩效的提升。淡化内部过程控制并非不要任何控制，而是要将控制建立在合理制定若干支出标准的基础上，使支出单位以绩效为导向获取一定的自由度。

（二）做好公共沟通，加快直接税改革，推进税收法治化进程

1. 在明确税制改革"路线图"的基础上，做好公共沟通

构建良好舆论环境，支持税制改革，对于本轮税制改革落地至关重要。《决定》和《总体方案》所确立的"公平正义、调节有力"的改革目标以及在稳定税负前提下优化税收结构的路径规划，正在逐步深入人心。在这样的大背景下，回应社会关切，明确税制改革"路线图"，明确在间接税和直接税此减彼增的同时优化税收结构的路径规划，将中国税制和中国税负运行的格局现状原原本本地告诉人们，将间接税和直接税都是税、背着抱着一般沉的道理讲清楚，对于构建良好的税制改革舆论环境，是必不可少的。

在政府部门对税制改革的宣传上，也要注意避免过度强调减税的重要性，特别是要避免将减税视为政策红包的宣传基调。要更为重视宣传税制改革在减少结构性扭曲、提升经济效率、促进社会公平正义等方面的"制度红包"。

2. 加快直接税改革步伐

个人所得税以及房地产税的改革，担负着提高直接税比重，优化收入及财产分配格局的重要任务。当前要加快两大税种改革的各方面准备工作，尽快启动改革步伐。当然，改革需要注意充分体现量能负担的原则，注重征管条件的配套，税制设计应有利于强化征管。

个人所得税的改革，宜围绕逐步建立健全综合与分类相结合的个人所得税制度，从"小综合"起步，合并部分税目，根据征管条件的改善不断推进到"大综合"。在合理确定综合所得基本减除费用标准的基础上，适时增加专项扣除项目。合理确定综合所得适用税率，优化税率结构。可考虑适度加大分档区间，最高档边际税率略有下降。

房地产税的改革，其重点应放在加快推进房地产税立法，开征居民保有环节的房地产税收，统筹设置房地产建设、交易和保有环节的税负水平上。鉴于目前的税情和国情现状，近期可本着"先简后繁，先存活再完善"的原则，考虑对居住住房以家庭为单位实行"第一套免税，其余一律征税"，在尽可能短的时间内，让房地产税落地中国。以此为基础，逐步积累条件，向更精细、更完善的房地产税制建设目标迈进。

3. 提升征管能力，推进税收法治化进程

税制改革，特别是个人所得税以及房地产税的改革，需要以加快构建面向自然人的税收管理服务体系作为配套。为此，需要加快《税收征管法》的修订进程，建立第三方涉税信息报告制度，逐步实现法人、非法人机构、自然人之间税收征管的均衡布局，确保税务部门依法有效实施征管。

推进税收法治化，不仅是建立现代财政制度的必要条件，也是落实中共十八届四中全会"依法治国"精神的必然要求。税收涉及每个人的利益，社会关注度高，因而税收法治化是财政法治化的优先事项。当前我国仅有三个税种立法，推进税收法治压力很大。"十三五"时期，应在处理好改革与立法之间的协调关系的基础上，安排好立法顺序，积极推进税收法治化进程，力争税收立法 5~10 部。

推进税收法治化，最重要的是要协调好改革与立法之间的关系。立法有助于提高改革的权威性，有助于巩固改革的成果。当前，我国推进财税领域的改革，主要法律依据是 1980 年全国人大对国务院的授权，大部分由国务院直接颁布推动相关改革文件。这种改革方式，特别在税收领域的改革，已经引起了社会上较多的讨论。

为此，首先要发布税制改革总规划，明确各税种改革的基本目标和框架，明确各税种立法的规划，向社会公布，这是改革法治思维的重要体现。其次是要确定基本的原则，凡是新推出的税种，如房地产税、环境保护税等，均应改革与立法同步，法律实施之日就是改革启动之时。最后，对已征税种的改革，也要积极立法。视情况不同，可以先改革后立法，以法律巩固改革成果，也可以改革和立法同步，以法律提高改革的权威性。

（三）完善地方债制度，加快社会保障制度改革，防范财政风险

防范财政风险，实现长治久安是本轮财税体制改革的重要目标之一。防范财政风险，关键要恰当评估中国的财政风险来源。当前，国内外舆论较为关注地方政府债务可能导致的财政风险。从若干大国的历史经验来看，养老、医疗等社会保障领域的资金缺口，可能是财政可持续发展的最大挑战。对于这两个方面的风险，均不容小觑。

1. 准确认识中国政府债务风险的"近忧"与"远虑"、"总账"与"分类账"

当前国内外对中国政府债务的主要关注点是地方债，认为其可能存在失控的

风险。但经过审计部门的多次专项审计和财税管理部门的反复核查,中国地方政府债务的底数是比较清楚的。2015年中国地方政府债务余额占GDP比重为23.64%,即使包含或有债务中可能转化为需要政府偿还的部分也仅为25.74%。这个水平,低于德国、日本、加拿大等国,同美国较为接近。与这些大国相比,中国的中央政府债务占GDP比重非常低。因此,从总量上看,中国综合政府债务并不存在多大风险。即使单独比较地方政府债务,中国的比重也并不特别高。地方比重高于中央,与中央与地方财力和事权划分状况乃至国家治理体系的特点基本是相适应的。再加上中国的经济增长速度较快,地方政府债务主要投资于生产性资产,政府资产雄厚,比重不高加上三重保障表明中国政府债务的"近忧"不大,其风险主要来自于管理体制导致的局部风险,以及债务资金投资低效风险。

但是,上述的这些指标均是算"总账"的结果。一旦细化到"分类账"——分别就各个地区计算其债务风险,则立刻会发现,有些地方的债务,已经以逾期、赖债或资不抵债等现象揭示出区域性风险迭起的严峻态势。

进一步说,社会保障体系潜在的未来资金缺口所带来的中国政府债务的"远虑",必须高度重视。中国已进入老龄化社会,且老龄化的速度非常快。高培勇、汪德华(2011)的估算表明,如维持现有养老保障制度,则到2050年养老保障体系所需年度财政补贴占GDP的比重在6%以上。即使维持现有财政补贴力度不变,如所有年份的资金缺口累积到2050年一次性由财政偿还,其所需偿债资金将占当年GDP的90%左右。这还仅是养老保障体系的潜在债务压力。随着老龄化压力越来越大,医疗技术发展越来越先进,医疗保障领域的潜在政府债务同样巨大。

由此可见,中国政府债务的最大危险或者说"远虑",与发达国家的历史经验类似,主要来自于社会保障体系的改革滞后,需要高度重视。

2. 完善管理制度,明确地方政府债务管理体制的远景,稳定社会预期

地方政府债务管理体制改革,要解决的问题主要有二:一是明确远景,稳定社会预期;二是完善管理制度,提高债务资金的投资效率。

首先,参照美国、德国、日本等大国的经验,应明确中国地方政府债务的远景是长期滚动发展,地方政府应担负起相应的风险控制管理职责,并不存在到某一时点必须全部归还的问题,也不存在由中央政府承担地方债偿还职责问题。这一远景应明确向社会公布,以稳定社会预期。

其次,在试点基础上,适度赋予有条件的地级市自主发债权限,县级政府所需债务资金依然由省政府统一筹集。此项改革的目的是压缩管理链条,提高债务

资金的配置效率和投资效率，实质上有助于防范风险。全国人大以及国务院应积极探索合理确定地方政府债务限额的规则，各省级政府也要积极探索在各县市间分配地方政府债务资金的规则，以提高债务资金效率。

最后，扎实推进地方融资平台的清理规范和市场化转型工作，继续妥善处置存量地方政府性债务，实事求是地评估国开行、农发行的专项建设基金对地方政府债务的影响，并逐步纳入政府信息披露范围内。

3. 以更加公平可持续为基本原则，尽快启动社会保障体制改革

我国社会保障体系的资金储备较为充足，但在老龄化愈发严重的趋势之下，未来的资金缺口压力仍然较大。国际经验表明，这种未来的资金缺口压力，在今天就会影响企业和居民的行为。因此，社会保障体系的改革，不能等到出现问题才改革，要未雨绸缪。应当切实按照中共十八届三中全会的要求，以更加公平可持续为基本原则，与扶贫攻坚战略相结合，推动养老保险、医疗保险、生育保险、失业保险、城乡低保等社会保障事业的改革。

（四）尽快明晰财政体制改革具体方向

财政体制安排深度影响地方政府的行为，是国家治理体系的重要组成部分，在中国具有特别重要的意义。当前应在《决定》提出的改革蓝图上，尽快明确财政体制的具体改革方向。在方案制订过程中，还应注意避免一些错误倾向，回到"分税制"的轨道，真正激发中央、地方两个活力。

1. 避免将预算改革、税制改革和财政体制改革割裂开来，重视三者之间的协调推进

财政体制改革，特别是政府间收入划分方式的调整，需要税制改革为支撑。地方债务管理制度、转移支付制度本身就是财政体制领域的重要组成部分，其制度设计要与政府间收入划分、事权划分制度相适应。可以说，倘若财政体制改革不能如期启动，税制改革、预算改革也难以落实。因此，当前特别要加快财政体制领域的改革进度。

2. 避免单纯强调事权与支出责任相适应，以回归分税制作为财政体制改革的重心所在

作为一个整体，分事、分税、分管，一级政府一级财政，是分税制的基本要求和灵魂所在。照此说来,"事权与支出责任相适应"系分事管理的应有之义,而非分税制改革的重点问题。中国财政体制的基本矛盾依然是:政府间事权划分制度如何与收入划分制度相适应。因此,在部分增加中央事权的基础上,解决好中央与地方收入划分问题,依然是分税制改革的重点。

中央与地方收入划分,绝不能重走1994年之前的"分钱制"老路。"根据事权与财权相结合原则,将各种税统一划分为中央税、地方税和中央地方共享税,并建立中央税收和地方税收体系,分设中央与地方两套税务机构分别征管",这既是1994年分税制财政体制改革的核心要义,也是本轮财政体制改革应当坚守的方向。应当也必须紧紧扭住这个牛鼻子不撒手,真正把财政体制改革纳入分税制轨道(高培勇,2015b)。

3. 注重激发中央、地方两个活力,当前特别要注意激发地方活力

适应、引领经济发展新常态,关键看地方政府。地方政府的积极性和活力是过去中国经济取得成功的关键,也是未来中国跨越"中等收入陷阱"的关键。在事权划分改革方面,要注意在易发生"乱作为"、外部影响较大的事项上增加中央控制力,其他事项则应充分尊重地方自主权。在收入划分方面,要避免将一些征管难度大、较为零碎的小税种给地方,中央则享有相对稳定的、与经济发展相关程度高的大税种。这样做,极易损害地方积极性。在当前,亟待明确2~3年过渡期之后,增值税"五五开"的收入划分模式如何调整。应当注意到,对未来的预期不稳定,当前就会干扰地方政府的行为选择,增加经济扭曲。

4. 设立专门委员会,为财政体制改革提供协商平台,为事权和支出责任调整提供动力机制

当前财力划分方式的变革及监控,缺乏常规性的协商平台。从中央部委和各级地方政府的角度来看,实际上缺乏动力改变当前事权划分现状。中央部门不愿意承担具体执行职责,而愿意保留以专项转移支付或审批制度干预地方的权力。地方政府则不愿意放弃具体执行的权力。在相当程度上,双方都缺乏激励进行事权关系的调整。为此,必须要借助外部权威,并建立专门的机构推动落实事权划分调整优化工作(高培勇、汪德华,2016)。

参照德国、日本、印度等国经验,我国应设立一个负责调整中央与地方政府间财政关系的委员会。可考虑由全国人大常委会负责组成一个委员会,以形成中央与地方事权和支出责任调整的具体方案,并担负方案实施的检查、落实等具体工作,解决争议问题、确定转移支付资金安排的基本框架。通过集合利益相关方

与独立第三方的集体讨论,可为事权和支出责任调整寻找最优的、可接受的方案。

(五) 落实专家和社会参与机制,以公开透明推进改革落地

改革方案的设计出台,仅是全面深化改革的起点。财税体制改革能否真正产生获得感,能否有效促进国家治理现代化进程,还要看其落地实施情况。而改革方案的真正落地,应是建立在公开透明、广泛参与的基础上,应鼓励事前充分发表意见进行博弈,而非方案出台之后的事后博弈。

1. 建立严格的保密制度,引入外部专家深度参与改革进程

外部专家除了具有专业优势外,由于其社会接触面广,能够有效缓解主抓改革部门思维单一的缺陷,也可在一定程度上抑制部门利益影响改革推进的现象。外部专家应是对全面深化改革领导小组负责,而非对具体改革主抓部门负责。改革主抓部门应对外部专家完全开放信息,以使外部专家能充分发挥其专业优势。考虑到部分财税改革举措的社会敏感性,外部专家的参与应严格遵守保密制度,未经允许不能向外界协调改革方案相关内容。

2. 待改革方案初步成型之后,应邀请主要相关利益群体进行充分协商

改革涉及的相关利益群体,对改革方案中各项制度设计存在的问题、执行中的难题最为敏感。其意见的充分表达,能够帮助完善改革方案。通过发扬协商民主,在改革方案出台前引入上级领导、外部专家、相关部门共同参与的充分协商,有助于实现既完善改革方案,又能保持利益中立的效果。公开透明的事前专家讨论、利益群体协商,有助于方案出台后的改革落地。

3. 高度重视部门利益阻碍改革推进问题

各个部门对于财税体制改革方案的意见可以充分表达,在充分民主的基础上还要集中统一。可引入外部专家、上级领导对各部门意见的综合评估,尽快明确部门争议的处理意见,督导部门落实处理意见。

(六) 开展大数据等技术创新对财税体制影响的前瞻性研究

财税体制的改革设计,不仅根植于国家治理体系,还将受到科技创新的影

响。当前，特别是信息技术、大数据等科技进步，深度影响商业运转模式和人们的生活模式，进而也将深度影响政府治理流程乃至国家治理模式的选择。财税体制改革永远在路上，我国应当高度关注并前瞻性研究相关科技创新对制度选择的影响，着力推动与现代科技环境相适应的财税改革。

为此，应当特别关注并启动如下两个方面工作：

其一，开展前瞻性专题研究。信息技术、大数据等科技创新对社会生活的深度渗入，对于税制选择、税收征管、预算管理、政府间收入划分等都将产生影响。例如，大数据技术可广泛用于税收征管，特别是一些以自然人为征税对象的税种。一些原来投入过高，征税效果不佳的税种，在大数据技术运用之后，税收征管的投入产出比可能会发生改变。信息技术、大数据的广泛采用，也会使预决算公开透明的成本更低、效果更佳。预决算的公开透明，可被用于更多的分析比较，社会监督效果更为突出，也为参与式预算等公共治理创新奠定了技术基础。信息技术、大数据对社会生活的渗透，影响了各类税种收入在区域间的分布，如商品和服务的生产地、购买地、消费地可能会不一致，这必将影响征管环节的选择、政府间收入划分方式的选择，影响到不同地区能够获取的财政收入。所有这些科技创新对财税体制改革带来的冲击，都需要尽快开展前瞻性专题研究。

其二，在充分论证、试点的基础上，以科技创新为基础推动政府流程和机构再造，提升财税治理的效率。不仅要前瞻性研究科技创新对财税体制制度设计的影响，还应积极适应技术环境的变化，积极推动科技创新应用于财税治理。可在前瞻性研究、论证、试点的基础上，将信息技术充分应用于财税治理的各个环节，推动政府流程再造，提升财税治理的效率和透明度。需要注意的是，政府流程再造，必须配合机构改造、人员整合。"放管服"的权力重新配置和流程再造，必须以人员、机构调整来巩固成果。

第十三讲

全球生产网络和当代帝国主义理论

谢富胜

谢富胜，中国人民大学经济学院教授，经济学博士，博士生导师，《政治经济学评论》副主编，中国《资本论》研究会副秘书长。主要从事马克思主义经济学基础理论、当代资本主义劳动过程理论研究。主持国家和北京市社科基金重点项目各一项，参与多项国家社科重大项目。曾获北京市第十二届哲学社会科学优秀成果奖一等奖、第十四届孙冶方经济科学奖、北京市第十届哲学社会科学优秀成果奖二等奖等奖项。

一、全球生产网络

20世纪90年代以来，随着全球生产的日益分散化，国际分工格局发生了重要的转变，同时，信息和通讯技术特别是计算机网络在再生产中日益发挥着关键性的作用，世界各地的生产活动通过生产网络联结成一体，从而实现全球化的协作分工生产，伴随着这种生产方式的变化，国家之间以及地区之间贸易经济交往日益密切。

1. 学术界的研究概述

对于全球化生产的研究，主流学术界主要有全球商品链、全球价值链等理论。(1) 格里菲提出了"全球商品链"概念，并按主导企业的驱动机制将全球商品链划分为"生产者驱动型商品链"和"买方驱动型商品链"。(2) 格里菲、亨普瑞和斯特吉恩在2005年提出以"全球价值链"的概念以取代"全球商品链"的概念。他们根据企业间的协调机制,将全球价值链划分为五种治理模式,依次对应企业间不同的协调水平和权力的不对称程度。这些研究的问题主要有:一是忽略了劳工和阶级问题,将价值链节点中的劳动过程看作"黑箱";二是忽视了政府的作用,主权和国家的概念被逐渐淡化。此外,全球价值链理论仅仅描述了包括主导企业和供应商在内的价值链参与主体之间的一种线性关系网络,而对于当下复杂的生产网络解释力不足。这种描述性的研究实际上是一种类型学研究,无法分析复杂的多水平的、多维度的、多层次的网络结构下的经济活动的内在机制。

对于全球资本主义生产网络的形成和发展,激进学者从世界体系、资本循环和劳动过程这三种不同的视角对其演变的不同侧面进行了分析。

一是世界体系理论。这一理论从国家与国家之间的交换关系出发,建立了一个以中心、半边缘和边缘地区为基础的商品链分析框架,阐明了全球商品链以不平等交换的形式实现了剩余价值在全球范围内的积累和分配。其优点在于揭示了主导企业与供应商背后的中心与边缘国家之间的不平等关系,以及商品链对于这种不平等关系的塑造。同时也强调了国家在塑造商品链中所发挥的重要作用,将主导企业对于商品链的控制上升到国家战略的角度。但世界体系理论着眼于国家间的交换关系,忽视了对于国家内部的生产环节和生产关系的分析。

二是资本循环理论。这一理论从价值和剩余价值的创造与实现出发,分析了全球生产网络中不同循环过程之间的相互联系;聚焦于资本循环和价值流动对于生产、交换和分配各节点相互关系的塑造,并以此来理解价值链中的企业行为;有助于我们分析现实经济中的危机是如何通过价值链在全球经济中得以传播和扩散。其缺陷在于对企业网络中的权力关系没有足够的分析。

三是劳动过程理论。这一理论从价值链中的劳动和生产过程为出发点,考察了企业内部和企业之间的劳动分工关系,将对劳动过程的研究由单个企业内部扩展到企业之间协作分工过程之中,对于理解主导企业如何在日益复杂的市场环境下有效整合及控制价值链中的劳动过程具有重要的意义。但劳动过程主要关注于生产环节,忽视了商业资本在整个生产循环中的作用。例如,怎么对沃尔玛进行分析?对淘宝网上的购物活动怎样从政治经济学角度进行分析?这些问题仅仅从劳动过程进行分析是不够的,需要把商业资本结合进来进行分析。再如物流行业怎么对快递工人进行管控?滴滴打车所体现的共享经济模式的劳资关系是怎样的?这些都需要深入研究。

2. 全球生产网络演变的经济背景及其技术选择

首先看看经济背景。20世纪80年代中期以来,一方面,美国国内大多数耐用品市场已经饱和，消费者对产品的需求越来越具有多样化。这一点与目前中国供给侧结构性改革面临的问题是类似的。另一方面，技术创新的加速使产品生命周期不断缩短、经济全球化所造成的不断加剧的竞争，尤其是来自日本以及新兴工业化国家的竞争导致了产品成本的持续下降。新产品不断出现，对企业来讲就造成很大问题，如果进行投资更新生产线就会造成沉没成本，需要很多年才能收回投资，风险非常大。

企业要想获得成功，必须以低成本满足消费者不断增长的多样化需求。核心问题是既要生产尽可能多的产品，即外部多样化，同时又不能因产品多样化而导致额外的成本与时间的延长。如果企业生产的东西有很高的利润，但是销路不大投资收不回来，企业的利润率就会下降。所以企业既要保证销售量又要保证高价格，必须在成本与产品质量和品种之间做一个选择，这是企业必须解决的问题。

其次我们来看看如何解决这些问题。建构这一范畴来源于设计工程学，指产品功能与产品部件的连接方式或关于产品部件间的连接方式的设计思想。例如，手机是由各种零部件组成的，零部件组成方式不一样的话就可以定制新的手机：某一个部件升级换代，如CPU升级换代导致整个连接的方式发生变化时，要重新对它进行设计。设计可以有两种思路：模块型和集成型。在模块型建构中，产品功能与产品部件之间存在一一对应的关系，而在集成型建构中，产品功能与产品部件之间的对应关系往往是复数的。在模块型建构中，即使不对部件的相对关系进行协调，产品的功能也可以充分实现；在集成型建构中，如果不对各部件之间的相对关系进行细微的调整，产品的功能就无法达到最优。

产品建构又可以区分为产品层次上的建构和关键部件层次上的建构。模块化主要是指产品层次上的建构从集成型向模块型转化的过程以及这一过程所包含的内在变化和外在影响。复杂产品被分解为复数的组成部分，而后者之间的界面变得相对单纯；关键部件可以在国际市场购买。例如iPhone生产涉及许多零部件，世界上大概有十几个国家进行协作生产，最后组装是在中国。这就是模块化，中国现在承接的国外大量的制造业务都是模块化生产。集成是指产品设计规则的设计和关键部件的创新。那么如何对产品进行设计？首先要揣摩消费者的需要，根据消费者的需要来进行研发——设计与创新关键部件，然后在全球根据速度、成本和质量选择供应商生产部件，组装产品。模块化部件转移到其他国家生产，集成在本企业核心部门进行生产，这就特别需要那些有创造性的员工，这就是所谓的知识经济，但是利用这些创造性员工，不仅工资高而且难于控制，怎么办？在大数据基础上采用云计算来预测消费者需求，利用3D设计在虚拟空间进行研发，企业可以节省大量的人和物，节省大量的研发成本，也就是对创新性员工的替代。

3. 生产过程的重新组织：核心—边缘式的网络化劳动过程

信息技术革命、交通技术的进步可以使企业将产品分为集成和模块化两个部分。集成主要是通过关键部件的创新与设计新的规则来建构新产品，而其他模块化部件可以转由其他国家进行生产与组装。

企业通过采取弹性的工作和雇佣方式来实现生产的弹性。劳动力被分为能获得更多薪资、技能水平更高和职位稳定的核心工人和处于更低的薪资、技能水平低、不需要培训、不稳定的边缘工人。

核心劳动力提供了功能弹性化，因为他们拥有的多种技能能在多种任务之间转换；核心工人可以创造并维护企业的核心价值，直接从事企业经营的关键性活动，不容易被取代。他们给企业带来独特性，以保持对外竞争力。因此企业必须以全职性的、安全性的、高工资的长期雇佣策略，避免核心员工的流失。

边缘劳动力提供了数量弹性化。边缘劳动力通过其规模来向企业提供弹性，为了防止资本束缚在具体空间下的劳动过程，存在劳动替代资本的选择，以对无法预测的产品市场需求变化迅速做出反应，可以将其分解为三个方面：一是雇佣弹性。劳工技能低，容易雇佣与解雇。一般包括无技能和半技能的日工，兼职的季节性的临时工人或那些签订短期合同的工人，可以通过下包或者外包利用小企业的内部雇佣工人的来实现。也就是说想雇佣的时候可以招到人，想解雇的时候也非常的容易。二是时间弹性。通过不同劳动合同的运用和工作时间的安排，在任何需要的时候都可以随时增减边缘工人，以便使人数和类型能符合企业生产的需要。比如说，苹果新款 iPhone 出来后富士康进行生产，两周之内出货量 3000 万部，这在技术上怎么解决呢？[①]"苹果经济：iPhone 为何中国制造？"这篇报道 2013 年获得了美国普利策奖，此文可以参考。三是工资弹性。这些南方国家的工人大多没有工会保护，工资比较低，除了可以同时满足工作时间和岗位要求的变动外，更能有效地降低单位劳动成本。

从马克思主义经济学来看，全球生产网络实际上是绝对剩余价值生产和相对剩余价值生产策略在时空范围内的简单再结合并互为来源：在福特主义之下建立起来的很多标准生产体系已经转向低工资地区，形成"边缘化福特制度"，各种新的生产技术与各种组织协调形式使得家庭的、家族的、父权制的劳动体制和"远距离工作"的血汗工厂、非正规劳动活动（如临时就业、自我就业、转包等）复兴了；组织上和技术上的变革需要具有高度技能的劳动力，以及理解、贯

---

① http：//zhan.renren.com/h5/entry/3602888498038510688.

彻和管理新的却更加灵活的技术创新与市场定位模式的能力，资本主义核心企业越来越依赖于为了未来积累而调动作为一种工具的知识劳动力。这种知识劳动力是相对剩余价值的生产。

4. 全球生产网络组织的类型

对全球生产网络可以从两个维度进行划分。第一个维度，根据企业与企业之间经济关系是不平等的还是平等的，可以分为核心外围以及平等分布的。第二个维度，根据商品价值的生产与实现在整个价值链的不同，可以分为生产者驱动和买方驱动。所谓生产者驱动是指某些企业在整个商品生产的某些环节中居于支配地位，可经由前后向劳动过程的连接以及通过对相关制造环节如生产、分销和服务的标准化来控制整个生产系统。所谓买方驱动来源于某些企业对于最终产品的价值实现具有关键性作用。

全球生产网络组织有四种类型。从生产者驱动的维度看，根据企业之间关系，可以分为：（1）精益生产，主要代表模式就是丰田生产方式，核心企业控制着外围多等级的供应商。（2）弹性专业化，主要代表模式就是中小企业网络组成的"第三意大利"，目前的研究表明，随着网络中某些企业规模的扩大，慢慢地控制网络中的其他中小企业，这种模式正在向精益生产类型转变。从买方驱动的维度看，可以分为：（1）虚拟企业，主要代表模式就是耐克、戴尔等企业，这些企业自身不从事具体的生产活动，只是进行产品的设计，然后对产品的标准进行控制，其他方面可以转移到其他的地方进行，通过复杂的外包网络，将来自全球的专业生产供应商整合在一个关系网络中。（2）第三方平台，主要代表模式就是如 eBay、亚马逊、淘宝等。第三方平台是高度信息化电子化的市场，对身在其中的每个企业或者个人而言都利害攸关；而这个电子生态系统的管控方可以在海量交易中收集有价值的信息并进行销售，权力会在较短时间内从制造方转移到设立品牌平台、制定通用标准以协调和支持系统的大型系统集成商。

二、古典帝国主义理论

19 世纪末 20 世纪初，资本主义发展出现了一系列新变化，如企业的股份化经营、垄断组织的出现、生产与资本的集中、资本输出与殖民扩张的加剧等。这些现象引起了第二国际理论家的关注，他们运用马克思《资本论》中对资本主义经济批判分析的基本立场观点和方法，构建了各具特色的帝国主义理论。代表人

• 中国经济与世界 •

物主要有：霍布森、希法亭、卢森堡、考茨基、布哈林，列宁在这些学者对帝国主义研究的基础上，写作并出版了《帝国主义是资本主义的最高阶段》一书。

第一个采用"帝国主义"概念分析资本主义的是英国非马克思主义经济学者霍布森，他指出，帝国主义是西方世界当代政治中最有力的运动，为了发现和探讨构成帝国主义政策基础的一般原则，1902年他写作了《帝国主义》一书，他指出新帝国主义和旧帝国主义的不同，首先在于对政治扩张和商业利益怀有同样贪欲的互相竞争的帝国理论与实践代替了单一的日益发展的帝国的野心；其次是金融势力或投资势力对商业势力所占有的优势。霍布森认为帝国主义扩张的原因是对外投资和寻找商品市场的需要，这些需要的产生决定于国内消费不足和储蓄过剩，而国内消费不足和储蓄过剩又决定于国内收入分配的不公。在霍布森看来，要消除帝国主义扩张政策，必须调整收入分配。霍布森认为，帝国主义在政治上必然导致侵略和战争，要保障世界文明和良好秩序，就应该在国际政治中逐渐采用联合的原则，即国际帝国主义。

列宁对霍布森的理论贡献给予了肯定的评价。一是他提出了帝国主义这一概念。二是他揭露了当时帝国主义的寄生性和腐朽性，例如，他分析了英帝国用对外扩张获得的利润，改善当时国内的收入分配，形成大量的劳动工贵族。三是霍布森反对当时的帝国主义战争，希望采用改良的方法来改变收入分配。霍布森的帝国主义理论的问题在于，他把帝国主义看成一个政策而不是阶段，当时的帝国主义可不仅仅解决商品市场的销售问题，它还抢占原料产地，它要寻找有利的投资场所，因为国外的利润率高于国内的利润率。四是霍布森具有改良主义的想法，认为可以通过国际帝国主义来避免战争。霍布森的理论和考茨基的理论有类似之处，有学者认为他的观点适用于第二次世界大战以后的资本主义世界，美国第二次世界大战以后建立了一个资本主义政治统治秩序，亚非拉殖民地半殖民地纷纷独立了，控制领土的逻辑越来越让位于经济的逻辑、资本的逻辑，所以从这个意义上来讲，霍布森的理论在当代还是有价值的。

希法亭在1910年完成的《金融资本论》中指出，对交换活动及其规律的研究是理论经济学的主要任务。货币最初是作为流通手段产生于交换活动与流通领域的，对货币作用的讨论成为他分析的起点。在产业资本流通的过程中，货币资本逐渐发展为独立的银行资本，它反过来又通过控制产业资本、吞并商业资本而形成了由银行所支配、由产业资本家所使用的金融资本。金融资本通过消除个别资本家的自由竞争而确立了垄断组织的联合与统治，这一经济领域的变化同时影响了资产阶级国家的经济政策。金融资本在国内实行国家干预，对外实行保护关税和帝国主义政策。由于主要资本主义国家纷纷采取保护关税政策以及国内垄断所导致的资本过剩现象,向海外殖民地进行资本输出必然导致帝国主义扩张政策。希法亭的贡献在于提出了金融资本这一概念,并且从垄断资本导致过剩必然对外扩张出发分析了帝国主义。希法亭最大的问题是没有从马克思的劳动价值论和剩余价值论出发,而是着眼于流通领域,仅仅从金融资本来论述帝国主义的扩张。

卢森堡在1912年发表的《资本积累论》中指出,马克思的关于社会资本再生产的理论,特别是关于扩大再生产的理论是没有完成的,因而也是不正确的。马克思在考察社会资本扩大再生产时,抽象掉了不应该抽象的因素,即非资本主义经济成分的存在,因此没能说明用于积累的那部分剩余价值是如何实现的。用于积累的那部分剩余价值既不能由资本家消费得到实现,也不能由工人的消费得到实现,它只有通过同非资本主义生产者相交换才能实现。积累不只是资本主义经济各部类间的内部关系,而首先是资本与非资本主义的环境之间的关系,因此,帝国主义乃是一个政治术语,用来表达在争夺尚未被侵占的非资本主义环境的竞争中所进行的资本积累的。

卢森堡最主要的贡献是把帝国主义看成资本主义与非资本主义之间的关系。卢森堡对马克思扩大生产理论的批评是错误的,她把整个资本家看成是一个整体,没有看到资本是许多资本的统一,不同资本由于更新固定资本的时间是不一样的,扩大再生产的时间不一样,从动态角度可以分析用于积累的剩余价值的实现问题。布哈林认为卢森堡把帝国主义定义为政治术语是很不清晰的,资本主义扩张、资本输出的主要目是获取高利润率的回报,帝国主义包括一系列的政策,如倾销商品、争夺有利的投资场所、控制原材料等。

考茨基在1914年发表的《帝国主义》中,沿着马克思关于产业资本占统治地位和"工业国—农业国国际分工"的思路来分析资本主义的最新形态。他认为要理解帝国主义,必须首先弄清资本主义生产方式中农业和工业之间的关系,社会再生产正常进行的前提是工农业生产成比例,而资本主义生产方式的上述趋势又必然造成突破这种比例的经常趋势,工业危机本身又进一步加剧了向农业地区扩张的欲望。帝国主义是高度发展的工业资本主义的产物,帝国主义就是每个工业资本主义民族力图征服和吞并越来越多的农业区域。为了避免资本主义工业国家由于帝国主义政策而彼此发生冲突,他提出了以实行国际联合的金融资本共同剥削世界来代替各国金融资本的相互斗争的超帝国主义政策。

考茨基关于帝国主义的理论的核心概念是超帝国主义概念,也就是联合起来的金融资本对不发达国家的控制,目的要获取不发达国家的经济剩余或者剩余价值。国外左翼学者很多人对考茨基的评价是肯定的,认为他继承了马克思的产业资本占主导的逻辑，例如斯威齐在《资本主义发展论》中的分析；当前国际上的左翼学者对希腊经济危机的分析也借鉴了考茨基的超帝国主义的分析。列宁在《帝国主义是资本主义的最高阶段》一书中专门批判了考茨基的观点，后来的事实证明列宁对考茨基的批判是完全正确的，考茨基认为帝国主义战争可以避免的观点是完全错误的。

布哈林在1915年发表的《世界经济和帝国主义》中第一次提出了世界经济这一概念，他指出，世界经济是通过交换把单个经济联结起来而形成的全世界范围的生产关系和与之相适应的交换关系的体系，世界性的生产体系由少数几个组织强固的经济体和外围的半农业或农业体制的不发达国家组成。他在区分资本的民族化和国际化的基础上指出，在各资本主义国家内部经济发展过程中，资本家垄断组织的形成过程逐渐形成了金融资本的统治，它在国内实现了经济领域的垄断，对外要求实行保护关税、殖民扩张的政策，因而引发了不同资本主义国家之间争夺销售市场、原料产地与投资范围的冲突与战争。世界经济的发展日益表现为金融资本以不同的资本输出方式渗透并控制社会经济生活，并扩张到全世界范围内。帝国主义是资本主义发展到金融资本主义垄断的阶段，即生产组织已经相当成熟的高度发达的资本主义的政策；资本主义的全部发展过程，不过是资本主义的各种矛盾在越来越扩大的基础上继续不断的再生产过程罢了。

布哈林的问题在于他是从经济角度分析帝国主义的，认为资本主义作为一种经济制度已完全国际化并超越了民族国家的疆界，民族问题已无关大局，从而将民族问题和帝国主义策略混为一谈。列宁认为民族问题和帝国主义策略是有区别的，必须分析个别国家冲破帝国主义的封锁链条实现社会主义革命的可能性。

1916年，列宁在批判借鉴霍布森、考茨基和希法亭等人帝国主义分析的基础上，发表了《帝国主义是资本主义的最高阶段》一书。他指出只有在资本主义发展到一定的、很高的阶段，资本主义的某些基本特性开始转化成自己的对立面，从资本主义到更高级的社会经济结构的过渡时代的特点已经全面成熟暴露出来的时候，资本主义才变成了资本帝国主义。帝国主义是资本主义的垄断阶段。包括如下五个基本特征：(1) 生产和资本的集中发展到这样高的程度，以致造成了在经济生活中起决定作用的垄断组织；(2) 银行资本和工业资本已经融合起来，在这个"金融资本的"基础上形成了金融寡头；(3) 和商品输出不同的资本输出具有特别重要的意义；(4) 瓜分世界的资本家国际垄断同盟已经形成；(5) 最大的资本主义大国已把世界上的领土瓜分完毕。帝国主义是发展到垄断组织和金融资本的统治已经确立、资本输出具有突出意义、国际托拉斯开始瓜分世界、一些最大的资本主义国家已把世界全部领土瓜分完毕这一阶段的资本主义。

除了《帝国主义是资本主义的最高阶段》，列宁在《第二国际的破产》《社会主义与战争》《帝国主义和社会主义运动中的分裂》《论正在产生的"帝国主义经济主义"倾向》《论面目全非的马克思主义和"帝国主义经济主义"》以及《关于自决问题争论的总结》等一系列著作也对帝国主义进行了深入研究，它们连同《帝国主义是资本主义的最高阶段》一起形成了一个关于垄断资本主义在政治、社会、经济上占据统治地位时代的资本主义社会以及资本主义世界的完整理论。[1]

古典帝国主义理论各有不同的理论出发点，都是把帝国主义放在资本主义生产方式的历史进程中进行考察，都试图把欧洲列强的领土扩张与资本积累过程联系在一起。这些理论都阐明了资本之间的经济竞争与国家之间的地缘政治竞争，一旦结合在一起就会产生资本帝国主义。资本帝国主义要处理两个核心问题：国家与本国资本之间的关系，国家与国家之间的关系。国家与资本的利益并不是完全一致的，因为资本是由许多资本组成的，国家可能代表了一国最大的资本集团的利益。第一次世界大战本质上是资本主义的冲突，是世界资本主义竞争不断加剧的一种极端形式。

从当前世界资本主义的现实来看，古典帝国主义理论需要结合资本主义的演变进一步加以发展。一是这些理论都以在资本主义世界之外寻求新的市场为基础的。无论是原料产地、有利的投资场所还是商品倾向市场都需要海外市场。第二次世界大战后，资本主义的发展表明，发达资本主义经常在它们之间互相为消费品和资本品开拓新的内部市场，通过开发公众的多方面需求，提高生产率、提高工人工资，形成大规模生产和大规模消费的良性循环，资本主义进入一个"黄金时代"。第二次世界大战后对帝国主义的分析主要是从拉美国家或第三世界的不发达展开的，是一种结构主义的视角。二是古典帝国主义理论都认为殖民主义是以过剩资本输向殖民地为中心的，但第二次世界大战后大部分的资本输出是在发达国家之间发生的。一定时期的资本与民族国家之间的相互结合并不是一种内在趋势，新自由主义时期，私有化和解除管制过程中的国家和资本之间的关系是不断变化的。比如说，美国到底是代表金融资本的利益还是代表产业资本的利益呢？这需要结合美国国内资本积累的矛盾运动过程才能加以分析。三是第二次世界大战后殖民地通过民族解放运动在政治上独立了，发达资本主义国家统治世界的方式都逐渐地依靠市场力量，不再依靠领土的占领了。现在起决定性作用的是跨国公司的兴起，也就是前面说的，通过全球生产网络榨取南方国家低工资劳动力所创造的剩余价值。

---

[1] J. M. Blaut: Evaluating Imperialism, Science & Society, Vol. 61, No. 3 (Fall, 1997), pp. 382-393.

三、新帝国主义理论

20世纪70年代末80年代初,伴随着发达国家为解决的"滞胀"问题所推出的私有化、市场化和资本金融化,出现了日益复杂的世界货币金融市场、欧洲市场,世界银行、国际货币基金组织等所推行的新自由主义政策,特别是美国在局部地区和伊拉克发生战争,意味着世界出现了新的帝国主义模式。右翼学者认为美帝国主义的出现是一种对世界政治统治的慈善行为。左翼学者也对"新帝国主义"展开了分析和讨论,伍德、哈维、帕尼奇和金定都认为,当今美国的霸权主义确实与列宁等人论述的帝国主义有很大的不同,但美国的资本主义性质仍然没有改变。

1. 艾伦·伍德的《资本的帝国》

2003年艾伦·伍德在其《资本的帝国》一书中,通过从古代帝国主义到当代的美帝国主义的历史分析后指出,当前不以占领领土为主的帝国主义形式,大概是最典型的资本主义的帝国主义。她指出,资本主义的剥削毕竟是建立在通过市场组织的经济权力上,资本家一般通过占有财产和市场的力量等纯粹经济的方法剥削雇佣劳动者,这种纯经济的方法当然需要立法者、警察、法庭和军队来支持,但日常的剥削并不需要使用武力或法庭的干涉。同样,纯粹资本主义的帝国主义也可运用财产权利和市场力量来积累剩余价值,不是用政治管理或军事控制的方法来占领领土。伍德宣称世界资本主义正越来越依赖以领土为基地的民族国家网络,国际资本正是依靠这样的民族国家网络来保护财产权利,稳固金融交易,保证劳工的顺从,控制社会不安等。因此今天的帝国主义不是要统治世界上某一地区,而要对整个地球有益于资本积累的空间进行管治,从而无休止地、有目的地、时时刻刻地发动军事行动,结果就是战争和占领领土的事件不时发生,战争和占领的对象因时空而转移。

2. 哈维的《新帝国主义》

哈维2003年出版了《新帝国主义》一书,目的是为了研究全球资本主义的现状以及一个新生的"帝国主义"在其中可能发挥的作用。他将资本帝国主义定义为"国家和帝国的政治"和"资本积累在时空中的分子化过程"两种要素的融合。他指出"石油决定一切",这是促使美国踏上帝国主义道路的动因之一。

然后他借助于阿伦特的"权力的领土逻辑"和"权力的资本逻辑"这两个概念来分析帝国主义发挥作用的两个动力。前者代表国家战略对领土控制的要求,是超经济的强制,后者是资本积累的要求,是经济强制,帝国主义正是反映了同一积累过程中这二者之间对立又统一的辩证关系。

为了阐述资本的权力逻辑是如何在资本主义国家的发展过程中发挥作用的问题,哈维在对马克思关于利润率不断下降并导致过度积累危机的趋势基础上,借助于资本三级循环提出了"时间—空间修复"理论。第一级循环就是马克思讲的生产、交换与消费。第二级循环是对于城市基础设施和住房等耐用品进行大规模投资,比如第二次世界大战以后美国的城市郊区化建设,投资建设管网基础设施。一般说来,地方基础设施投资时间都非常长,这就是对资本的时间修复。第三级循环是对有助于未来资本长期增长的社会方面进行投资,比如说由国家对重大的科学技术、教育、社会保障等进行投资。"空间修复"指的是一种通过地理扩张解决资本过度积累危机的特殊方式,"空间修复"明显比"时间修复"有效,这成为资本主义寻求持续发展的最重要途径,这一途径也直接导致了资本在全球范围内的帝国主义扩张。

哈维指出,缺乏有利可图的投资机会是资本过度积累的主要问题,解决过度积累的问题需要外在于它自身的手段。哈维提出了剥夺性积累这一概念及其资本主义国家机构在走向帝国主义的进程中具有重要作用,进一步揭示了当代帝国主义如何在国家的支持下,通过金融的力量将以前抵制资本逻辑的领域私有化、商品化和市场化来解决自身的资本过度积累的危机。自由贸易与开放资本市场是发达国家垄断势力获取利益的主要手段,实现剥夺性积累的首要选择就是利用国际货币基金组织和世界贸易组织的体制压力,强制整个世界打开市场,否则,这些国家就无法进入美国及欧洲的巨大市场。这就是哈维讲的剥夺性积累。

3. 帕尼奇和金定的《全球资本主义和美帝国》

加拿大的利奥·帕尼奇(Leo Panitch)和萨姆·金定(Sam Gindin)在2004年的 Socialist Register 发表了 "*Global Capitalism and America Empire*" 一文,对古典帝国主义论所存在的问题进行了剖析,对当代帝国主义的本质和特征进行了探索。他们指出,古典帝国主义理论在对待国家问题上存在简化主义和工具主义的缺陷。对帝国主义的分析,不能仅仅简化为一种经济解释,经济是帝国主义的重要组成部分,但不是全部。资本主义和帝国主义是两个不同的概念,前者属于经济和生产关系的领域,后者涉及国家与国家之间的关系,在解释国家功能所包含的帝国主义方面,必须考虑国家的行政能力以及阶级、文化、军事等参与决定的因素，理解资本帝国主义需要借助资本主义国家理论，而不是从经济阶段和经济危机的理论中将其直接推导出来。

帕尼奇和金定认为必须把资本主义固有的扩张趋向与它的实际历史进程区分开。一个全球资本主义秩序通常是基于当时存在的各种历史条件并带有随机性质的社会建构，这一秩序的实际发展和延续并非抽象的经济规律的简单派生物，离开了国家在其中的作用是无法说明历史上资本主义趋向全球化的发展过程的。他们从19世纪大英帝国采用正式帝国与非正式帝国两种形式推行其自由贸易开始，指出由于英国没有发展出适当的工具对全球资本主义进行调节，使得国际资本主义经济和它的积累方式都发生了分裂，加剧了帝国主义列强之间的对抗，导致第一次世界大战。第二次世界大战后，在美利坚帝国支配下，发展出一套不断演变的国际秩序，把所有其他资本主义强国整合进由美帝国主宰的一个有效率的国际体系之中。之所以如此，是因为美国国家形态上宪政结构的特点能把扩张的帝国与被征服领土的自治结合起来。20世纪70年代资本主义积累模式出现危机之后，美国采取的新自由主义政策对全球资本主义制度进行了重塑，这一策略不仅强化了竞争，也促进了金融自由化和过度流动性，加剧了全球不平衡发展和全球秩序中内在的不稳定性，如何使其他国家在最低程度上适应美国对全球秩序的管理是美国面临的新问题。对于发达国家而言，新自由主义策略遇到了社会民主的限制，对于第三世界资本主义和苏东国家，这种新自由主义结构性改革遇到了持续不断的经济危机所引致的反对；对那些不在资本主义全球化秩序上，国际机构无法干预的国家，美国只好采用直接的单边干预，这种干预难以引起其他国家的认同。美国协调资本主义秩序的一般帝国功能同它保卫和促进自己本国资本的利益之间存在着矛盾，例如，美国维护全球资本主义的政治经济秩序的时候，发达资本国家持支持态度，而当美国实际上维护自己国家利益的时候，很多国家则是抱着不合作的态度。

可以说，"新帝国主义"这一概念是过去二十多年来美国为维护全球资本主义秩序，维护资本主义积累而侵犯其他主权国家的一种理论反映，这些理论都以美国国家行为的变化为线、以经济史和政治结构等多角度为维，在分析和总结美国支配下的帝国主义经济秩序的基础上提炼出来的。不同的新帝国主义理论都认为资本主义近期的变化仅仅是量变，都阐释了国家和资本之间不平衡的发展。伍德和哈维都区分了权力的逻辑和资本的逻辑，都认为资本主义就其本质而言是一个向全球扩展的体系，其目的是为了在世界范围内解决资本积累问题。哈维过于强调了剥夺性积累的层面，没有看到全球产业后备军的出现导致生产性制造业向南方国家转移的过程。截至2015年，南方国家的劳动力占全球生产型劳动力的

79%。帕尼奇和金定认为帝国主义纯粹是政治问题,独立于经济利益,但是他们的分析实际上还是沿着国家为资本积累创造条件的经济性分析展开的,过于强调了美国的作用而忽视了发达国家之间的矛盾。

四、21世纪的帝国主义

2016年,约翰·史密斯受"巴兰—斯威齐纪念奖"(The Paul A. Baran – Paul M. Sweezy Memorial Award)的资助,在2010年其博士论文修改基础上由每月评论出版社出版了《21世纪的帝国主义》一书,该书的核心论点是:

第一,生产全球化体现为跨国公司的权力及其影响范围的大规模扩张。这种扩张或者通过企业内部对外直接投资,或者通过主导公司与他们的正式独立供应商之间建立松散型关系来进行,形成一种非常独特的世界贸易结构,即北方与北方公司之间展开竞争,双方想方设法缩减成本,以求转移到南方国家进行生产;南方各低工资国家之间为降低成本特别是劳工成本而展开激烈竞争;北方公司与南方公司在同一产品生产的不同环节存在着高度不平等的互补关系。

第二,新自由主义在国际范围内的传播和实施。新自由主义的全球泛滥将亿万南方国家工人和农民从他们依附的土地和民族产业的工作保障中释放出来,加速了劳动力供应的扩张,劳动力流动性的限制与劳动力供应的快速增长相互作用,产生了巨大的国际工资水平差距。

第三,生产全球化的本质特征在于以具备相似技能的国外低工资劳动者来取代高工资劳动者。这些工人对发达经济体的公司做出的唯一可见的贡献就是外国直接投资中的汇回母国的利润,但这些公司所获得利润都作为他们自己活动附加值的形式出现。一个公司的"价值增值"并不表现为它所生产的价值,而是表现在通过交换所成功获取的经济总体价值的比例,包括从边远国家活劳动中榨取的价值。价值获取不仅不等同于价值创造,二者之间也没有相关性,掩盖了他们之间日益增长的依附性、剥削性和帝国主义的关系。北方较高的生产力意味着高工资与较高剥削率相伴随的论点已然遭到一个简单事实的否定:北方工人消费的产品在很大程度上是由南方低工资的劳动者所生产,南方劳动者的生产力及其工资实质上决定着帝国主义国家的消费水准以及剥削率。

第四,帝国主义的利润来源并非在于任何形式的垄断而是在于超级剥削。20世纪80年代以来,资本主义的发展蕴含了一种独特而全新的形式,即跨国公司从低工资国家工人那里榨取剩余价值而无须向那些国家"输出"资本。当代帝国主义理论的出发点正在于"不同国家剩余价值率的差异以及各国劳动剥削率水平的差异以及产业工人阶级的重心向南方的大规模转移",这是我们必须立足的新的重要事实,这些事实构成了新自由主义时代的决定性转变,同时也成为理解全球危机本质与动力的关键,必须充分认识到新自由主义全球化是资本主义发展的新帝国主义阶段。其中,"帝国主义"是指其经济本质,即北方资本家对南方活劳动的剥削。

帝国主义理论实际上涉及资本—国家以及国家之间的政治经济关系。我们可以把哈维和史密斯的理论结合起来,认识当前的帝国主义[①]:

为了永无止境的资本积累,个别资本一方面具有通过投机性金融占有利润的倾向,这样会降低产业资本积累的总体水平;另一方面,在产业资本积累过程中,也具有尽可能压低劳动力成本的倾向,这会降低总体的消费水平。这两个倾向都可能导致经济危机的重复出现。从动态的空间角度看,资本循环中固定与移动、集中与分散、地方承诺与全球利益等之间也存在着难以避免的矛盾。因此,资本主义历史的一个鲜明特点就是持续寻找和不断修改能缓和、抑制这些矛盾的组织安排,结果是必须在国家权力基础上创造一种嵌套的等级制组织结构,将地方的和特殊的因素同世界舞台上抽象劳动的成就联系起来,来抵抗个别资本自我毁灭的必然趋势。[②]

从资本—国家之间的关系来看,无论国家权力的安排是为资本的总体利益还是为某些个别资本的特殊利益服务,都是特定历史条件造就的,具有支配地位的资本更能对国家权力发挥更大影响;从国家与国家之间关系来看,资本积累的空间修复需要世界资本主义的某种机构的运作,帝国主义造成资本的统治部分与被统治部分,结果是价值和剩余从南方(发展中经济体)向北方(发达经济体)转移。

我们必须充分认识到新自由主义全球化是资本主义发展的新帝国主义阶段,帝国主义的经济本质即北方资本家对南方活劳动的剥削。当代帝国主义包括两个重要的方面:金融化和全球生产网络。

如图13-1所示逻辑,我们可以将新帝国主义的特征概括为以下几个方面:

[①] 这里参考了卢荻的论述,参见 Lo, Dic: "Developing or Under-developing? Implications of China's 'Going out' for Late Development", SOAS Department of Economics Working Paper No. 198, 2016, London: SOAS, University of London.

[②] David Harvey: The Limits to Capital, The University of Chicago Press, 2006, P. 422.

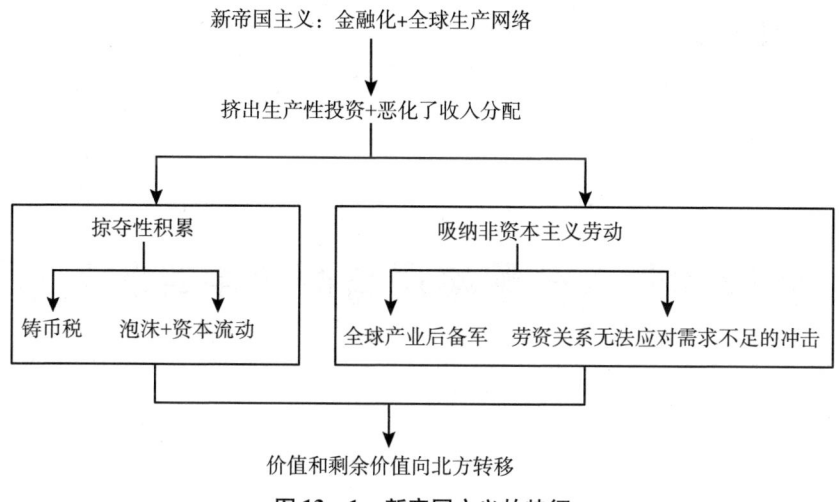

```
                    新帝国主义：金融化+全球生产网络
                                │
                                ▼
                    挤出生产性投资+恶化了收入分配
                    ┌───────────┴───────────┐
                    ▼                       ▼
                 掠夺性积累              吸纳非资本主义劳动
              ┌─────┴─────┐           ┌────────┴────────┐
              ▼           ▼           ▼                 ▼
           铸币税    泡沫+资本流动   全球产业后备军   劳资关系无法应对需求不足的冲击
                                │
                                ▼
                    价值和剩余价值向北方转移
```

图 13-1　新帝国主义的特征

第一，华尔街、财政部、IMF 复合体推行的新自由主义策略。一方面，在南方国家创造毫无选择只好顺从资本主义发展的被剥削阶段，通过剥夺性积累，产生庞大的全球产业后备军；另一方面，使得北方国家日益金融化，投机性金融处于核心地位，必然导致挤出生产性的长期投资，经济发展建立在债务驱动的基础之上。

第二，跨国公司借助全球生产网络，通过定单和价格支配着南方的公司，"利用没有集中化的集中"这一新兴规则将南方公司的弹性优势转变为巩固和扩张自己力量的工具，不断吸收南方国家创造的剩余，创造并抽取的利润可以延续金融化过程，垄断力量和利润不断增长。

第三，南方国家参与的新国际分工使商品输入北方市场具有关键性的意义，一方面造成国内逐次竞争，国内承受需求不足带来的系统性冲击的风险；另一方面廉价商品的输入有利于北方国家劳动力价值的稳定，但是恶化收入分配、降低消费增长，最终导致危机。

第四，当前的全球政治经济秩序是由资本主义世界的"共主"美国所支配的，这一秩序在维持美国利益和全球垄断金融资本利益下保持着不稳定的平衡，其稳定与否取决于美国与其他发达资本主义国家之间的协调与竞争，这种竞争既有一般性的合作的一面，也有矛盾的一面。

第五，全球局部范围内的战争实际上是美国为了维护自身利益而采取的单边干预政策造成的。

第十四讲

我国的收入分配格局与避免中等收入陷阱[*]

陈宗胜

陈宗胜,南开大学经济学院教授,经济学博士、博士生导师,耶鲁大学博士后,中国财富经济研究院名誉院长,天津市政协常委、委员;曾任天津市政府副秘书长,协管天津市金融、财税、社保、审计等;曾任市发改委副主任,天津科协常委,天津农委顾问,天津经济杠杆学会会长、天津市经济学会副会长、南开大学经研所所长等职务,兼任北京大学、清华大学、天津财大、东北财大、深圳综发院等研究机构的特聘教授;首批入选国家人事部"百千万人才工程"、国家教委"跨世纪人才"工程。研究方向侧重经济发展与收入分配、体制改革与市场化测度等,出版著作30多部,发表论文300多篇,先后获得"孙冶方经济科学奖"及其他国家级和省部级奖励20多项。创立了"公有经济收入分配倒U理论"、"经济体制市场化测度体系与方法"、"公有制混合经济理论",其中关于市场化测度理论为国家争取WTO市场经济地位奠基,在国内外引起大量后续研究,并被总书记在学术论文中高频次引用;八十年代中期提出的"混合经济理论",已被党的十五大、十八大文件作为国策实施并记录在中国经济学说史;而关于"公有收入分配倒U理论"则在国内外产生广泛影响,被称为"陈氏倒U曲线"。

关于收入分配格局与中等收入陷阱的关系问题,国内存在不同的看法。笔者从以下几方面谈谈自己的认识。

---

[*] 本讲稿主要依据作者与高玉伟合作的论文《论我国居民收入分配格局变动及橄榄形格局的实现条件》,发表于《经济学家》2015年第1期。

一、关于收入分配格局的研究方法、研究思路

什么是收入分配格局？格局就是一个事物的基本样子，是一个大致模式，是能够让人对某事物形成一个基本印象的东西。关于收入分配的样子或模式，叫做收入分配格局。研究收入分配格局其实应该有多种方法或思路，第一种思路是研究收入差别的轨迹，轨迹也有不同的格局，收入差别的轨迹通常就是看它长期的趋势是怎样的，是水平的、是波浪式的，还是倒 U 形的或者别的什么样子的，这就是格局。第二种思路就是研究人口和收入之间的关系，看人口和收入之间的分布关系是有什么格局，也就是看看单位人口比重对应的收入水平的形状，究竟是钟形的，还是非钟形的，是单峰的还是双峰的，这是另一类格局。第三种思路是与第二种相对应的，就是研究收入和人口的关系是什么格局，也就是研究一定的收入水平对应的人口比重的形状，比如是金字塔形的还是橄榄形的。本文从第三种思路或方法来讨论问题，必要的时候会涉及第一种思路和第二种思路。

从收入/人口分布的第三种角度来研究收入分配格局，就是在平面几何图上，测算出人均收入水平与对应的人口比重所形成的关系图。这种关系图有多种形状，能够通过"读图"比较直观地反映出一个经济体在某个时点上的收入分配格局。譬如，我们通常提到的金字塔形的分配格局是什么意思？金字塔上面尖底下宽，就是中低收入者占绝大多数，高收入者比较少。居民收入分配格局类似一个上尖底宽的金字塔，这就叫做金字塔形的收入分配格局。又如，我们通常说的橄榄形分配格局也是一种形象的说法。我国现在提倡的收入分配格局，就是一个类似的橄榄球形格局。

我们说收入差别的变动趋势，通常是以基尼系数表示的，在经济发展过程当中，收入分配差别的趋势格局，究竟是直线形的、倒 U 形的、波浪形的？抑或没有固定形状？这些说法都是反映收入分配的格局。这种趋势格局是从某个时点上看或从横截面来看某一年的。所谓金字塔形的，或者橄榄形的，都是横截面图。下面还会谈到葫芦形，葫芦形是一个横截面上两个众数组的一种关系。

现在多数学者认为，一个真正理想的、稳定的国家，通常必然是以中等收入阶层为主体，而高、低收入者所占的比重都不大的橄榄形结构，也就是两头尖中间宽的格局。理想的现代社会或者发达的工业化社会的分配格局，都应该是两头小中间大这种橄榄形，有庞大的中间层，或者通常称为中产阶级。在我国现在已经消灭了阶级，但是阶层还是有的，不同组别还是有的，组别是有差别的，阶层

也是有差别的，阶层实际上是阶级的一个细分，我们现在所说的阶层可以说是同一个阶级的不同层次。那么，在任何阶级社会的每个阶级内部都有阶层。

我国提出的收入分配格局，特别是提出橄榄形分配格局，大致上有以下几个阶段。2002年党的十六大报告第一次明确提出要扩大中等收入者的比重，高屋建瓴地勾画出了我国分配格局的基本框架。在2007年党的十七大报告中，再次提出初次分配和再分配都要处理好效率和公平的关系，再分配更加注重公平。2013年党的十八届三中全会决定中，提出要扩大中等收入者的比重，努力缩小城乡、区域、行业收入分配差距，逐渐形成橄榄形分配格局。这是在党的文件当中第一次把形成橄榄形分配格局，作为改革和发展的目标写入党的文件。在这之前和之后很多专家、很多党和国家领导人的确也都谈过橄榄形，但是真正写在党的文件里面，十八届三中全会还是第一次。为什么从这个角度来提出收入分配问题？因为整个人类的发展其实就是为了追求一个公平效率，所有的人类问题其实基本都是围绕这个目标在开展活动，即处理好公平和效率的关系是任何一个国家、任何一个社会永恒的话题，过去是这样处理这两个问题，未来还要处理这两个问题，不能说某一阶段就处理好了，只能说在逐步改进。

运用收入/人口分析法来研究收入分配问题也有一些困难：首先，理想的橄榄形格局与经济发展水平、收入分配差别等多重因素都是密切相关的。橄榄形的高度是取决于最高收入阶层的水平，上下拉开的差距很大、距离很远就会形成很窄的橄榄形；橄榄形的宽度取决于中等收入阶层、众数组阶层及最低收入组的人口比重。于是，怎么确定一个橄榄形与经济发展水平及收入差别等其他因素的关系呢？需要研究。其次，一个国家要确定的是什么形状的橄榄形？多高多宽的橄榄形才算是理想的橄榄形？是很扁的橄榄形，还是很胖的橄榄形？要回答这些问题都很难，其中包含一些价值判断的问题，不同国家有不同的标准，在同一个国家不同发展阶段上分配格局也是不一样的。再次，这与以基尼系数表示的收入差别是同一事物的不同侧面，二者有联系，但并不一致，无法用一个固定的图形把两个侧面连起来，但是实际上又的确有联系。用这个思路方法来研究收入分配格局，也是存在一些难点。

二、我国当前的收入分配格局是怎样的

接下来，我们讨论一下我国当前的收入分配格局。当前我国的居民收入分配格局，是改革开放以来一系列经济发展因素和体制改革因素共同作用的结果，有

第十四讲 我国的收入分配格局与避免中等收入陷阱

一个符合经济发展规律的演变过程。

根据需要和资料可得性,我们从收入/人口分布这一角度分别绘出了一些重要年份的数据,根据众数组原则(指收入水平相对比较接近的人口比重最大的组别)得出的基本结论就是20世纪80年代我国收入分配呈现"飞碟形"格局,全部人口都处于低收入水平,而金字塔形的底部大量为众数组人口,或者说金字塔的下层人口比重可能在40%~80%,都处在较低收入阶层,而较高收入组的人口随着收入水平提高逐层减少;当较大的众数组处在最上层的时候就反过来了,金字塔反过来就是"陀螺形"了(见图14-1)。

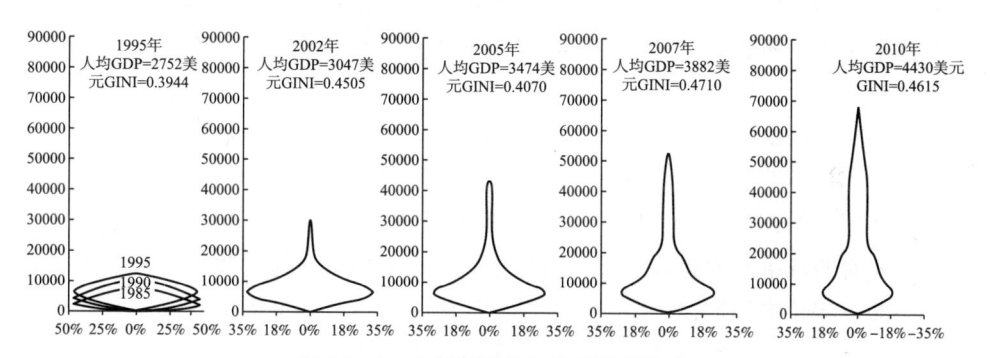

图14-1 中国居民收入分配格局演变

说明:(1)纵轴为家庭人均收入(人民币元),横轴为某一收入水平对应的人口比重;(2)人均GDP数据均调整为2010年价格,并按2010年兑美元汇率加以换算;(3)基尼系数(GINI)可参见陈宗胜、高玉伟(2012)。

20世纪90年代中期以前我国的收入分配过度平均,而且居民收入水平非常低下,基本都处在最低收入阶层,全体居民都集中在人均收入1万元以下。那时候提到一个人年收入万元,甚至90年代初的万元户,也都是了不得的富人了。所以,那时大多数人收入都是在1万元以下的范围,呈现为一个扁平的飞碟形,我们刻画出来的1985年、1990年、1995年3年的形状,都是逐渐地扩大一些,其实差不多,比如到1995年的基尼系数在0.39,1985年的基尼系数实际上更低,只有0.3左右。这清楚地告诉我们,这种收入差别过度平均的根本原因是经济不发达,馅饼太小,居民相互之间不可能有太大的差别,只能平均分配。收入差别的过度平均反过来又抑制人们的积极性,从而抑制经济发展,所以改革开放之前,中国的经济社会就是陷入了这种"低水平恶性循环"中,也称之为"低水平陷阱"。

从众数组的概念来看,我国1990年以前,按年人均收入水平1万元折合成1773美元,这都是按2010年的汇率计量测度的,则几乎全部居民众数组,或者比重最大部分，都处在这个水平之下，这就属于高度平均的"飞碟形"。以后各年随着经济发展高收入人群逐渐提高，而低收入的众数组的比重逐步减少。譬如1995年众数组多达95.8%，2002年是90.6%，2005年下降到80%，2007年下降到73%，2010年下降到59%，自20世纪90年代以来，我国的收入分配格局就逐步从飞碟形转变到不同的金字塔形。当然伴随经济发展金字塔形状也在变化，基座底下逐步收窄，随着收入超过1万元居民的比重不断上升，其中部和上部不断加快，特别是2000年以后，人均收入超过了24000元的高收入居民，从2002年2.6%上升到2005年的6.7%，2007年的10.2%，2010年的18.7%，中高收入阶层的比重相对低收入阶层比重逐步扩大，使我国收入分配格局从飞碟形加速向金字塔形演变。而金字塔形自身也在演变，就是金字塔塔尖的"细天线"不断地拉伸变粗，同时底部也在改变形状。

变动的原因就在改革开放以后，我们国家工作核心是想方设法发展经济，做大馅饼，允许一部分有能力的人先富起来，适度地拉大差别，刺激经济增长。这是邓小平理论的核心思想，笔者认为也是他最重要的、最有效的思想。中国80年代后所有的改革开放措施，都是从这里衍生出来的。这样的收入差别扩大就是发展中的、增长中的扩大，因此也就是健康的、可持续的分配关系。一旦允许一部分人先富裕起来的政策实施以后，情况就逐渐发生变化。

从演变过程中的这个趋势性特征来看，经济发展水平的提高可能使得收入分配格局衍生出新的现象，也就是说可能出现一个不同于众数组的次众组，从而使收入分配格局整体上呈现出葫芦形，它是两段两个众数组。这是值得密切关注的一种现象，因为它涉及我国进入中上等收入发展阶段以后的发展方向。中等收入陷阱与产业结构有关、与社会需求结构有关，而根本上是与收入分配格局有关，是收入分配格局决定了需求结构、决定了产业结构。有什么样的分配结构就有什么样的需求结构，因为经济学中讲的需求是有效需求，不是随便说的什么需要，那是欲望需求。

中等收入陷阱与收入分配格局密切相关。为此，我们需要深入考察我国具体各地区的收入分配格局，可以考察一下各省份的情况。前面说的都是全国的，我们看看各省份的情况。我国目前整体上人均GDP在2010年是5000美元，现在是7000~8000美元，这个数据也在动态变化中。从各省份看，情况又不一样，比如贵州省和安徽省，可以作为相当于低收入和中低收入水平或阶段的代表，贵州省2010年人均收入1953美元，安徽省是3086美元，按照世界银行的标准这就属中低或者低收入阶段了。那么贵州省自身的收入分配形状，属于比较明显的一个底座大的金字塔形，然后就是金字塔形开始扩大，在基本还是金字塔形的前提下逐步形成小葫芦形（见图14-2）。

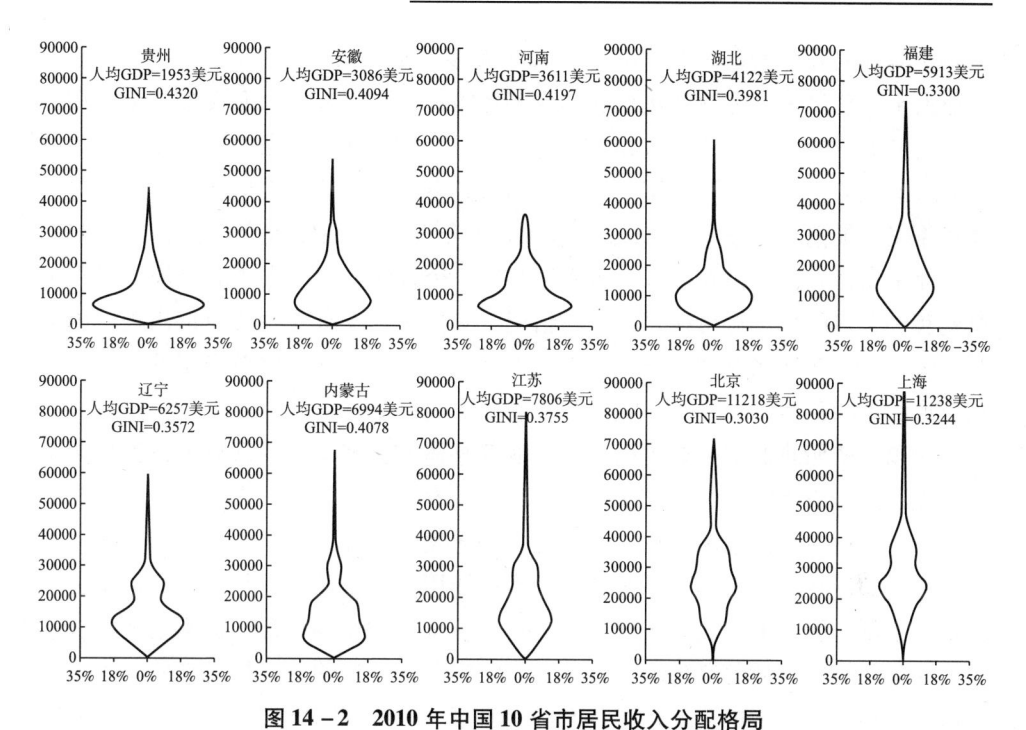

图 14-2 2010年中国10省市居民收入分配格局

说明：(1) 纵轴为家庭人均收入水平，单位为元，横轴为单位收入水平对应的人口比重；(2) 人均GDP数据均调整为2010年价格，并按2010年汇率换算为美元；(3) 基尼系数（GINI）是本文作者根据重新构建的"收入水平/人口比重"的五分组数据，利用"万分法"（参见陈宗胜，1991c）计算得到，其数值略小于根据更详尽数据计算的基尼系数。

相当于中上收入水平阶段的像安徽省等都是或者基本上是金字塔形，但是收入水平越高，往上拉的越大，更高水平的人就越多起来了。这些省区是相当于中上收入水平或阶段的，按照世界银行的标准。

相当于中上收入阶段的有辽宁省、内蒙古自治区、江苏省。辽宁省人均GDP 6000多美元、内蒙古自治区人均GDP为7000美元，江苏省人均GDP 7000多美元，这里就出现一些分化了，但总体上也是葫芦形。北京市、上海市属于高收入省份的代表，人均GDP收入低于12000元的比重分别只有14%和8%，整体上看，两市居民收入分配格局似乎呈现出差别较大的特征。下面分析这其中的原因。

两个城市当中究竟哪一个是更有代表性的、趋势性的，是可以作为中国未来的趋势呢？北京的居民人均GDP是11000美元，收入分配格局初步呈现出了某种两头尖中间大的特征，似乎预示着我们期待着的橄榄形格局的出现。比北京收入发展水平更高一些的上海却仍旧显示出比较明显的葫芦形特征，为什么会出现这种不同？究竟哪一个是趋势？北京作为首都，其常住人口的1/4是来自全国各地甚至海外的外来人员，而这些外来人员大多数都是收入很高的企业家、白领、专业人士、官员等。上海虽然也有1/5多是国内外迁移人口，但大多是南方周边地区城乡人口的集聚，其收入相对要低一些。所以，这样看来，正是北京作为首都的政治优势，吸引了更多富裕人口抵消了它本来可能的葫芦形。富裕人口进了北京不仅仅抵消了北京周围农村人口较多的不足，还顺便改变了其收入分配形状。北京农村人口也是在底部，世界银行有一个说法，叫做出了北京周围几百公里就有一个贫困带，这可能是北京的情况。它为什么没有导致葫芦形出现？因为北京吸引了很多外来富裕人口，有1/4外来人口，而且都是比较富裕的，填补了葫芦形的中间部位。

所以，按照我们的分析可以发现，北京整体上呈现出中等富裕人口比重更多的特点，就是中等收入组比较多，这不同于上海吸收了相对收入较低一些的周围乡镇农村人口。如此比较，可见虽然北京的居民收入分配格局图形呈现出似乎是比较理想的形状，但是其背后是政治因素起作用，不是代表性趋势，我们不能把其他城市都作为首都，就是天津离北京这么近也不能作为首都，首都的特征和优势天津不具有，上海等其他城市也不具有。实际上上海的分配格局现状与大多数地区是类似的，吸引的是周围的人口，因而更可能代表中国下一步的发展趋势。也就是说，近似葫芦形收入分配格局有可能是中国中上收入阶段的现状。我们现在正是从中下水平进入到中上收入阶段了，可能这个阶段的收入分配近期特征就是葫芦形的。换言之，随着经济发展水平的提高，我国整体上的收入分配格局可能出现葫芦形，而不是人们期望的橄榄形。

为此，我们可以再看看我国近几年的情况演变的如何？根据我们2016年测算的2010~2014年的全国数据，有一些更加明显的葫芦形格局，2010年初步测算的时候不是特别的明显。现在看，2011年、2012年、2013年、2014年就越来越类似葫芦形了。所以，从全国的趋势来看，可能预示着一个大致上的趋势，显示出葫芦形的分配格局了。这当然都是一种分配情况的形象说法，依据客观数据画出的反映实际情况的几何图形。

对葫芦形结构我们应当做一些思考。为什么我国下一步也就是中上收入阶段收入分配格局有可能呈现出葫芦形结构，而不是橄榄形？这种情况表明这个社会由一体化的总体收入水平较低的形态，也就是飞碟形的社会，或者一个一体化的一元农业社会，在逐步的平均收入提高中一元社会分离出两个众数组，一个为主，另一个次之，其中大的众数组主要成分是由农村居民构成，而次众组主要由城市居民构成。如此看来，这种葫芦形的格局是源于我国特定的以二元户籍为特征的制度，而户籍制度又与我国的公有制格局相一致、相适应。正是为了维护社会主义公有制才推出了这样的户籍制度，从而造成了二元结构特征，是在城乡户籍制度僵化、城市化落后于工业化下导致城乡收入差别过大的一种不太正常的状态；相对于完全的市场经济国家、相对于我国实行一种所有制、实行一种户口制度的假定情况是不一样的。出现这种两极社会结构，必然在收入分配上呈现出葫芦形的、城乡差别比较大的一种格局。这一结构和格局再次形象地说明中国社会的二元反差程度的严重性，说明中国社会中还远没有形成橄榄形格局所要求的中等收入阶层。中等收入阶层的比重还太小，只是处在两个主体众数组的夹层当中；这也预示着我国下一步发展过程中有可能进入中等收入陷阱，当然不是说必定，如果我们可以采取措施，可以采取各种战略避免中等收入陷阱，但是从趋势看仍是有可能进入陷阱的。因为我们的分配格局就是这样预示的。这就是我们对葫芦形所做的一些思考。

三、避免中等收入陷阱的风险

接下来我们研究一下中等收入陷阱的风险。世界银行2010年的分组，人均收入低于1005美元为低收入国家；1006～3975美元为中下收入国家，3976～12000美元为偏上收入国家，高于12000美元为高收入国家，这都是按当年的汇率（2010年）。中国2010年是4530美元，属中等偏上的国家范围。

世界银行依据发达国家的经验，按人均国民总收入对世界各国经济发展水平进行分组，分为低收入、中等偏下和中等偏上和高收入国家，中下和中上合起来是中等收入国家。各国的发展经验显示，到了中等收入水平以后，没有一个国家能够保持原来的高速度，都呈大幅度减速。这说明如果没有外部有力支持以及内部采取有力的措施，一个经济体就会进入所谓中等收入陷阱，就会发生一系列的问题，阻碍这个国家经济体往更高水平发展，不仅仅收入水平发展缓慢还会产生其他的问题。这样一来，就会陷入一个低迷的或者停滞的过程当中。

2020年对我国来说，按照国家"十三五规划"的要求，2020年国内生产总值要较2010年翻一番，也就是说要达到82万亿元，按照2014年的人口和人民币/美元年平均汇率，折合为9830.95美元，距离12700多美元的高收入阶段还有不小的距离。当然，这里有汇率折算的问题。尽管如此，简单的分析可以看出，假设要在2020年跨越中等收入阶段，即跨越中等收入阶段，使中国成为一个发达国家，就要求将人口控制在14亿～14.5亿人的前提下，人民币兑美元汇率控制在4∶1的比率，如果加上这样严格的条件限制显然是不可能实现的。因为从目前的趋势来看，现在1美元兑换6.7元人民币还有贬值的趋势。按照现在的人口发展速度，届时只有按升值为 1 美元兑换 4 元人民币的汇率测算，才能使中国从人均 GDP 美元值衡量成为一个发达国家。总之，按我们这样简单的计算，2020 年我国还不大可能跨过这个中等收入阶段。

国际上公认成功跨过中等收入陷阱的国家有日本、亚洲四小龙，其中就比较大规模的经济体而言，仅有日本和韩国实现了由低收入向高收入的转换，日本 1972 年人均是 3000 美元，到 1980 年突破 1 万美元，2012 年达到了顶峰 47000 多美元，安倍晋三上台之后就停滞了。韩国 1986 年接近 3000 美元，1994 年达到 1 万多美元，2014 年更达到 27000 美元。从中等收入国家跨入高收入国家日本花了 12 年，韩国花了 8 年。中国是从 2010 年进入中等收入阶段，已经持续了 5 年，经过估算至少要到 2025 年以后才可能跨过中等收入阶段。当前，中国发展模式面临严峻考验，经济发展压力突出。这个阶段我们的确面临很多风险，我们能否跨过去？这是很重要的问题。

主要看看收入分配葫芦形格局的影响。我们现在这个阶段出现了葫芦形的格局，相对于原来的一元主体组成的社会，葫芦形的格局出现了收入组别扩大的趋势。首先，显现出了社会需求的不平衡，富裕组可能需要更多的奢侈品，比如有人到日本去背回马桶盖。当人均 GDP 达到 2 万美元或者 3 万美元的时候，跟现在 8000 美元能比吗？人均 8000 千美元时是没有"马桶盖"问题的，但在上升到 20000~30000 美元的时候，笔者断定我们一定能生产出高质量的马桶盖。因为现在我国的收入水平还太低，可选择性还太差。所以，我们现在的主要任务还是要想方设法提高经济发展的水平。

也就是说，葫芦形格局会引起社会需求的分化。可是全社会都生产马桶盖行吗？葫芦形底下那块民众的需要不是马桶盖，而是需要基本的厕所，所以这个时候社会就多元化了，有可能导致生产结构错乱，这就是现在供给侧结构性改革所要面对的问题。这跟过去不一样了。过去全体人民都压缩成一个低收入的飞碟形，全社会供给商都生产差不多一样的东西，所以我们国家的消费需求呈现排浪式，20 世纪 80 年代家用电器都是收音机、电视机等，90 年代是电冰箱、空调等，2000 年后是汽车等，再后来是房子等，都是这种排浪式的发展，现在不行了，需求分化了，因为收入分配分化了。

其次，在一个经济体进入中等收入阶段时，基础设施投资趋于基本完成。当然现在还没有完成，我国现在的基础设施实际上还差得很远。我们现在是初步发展起来了，基础设施初步有了一个框架，经济社会正在由投资拉动转向消费拉动。这是一个转换的过程，这个转换很漫长，需要培育中产阶层以形成消费主体，也就是形成以中产阶层为消费主体的橄榄形的格局；而我国目前的葫芦形格局恰巧是对橄榄形的否定，恰巧在这个中间收入层应当"胖"出来的地方收进去了，所以是通过对中产阶层的抑制而形成的这种葫芦形，因此也就抑制了社会的有效需求，造成内需动力不足。这就是收入分配格局对消费格局、对产业结构的影响，就是这种逻辑关系。

最后，葫芦形的格局也会引发很多有关正义、公平的社会矛盾，导致民粹主义盛行，引发社会不稳定、不安定。这个时候也是收入差别拉大的时候。所有这些因素的合力，无疑都会导致经济发展停滞不前，如陷泥潭。这就是葫芦形可能会产生的一些问题，即有可能陷入中等收入陷阱，经济发展停滞。

那么，消除葫芦形格局的应对对策是什么？怎么消除葫芦形？简单地说，第一是加速城镇化，迅速把底部相当比重的农村人口提升到葫芦形中部，水平上去了，就会逐步形成为一个众数组。第二是加快农村、农业的发展，这是一个硬道理，特别是通过工业反哺农业，城市带动乡村，支持农村发展。从历史上来看，农民的低收入问题既是分配再分配问题，也是发展增长问题，而从当前来看更多是发展问题，不可能通过再分配手段一劳永逸的解决，寄希望于通过再分配手段解决城乡差别问题是不现实的，而主要还是要着力推动整个国民经济增长与发展水平的提高。这是笔者很重要的一个观点。在很多地方讲演时，当笔者说明收入分配问题时就有人问："消除中国的二元结构城乡差别从收入分配角度有什么措施？"笔者认为中国城乡差别问题主要不是分配再分配问题，主要是发展的问题、增长的问题。下面还要有具体的事例和模型测算，分配手段是解决不了这个问题的，因为中国这种与公有制相适应的二元户籍制度，它制约的、保护的、维护的就是这样一种体制，必须予以破除。所以，要消除这些差别，核心问题还是农业、农村地区的发展，是加速城镇化的问题。

只有把农村、农业发展上来，农村的生产力才和城市的一样，只有把农村人口更多地转移到城市去，才能提高全体居民的收入水平。就城镇化而言，咱们有几个口径，一个是工业城镇化、一个是常住人口城镇化，还有一个是户籍人口城镇化。户籍人口城镇化只有30%多，稍多一点的是常住人口，最多的是工业城镇化人口，这个比例最高。工业化也就是说离开农村去干非农业都叫工业化，这个比例是高的。但是大家想过没有，这三个人口城镇化里面是三种水平，只有户籍人口变为城镇化居民，其收入水平才和城市居民一样，福利水平才和城镇居民一样。我们现在测算过，到今天，城市市民的福利也要比一般转进城市里的常住人口的福利还要多七八项甚至十几项，比工业城镇化的人口就更多了，而工业人口城镇化实际上是离乡、离土未进城，不是实际上的城镇化，只是非农化而已。就是说这三种城镇化，水平是不同的。

四、国际上其他国家的经验与教训

我们再考察一下国际经验，做一些国际比较。资料表明，20世纪五六十年代美国的收入分配格局接近橄榄形结构。美国当时的基尼系数在0.33，居民收入差别不大；家庭年收入低于2万美元的低收入阶层虽然占有较大的比重，但是逐步降低，1950年占40%，1960年占26%；而家庭年收入在2万~4万美元的中等收入阶层占更大的比重，如1950年占41%，1960年占36%；同时家庭年收入在4万美元以上及更多的各阶层比重较小。这正是美国被称为"黄金时代"的经济增长快速时期，中产阶级比重不断扩大，美国那个年代炫耀的就是中产阶级比重比较大的时候，收入分配格局逐渐出现两头小、中间大的格局，类似于橄榄形格局的这个情况（见图14-3）。

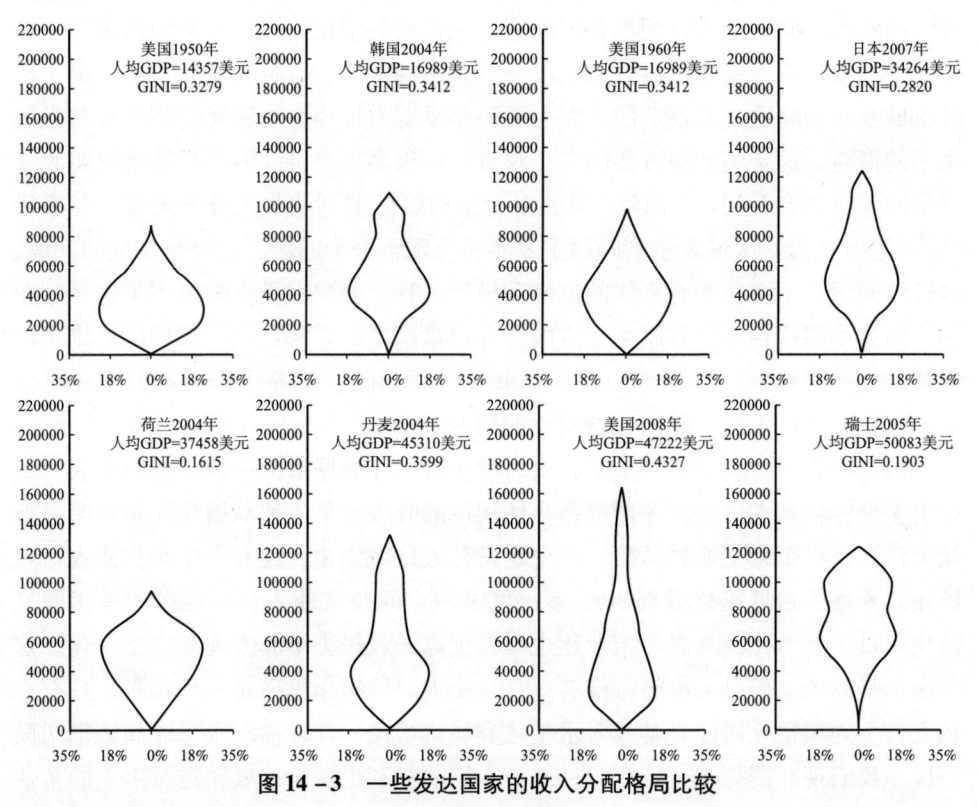

图14-3 一些发达国家的收入分配格局比较

注明：（1）纵轴为家庭年收入水平，单位为美元，横轴为某一收入水平对应的人口比重%；（2）人均GDP来自世界银行数据库，均按2010年汇率换算为美元；（3）基尼系数（GINI）的计算方法同图14-1；（4）由于各国统计口径和统计方法存在差异，各国之间数据并非严格可比，其中瑞士为工人工资。
资料来源：各国统计年鉴。

第十四讲 我国的收入分配格局与避免中等收入陷阱

日本也有类似的情况。就整体的收入分配格局而言，丹麦、荷兰、日本、韩国及瑞士等国，虽然 2005 年的发达水平都不完全相同，但是都出现程度不同的橄榄形特征，当然各自也有着不同的特点，日本、韩国中低收入阶层比重在 40% 左右，丹麦、荷兰高于 55%。

美国 20 世纪 80 年代后的分配格局，很明显与五六十年代的不同，可见分配格局也不是固定不变的。当一个经济体进入发达阶段成为发达国家之后，也不可能总是不变的。自 20 世纪 70~80 年代以来，美国的居民收入差别开始拉大，基尼系数从 0.33 上升到 0.4 左右，原来的橄榄形分配格局开始出现变化，1970 年的时候收入格局类似于花瓶形，1980 年收入分配格局则可称为类似的葫芦形，有一些葫芦形格局的样子了，反映了美国黄金时代的结束。90 年代以后基尼系数由 1990 年的 0.3991，上升到 1998 年的 0.4126，2008 年的 0.43。从 2004~2008 年的基尼系数来看，这些发达国家当中美国的居民收入差别最大，其次是丹麦和韩国，日本更加平均，基尼系数低于 0.3，日本至今也在 0.3 左右。

这里有一个重要问题，需要我们探讨，就是发达国家在成为发达经济体之前，在他们从发展阶段过渡到发达阶段的过程当中，请注意这个条件，其收入分配格局发生怎样的变化，是否也经历了与今天的发展中国家相同的收入分配格局变迁路线呢？或者更加具体地说，假定我们把前面那几个发达国家的格局都叫做橄榄形，那么发达国家现在呈现的橄榄形分配格局，是从什么时候开始的？现在的发展中国家在现在阶段能够实现橄榄形分配格局吗？从这样的水平向更高水平发展就一定是橄榄形的吗？现在是橄榄形的而过去是什么形状？中间经历了什么形状？我们提出这些个问题来，并且试图回答这个问题。如果我们能够用计量的方法准确地回答这个问题，那么，我们就可以为我国的发展指出一个比较明确的方向来。但是可惜，笔者这里只是做了一些推测，没有完全计量测划出来，因为有资料不可得的问题。当然，一些资料在未来进一步发掘一下，也可能是可以解决的，但是无论如何目前没有办法解决。

所以，这里只是根据基尼系数进行推测。我们看全球二百多个国家的情况，从经济处在低收入阶段的国家，在人均 GDP 1000 美元的时候，人们的收入差别也不高，收入差别基尼系数才 0.388，如果以收入—人口分布图表示，可能呈现为扁平飞碟形。这只是一个大致的猜测。

接着进入中下收入阶段，人均 GDP 处在 1000~4000 美元，随着经济发展水平的提高，收入差别扩大，基尼系数提高到 0.43，从基尼系数来猜测，收入格局可能变为金字塔形。当经济进一步发展达到人均 GDP 4000~12000 美元的中上发展阶段，此时完成经济转型，收入差别基尼系数为 0.44，这都是实际的统计，个别国家达到 0.58、0.60，收入分配格局推测可能呈现为某种鸭梨形。

如果此经济体成功转为一元经济、现代经济并逐步进入发达阶段，GDP 为 10000～20000 美元甚至更高，其后基尼系数就开始下降为 0.4316，逐步形成了两头尖的橄榄形分配格局；当进一步成为发达经济体的时候，人均 GDP 高于 20000 美元，收入分配差别大幅度缩小，20000 美元以后大幅度地往下倾斜。基尼系数在 0.3366，分配格局可能保持在两端不很尖锐的橄榄形（见图 14－4）。

图 14－4 反映了全球各国的情况，包括发展中和发达国家的总的基尼系数的变化图。笔者分成了几个阶段，大概把它的收入分配格局，即从收入—人口分布格局的角度上，做了一一对应的推测。

这里有一个重要的但是还需要进一步验证的推论，就是在经济发展过程当中，收入—人口分布格局的变化规律大约是这样的：从初期的飞碟形起飞，到中下收入阶段的金字塔形，中间在中上收入阶段经过的多半是一种类似于鸭梨形，也就是可能由金字塔形逐步上升，金字塔的底座收窄上面变宽，变成一个鸭梨形，随后收入水平提高进入发达阶段变为橄榄形。当然这里讲的是总的趋势。但实际上是否是这样的一个趋势？即飞碟形、金字塔形、鸭梨形、橄榄形。这是一种推测，一种根据基尼系数的变化而进行的关于收入分配格局的推测。基尼系数和收入分配格局还有不一致的一面，不需要我们根据实际资料进一步研究和推测。我们要找发达国家处在发展中阶段时的收入分配格局资料，给它们测画出来，这样就可以更具体地来研究这个问题。所以，这里只是提出问题，不能说是定论。

另外还有一些经济体，他们虽然成功地渡过了低收入阶段，但是在这些经济体经历了差别较大的金字塔形收入分配格局之后这个阶段，没有继续完成结构转换，没有成功转为一元经济体，也就是其二元结构转换停滞，陷入了中等收入陷阱的经济体。这些陷入中等收入陷阱的经济体，也保持了原来的收入差别扩大的状态，甚至是越来越大，它们从最初不发达阶段发展到中等阶段，从中下阶段进入到中上收入阶段，这些国家的收入差别向上持续扩大。这些国家大部分都是拉美国家，如玻利维亚、洪都拉斯、巴拉圭、厄瓜多尔、秘鲁、哥伦比亚、多米尼加、墨西哥、危地马拉等国家。它们都是现在被世界上称为进入了中等收入陷阱的国家，由于收入差别拉大，基尼系数都接近 0.6 左右，收入水平在不足 1 万美元就停滞了。所以，这就是典型的现代中等收入陷阱，陷在中等收入里面不能往前继续发展了，没办法往前进了。

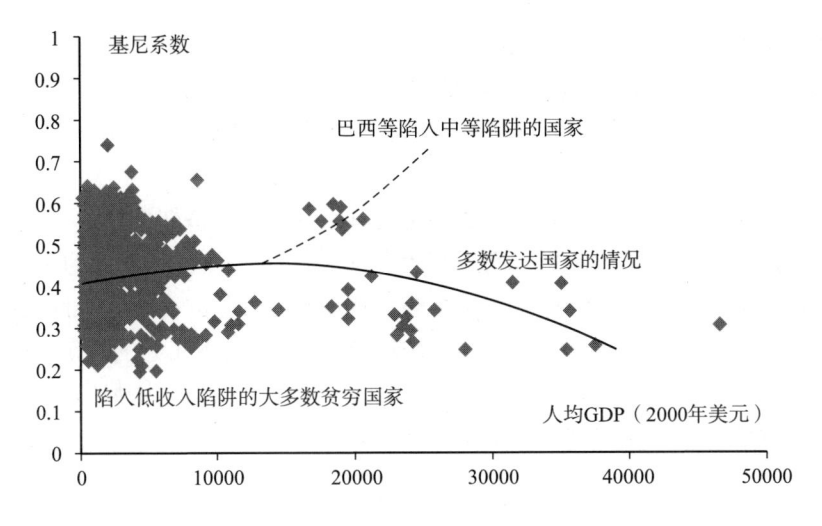

图 14-4（a） 世界 150 个私有经济发展中的收入差别

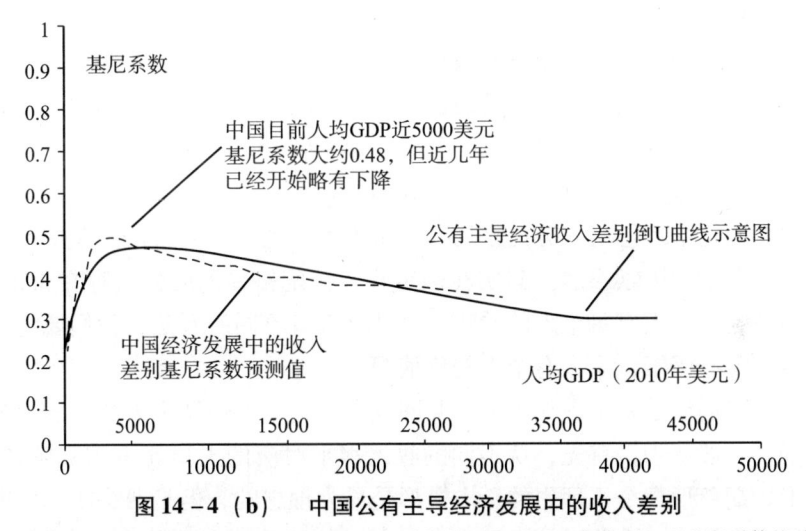

图 14-4（b） 中国公有主导经济发展中的收入差别

说明：世界银行数据库提供近 150 个国家和地区的人均 GDP（2000 年美元）和基尼系数的对应数据，其计量模型为（（$-3E-10X^2$）+（$7E-0.6X$）+0.4102）；中国的人均 GDP 以 2010 年美元表示，假定了几种年增长速度，2012~2015 年按 8%、9% 增长，2016~2020 年按 7%、8% 增长；2021~2035 年按 6%、7% 增长，因此人均 GDP 从 5000 美元增长到大约 23000 美元；基尼系数值是在 1980~2012 年的实际值的基础上，通过四种方法如双指数平滑法、非周期的 Holt-Winter 法、可加的 Holt-Winter 法和可乘的 Holt-Winter 法进行预测，并以各种方法预测值的均值作为 2011~2035 年的基尼系数预测值。

资料来源：图 14-4（a）图数据来自世界银行数据库；图 14-4（b）为作者根据历年统计年鉴数据计算得到。

中国目前正处在经济发展的中上收入阶段，处于二元转换的关键时期，也是处于发展动力从外需转为内需的转折期。笔者曾经提出一个从收入差别趋势上考察收入分配的模型,即"公有制经济收入分配倒 U 形理论",并据此我们预测了我国经济大概在 2035 年,达到人均 GDP 4000~30000 美元,以及经济发展中相应的收入差别基尼系数值。我国居民收入差别在人均 GDP 4000~10000 美元,目前阶段正是处于最高点上下。

因此,我国目前发展的关键,是加速城镇化及二元经济转换。这个阶段从收入分配格局看就是一个葫芦形,而应当力争从金字塔形跳过葫芦形的中间环节,或者尽量避免葫芦形的形成;如果葫芦形过渡是不可避免的,如我们前面测算的 2010 年、2011 年、2012 年、2013 年、2014 年都已经出现了这种葫芦形了,那么,也就尽可能争取短时间地停留在这个阶段,也许可以通过鸭梨形,尽快过渡到下一步橄榄形,这样才可以摆脱中等收入陷阱。

五、理想的分配格局需要哪些条件

我们研究实现橄榄形需要哪些条件,以便寻找当前的格局与理想格局之间的差距。中国是刚刚进入中等发展阶段的,如何成功跨越中等收入陷阱,避开葫芦形收入分配格局,从金字塔形经过鸭梨形,逐步转为理想的橄榄形,是当前中国改革发展中的很重大的课题。

如果要确定最理想收入分配格局,这里不可避免牵扯到价值判断的问题,因为影响收入分配的因素很多。其实在确定收入分配格局的时候就存在价值判断,价值判断就是每个人有每个人的看法,全社会都有不同的看法,我们要选取哪些因素、舍弃哪些因素,个人有个人的价值观。

但是,我们还是要试图找到一个共同点,不是个人强调个人的。理想的收入分配格局,一般认为,首先,从不同的收入水平对应的人口比重相互关系来看,金字塔形、葫芦形都是不理想的,橄榄形是最为理想的,但是两头小、中间大的形状可以有多种,基本共识就是两头小、中间大,因此就都是理想的格局。但是所有这些格局都有现实可行性吗?那不可能的。我们经过研究,认为现实些的理想格局可能是在保持两头小、中间大的基本特征情况下,其中一头更小,即富裕阶层更小。那么,通常讲的理想的格局是两头都一般小,一般小是最理想的却可能不现实,而可能更现实一点的是中间大底下小,上头更小,也就是上面所介绍类似于美国 20 世纪 50 年代的情况,就是上头更小,底下更大些的情况。这是有现实例子的(见图 14-5)。

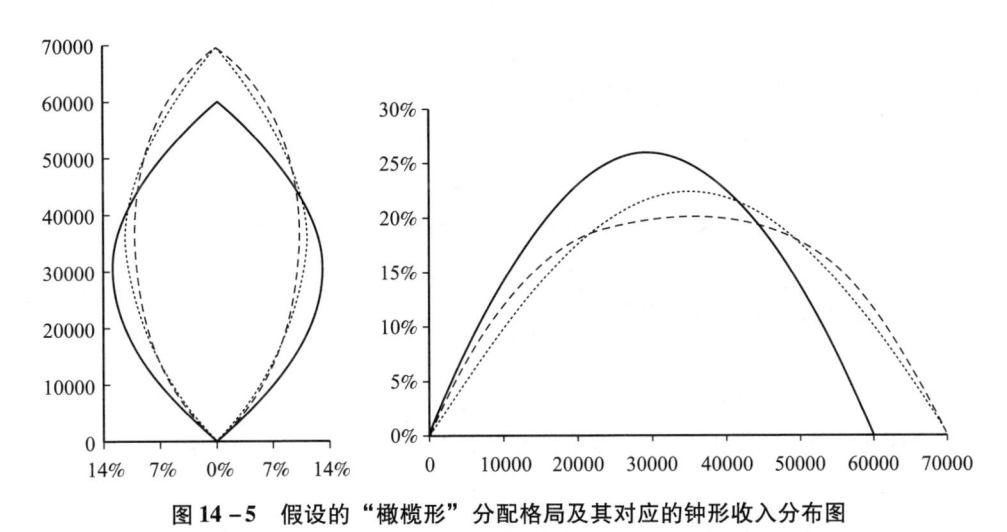

图 14-5 假设的"橄榄形"分配格局及其对应的钟形收入分布图

注明:(1)左侧为收入/人口分布格局图,其纵轴是家庭收入水平,横轴为某一收入水平的人口比重;(2)右侧为与左侧格局图对应的人口/收入分布图,其横轴为家庭收入水平,纵轴为某一收入水平的人口比重。

其次,要确定理想的收入分配格局,应当从单位人口比重对应的收入水平的分配格局考察,也就是从开始讲的第二种思路来看,那么理想的格局应当是正态、钟形分布,但是毫无疑问钟形图也有多种。有许多人研究收入分配的正态分布,并将其假设为理想收入分配格局的特征。这倒不是我们的研究观点,我们借鉴了别人的研究。然而,一些研究者认为,对居民收入分布做计量回归研究得出,现实的分布形态应当是对数正态分布:即正态分布应当是两边对称,而对数正态则是右偏的,有长尾巴或者是双峰的,像图 14-5 上这样一种长短不一的往右偏的尾巴,这就是右偏的意思。这样的形态不是很理想的,却可能更符合实际情况。这个尾巴就是高收入阶层,在市场经济条件下即便通过遗产税等,也不可能不存在这个尾巴,通过遗产税、所得税的调节,富裕阶层一定程度上依然存在。所以,我们这里都做一个折扣,把这个理想的标准往现实上靠一靠。

再次,要确定收入分配格局,还必须确定理想的收入分配差别,这就是要以某一个指标来测度收入分配差距,比如基尼系数。于是就要确定基尼系数的最优值,但是基尼系数最优值似乎也不应当是一个唯一值,可能是一个范围。因为基尼系数的计算同收入差距的几何图形也不是一一对应的。前面说过,同样的基尼系数也同样可以有几种几何图形的画法。有的学者正是从技术上提出了判断基尼系数的理想值的几个标准范围,即 0.2 是绝对平均,0.2~0.3 是比较平均,0.3~0.4 是比较合理,0.4~0.5 是差别比较大,0.6 以上就比较悬殊了,其中 0.4 被认为是基尼系数的警戒线。但是这也是可以深入研究的,这也是一个带着价值判断的标准范围。从实践中看来,这些标准范围是大致为大多数人理解并接受的。

总之,理想的分配格局应当满足的条件:第一是橄榄形,中间大、下头小,上头更小;第二是钟形分布但是右偏长尾;第三是 0.3 左右的基尼系数,更可能的是 0.3~0.4 之间。大概如此格局就是一个有相当现实性的并且是理想的收入分布。把这几个条件合在一起,形成居民收入分配的既现实而又理想的格局状态,大概就是这样的标准和条件。

我们再看一下我国的现实情况。这里以我国 2010 年收入分配的情况为例,当年基尼系数 0.4695,还是一个有葫芦形趋势的金字塔形。所以,可以说 2010 年远未达到理想收入分配格局,这个结论是可以做出来的(见表 14-1、图 14-6)。

表 14-1 我国 2010 年的实际收入分配格局及三种数据模拟的理想分配格局

按收入(元)分层	2010 年实际值 GINI = 0.4695	模拟 1 GINI = 0.2986	模拟 2 GINI = 0.3019	模拟 3 GINI = 0.3075	模拟平均值 GINI = 0.3097	理想的人口比例 GINI = 0.3160
0~6000	35%	11%	14%	12%	13%	15
6000~12000	24%	18%	21%	18%	19%	20
12000~18000	19%	23%	26%	21%	23%	30
18000~24000	11%	25%	27%	23%	25%	20
24000 以上	11%	23%	12%	26%	20%	15

注明:对照我国 2010 年的收入分配格局,假设居民最高收入组上限不变(橄榄形顶端固定),对各收入阶层比重进行设定,模拟刻画几种理想的收入分配格局。

我们在 2010 年的基础上,进行模拟改革来调整收入分配格局,即通过数据模拟的方法对未来的理想格局进行初步刻画。这是我们模拟的结果,2010 年的各阶层的人均实际值,0~6000 元对应人口是 35%,6000~12000 元对应人口是 24%,12000~18000 元是 19%,18000~24000 元是 11%,24000 元以上是 11%,算出来基尼系数是 0.4695。再看我们的模拟结果 1、2 和 3。模拟 1 对应的人口比重是 11%、18%、23%、25%、23%,都是向收入高的阶层上增加的,往富裕的阶层里增多;模拟 2 对应的人口比重是 14%、21%、26%、27%、12%,类似橄榄形;模拟 3 对应的是 12%、18%、21%、23%、26%;三个模拟模型平均起来的人口比重是 13%、19%、23%、25%、20%,大致也是两头尖的。从基尼系数值来看,模拟 1 是 0.29 接近 0.3,模拟 2 是 0.3 多,模拟 3 是 0.3 多,平均值是 0.3 多,理想值也是 0.3 多,都是在 0.3~0.4 之间,所以基尼系数用标准衡量是比较理想的,分配格局中人口分布也是可以的。

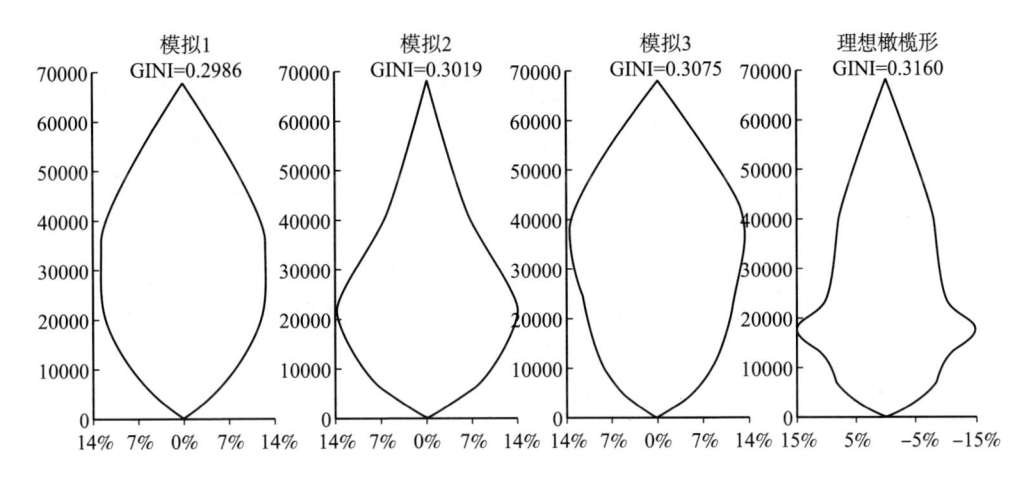

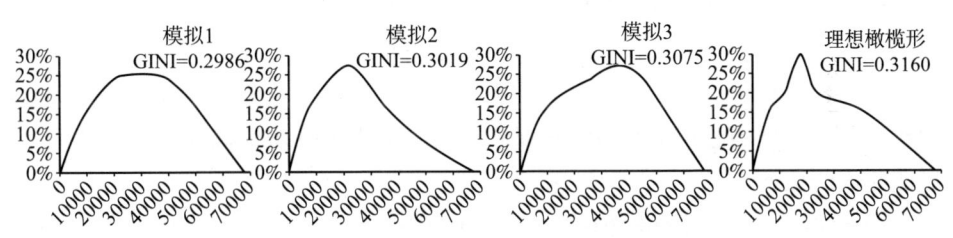

图 14-6　几种模拟数据的收入分配格局形状

注明：(1) 上图为收入分配格局图，其纵轴是家庭收入水平，横轴为某一收入水平的人口比重；(2) 下图为与上图对应的人口/收入分布图，其横轴为家庭收入水平，纵轴为某一收入水平的人口比重。(3) 此图根据表 14-1 数据绘制。

我们再从另外角度进一步考察一下。模拟 1 的情况，人口—收入分布大致是钟形的，收入—人口角度大致是橄榄形的，基尼系数在 0.2966。模拟 2 的形状像鸭梨一样，基尼系数 0.3019。模拟 3 的众数组最大，众数组人均收入达到 40000 元人民币，是一个向上的橄榄形，基尼系数 0.311。所以，这几种格局都是比较理想的几种状态。

理想的基尼系数值的计算在几种模拟中的人口比重是发生了很大的变化。基础是 2010 年的现实，是基于这一人口比重而发生变化的。我们以此模拟出这样一些理想状态，逐渐地往这个理想的方向推演。这里，假设各阶层平均收入不变，并且各阶层人口比重在 2010 年基础上的变动，是平滑的而不是跳跃性的，是逐层向上推移的，不是把最贫穷的人一下子提升到最高层，是最穷的上到比较穷，再上升到中等，逐层的向上平滑的推进，来实现比较理想的收入分配格局。这意味着将要求社会各阶层做出很大的变动，其中最低和较低收入阶层的人口比重，均比 2010 年的实际比重有大幅度的降低，也就是减少了贫困人口，及比较贫困人口，而中等、较高和最高收入阶层的人口比重都比 2010 年的比重要大幅度的提高。这是什么意思？这就意味着收入分配格局的变动，达到理想格局是通过强制推行深刻、急剧的再分配重大变动，通过收入再分配的激烈社会革命，因而也极可能引起社会动乱，也是任何经济体所不能承受的变动，因此，从操作层面的可行性及结果来看，是不具有现实性的。

在 2010 年的收入水平的基础上，我们通过变革强行地把一部分人从最低收入拉到次低收入，次低收入再到高收入，使它接近一个橄榄形，结果如何？实际上是变革极大的。这里现实中最穷的 35% 人口，要分别减少到 11%、14%、12%、13%，比较理想的是减到 15%，而比较贫穷的是从 24% 降到 10% 左右。这是不是社会革命？这就是一种强行的革命，这就是一种激烈的革命、一种再分配的革命，这种革命任何社会都经受不了，因而是不可能接受的。所以，笔者的模拟推算，就是表明在现阶段要实行橄榄形是不可能的。

换言之，要真正应对挑战，就必须在长期当中努力创造条件。我们不能通过短期或激烈再分配的改革去完成，这是在经济发展水平逐步提高和高收入阶段才有可能完成的任务。

我们还做了一个探索性的模拟。假定在 2010 年的基础上通过改革强行把全部人口按理想的百分比上中下分开，测算的结果虽然人口比重是合意的，但是由于 2010 年高收入层次的发散性特征有较大收入差别，整体上反映出人口—收入分布关系结果的收入分配格局，却并非理想的橄榄形，而是不规则多边形，这就是很不理想的。虽然人口比重是一个理想的格局，但是它结合人均收入之后就变形了，变成了一个奇怪的多边形状了，这都不是理想的。

这就得出两个非常重要的结论。第一，所谓理想的橄榄形分配格局的实现，必须以适当程度的收入差别即比较理想的差别为前提，如果收入差别程度太大则无法实现，2010 年差别基尼系数为 0.469 就是太大了，这种情况下无法实现橄榄形。第二，在经济发展水平较低的现阶段，仅通过再分配手段无论其措施有多么激烈和深刻，都很难实现所谓理想的分配格局。这就是笔者前面说的，中国的城乡差别以及收入差别这么大，在现在的情况下通过再分配来实现橄榄形是不可能的。

为什么是这样的？其主要原因就是我国整体的经济发展水平和大部分的居民收入水平都不够高，在这样的情况下，还没有形成构成众数组的中等收入阶层或者中产阶层。因为上述模拟测算虽然假设各阶层的人均收入不变作为前提，但是当全部人口整体逐层向更高收入阶层移动的时候，模拟过程同时就提出大幅增加居民收入水平的条件要求，把低收入阶层的人口从低收入阶层提到次低的阶层，就意味着给他次低的收入才可以转移过去。所以,实际上已经提出了收入水平提高的条件。简单来说,根据笔者的测算结果,要实现理想的橄榄形收入分配格局,则要求我国城乡居民平均的人均可支配收入应达到17500元,比2010年实际的11000元要高出近60%,与此高水平的人均可支配收入相对应的人均GDP,应当为45000~50000元人民币,而2010年的实际水平还低很多,显然这属于未来若干年我国才可以达到的中高收入的发展阶段。这里,人均GDP美元数与人均GDP相对应的人均可支配收入,这几个层次都是一致的。

所以,也就是说目前还没有这种条件。如果改变各阶层人均收入不变这一前提假设,让各个阶层收入水平是伴随人口比重变动而与经济发展水平上升的,那么全部人口整体逐层向更高收入阶段移动,特别是要形成中产阶层作为众数组,会要求收入水平有更大的提高,粗略估计至少要提高到人均GDP 12000美元,才可以实现橄榄形的收入分布。也就是说按假定的标准,只有达到经济发展的高级阶段或者说达到初步发达国家的水平,才能真正实现橄榄形收入分配格局,这就是模拟计算的结果,就是要说明这么一个问题:我们现在还不具备这样的经济发展水平和基础,现在我们没有办法立即实现橄榄形。目前阶段不可能通过激烈的再分配革命来缩小差别实现橄榄形,当然在经济发展过程当中也不能忽视一些适度的初次分配和再次分配,因为公平分配也不是自然而然形成的,也需要多种因素的集合。

综合起来看,我国理想的分配格局有这样几个条件:一是人均GDP应在12000美元以上,也就是说大致在跨越中等收入阶段并进入高收入阶段的临界水平上;二是收入差别基尼系数应当在0.3左右;三是收入人口分布应当是钟形长尾的。这几个条件合起来才可能实现人口收入分布的中间大、下面小、上面更小的橄榄形。当然,这里只是一个粗略的估计和推测。

六、主要的结论及政策建议

我国收入分配格局从初级阶段的飞碟形演变到后来的金字塔形,下一步有可能向葫芦形演变,从葫芦形要大约经过鸭梨形,因为葫芦形的中间填平就是鸭梨形,再向后演变才是橄榄形,大概是这样一个大致的格局演变轨迹。

由此可见,在目前的阶段我们距离橄榄形还比较远。所以,我们的主要任务是以适度差别推动经济发展水平持续提高,同时适当规范、调整收入格局,缩小不适当的收入差别,尽快推动二元特征明显的葫芦形转变为鸭梨形,然后向更高形态转变。

  政策建议。从大的方面，一是要以收入差别为激励推动继续增长；二是缩小现存的区域差别、城乡行业差别等；三是改革收入分配体制培育中等收入阶层。具体就扩大中等收入阶层比重而言，一是要加速二元经济转换推动城镇化。二是加速农村农业发展，工业反哺农业。目前应当下功夫研究，究竟反哺了多少？城市带动乡村究竟怎么带动？工业支持农村农业发展究竟怎么支持？三是加速体制改革，增加居民资本收益，这是提高中等收入阶层比重的重要内容。四是产业结构调整增加发展消费型服务业。五是提高教育培训投入，增加专业人才、白领、金领、中介管理队伍，在发达国家中产阶层通常也叫专业阶层，这个阶层通常也自称叫专业阶层。六是专业阶层的形成要与教育紧密相关，提高劳动报酬的收入比重，特别是社会保障体系和遗产税等。我们现在遗产税还没有讨论，社会保障体系也还不够完善。社会保障体系管的是底下阶层，遗产税管的是上面阶层，但是现在还在利用上面阶层的积极性，不给它加税而促使它更快增长，因为现在还处在这样一个阶段。如果现在就开始实行"削高"的政策，其中削除非法收入是绝对应当的也是可以的，但正常收入还是应当允许增长的，从而未来才可以有条件地实行遗产税等。总而言之，实施以上若干政策，就可以使我国消除葫芦形分配格局，同时避免中等收入陷阱，因为二者是一致的。舍此，葫芦形收入分配格局将长期存在，并导致经济发展陷于停滞的陷阱，不能成长为发达经济体，完成民族复兴的大业。

第十五讲

构建开放型经济新体制的框架与战略[*]

盛 斌

盛斌，南开大学经济学院教授，经济学博士、博士生导师，教育部"长江学者"特聘教授，国务院学位委员会学科评议组（理论经济学）委员、入选"国家百千万人才工程"、国家有突出贡献中青年专家、南开大学"英才教授"。现任南开大学研究生院副院长、中国 APEC 研究院院长、中国世界经济学会常务理事、全国高校国际贸易学科协作组副秘书长、全国美国经济学会副秘书长、《南开经济研究》副主编，曾获全国优秀博士学位论文奖、教育部优秀青年教师资助计划、中国安子介国际贸易研究奖、霍英东教育基金会青年教师奖、中国世界经济学会会长奖、天津市 131 创新型高级人才（第一层次）等奖励。

通过发展开放型经济融入国际分工，集聚大量国外高级要素，提升资源配置效率，推动国内经济增长及产业升级，是改革开放以来我国经济快速发展的主要经验。然而近年来，随着我国开放型经济发展的基础条件、竞争优势及面临的外部环境发生了变化，开放型经济原有的发展动力、发展目标及运行机制亟须调整。为此，党的十八届三中全会，2014 年中央经济工作会议都明确提出了构建开放型经济新体制的要求，这不仅是推动我国开放型经济转型升级的顶层设计，更是全面深化经济改革路线图中的重要组成部分。

---

[*] 感谢上海社科院世界经济研究所黎峰博士的整理。

一、中国传统模式的开放型经济体制

一个幅员辽阔、人口众多、经济落后的发展中国家如何对外开放？中国的开放型经济发展道路为发展经济学提供了一个很好实证，具体而言，从改革开放到 2008 年全球金融危机，中国开放型经济前 30 年的快速发展充分得益于"四大法宝"：

第一大法宝是利用外国直接投资，即充分利用优惠政策和差别待遇，实施鼓励与限制并存的产业政策，大量吸引和利用外国直接投资。

第二大法宝是发展加工贸易，即充分发挥我国低成本优势，通过鼓励劳动力流动、压低生产要素价格及税收激励等方式，大力发展以出口为导向的加工贸易。

第三大法宝是沿海区域开放，即通过建立经济特区、沿海开放城市、经济开发区等，逐次扩大我国东部沿海地区开放。与此同时，在东部沿海地区建立经济技术开发区、高新技术开发区、出口加工区、综合保税区等各类经济飞地，成为扩大对外开放的主要载体和平台。

第四大法宝是融入全球贸易体制，即通过加入 WTO 和 APEC，积极履行入世承诺等方式倒逼国内体制机制改革，给中国的市场经济改革提供了一个非常明确的目标。

二、中国开放型经济发展面临的新形势新挑战

改革开放以来，我国开放型经济的发展取得举世瞩目的伟大成就。然而，随着国内外经济形势的变化，支撑传统开放型经济体系的要素条件发生了很大变化，我国开放型经济发展面临一系列新的挑战。

第一，全球价值链的兴起改变了国际竞争方式。全球价值链是贸易投资、服务、生产的一种综合体，在全球价值链分工条件下，国际竞争由整个产业链的竞争转变为在产品某个环节、任务和功能上的竞争。我国传统发展模式下的奖出限入政策和各种政府干预政策，在全球价值链分工条件下往往事与愿违。国际分工模式的变化对我国贸易政策、投资政策的变革，甚至对国内营商环境的改善提出了新的要求。

第二，新技术、商业模式和组织方式的迅速变革。如新技术的典型代表为新一代的信息技术产品、智能制造等；商业模式变革如电子商务、跨境电子商务和"互联网+"；组织方式变革则包括外包、生产的一体化等。面对新的技术、商业模式和组织方式，要求我国企业、产业和政府进一步提升学习能力，更好地顺应和利用新变革。

第三，国内成本上升与国际后进者的"竞争侵蚀"。近年来，国内特别是东部沿海地区劳动力、土地、自然资源等要素成本不断提高，同时，我国对环境、劳工、安全等规制成本快速上升，使得传统开放型经济体系竞争力有所削弱。而东南亚等周边国家成本优势相对明显，对我国外资外贸的国际竞争产生了后发性的"竞争侵蚀"。

第四，市场化改革触及"内核"瓶颈与"中国特色"壁垒。随着市场化改革的逐步深入，涉及利益矛盾相对较小、操作性较强的改革领域渐渐都已实施。遗留的未尽议程都是所谓体制瓶颈的"内核"，以及所谓具有"中国特色"的贸易投资和经济壁垒。如带有中国特色的产业政策、政府行政审批、监管制度、国有企业制度、市场竞争机制等，这些问题都需要有更大的勇气和决心去做好顶层设计，以更大的改革力度去触及这些改革的深水区。

第五，区域发展差距的"木桶效应"依然明显。近年来，尽管中西部地区发展速度超过了东部地区，但我国区域差距的"木桶效应"仍然非常明显。如何使我国面积广大、人口众多的中西部地区获得真正的发展，并超越过去实施的西部大开发战略中的传统议程；如何实施更高水平的对外开放，促进中西部地区的全面发展，将是我国开放型经济发展面临的重大难题。

第六，多边贸易谈判的停滞与高标准区域贸易安排的蓬勃跃进。参与多边贸易体系、加入WTO是我国开放型经济发展的里程碑事件，给中国指明了市场经济改革的目标和方向。此外，融入国际规则的外部压力，也为战胜国内的利益集团、打破国内市场垄断提供了动力。但由于多哈谈判的举步维艰，贸易投资的多边合作逐渐让位于蓬勃发展的双边合作和区域合作。随着巨型FTA的兴起，贸易投资的自由化为推动我国深层结构改革提供了强劲动力。

三、开放型经济新体制的政策框架

开放型经济发展面临的新形势新挑战，迫切要求我国加快构建开放型经济新体制，具体而言，应当包括三个主要的支柱和组成部分。

第一个支柱是实施新一轮的高水平对外开放。一是继续深化贸易投资自由化，特别是深化外商投资、市场准入和对外投资的自由化。二是创立与建设自由贸易试验区。中国式的自由贸易试验区的功能远远超越了传统意义上的海关特殊监管区，如离岸金融中心实际上是一个综合性的自贸区，表现为以物流转口贸易为主逐步过渡到附加加工制造的功能，同时进一步向金融、科技、旅游、文化进行扩展。此外，中国的自贸区是一个改革创新示范区，通过自贸区改革的可复制可推广，其"倒逼"改革功能、示范作用远远大于20世纪八九十年代的经济开发区、出口加工区。三是形成面向全球的高标准自贸区网络，推进双边投资协议。目前我国已经同十几个国家签订了双边FTA，跟150多个国家签订了双边BIT，但总体来讲质量、标准、内涵相对较低。四是加快贸易与投资新规则和新议题谈判，十八届三中全会的纲要提出要大力推进贸易便利化，投资、电子商务、环境、政府采购这些优先领域的推广和实施，有助于完善我国相关立法进而推进市场化改革。

第二个支柱是构建全方位的对外开放的格局。一是扩大内陆沿边开放，建立边境城市和内地开放型的经济示范区；二是推动内陆产业集群发展，使东部地区的产业链能够逐步转移到中西部地区，形成东西互济；三是深入实施"一带一路"战略，推进与周边国家的基础设施互联互通，构建网络化的对外经济走廊，通过亚投行提升我国在国际金融体系中的话语权等。

第三个支柱是培育和参与引领国际经济合作的新优势。其中新优势包括四个方面：一是产业综合竞争新优势；二是全方位开放新优势，做好内陆开放的这篇大文章；三是构建新的营商环境新优势；四是参与国际谈判、规则与标准制定新优势，为国际贸易投资新规则做出贡献。

以上三个支柱应该成为我国开放型经济新体制的政策框架，与传统模式的开放型经济体制相比，开放型经济新体制的"新"意大概可以归纳为以下十点：

一是由注重微观企业的改革转变为注重政府自身的改革。通过扩大开放来"倒逼"国内体制机制改革，本轮改革的重点是政府自身的行政审批和监管，这是对几千年来中国的官僚和权力机构的一次系统的挑战，难度之大可想而知。

二是由着力外贸体制改革转变为着力外资体制改革。入世为促进我国系统的外贸体制改革提供了参照物，外贸体制改革可以说取得了很大的成功。但当前我国的投资体制壁垒仍然较高，由于很多服务贸易以商业存在的方式存在，外资体制的改革也是对服务业重要的开放，因而外资体制的改革迫在眉睫，亟须推进负面清单、准入国民待遇、改审批制为备案制等相关制度改革。

三是由鼓励出口转变为重视进口。当前我国的鼓励出口政策在一定程度上仍然有效，但需要进一步优化出口结构，如由货物贸易转向服务贸易乃至知识产权贸易，提升制造业出口产品的质量。同时还要重视进口，事实上全球价值链的基础就是要充分利用其他国家的中间零部件、原材料的投入品。此外也要重视进口消费品，进行消费品的贸易自由化，加大国内最终产品的竞争压力，真正使贸易自由化造福于普通老百姓。

四是由利用外资转变为更多鼓励对外投资。近年来，在对外投资规模扩大的同时，我国对外投资结构也出现明显优化，表现为更多的民营企业成为对外投资主体；对外投资的领域由自然资源行业逐步延伸至商贸行业，乃至国外品牌、研发等战略性资产，扩大对外投资有可能成为有效提升我国全球价值链定位的捷径。

五是由以市场准入为核心的"第一代"贸易政策转变为以规制融合为核心的"第二代"贸易政策。第一代贸易政策主要是拆除壁垒，而在第二代贸易政策中，像投资、政府采购、贸易便利化、相互认证、资本流动等一系列的内部管制要进一步加强，由此也对国内的规制和立法提出更高的要求。

六是由沿海地区率先开放转变为内陆沿边地区全面开放。这要求深入实施"一带一路"战略，进一步加快我国中西部地区开放步伐，扩大我国的开放广度和深度。

七是由单纯的国际经贸合作转变为对接国内产业与区域发展需求。这要求我国开放型经济的发展目标由简单的对外输出、对外引入，进一步提升为更多地对接国内产业和区域的发展，与本国的利益需求产生互动。如把更多的国内优势产业和优势技术如高铁、电力、能源、电信等通过国际经贸合作的方式跟周边国家对接起来，进行产能的合作，在扩大开放的同时有效推动国内产业和区域的发展。

八是由传统区位优势竞争转变为新型制度优势竞争。传统区位优势更多指的是劳动力成本、土地、要素资源等方面，在传统模式的开放型经济体制下，为获取所谓的区位优势，地方政府倾向于人为压低生产要素价格，甚至引发恶性竞争。而在开放型经济新体制下，区位优势不仅仅体现为要素成本，而是更多地体现为新型的制度，包括区域的营商水平、法治水平、争端解决的机制、透明度、供应链完善程度等。从目前看来，此类区位优势对外资的吸引力明显更大，而且具有很大的内生性，该优势一旦形成，其他地区很难复制。

九是由政策优惠的洼地转变为制度创新示范的高地。自贸区最重要的承载功能是能够先行先试，不会再给予更多的优惠政策。因而在目前我国四个自贸区的方案当中，税收优惠这种激励已经降到了最低。

十是由依赖多边贸易体制动力转变为高质量 FTAs/BITs 驱动。多边贸易体制的动力减弱，往往为高质量 FTA、BIT 的替代性提供了动力，但这些双边贸易投资协定也要构建 3.0 乃至更高版本的国际投资规则，并最终回到 WTO 的多边框架，从而为推进全球贸易体制提供动力和杠杆。

四、构建开放型经济新体制的战略

围绕开放型经济新体制的政策框架及新特点，应当从以下几个方面着手设计战略。

（一）重新评估、审视与制定突出发展新导向的经贸政策目标

重新评估审视发展导向的目标，把现代国际经贸的先进经验做法融入到经贸战略的顶层设计框架当中来。一是要求我们立足于全球价值链，以提升价值链为导向制定经贸政策。二是要融入注重收入分配公平性的包容发展和重视与环境、资源可持续发展相关的重要理念。三是作为发展中国家中的一员，我国必须统筹考虑诸如产业升级、民族经济、自主创新、经济、安全、社会政策、减贫等重大问题。另外，这些目标的融入并不意味着国家要对市场经济进行系统的干预，任何保护干预都应当有一定的期限，如果在规定的期限内达不成目标，就应彻底转向开放和竞争。四是要求我们考虑到全球贸易协定与规则，包括已经存在的和演进中的约束。

（二）强化政策决策与执行的协调机制

开放型经济发展涵盖国民经济各个部门，社会生活各个领域，随着我国对外开放广度和深度的推进，难免出现某些地方、某些部门利益受损的情况，因而需要各级政府、各职能部门的协调合作、共同推进，在进一步扩大开放，构建开放型经济新体制的基础上，尽可能地做到互利共赢。为此，完善政策决策与执行的协调机制显得尤为重要，其中包括开放型经济发展目标的协调、开放型经济发展政策的协调，以及开放型经济组织机构的协调。

（三）完善和优化度量指标和数据

有效地监控开放型经济政策的制定及实施，需要以相关指标数据来衡量，如贸易规模、贸易质量，从传统的规模贸易过渡到增加值贸易，FDI 流量与类型，贸易与投资壁垒。还有在国际贸易谈判当中，要有攻势利益以及守势利益，对行业部门的竞争有一个正确的估价。此外，由于"一带一路"上大多是经济相对落后、信誉不是特别好的国家，"一带一路"的战略实施将遇到许多外部风险，因而合理评估地区风险和国别风险显得尤为重要。值得注意的是，这里说的数据，不仅是 DATA，还包括文本，如相关国际贸易投资协定、规则与条款。

（四）确立新优势与新利益

构建开放型经济新体制，重点在于确立开放型经济发展的新优势与新利益。一方面应明确各经济部门的竞争新优势，如农业部门应重点发展蔬菜、花卉、水果、鱼类等农产品；制造业部门应优化发展铁路、能源、信息技术、装备等；建筑业部门应加快发展工程承包与劳务承包；服务业部门应提升发展电子商务、中医药、旅游、海运等，从而推动我国开放型经济国际竞争力的整体提升。另一方面应重视开放过程中的新利益，主要体现为自然人流动、反倾销、出口管制及投资安全审查等。

（五）创造新动力与机制

构建开放型经济新体制，关键在于推动对内对外开放相互促进，打造开放型经济发展的新动力与机制。为此，一方面应该坚持以开放促改革，进一步扩大开放的广度和深入，继续加快 WTO 多哈回合谈判进程，推动 TiSA、ITAⅡ、GPA、EPA 等多边贸易协定；继续加快 RCEP、TTP、FTAAP 等区域经贸协定谈判，积极推动区域经济一体化进程；继续推动中美、中欧 BITs 谈判，建立高标准 FTAs 网络。通过积极开展双边多边谈判，"倒逼"国内体制机制改革，加快与国际规则接轨。另一方面应加快内部制度创新平台建设，进一步推动以行政审批制度、贸易便利化、投资体制、服务业开放、人民币资本项目下可自由兑换、离岸金融等为制度创新重点的自贸试验区建设，鼓励各类开放型经济体制机制改革专项示范区、综合试点与基地建设，总结可复制的经验与做法并进一步在全国范围推广。

（六）确定优先改革领域

开放型经济的体制机制改革涉及领域很多，应合理制订改革时间路线图，而优先改革的领域主要包括：一是有关贸易便利化的改革，如海关特殊监管区改革、跨境电子商务、政府采购等；二是有关投资便利化的改革，如投资准入的"负面清单"管理、行政审批制改革等；三是有关开放载体的建设及改革，如"一带一路"经贸产业园区或经济合作区等。